21世纪国际共产主义运动研究丛书
—— 余维海 主编

聂运麟自选集

聂运麟／著

華中師範大學出版社

图书在版编目(CIP)数据

聂运麟自选集 / 聂运麟著. --武汉：华中师范大学出版社，2025. 6. --（21 世纪国际共产主义运动研究丛书 / 余维海主编）. -- ISBN 978-7-5769-1015-5

Ⅰ. D507-53

中国国家版本馆 CIP 数据核字第 2025J1P120 号

聂运麟自选集

主编：余维海	**出版人**：付义朝
责任编辑：郭志刚	**责任校对**：肖　霞
封面设计：胡　灿	
编辑室：学术出版分社	**电话**：027-67867792
出版发行：华中师范大学出版社	
社址：湖北省武汉市洪山区珞喻路 152 号	**邮编**：430079
电话：027-67863426(发行部)　027-67861321(邮购)	
传真：027-67863291	
网址：http://press.ccnu.edu.cn	**电子信箱**：press@mail.ccnu.edu.cn
印刷：武汉中科兴业印务有限公司	**督印**：刘　敏
开本：787 mm×1092 mm　1/16	**印张**：21
版次：2025 年 6 月第 1 版	**印次**：2025 年 6 月第 1 次印刷
字数：365 千字	**定价**：75.00 元

欢迎上网查询、购书

目　录

世界社会主义基本理论研究

论世界社会主义运动在当代发展的新趋向 …… 3
论当代世界社会主义运动的重大变化及其转型 …… 13
20 世纪社会主义的历史地位 …… 23
低潮中的奋进——1990—2010 年的世界社会主义运动 …… 32
战役成功与战略困局：2008 年金融危机以来的世界社会主义运动发展态势 …… 41

中国特色社会主义研究

论中国特色社会主义的理论基石 …… 53
论中国特色社会主义理论体系 …… 65
中国共产党对社会主义认识的三次深化与升华 …… 76
现代生产力是中国特色社会主义理论产生的物质前提 …… 87
在现代化进程中实现社会政治稳定 …… 96
近代以来生产力的三次革命与社会主义的发展 …… 112
社会主义的体制危机与社会主义发展道路的新探索 …… 128
邓小平理论是现代社会主义的一面光辉旗帜 …… 143
邓小平发展世界社会主义运动的几个重要战略思想 …… 151
“三个代表”重要思想是马克思主义党建理论的重大发展 …… 165
十五大在理论上的一个重大发展 …… 172
结束过去开辟未来的历史性会议 …… 182

国外马克思主义政党研究

论当代马克思主义政党的革新 …… 193
马克思主义政党理论自觉的新高度——“与时俱进”、不断“开拓创新”理论的时代价值 …… 204
资本主义国家共产党视阈中的工人阶级新变化——以资本主义国家共产党的纲领和章程为蓝本 …… 215
资本主义国家共产党关于革命发展阶段的新理论 …… 226
共产党和工人党视野中的资本主义新变化 …… 235
共产党和工人党国际会议中的分歧与我们的应对 …… 244
冷静的分析 热切的期待：第十一次共产党和工人党国际会议综述 …… 253
经济持续衰退、帝国主义侵略扩张与人民的共同行动——第十四次共产党和工人党国际会议综述 …… 264

国际共产主义运动前沿研究

“协商一致”原则的提出——中国共产党对国际共运发展的一个重要贡献 …… 273
评第四国际主义者的《原则宣言和纲领要素》 …… 283
德国民主社会主义党开姆尼茨纲领评析 …… 293
论苏维埃共和国与立宪会议的解散——兼评“十月革命虚无论” …… 306
论述马克思主义革命斗争策略的经典文献 …… 319

世界社会主义基本理论研究

论世界社会主义运动在当代发展的新趋向

当代世界社会主义运动已经发生了重大而深刻的变化，它已经从过去由一个国际中心领导、走唯一革命道路、建设同一模式社会主义的世界社会主义运动，转变为由各国共产党独立自主领导、走符合本国国情的革命发展道路、建设具有本国特色社会主义的世界社会主义运动。在这一深刻转变的基础上，当代世界社会主义运动呈现出新的发展特点。

一、当代世界社会主义运动呈现出多样性的发展趋向

20世纪的世界社会主义运动是在共产国际的指导下发展起来的，它以苏联共产党为其建党的样板，以十月革命道路和苏联社会主义发展模式作为其社会发展方向，呈现出同一性的发展趋向。第二次世界大战后，出现了世界社会主义运动发展的大好形势，各国共产党也表现出要求独立自主发展的意愿，但由于大国主义和大党主义的干扰，同时还由于人们对独立自主发展的重要性和必要性认识不足，运动的同一性发展格局并没有完全被打破。苏东剧变后，世界形势发生重大变化，由一个国际中心领导、走唯一革命道路、建设同一社会主义模式的世界社会主义运动已经成为历史，力主“一个中心，一条道路，一种模式”的苏共已不复存在，这就为各国共产党独立自主的发展开辟了广阔前景。

世界的发展本来就是多样的而不是单一的，自然、社会和人的思维都是如此，社会主义运动的发展也不例外。由于各国的经济、政治、文化和社会诸方面的发展极为不同，其历史文化传统和民族的心理素质也极不相同，因此，各国共产党在革命道路的选择、社会主义发展模式的采取和党的建设等方面，就必然存在巨大的差异，多样性才是社会主义发展的本来面目。

马克思在论述未来社会主义的发展道路时，就没有排除俄国将走不同于西方发展道路的可能性。1881年2月，马克思在《给维·伊·查苏利奇的复信》初稿中写道：“俄国是在全国范围内把‘农业公社’保存到今天的欧洲唯一的国

家。它不像东印度那样，是外国征服者的猎获物。同时，它也不是脱离现代世界孤立生存的。一方面，土地公有制使它有可能直接地、逐步地把小地块个体耕作转化为集体耕作，并且俄国农民已经在没有进行分配的草地上实行着集体耕作。俄国土地的天然地势适合于大规模地使用机器。农民习惯于劳动组合关系，这有助于他们从小地块劳动向合作劳动过渡；最后，长久以来靠农民维持生存的俄国社会，也有义务给予农民必要的垫款，来实现这一过渡。另一方面，和控制着世界市场的西方生产同时存在，就使俄国可以不通过资本主义制度的卡夫丁峡谷，而把资本主义制度所创造的一切积极的成果用到公社中来。"① 马克思在给查苏利奇的正式复信中又写道："我根据自己找到的原始材料对此进行的专门研究使我深信：这种农村公社是俄国社会新生的支点；可是要使它能发挥这种作用，首先必须排除从各方面向它袭来的破坏性影响，然后保证它具备自然发展的正常条件。"② 在这里，马克思认为"农村公社"有可能使俄国"不通过资本主义制度的卡夫丁峡谷"，并成为"俄国社会新生的支点"，就是肯定了俄国有可能走不同于西方国家的发展道路，即在"农村公社"基础上走向社会主义的可能性。当然，马克思、恩格斯在肯定俄国走新式发展道路的可能性时，总是将其同西方革命的胜利并建立起社会主义制度联系在一起的。

列宁在十月革命前也指出人类走向社会主义的道路具有多样性。他在《论面目全非的马克思主义和"帝国主义经济主义"》一文中指出："在人类从今天的帝国主义走向明天的社会主义革命的道路上，同样会表现出这种多样性。一切民族都将走到社会主义，这是不可避免的，但是一切民族的走法却不会完全一样，在民主的这种或那种形式上，在无产阶级专政的这种或那种形态上，在社会生活各方面的社会主义改造的速度上，每个民族都会有自己的特点。"③ 十月革命后，列宁又非常明确地指出，俄国的革命不仅有别于以往西欧国家的革命，而且未来东方国家的革命还将不同于俄国革命。他在《论我国革命》一文中写道："世界历史发展的一般规律，不仅丝毫不排斥个别发展阶段在发展的形式或顺序上表现出特殊性，反而是以此为前提的。"④ 列宁认为："所以俄国能够表现出而且势必表现出某些特殊性，这些特殊性当然符合世界发展的总的路线，但使俄国革命有别于以前西欧各国的革命，而且这些特殊性到了东方国家又会

① 马克思恩格斯选集：第3卷［M］. 北京：人民出版社，1995：765.

② 马克思恩格斯选集：第3卷［M］. 北京：人民出版社，1995：775.

③ 列宁全集：第28卷［M］. 北京：人民出版社，1990：163.

④ 列宁全集：第4卷［M］. 北京：人民出版社，1995：776.

产生某些局部的新东西。”①

当代世界社会主义运动的发展明显不同于20世纪，它呈现出各个民族国家发展的特点，从而使不同国家的社会主义运动之间呈现出巨大的差异性。在指导思想方面，有的国家共产党只承认马克思主义是党的指导思想的理论基础，对列宁主义采取一定程度的批判态度；有的国家共产党则把马克思主义和列宁主义作为党的指导思想的理论基础，认为列宁主义是马克思主义在20世纪的新发展；有的国家共产党则把马克思主义、列宁主义、毛泽东思想作为党的指导思想的理论基础，认为毛泽东思想是马克思主义发展的第三阶段。在取得政权的革命道路上，大多数国家的共产党主张通过议会民主的道路取得政权，同时对统治阶级进行暴力镇压保持警惕性；少数国家的共产党则主张要在农村建立革命根据地，走武装夺取政权的道路，同时不拒绝在一定条件下采取和平发展的方式。在建设社会主义的道路上，大多数国家的共产党主张建立公有制为主体，多种经济成分共同发展的经济制度；但在对待市场的问题上，各国共产党的态度有很大的不同，有的国家共产党主张把计划经济与市场经济结合起来，认为计划和市场的作用都是不可或缺的；有的共产党则主张坚持计划经济，但要适当考虑市场经济的作用；有的国家共产党则认为市场经济是资本主义的，对其采取完全否定的态度。在政党制度问题上，所有国家的共产党都认为，对于建设社会主义的国家来说，共产党的领导是至关重要的，但大多数国家的共产党都承认现行的多党议会民主制，愿意在多党议会民主体制下开展活动；也有少数国家的党主张共产党的绝对领导地位。在党的建设问题上，有的党主张坚持民主集中制，有的党主张坚持“发展”了的民主集中制，有的党则放弃了民主集中制。在政党现代化的问题上，大多数国家的共产党主张建设现代化的群众性政党；有的国家共产党则主张将先锋队政党与群众性政党结合起来，建设群众性的先锋队政党；还有少数国家的共产党仍然坚持建设先锋队政党的立场。在处理共产党与其他左翼政党的关系上，有的国家共产党主张与所有左翼力量的联合，包括发展同社会民主党的合作关系；有的国家共产党虽然也主张与左翼力量的联合，但对社会民主党持严厉的批判态度。在对当代资本主义的认识上，有的国家共产党认为现代资本主义就是垄断资本主义，有的国家共产党认为现代资本主义是国家垄断资本主义，有的国家共产党认为现代资本主义是金融垄断资本主义，有的国家共产党认为现代资本主义是国际垄断资本主义。

① 列宁全集：第4卷［M］．北京：人民出版社，1995：776.

在世界社会主义运动团结合作的问题上，有的国家共产党主张召开一般左翼政党的国际会议，而不主张召开共产党的专门国际会议；有的国家共产党主张各国共产党不仅要通过国际会议取得共识，还应采取联合行动；有的国家共产党则认为，发展党与党之间的双边关系是实现各国共产党之间团结合作的主要形式，国际会议只是各国共产党进行多边交流的平台，不主张各国共产党采取联合行动，等等。

当前，日本共产党、美国共产党、希腊共产党、俄罗斯联邦共产党、巴西共产党、南非共产党、澳大利亚共产党、印度共产党（马克思主义）等，都制定了各具本国特色的社会主义革命和建设的纲领。各国党的纲领在革命道路、社会主义建设模式和党的建设等一系列问题上，都显示出自己的民族特点，呈现出多样性的发展态势。

多样性的发展是世界社会主义运动发展的一个进步，它将为未来社会主义事业的发展开辟广阔的前景。显然，从过去单一社会主义模式的实践发展到当今各具本国特点的多种社会主义模式的实践，将极大地解放各国共产党、工人阶级和广大人民群众的思想，激发他们走社会主义道路的创造性和积极性。同时，从一种社会主义模式的实践发展成各具本国特点的多种社会主义模式的实践，必将有利于各国社会主义实践之间的相互学习、取长补短、互相促进，从而不断提高世界社会主义运动抵御风险的能力，进一步提高社会主义实践成功的概率。所有这一切，都将有力地推动世界各国社会主义理论与实践的发展，促进社会主义事业的最终胜利。

二、当代世界社会主义运动呈现出渐进性的发展趋向

在传统的世界政治体系中，世界社会主义运动被归于激进的左翼运动，领导这一运动的共产党则被称为激进的左翼政党；与之相对应的社会民主主义运动则被称为温和的左翼运动，领导这一运动的社会民主党则被称为温和的左翼政党。时至今日，世界政治体系中的传统划分似乎没有大的变化，社会主义运动仍然被归于激进的左翼运动，领导这一运动的共产党仍然被称为激进的左翼政党。然而运动的形式和内容已经发生了很大的变化，当前，各国共产党及其领导的社会主义运动的激进色彩日益减退，其渐进的温和色彩日益浓厚。

从激进的社会主义运动发展至渐进的社会主义运动经历了长期的过程。19世纪40年代诞生的世界社会主义运动，经过巴黎公社、十月革命到第二次世界大战，在这近一百年的时间里，无产阶级革命采取的策略基本都是暴力革命。

然而，在上述发展过程中，马克思主义者始终坚持应依据当时当地的具体国情来选择革命策略的思想。1871 年 7 月 3 日，马克思在同美国《世界报》驻伦敦通讯员兰多尔的谈话中指出，国际工人协会只是作为国际无产阶级“联合起来的团结的网络”而存在着，并通过赢得政权来达到工人阶级的经济和社会的解放，但是“协会并不规定政治运动的形式；它只要求这些运动保证朝向一个目标……在世界上的每一地区，问题的某个特殊方面都会出现，这要由那里的工人以他们自己的方式去解决……在和平的宣传鼓动能更快更可靠地达到这一目的的地方，举行起义就是发疯”①。马克思继续指出，是否选择采用“社会战争”这种解决办法是每个国家工人阶级自己的事情，国际对此不能采用“下命令”的方式，“甚至无法提出什么建议”②。1893 年 3 月 14 日，恩格斯在致弗·维森的信中也指出：“工人运动的最近目标就是由工人阶级自己为工人阶级夺取政权。如果在这一点上我们是一致的，在为实现这一目标所应采取的斗争手段和斗争方法上的不同意见，就不大可能使诚实的人们之间发生原则上的分歧，只要他们都有理智的话。依我看，对每一个国家来说，能最快、最有把握地实现目标的策略，就是最好的策略。”③

第二次世界大战以后，国际形势发生了深刻的变化，中华人民共和国的成立和一系列人民民主国家的诞生，使社会主义从一国的胜利走向多国的胜利，组成了强大的社会主义阵营；资本主义世界的情况则相反，除美国以外的帝国主义国家都被战争削弱了，国际阶级力量的对比关系向着有利于社会主义而不利于资本主义的方向发展。与此同时，资本主义各国共产党的力量在第二次世界大战期间也得到了很好的锻炼和发展，特别是在法国、意大利、西班牙和希腊等欧洲国家，共产党领导的左翼已经成为影响该国政治发展的重要力量。客观形势促使部分发达资本主义国家共产党率先进入了探索新的社会主义发展道路的历史进程：英国共产党、意人利共产党、澳大利亚共产党、加拿大共产党、法国共产党、西班牙共产党等还先后制定了和平过渡到社会主义的纲领。

1956 年 2 月，苏联共产党第二十次全国代表大会在总结发达资本主义国家共产党关于和平过渡到社会主义理论的基础上，提出了自己关于和平过渡到社会主义的理论，从而引发了各国共产党之间有关暴力革命还是革命和平发展的大论战，最终导致世界社会主义运动的大分裂。一部分国家共产党坚持暴力革

① 马克思恩格斯选集：第 3 卷 [M]. 北京：人民出版社，2009：611.

② 马克思恩格斯选集：第 3 卷 [M]. 北京：人民出版社，2009：611.

③ 马克思恩格斯选集：第 10 卷 [M]. 北京：人民出版社，2009：665.

命的策略，但声称并不拒绝革命的和平发展；另一部分国家共产党主张革命和平发展的策略，也声称不放弃对反革命暴力的警惕性。前者批判后者为“修正主义”，后者批判前者为“教条主义”，最后谁也没有说服谁。

20世纪80年代末和90年代初的苏东剧变，使国际阶级力量对比关系和各个资本主义国家内部的阶级力量对比关系，都发生了有利于资本主义而不利于社会主义的新变化；同时，在新的科技革命和生产力革命的推动下，资本主义的经济、政治、文化和社会等诸方面均发生了深刻的变化。在此情况下，包括发达资本主义国家的共产党和前苏东国家的共产党以及绝大多数发展中国家的共产党，为适应生存环境的巨大变化，纷纷放弃了武装夺取政权的策略，明确表示认同多党议会民主制度，承诺在宪法范围内，利用资本主义的议会民主，和平地取得政权，然后对国家的政治、经济、文化和社会进行民主改造和社会主义改造，逐步过渡到社会主义社会。

美国共产党主张，在争取社会主义的斗争中，将改良和革命这两种形式结合起来，世界各国人民走向社会主义的道路因国而异，美国社会主义可能通过和平的方式实现，革命和改良是并行不悖的两种实现社会主义的手段。把改良和革命两种形式结合起来，将使争取社会主义的斗争更加有力。美共实行共产主义加法（communist plus）政策，就是把改良和革命这两种斗争形式结合起来的政策。

俄罗斯联邦共产党认为，进化和革命是推动社会发展的两种形式，它们赞同用和平方式实现社会主义变革。2005年10月，俄罗斯联邦共产党第十一次全国代表大会修改通过的党纲指出：“共产主义者认为，历史进程正以进化和革命的形式向前发展。他们支持那些真正符合劳动者利益的进化和革命。他们赞同以和平的方式争取和实现社会变革。党反对隐藏着巨大内战危险的资产阶级和小资产阶级的极端主义。”①

南非共产党根据1994年新的南非民主政府建立后的国内外形势，确立了南非向社会主义过渡将采取“革命性改良”的策略。1998年，南非共产党第十一次全国代表大会指出，南非共产党“不再准备对本国资产阶级国家发动社会主义袭击”，南非人民争取民族解放的斗争和当前争取社会主义的斗争，都是在本国、本地区和整个世界都处于资本主义支配的环境下进行的，因此，要实现自己的斗争目标，不能简单地选择改良（和平方式）或革命（非和平方式）的单

① 刘洪才. 当代世界共产党党章党纲选编［M］. 北京：当代世界出版社，2009：484.

纯做法，而要把革命和改良结合起来，进行“革命性改良”。这种改良不是孤立地修修补补，而是要触动资本主义权力的核心，逐步地、彻底地改变阶级力量的对比关系。

从武装夺取政权实现社会主义，转变到以和平民主的方式实现社会主义，这是社会主义革命策略的重大转变。在武装夺取政权方针的指导下，从资本主义到社会主义的转变采取的是对抗的形式，即爆发性的飞跃形式。这种形式的飞跃，是在充分的量变准备之后，无产阶级与资产阶级经过剧烈的外部冲突，采取一次或多次决定性的打击，最后无产阶级领导的革命力量摧毁资本主义的政治经济统治，从而为社会主义制度的建立创造条件。在和平民主革命方针的指导下，从资本主义到社会主义的转变，采取的是非对抗的形式，即非爆发性的飞跃形式。在这种飞跃形式下，资本主义向社会主义的转化不是通过资产阶级与无产阶级剧烈的外部冲突，而是通过社会主义因素的逐渐积累和资本主义因素的逐渐衰亡来实现的。

革命斗争策略的转变，给社会主义运动带来了深刻的变化，它使通过无产阶级革命推翻资本主义的运动，转变成为通过和平民主方式对资本主义进行革命性变革的运动；使通过暴力革命的激变过程走向社会主义的运动，转变成为通过革命性变革的渐变过程走向社会主义的运动；使共产党从主张对资本主义进行革命的政党，转变成为对资本主义进行改革的政党。所有这一切，就使当代世界社会主义运动具有了渐进的温和的色彩。

三、当代世界社会主义运动呈现出大众性的发展趋向

马克思、恩格斯非常重视加强社会主义运动的大众性质，他们始终认为，社会主义运动是由工人阶级领导的、有广泛社会阶级参加的、是绝大多数人的和为绝大多数人谋利益的独立的运动。1848 年，他们在《共产党宣言》中曾经指出：“过去的一切运动都是少数人的或者为少数人谋利益的运动。无产阶级的运动是绝大多数人的、为绝大多数人谋利益的独立的运动。”① 1895 年，恩格斯在《1848 年至 1850 年的法兰西阶级斗争》导言中进一步阐发了上述思想，指出历史上有三种类型的革命：第一种是“为少数人”的“少数人的革命”②；第二

① 马克思恩格斯选集：第 1 卷 [M]. 北京：人民出版社，1995：283.
② 马克思恩格斯选集：第 4 卷 [M]. 北京：人民出版社，1995：510.

种“是由少数人领导的”“为了多数人的真正利益进行的革命”①；第三种是“少数人革命变成多数人革命”②，即变成多数人参加的为多数人真正利益进行的革命。恩格斯在谈到“少数人革命变成多数人革命”时指出，造成这种革命的条件是“使所有其他的社会阶级，农民和小资产者，团结到无产阶级周围，以致在共同胜利时和共同胜利后，应该成为决定因素的已经不是大资产阶级，而是有了经验教训已经变得聪明起来的无产阶级”③。恩格斯问道：“在这些条件下，难道不是完全存在着少数人革命变成多数人革命的前景吗?”④

资本主义国家共产党，特别是发达资本主义国家的共产党认为，当代的世界社会主义运动应该是由工人阶级及其政党领导的、多数人参加的、为多数人谋利益的运动。

2010 年 5 月，美国共产党第二十九次全国代表大会指出：“要想实现自己的目标，必须建立和进一步巩固以工人阶级为领导的联盟。”因为只有多数人的运动才可以解决少数人暴富与多数人被剥削、不安全和失业之间的基本矛盾。只有多数人的运动才可以消除核武器和全球变暖这两把悬在人类未来之上的达摩克利斯剑。美国共产党认为，革命是一个深刻的民主进程，涵盖了绝大多数人民的行动和决定。

2004 年 5 月，英国共产党第四十八次全国代表大会通过的《英国共产党的目标和章程》指出：“我们相信，社会主义只有通过工人阶级领导下的大多数人民的意志和行动得以实现。”⑤

2002 年 4 月，意大利重建共产党第五次全国代表大会通过的纲领指出：“与传统政党不同，重建共认识到政治和社会行动不能仅由党员和相关组织来完成，而应该通过众多的个人和组织的群众来实现。”⑥

2004 年 1 月，日本共产党第二十三次全国代表大会通过的纲领强调：“社会主义改革并不是能够在短时间内一蹴而就的，而是必须在国民取得共识的基础上，一步一步分阶段推进的长期过程。其出发点就是形成多数国民对向社会主义、共产主义前进达成共识，以获得国会的稳定多数为基础，建立以社会主义

① 马克思恩格斯选集：第 4 卷 [M]. 北京：人民出版社，1995：511.
② 马克思恩格斯选集：第 4 卷 [M]. 北京：人民出版社，1995：512.
③ 马克思恩格斯选集：第 4 卷 [M]. 北京：人民出版社，1995：512.
④ 马克思恩格斯选集：第 4 卷 [M]. 北京：人民出版社，1995：512.
⑤ 刘洪才. 当代世界共产党党章党纲选编 [M]. 北京：当代世界出版社，2009：681.
⑥ 刘洪才. 当代世界共产党党章党纲选编 [M]. 北京：当代世界出版社，2009：670.

为目标的权力。其所有阶段都是以国民的共识为前提的。”① 因此，日本共产党将“以社会多数人的理解和支持为基础，努力向社会主义改革的道路前进”②。

2005 年 10 月，俄罗斯联邦共产党第十一次全国代表大会通过的纲领在谈到社会主义事业胜利的条件时指出：“历史的经验证明，只有在劳动群众和全体人民正确认识到自己民族和国家根本利益的情况下，我们祖国才拥有这一事业的成功。”③

为了使大多数人参加到社会主义运动中来，资本主义国家共产党制定了新的广泛的联盟政策。它们认为，将所有反对大垄断资本的各社会阶级和阶层的力量团结起来，组成最广泛的反帝反垄断联合阵线，就能使绝大多数人参加到争取民主和社会主义的斗争中来，并取得社会主义事业的最终胜利。

加强社会主义运动的大众性，是世界社会主义运动的一个新发展，它是对历史上出现过的忽视或排斥中间阶级的“左”的理论和政策的一个纠正；同时，它又是世界社会主义运动自身发展的需要，是资本主义各国共产党面对正在发生重大变化的社会阶级和阶层结构的应对之策；跨国垄断资本的发展为加强社会主义运动的大众性提供了广泛的可能条件，而资产阶级政府建设福利国家和完善资产阶级政治民主的政策，则为各国共产党团结广泛的社会阶层和大多数人民群众提供了新的政治空间；最后，科学技术特别是信息技术的新发展，为各国共产党加强社会主义运动的大众性建设提供了物质技术基础。

当代世界社会主义运动的多样性、渐进性和大众性的发展趋向还处在不断发展和变化的过程之中，它对世界社会主义运动将产生怎样的影响还有待于进一步的观察和研究。然而可以肯定的是，多样性、渐进性和大众性的发展趋向已充分表明，世界社会主义运动已经进入一个与以往有着很大不同的新的发展时期：一方面，新时期的社会主义运动与 20 世纪的社会主义运动有着历史的、本质的联系；另一方面，新时期的社会主义运动在行为方式和发展道路上，又与 20 世纪的社会主义运动存在着明显的差别，有着它自己的特点。

当前世界社会主义运动的发展，与列宁所说的巴黎公社失败后的“和平”准备阶段有某些相似之处：其一是运动长期处于“低潮”，其二是运动的发展带有“和平”的性质，其三是“没有发生革命”。如果说巴黎公社失败后没有发生

① 刘洪才. 当代世界共产党党章党纲选编 [M]. 北京：当代世界出版社，2009：125.
② 刘洪才. 当代世界共产党党章党纲选编 [M]. 北京：当代世界出版社，2009：125.
③ 刘洪才. 当代世界共产党党章党纲选编 [M]. 北京：当代世界出版社，2009：488.

革命的原因，是西方结束了资产阶级革命，东方还没有成熟到实现这种革命的程度，那么，苏东剧变后“没有发生革命”的原因则有些相反，这就是：东方进行的社会主义革命已暂告一段落，社会主义国家的建设事业正在深入发展，而西方却还没有成熟到实现这种革命的程度，运动正进入为未来变革的时代作“和平”准备的阶段。

在当前这个新时期，各国共产党坚持马克思主义的理论指导和社会主义的前进方向，与时俱进地变革和完善党的理论与策略，不断加强党的自身建设，努力巩固党的阶级基础和扩大党的群众基础，学习和运用资产阶级议会民主制度，学习和运用新的大众传媒手段，积极办好党校和党员培训班，推动合作社事业的发展，创办党的产业，等等。所有这一切都表明，资本主义各国共产党在新的历史时期的严峻挑战面前并没有却步，而是在低潮中奋进，勇敢地探索符合本国国情的社会主义发展道路。世界社会主义运动在这一艰难的探索过程中“正在缓慢而持续地向前发展”①。

参考文献

[1] 李慎明. 世界在动荡、变革、调整 [M]. 北京：社会科学文献出版社，2012.

[2] 于洪君. 当代世界政党文献（2012）[M]. 北京：党建读物出版社，2013.

[3] 俞邃. 俞邃文集 [M]. 北京：当代世界出版社，2005.

[4] 聂运麟. 变革与转型时期的社会主义研究 [M]. 北京：社会科学文献出版社，2008.

① 列宁选集：第2卷 [M]. 北京：人民出版社，1995：307.

论当代世界社会主义运动的重大变化及其转型

世界社会主义运动是扎根于社会生活的现实运动，因而它处在不断发展和变化的过程中，20 世纪的社会主义运动不同于 19 世纪的社会主义运动，21 世纪的社会主义运动又不同于 20 世纪的社会主义运动，这正如人们所说：理论是灰色的，生活之树是常青的。

一、当代世界社会主义运动的九个重要变化

今日之世界社会主义运动已经发生重大而深刻的变化，在许多方面不同于以往，其主要变化有以下诸方面。

1. 当代世界社会主义运动的目标

世界社会主义运动是以实现社会主义和共产主义为目标的，不同时代的社会主义运动，对其目标的理解和实现程度有很大的不同。第二国际时代，欧洲各国的工人政党明确在纲领中规定自己的目标是实现社会主义，但是，如何达到这一目标，以及为此需要进行哪些经济、政治结构的变革和经过哪些一般的社会发展阶段等，则缺乏明确的理论思考和精确的理论阐明。第三国际时代，各国共产党对如何达到目标以及为此需要进行哪些经济、政治结构的变革和经历哪些社会发展阶段等，都有了比较清晰的阐明，但其内容却是千篇一律的，即苏联的社会主义发展模式。苏联东欧的剧变和中国特色社会主义的成功说明，建设社会主义不存在统一的发展模式，必须根据每个国家的具体国情和时代特征，建设具有本国特色的社会主义。因此，当今世界各国共产党在制定社会主义的目标上，都特别关注本国的具体情况和特点，纷纷提出了建设具有本国特色的社会主义发展目标。对未来社会主义社会的构建，各国政党都有自己的特点，但也有共通之处：其一，主张建立公有制起主导作用的混合经济体制；其二，主张把计划经济与市场经济有机地结合起来；其三，主张保护生态环境，

实现人与自然的和谐发展；其四，要求把议会民主与直接民主或参与式的民主有机结合起来；其五，主张实行多党制；其六，主张实行最广泛联盟的政策；其七，提倡科学精神，反对教派主义，保证思想、信仰的自由等。

2. 对现代资本主义社会的新认识

苏东剧变以后，大多数资本主义国家的共产党对当代资本主义的认识，已经从“资本主义总危机”的理论误区中走了出来，其认识比过去更加实际而辩证。由于所在国家发展程度和特点的不同，各国共产党对资本主义的认识也不完全一致。例如，在对现代资本主义发展阶段的认识上，有的认为仍然是垄断资本主义阶段；有的认为已经由垄断资本主义发展到国家垄断资本主义阶段；有的认为已经由垄断资本主义发展到金融垄断资本主义阶段；有的认为已经由垄断资本主义发展到国际垄断资本主义阶段；等等。

但是，有些基本认识又是比较一致的：其一，认为现代资本主义与自由资本主义时代、垄断资本主义初期相比有很大的不同，它已经具有较强的自我调节、自我更新和自我发展的能力；其二，认为资本主义虽然有自我调节、自我更新和自我发展的能力，但并没有也不可能消除资本主义社会的基本矛盾，解决这一矛盾的根本途径是用社会主义取代资本主义；其三，认为在资本主义的发展中，其内部的新社会因素也在增长，这就为实现社会主义准备了条件；其四，是反对资本主义的全球化，要求为建立造福于全人类的全球化而进行斗争；等等。

3. 当代世界社会主义运动的策略

社会主义运动的策略不是一成不变的，而是根据客观斗争环境和党的历史任务而不断发展变化的。马克思主义要求把战略的坚定性与策略的灵活性结合起来。20世纪初，自由资本主义已经过渡到帝国主义阶段，战争与革命成为时代的特征。列宁为俄国无产阶级革命制定了暴力革命的策略，把革命的和平发展看作是“罕见”的例外。二战结束以后，国际形势发生了巨大的变化，由此引发了对革命斗争策略的激烈争论，并成为60年代国际共产主义大分裂的重要原因之一。苏东剧变以后，大多数资本主义国家的共产党根据国内外经济政治的发展变化，都主张通过和平、民主的道路走向社会主义，一般不再主张暴力革命，更不提建立无产阶级专政。但在经济文化比较落后的国家中，共产党往往分为两派：一派主张走议会民主的道路；另一派则主张走由农村包围城市的武装夺取政权的道路。

4. 当代社会主义运动的阶级力量配置

正确配置社会主义运动的阶级力量，是社会主义运动取得成功的关键条件之一。第三国际各国共产党在对待中间阶级的问题上是有失误的，主要体现在对待知识分子、对待比较富裕的劳动农民、对待广大的中小资产者采取了“左”的理论和政策，给社会主义事业造成损失。冷战结束以后，由于社会阶级结构在第三次科技革命和生产力发展的推动下已经发生了巨大的变化，各国共产党吸取了苏东剧变的历史教训，纷纷放弃了宗派主义的策略，主张实行广泛联盟的政策，将广大中间阶层和其他反对垄断资本的力量都包括在自己的阵线之中，从而使社会主义运动的社会基础有了新的扩大。资本主义国家共产党对社会主义运动阶级力量的基本配置是：工人阶级（其中的脑力劳动无产者或知识工人所占的比例不断扩大）是社会主义运动的领导力量；广大工人、农民、知识分子是社会主义运动的中坚力量、依靠力量；中小资产阶级是社会主义运动需要争取和团结的力量；大垄断资本是社会主义革命的对象。

5. 走向社会主义的革命发展阶段

苏东剧变前，一般马克思主义者认为，经济文化落后的国家走向社会主义必须经过人民民主革命和社会主义革命两个发展阶段，而发达资本主义国家则可能在革命成功后直接向社会主义过渡。苏东剧变使人们对社会主义建设的长期性、复杂性和艰巨性有了新的认识。不少发达国家共产党在制定走向社会主义的具体纲领时采取了谨慎的态度，制定了分为两步走的战略：第一步，建立民主联合政府，对国家的经济和政治实行民主的改造，反对大垄断资本；第二步，对国家的经济和政治进行社会主义改造，建设社会主义社会。美国共产党认为“美国的社会主义革命分为两个阶段，即反垄断资本的民主革命和社会主义革命两个阶段”①。日本共产党纲领指出：日本当前的革命是反对美帝国主义和日本垄断资本统治的“新民主主义革命”，并指出：“这个革命必然从一个争取独立和民主的任务为中心的革命，不间断地发展成为一个社会主义革命。”②

6. 领导社会主义运动的马克思主义政党

不同历史时期，领导社会主义运动的马克思主义工人政党具有不同的历史

---

① 丁淑杰. 美国共产党的社会主义理论与实践［M］. 北京：中国社会科学出版社，2006：143.

② 曹天禄. 日本共产党的“日本式社会主义”理论与实践［M］. 北京：中国社会科学出版社，2004：127.

发展形态。马克思主义工人政党自产生以来，其发展大致可分为三个历史阶段，与此相适应，出现了马克思主义工人政党发展的三个历史形态。从19世纪中叶至20世纪初是马克思主义政党发展的第一阶段，与此相适应的政党存在形式是群众性政党。从20世纪初至20世纪70年代是马克思主义政党发展的第二阶段，与此相适应的政党存在形式是先锋队政党。从20世纪70年代至今，是马克思主义政党发展的第三阶段，与此相适应的政党存在形式是现代群众性政党。

20世纪末和21世纪初，大多数资本主义国家共产党都提出了使共产党现代化和建设群众性政党的方针，以使党的组织形态更加适应当前国内外形势发展的需要。当今资本主义国家共产党在建设现代群众性政党方面，并没有固定不变的模式，然而就其有关的理论与实践来看，它们既继承了先锋队政党在理论、组织和政治上的优良传统，同时又有自己新的特征：其一，群众性；其二，开放性；其三，民主性；其四，透明性；其五，独立自主性；等。

7. 指导当代世界社会主义运动的理论基础

马克思主义历来是指导世界社会主义运动的理论基础。然而，马克思主义理论本身在发展，人们对马克思主义的认识也在不断深化，因此，不同时期人们对马克思主义的认识和态度是不完全相同的。在当今的世界社会主义运动中，有的党只提马克思主义是党的理论基础；大多数党认为马克思主义和列宁主义都是党的理论基础；还有发展中国家的共产党认为，马克思主义、列宁主义和毛泽东思想都是党的理论基础。

在对待马克思主义的态度上也有重大的转变，这就是从教条式地对待马克思主义到创造性地应用马克思主义，从坚守传统社会主义理论到探索现代社会主义理论的转变。苏东剧变使各国共产党清楚地认识到教条主义的危害，同时苏共这个曾经被教条主义所腐蚀的“理论权威”的消失，也为人们创造性地运用马克思主义创造了有利条件。当今，将马克思主义与本国的具体实践相结合，已经成为世界社会主义运动发展的主流，各国共产党纷纷探索本国的社会主义发展道路，形成自己的理论和策略。日本共产党提出了“日本式社会主义”理论，希腊共产党提出了“反帝反垄断的社会主义革命”理论，印度共产党（马克思主义）提出了“人民民主革命”理论，巴西共产党提出了“具有巴西特色的新型社会主义”理论，俄罗斯联邦共产党提出了“俄罗斯社会主义”理论等。有些国家的共产党虽然没有对其理论冠以“本土化”的名称，但将马克思主义与本国实际相结合则是其努力遵循的基本指导原则。

8. 世界社会主义运动团结与合作的形式

20世纪上半叶，曾经出现了第三国际和九国共产党情报局等共产主义运动的国际联合组织。五六十年代，虽然不存在有形的共产主义运动的国际联合组织，但是，以一定的国际会议为中心形成的无形的国际共产主义运动的联合是存在的。到60年代中期之后，这种有形的或无形的国际联合都不存在了，因为这种联合早已不适合各国社会主义运动发展的需要，而且往往是妨碍各国社会主义运动发展的重要因素。

苏东剧变之后，世界社会主义运动的国际联系受到严重破坏。然而，经过近20年的发展，社会主义运动的国际团结合作又出现了新的形式。首先，发展党与党之间的双边关系，已经成为各国共产党进行国际联系、交流经验和相互支持的主要形式。新时期党与党之间相互关系的特点是：独立自主、完全平等、互相尊重和互不干涉内部事务，这就避免了过去以某个大党为中心的国际联合所产生的诸多不正常现象的发生。其次，一年一度的"共产党工人党国际会议"是世界各国共产党加强联系、交流思想观点和工作经验、促进世界社会主义运动发展的重要形式，它已经轮流在各大洲召开过11次，今年的会议将在南非召开。再次，"国际共产主义研讨会"（ICS）也是世界各国共产党工人党加强思想联系、交流理论观点和工作经验的一个形式，它每年在布鲁塞尔举办一次，目前已经召开过18次，有来自五大洲的约150个政党和组织参加到该研讨会中来。最后，社会主义学者国际会议也是世界社会主义运动在理论上相互交流的补充形式。

9. 世界社会主义运动与其他社会运动的关系

苏东剧变以后，人们对社会主义的本质和社会主义发展的多样性问题有了更深刻的理解，从而逐步排除了唯我独左、唯我独革的思想干扰，对其他社会进步力量开展的反对资本主义、争取社会主义的运动采取了比较宽容的态度：凡是有利于解放生产力、发展生产力、消除两极分化、实现公平和正义的社会运动，各国共产党一般都表示支持，尊重其对社会主义发展道路的不同探索，并愿意学习其成功的经验。其中特别重要的是共产党与社会党的关系已经从过去的相互敌对逐步转向了共存和互容，主要国家的共产党和社会党的党际关系已经正常化。

共产党和社会党关系的改善促进了左翼政党国际会议的召开，其中影响比较大的是1990年开始举行的圣保罗论坛会议，该论坛会议已经成为世界左派政党的每年一次的重要聚会。同时，共、社两党关系的改善还促进了地区性的左翼政党联盟的建立。2004年5月，来自欧洲国家的15个左翼政党在罗马聚会，成立了“欧洲左翼党”，这有利于欧洲左翼运动的团结与合作。

二、当代世界社会主义运动已实现新的转型

世界社会主义运动发生的变化并不是一般的，而是全面而深刻的重大变化。说全面，是因为这些变化几乎涉及了世界社会主义运动的所有基本方面：如运动的发展目标、指导思想、战略和策略、发展阶段、领导力量和依靠力量、社会基础，以及两制的关系等。说深刻，是因为这些变化不仅关系到运动量的方面，而且还关系到运动质的方面。特别是，由于社会主义运动目标的深化、革命斗争策略的转换、议会斗争的地位和作用的提升、共产党组织形态的新发展、运动社会基础的扩大、对两制关系的新认识等因素，已经使世界社会主义运动实现了新的转型：即它已经从过去由一个国际中心领导、走唯一革命道路、建设统一社会主义模式的世界社会主义运动，转变成为由各国共产党独立自主领导、走符合本国国情的革命发展道路、建设具有本国特色社会主义的世界社会主义运动。当代世界社会主义运动转型的主要特征是：它已经从处在资本主义体制之外的运动，转变成为处在资本主义体制之内的运动；从通过无产阶级革命推翻资本主义的运动，转变成通过和平民主方式对资本主义实行革命性变革的运动；从先进社会阶层参加的为多数人谋利益的运动，发展成为多数人参加的为多数人谋利益的运动。从哲学的意义上讲，当代世界社会主义运动的本质未变，但却发生了部分质变。

世界社会主义运动发生重大变化和转型是有其深刻的社会根源的。

1. 高新科技革命和生产力的革命为世界社会主义运动变革和转型提供了物质前提和基础

源于二战后的高新科技革命和生产力的革命，使资本主义经济、政治的结构和运行、整个社会的阶级结构、工人阶级内部的分层、社会矛盾的发展等都发生了深刻的变化，这突出表现为经济全球化、科技信息化、政治民主化、社会福利化、阶级中间化等。面对资本主义发展的新态势，领导社会运动的各阶级政党（包括资产阶级、工人阶级在内的所有政党），都出现了“不适应”的危机，并相继作出反应，多次调整和变革自己的理论与策略，以适应社会的新发展。

资本主义国家政党曾经历了“权贵政党”阶段（17 世纪后期至 18 世纪后期）、“群众性政党”阶段（18 世纪末至 20 世纪初），20 世纪中叶以后发展到“全方位政党”阶段。“全方位政党”的出现是与 20 世纪 60 年代以来资本主义经济政治发展密切相关的。其一，随着经济和社会的发展，工业化初期传承下来的社会阶级分界开始淡化，社会群体的集体认同趋于弱化；其二，由于经济持续增长和福利国家建设的推行，各政党有可能制定为大多数选民甚至为绝大多数选民所接受的纲领；其三，随着大众媒体的发展，政党领袖能够向广大选民直接发出呼吁，而不必依靠政党内部严密的选区组织。在此情况下，各类政党都在向“全方位政党”转变，其主要特征是：政党的意识形态色彩弱化，政党之间的分歧与对立开始淡化；政党内部上层领导集团的地位持续加强，而党员的作用不断下降；政党有意无意地减少对某一特定社会阶层或社会群体的倚重，转而谋求在社会全体成员中更广泛地吸引支持者，并力图强化与各种利益集团联系的渠道。

资本主义各国共产党生活在现代资本主义的大环境之中，为求得生存和发展，就必须适应资本主义的新变化，顺应政党发展的大趋势。这就要求资本主义国家共产党根据新的经济和政治状况，拟定新的发展目标、采取新的战略和策略，为此，党自身也必须进行相应的变革，使党的理论观念、组织结构、运行机制以及斗争的方式等适应社会的新发展，从而使党能够在新的历史条件下立足于社会，并获得新的发展。

2. 时代主题的转换是促使世界社会主义运动变革和转型的重要国际环境

20 世纪上半叶，由于资本主义帝国主义内在矛盾的激化，战争与革命成为时代的主题，大部分国家的共产党处于非法状态，从而迫使第三国际各国共产党制定了武装夺取政权的策略。然而，在第二次世界大战以后，特别是在 20 世纪六七十年代以后，由于世界经济、政治的新发展，再也没有爆发世界性战争和大的革命，和平与发展成为时代的主题，求和平、谋发展已经成为各国人民群众的深切期待。在此情况下，马克思主义的工人政党，只有体民心、顺民意，调整自己的理论与策略，实行和平民主的革命方针，才能获得人民群众的拥护，并实现新的发展。

3. 资本主义的新变化是世界社会主义运动变革与转型的客观依据

资本主义国家为适应高新科技革命和生产力革命发展的需要，对本国经济、政治、文化和社会进行了一定程度的调节和更新，从而获得了新的发展，这就使资本主义国家共产党生存的环境发生了巨大的变化。其一，资本主义的政治经济力量相对增强，资本主义的法律和制度也表现出了更大的包容性和弹性；其二，社会阶级结构出现了深刻的变化，由金字塔型发展成橄榄型，中间阶级的人数持续增长，工人阶级中蓝领工人的比例下降，白领工人的比例上升；其三，广大劳动群众的生活水平有了新的提高，并获得了相应的福利保障，人民群众的政治和经济参与有了更多的途径；其四，在经济政治状况有所改善的条件下，广大人民群众并不急于要求改变现状，而是热衷于改良现存制度中的不足；其五，各国共产党相继取得了合法的地位，从体制外的政党转变成为体制之内的政党等。所有这一切就使资本主义的社会基本矛盾，特别是劳资矛盾有了一定程度的缓和。这与二战前阶级矛盾极端尖锐的情况有很大的不同，甚至与战后初期的情况也有很大的不同，因此各国共产党需要根据生存环境的变化而变革自己，革新自己的理论与策略，以适应客观条件的新变化。

4. 阶级力量对比关系的严重失衡是世界社会主义运动变革与转型的内在要求

20 世纪五六十年代，虽然不能说当时已是“东风”压倒了“西风”，但以苏联为首的社会主义各国的团结，却是能够抗衡以美国为首的帝国主义阵营的重要力量，这对资本主义各国社会主义运动的发展是有利的。苏东剧变使世界范围内的阶级力量对比关系严重失衡，并使资本主义国内的阶级力量对比关系向着有利于大垄断资本的方向发展，这就严重打击了资本主义各国争取和平、民主和社会主义的力量，加速了欧美国家共产党在国家政治生活中的边缘化进程。显然，在国内外阶级力量对比关系均不利于社会主义发展的条件下，资本主义各国共产党必须革新其理论与策略，变攻势为守势，积蓄力量，以图未来的更大发展。

5. 马克思主义理论是世界社会主义运动变革与转型的理论依据

马克思、恩格斯在不同时期为无产阶级制定了不同的革命策略，他们要求把原则的坚定性与策略的灵活性结合起来，这是资本主义国家共产党制定和平民主革命策略的依据。同时马克思、恩格斯关于旧社会孕育和形成着新社会因素的理论，是资本主义国家共产党渐进地变革资本主义的理论依据。

三、正视当代世界社会主义运动的变革与转型

对世界社会主义运动的变革与转型，我们一要正视现实，二要正确对待。

首先，世界社会主义运动的变革与转型是世界经济、政治和社会发展的产

物，是各国共产党为适应生存环境的变化而改变自己。回顾资产阶级政党发展的历史，我们就可以清楚地看到，那些存在百年以上的老字号政党，没有一个不是经历了多次的变革和转型后而发展壮大起来的。所以今天各国共产党及其领导的世界社会主义运动的变革与转型，是符合世界政党发展规律的，也是符合社会主义运动发展规律的。

其次，这种变革和转型是工人阶级和广大劳动群众经过几个世纪的斗争所取得的成果，是一种社会的进步。曾记否，直到1975年以前，像西班牙、葡萄牙、希腊这样的老牌资本主义国家的共产党还处在非法的地位；到20世纪90年代，苏联和东欧地区的不少国家还一度将共产党置于非法地位。然而，经过人民群众的顽强斗争，到了21世纪的第一个10年结束时，所有的发达国家的共产党和大多数发展中国家的共产党都已争得合法的地位，因而有条件采取不同于过去的斗争方式来进行新的实验，以便用较小的代价和牺牲来取得社会主义的胜利，这是值得我们欢迎的事。1845年2月15日，恩格斯在爱北斐特的集会上指出："如果社会革命和共产主义的实现是我们的现存关系的必然结果，那么我们首先就得采取措施，使我们能够在实现社会关系的变革的时候避免使用暴力和流血。要达到这个目的只有一种办法，就是和平实现共产主义，或者至少是和平准备共产主义。"1847年，恩格斯在《共产主义原理》中回答"能不能用和平的办法废除私有制"时指出："但愿如此，共产主义者当然是最不反对这种办法的人。"

第三，在争取社会主义的斗争中，各国共产党有独立自主地制定自己的理论和策略的权利，我们应该尊重这一基本权利。邓小平在谈到"欧洲共产主义"时曾经指出："独立自主才真正体现了马克思主义。"他说："各国的情况千差万别，人民的觉悟有高有低，国内阶级关系的状况、阶级力量的对比又很不一样，用固定的公式去硬套怎么行呢？就算你用的公式是马克思主义的，不同各国的实际相结合，也难免犯错误。"因此"各国的事情，一定要尊重各国的党、各国的人民，由他们自己去寻找道路，去探索，去解决问题"。

最后，人类实现社会主义的道路将是艰难、曲折而漫长的，在这个过程中，实践才是检验真理的唯一标准，应该由历史来评价今日世界社会主义运动的是非曲直。邓小平曾经指出："各国党的国内方针、路线是对还是错，应该由本国党和本国人民去判断。最了解那个国家情况的，毕竟还是本国的同志。""归根到底由他们的实践做出回答。"

参考文献

[1] 丁淑杰. 美国共产党的社会主义理论与实践［M］. 北京：中国社会科学出版社，2006.

[2] 曹天禄. 日本共产党的“日本式社会主义”理论与实践［M］. 北京：中国社会科学出版社，2004.

[3] 马克思，恩格斯. 马克思恩格斯全集：第1卷［M］. 北京：人民出版社，1965.

[4] 马克思，恩格斯. 马克思恩格斯选集：第2卷［M］. 北京：人民出版社，1995.

[5] 邓小平. 邓小平文选：第2卷［M］. 北京：人民出版社，1993.

[6] 邓小平. 邓小平文选：第3卷［M］. 北京：人民出版社，1994.

20 世纪社会主义的历史地位

一、20 世纪社会主义发展的历程：凯歌行进与艰难探索

20 世纪社会主义的发展大致可以分为两个时期。

在 20 世纪 60 年代以前的半个多世纪里，社会主义运动兴起过两次革命高潮：一次是在第一次世界大战后以十月革命为主导的革命高潮，一次是在第二次世界大战后以中国革命为主导的革命高潮。在第一次革命高潮中产生了社会主义国家苏联，它打破了帝国主义无所不包的世界体系，引发了资本主义国家工人运动的普遍高涨。在工人运动与马克思列宁主义相结合的基础上，产生了新型的工人阶级政党——共产党；与此同时，殖民地附属国的民族解放运动也在社会主义运动的影响下蓬勃兴起。东西方革命运动的结合，震撼了帝国主义的世界体系。

在第二次革命高潮中，产生了中国及欧亚一系列社会主义国家，社会主义成为名副其实的世界体系，并促进了亚、非、拉美地区民族解放运动的全面高涨。原有的殖民地附属国纷纷独立，帝国主义殖民体系全面崩溃。总的来看，十月革命后的 40 多年是社会主义凯歌行进的时期，运动主要是向横广方面发展。

进入 20 世纪 60 年代后，一方面，由于传统社会主义体制的弊病日益严重地制约了社会主义的发展，社会主义国家一时还未能探索到改革传统体制的有效途径；另一方面，苏联的大国主义、大党主义严重损害了社会主义国家之间的团结，并造成国际共产主义运动的分裂，从而使世界社会主义运动逐步进入低潮。80 年代末 90 年代初苏联、东欧剧变，10 个社会主义国家顷刻瓦解，世界社会主义运动受到前所未有的巨大冲击而跌入低谷。但与此同时，中国却在探索经济文化落后国家建设社会主义的道路上取得了巨大的成功，建设有中国特色社会主义的事业在 20 世纪的八九十年代取得了令世人瞩目的成就，显示出社会

主义制度的勃勃生机与活力。越南、古巴等国也在探索自己国家的社会主义发展道路上取得了进展，并获得显著的成就。在资本主义世界，各国的共产党经受住了苏东剧变带来的严峻考验，进一步走上了自主地探索各自国家发展社会主义的道路，从而使科学社会主义的理论研究出现了从未有过的繁荣局面。由此可见，尽管这一时期社会主义的发展遇到了巨大困难并产生了严重的危机，社会主义国家在数量上减少了，但各国马克思主义政党却在致力于探索创新的发展道路，世界社会主义运动表现出向纵深发展的趋向，运动的质量有了新的提高。

社会主义发展的各个阶段之间是相互联系的，质的提高是量的扩展的合乎规律的发展，同时又是未来更高阶段上量的扩展的基础。

20 世纪社会主义的发展是极其艰难曲折的，它是否定之否定的辩证发展规律在社会主义发展中的生动体现。否定之否定的规律是唯物辩证法的基本规律之一。它表明事物本身就包含着它的否定方面、因素和趋势；由于这种内在的否定性、矛盾性的活跃，使事物转化为自己的对立面，由肯定达到对自身的否定；然后，再由否定进到新的肯定，即否定之否定，从而显示出事物发展的完整过程。所以，辩证的否定是一切事物发展的决定性的环节。人类社会所经历的所有社会形态的产生、发展和完善，无一不证明了否定之否定的辩证发展规律的普遍意义。就 20 世纪社会主义发展的历史进程来看，首先，是十月革命和中国革命的胜利并建立社会主义制度，从而实现了社会主义制度对资本主义制度的否定。其后，是中国跨世纪的宏伟实验工程——建设有中国特色社会主义事业的成功，以及其他社会主义国家的改革，则是社会主义改革对传统社会主义发展模式的否定。恩格斯曾经指出："真正的、自然的、历史的和辩证的否定正是一切发展的推动力。"十月革命，中国、越南、古巴等社会主义国家的革命和改革，以及资本主义国家共产党为探索社会主义发展道路而进行的变革实践，就是这种辩证的否定；而"恶劣的、没有结果的否定"，如将社会主义蜕变为资本主义、将共产党蜕变为社会民主党，则会把事情搞糟或造成历史的倒退。

尽管 20 世纪社会主义的发展充满曲折和艰辛，但它却保持了螺旋式向上发展的良好态势，因为社会主义发展中的每一次否定，都是一次扬弃，它不仅舍弃了以前发展阶段中过时的消极的东西，而且还保持和发扬了其中积极的成分，并创造出具有生命力的新成果，从而将社会主义运动推向了新的更高的发展阶段，并为运动的下一步发展创造了条件。恩格斯在谈到这种辩证的否定结果时指出："对立的斗争和解决，在这里（历史上是部分地，思维中是完全地），在既得经验的基础上，重新达到了原来的出发点，但这是在更高阶段上达到的。”20世纪社会主义发展的历史进程表明：社会主义的发展是波浪式的，它是前进性与曲折性的统一；同时，它又是量的扩展与质的提高的统一。尽管在社会主义的发展中有更多的自觉因素，然而，同以往任何社会形态的发展一样，社会主义的实现也是一个自然历史过程，它是人的自觉因素与社会发展的必然规律的统一。自觉是对必然规律的认识和实现，自觉程度愈高，则对必然的认识的正确度愈大，实现必然规律的可能性也愈大，这就会推动社会主义事业的发展；反之，缺乏自觉的盲目性，则会导致对必然规律的忽视，甚至会导致违背必然规律的蛮干，这就会阻碍社会主义事业的发展。可见，社会主义没有而且也不可能脱离人类社会发展的共同轨道。

二、20世纪社会主义的得失：非凡业绩与严重挫折

20世纪社会主义最大的失误和最严重的挫折，就是苏联东欧的剧变。苏联东欧的剧变不是偶然发生的，它是这些国家的经济体制僵化、政治腐化、思想意识形态西化的产物，从根本上来说是社会基本矛盾激化的结果。苏联领导人不能适时地进行有效的变革，无力解决生产关系和生产力之间、上层建筑和经济基础之间的矛盾；戈尔巴乔夫将改革变成为“改向”，则是产生剧变的主观原因。苏联和东欧社会主义国家的顷刻瓦解，沉重打击了世界社会主义运动，使其跌入了低谷。社会主义的敌人为此弹冠相庆，不断地鼓噪：马克思主义不灵了，社会主义死亡了；更有人预言20世纪末社会主义将彻底崩溃。但是，历史的逻辑与他们的主观愿望相反，挫折并没有使共产党人和社会主义者屈服，他们走上了自强、复兴的道路，经过20世纪最后10年的艰苦努力，社会主义运动已经走出谷底，并在谋求新的发展。

纵观20世纪社会主义发展的全部历程，即不仅要看到苏联东欧的剧变这一严重挫折及其引发的危机，而且还要看到苏东剧变前的70多年社会主义的发展，更要看到苏东剧变后10年社会主义的发展，我们就不能不承认：20世纪社会主义发展的主导方面，是它已经创造的非凡的业绩和它所取得的辉煌成就。

第一，社会主义保卫了世界和平、促进了人类社会的进步。十月革命沉重打击了帝国主义的整个阵线，使旷日持久的第一次世界大战得以结束。苏维埃政权颁布的第一个法令就是列宁亲手起草的《和平法令》，和平法令向各交战国的人民和政府提议缔结不割地、不赔款的和约，终止帝国主义战争，这对苦于战争煎熬的各国人民奋起反对帝国主义战争产生了深刻的影响；苏维埃国家率

先退出帝国主义战争，并与德国单独缔结和约的行动，完全打乱了帝国主义交战双方的力量平衡，使战争更加难以进行下去，导致第一次世界大战于1918年（十月革命后的第二年）结束，人类社会得以免除帝国主义战争的痛苦。

德、意、日法西斯发动的第二次世界大战，更是一次人类的空前浩劫。在德国的强大战争机器面前，欧洲资本主义国家一个接一个地被碾碎。德军仅用3天的时间占领了奥地利，1天的时间占领了捷克，1个月的时间灭亡了波兰，4个小时占领了丹麦，1个月攻陷了挪威，8天时间分别占领了比利时、荷兰和卢森堡，11天灭亡了法国，等等。欧洲各资本主义国家像被赶进了屠宰场的一群羔羊，战战兢兢地等待德国法西斯强大战争机器的宰杀。苏联红军的参战才打破了法西斯不可战胜的神话，改变了战争双方的力量对比，也改变了战争发展的整个态势。苏联人民在苏联共产党的领导下，在全世界爱好和平的国家和人民的支持下，付出了巨大的民族牺牲，对战胜德、意、日法西斯起到了决定性的作用，使全人类免遭法西斯“千年帝国”的奴役。

在社会主义制度诞生以前，殖民地附属国的人民已经饱受了数百年的殖民奴役之苦。但是，在无所不包的帝国主义体系的统治下，他们的无数斗争只能以失败而告终。十月革命以后，特别是在欧亚一系列社会主义国家诞生以后，殖民地附属国人民的斗争才有了社会主义世界体系作为自己强大而可靠的同盟军，因而也就具备了摆脱帝国主义殖民奴役的条件。在社会主义国家的影响和支持下，亚、非、拉美地区民族解放运动风起云涌，被压迫被奴役的国家和民族纷纷建立自己的民族独立国家，帝国主义殖民体系终于在20世纪下半叶土崩瓦解。

苏维埃国家对工人阶级和劳动群众真正的关怀，苏联人民所享有的文化教育、物质福利和社会保障，是当时任何资本主义国家都无法比拟的，它引来了一个接一个资本主义国家的工人代表团访问苏联。社会主义与资本主义在工人文化教育、物质福利和社会保障方面的强烈反差，促进了西方工人阶级为争取自身权利的斗争，迫使资产阶级不得不作出让步，并逐步建立或完善其社会保障制度，从而改善了资本主义国家广大劳动群众的生活状况。

社会主义国家在实现男女平等和妇女的解放方面的成就，与当时资本主义世界广大妇女的受压迫、受剥削、无权力、无地位的情况形成了鲜明的对照，极大地促进了资本主义各国妇女为争取自身权利和解放的斗争，从而使资本主义各国妇女的地位得到普遍提高。

20世纪20年代，特别是在1924—1929年资本主义暂时局部稳定时期，这也是自由主义市场经济理论相当时髦的时期，资产阶级经济学家还在大谈所谓“不管事的政府是最好的政府”的理论。但好景不长，1929—1933 年的经济“大危机”席卷了整个资本主义世界，使各国资产阶级犹如世界末日的来临惶惶不可终日。正是在这一时期，苏联计划经济体制却取得了成功，它与风雨飘摇中的资本主义形成了鲜明的对照，并使得资本主义经济学家不得不对苏联刮目相看。有远见的资产阶级经济学家们提出资本主义国家可采用“指导性计划”来对市场经济加以宏观调控，以改善日益恶化的资本主义的经济。无疑，社会主义计划经济体制的实践为资本主义国家首先是美国摆脱 30 年代的经济“大危机”提供了主要参照，也为第二次世界大战后西方发达国家从自由放任的市场经济转向有国家宏观调控的市场经济提供了主要参照。

由此可见，没有社会主义的发展，就没有今天以和平与发展为主题的世界，就没有被迫“调整”或“改良”后的资本主义。

第二，社会主义运动自身获得了长足的发展。与 19 世纪的社会主义运动相比较，20 世纪社会主义运动的成就要巨大而丰厚得多。

1. 社会主义从欧美的运动发展成为世界的运动。

自 1848 年科学社会主义诞生以来，社会主义运动便不断向前发展，1864 年建立的第一国际在欧美 17 个国家建立了第一国际支部，奠定了社会主义运动的基础。1889 年建立的第二国际先后在 22 个国家建立了 28 个无产阶级政党，将社会主义实践活动由西欧、北美逐步扩大到东欧、南美以及亚洲、澳洲的少数地区。社会主义真正发展成为遍及全世界规模的运动则是 20 世纪的事。1919 年建立的第三国际下属 76 个国家的共产党，代表着 400 万党员，使社会主义运动从欧洲、北美扩展到亚、非、拉美等不发达的国家和地区。二战后，社会主义运动获得了进一步的发展，到 1983 年，全世界共有 97 个国家建立了共产党，代表着 8000 多万党员，其中 15 个是领导社会主义国家的执政党。此后的苏东剧变给世界社会主义运动以巨大的冲击，但经过 10 年左右的恢复和调整，社会主义正在从困境中走出来，个别地方还有所发展。当今世界仍有 100 多个共产党，拥有 7000 万左右的党员，它仍然是一个具有世界规模的强大运动。

2. 社会主义已经从理论变成活生生的现实。

1917 年十月社会主义革命建立了世界上第一个社会主义国家，使社会主义从理论变为现实。1949 年中国革命的胜利和欧亚一系列国家走上社会主义道路，是 20 世纪社会主义发展的真正的高潮，它使社会主义从一国胜利发展成为多国胜利，进一步改变了世界的面貌。80 年代末和 90 年代初的苏东剧变，虽然使欧洲社会主义制度的发展中途夭折（中途夭折的还有亚洲的蒙古），但它并没有能够撼动中国、越南、古巴、朝鲜等国的社会主义制度在亚洲和拉丁美洲的存在，更无法阻止它们在建设符合本国国情的社会主义道路上迅猛发展。

3.科学社会主义实现了从经典理论到当代理论的历史性发展。

经典社会主义理论是马克思和恩格斯在19世纪中叶创立的科学社会主义理论，当代社会主义理论是科学社会主义的基本原理同20世纪社会主义的实践相结合的产物，它是由列宁开创以斯大林、毛泽东、邓小平、江泽民等为代表的几代马克思主义者逐步完成的理论体系（其中自然包括卢森堡、葛兰西、布哈林、季米特洛夫、胡志明、金日成、铁托、卡达尔、哥穆尔卡、陶里亚蒂、多列士等众多著名马克思主义思想家、活动家的卓越贡献），建设有中国特色社会主义是其中的一个完整、系统和成熟的理论表现。现在无论是在东方还是在西方，各国共产党人都在努力将马克思主义的基本原理与本国的具体实践相结合，探索符合本国国情的社会主义发展道路，从而促进了科学社会主义的经典理论向当代理论的发展。

4.传统社会主义发展模式变革成为当代社会主义发展模式。

随着科学社会主义从经典理论到当代理论的历史性发展，传统社会主义发展模式也逐步变革成为当代社会主义发展模式。这种变革首先表现在社会主义由过去的整齐划一的一种模式，转变成为各具本国特色的多种模式，其变革的关键是确立了发展社会主义商品经济、建立和完善社会主义市场经济体制的目标，从而根本改变了建设社会主义的方法和形式，引起了社会主义发展模式的全面转换。传统社会主义发展模式向当代社会主义发展模式的转换，重新赋予社会主义制度以新的生机与活力，显示了社会主义制度的优越性，促进了社会主义事业的发展。

三、20世纪社会主义的遗产：宝贵经验与深刻教训

20世纪的社会主义的发展，既有成功的经验，也有失败的教训，所有这些都是21世纪社会主义继续发展的宝贵财富。

第一，必须用科学的态度对待马克思主义。马克思主义是科学，必须用科学的态度对待它。这就要求我们做到三个坚持。首先，坚持解放思想，实事求是的思想路线，这就是要坚持辩证唯物主义和历史唯物主义的世界观和方法论，清除唯心主义和形而上学的思想影响，打破“左”的精神枷锁，摆脱对僵化的传统社会主义模式的迷信——这是科学对待马克思主义的必要的思想条件。其

次，要坚持实践是检验真理的唯一标准，正确区分马克思主义的基本原理、原则和方法，把握其精髓，并在实践中予以运用，同时又敢于正视并舍弃其中被实践证明是过时的或原本就不正确的具体论断。再次，要坚持理论与实践相结合的原则，将马克思主义基本原理与本国社会主义实践结合起来，不断研究新情况，解决新问题，得出创造性的科学结论，从而推动社会主义事业的发展，在实践中丰富和发展马克思主义。事实表明，能否以科学的态度对待马克思主义，关系到社会主义事业的兴衰成败。当我们将马克思主义的基本原理创造性地运用于本国社会主义实践时，我们的事业就获得胜利、获得发展；反之就会遭受挫折。从总的情况看，不顾本国国情的“左”倾教条主义是产生诸多失误的一个主要原因。

第二，必须辩证地对待生产力和生产关系的相互关系。马克思主义关于社会基本矛盾的理论，无论对资本主义国家还是对社会主义国家都是一视同仁的，普遍有效的。社会生产方式的发展是由生产力和生产关系的矛盾推动的，正确处理好两者的关系，事关社会主义事业发展的全局。生产力和生产关系的辩证关系要求我们：一方面，社会主义国家必须高度重视生产力的发展，必须始终坚持以经济建设为中心，大力发展生产力。因为在生产方式的矛盾运动中，起决定作用的是生产力，生产方式是否应当变革以及变革的方向和形式，归根到底取决于生产力的发展状况。另一方面，社会主义国家也决不能忽视生产关系对生产力的反作用。事实表明，在社会主义制度建立以后，始终存在一个继续解放生产力的任务。这就要求我们在关注生产力发展的同时，丝毫也不能忽视生产关系对生产力的反作用，上层建筑对经济基础的反作用，必须适时地调整经济基础与上层建筑中不适应生产力发展的方面和环节，或适时地进行改革。应该承认在社会主义实践中，以上两个方面都有过重大的失误。我们既要尊重生产力的决定作用，也要尊重生产关系的反作用，将两个方面辩证地统一起来。

第三，吸收和借鉴资本主义的文明成果。社会主义是作为资本主义的对立物而产生的，但它同资本主义除了对立的一面之外，还存在同一的一面。这就是社会主义是在资本主义已经取得的文明成果的基础上建立起来的，它只有吸取和借鉴资本主义的文明成果，才可能获得巩固和发展，否则，就只有退回到中世纪的历史起点上去，那就谈不上越过资本主义制度的“卡夫丁峡谷”，建设社会主义就只能是空想。现实社会主义是在经济文化比较落后的国家取得胜利的，它们没有经历过资本主义的充分发展，因此，吸取资本主义的文明成果对它们就具有更为迫切的意义。过去我们在这方面也有失误，这就是将不同制度的对立绝对化，抹杀了同一的一面，否认社会主义同资本主义在生产力的发展上具有继承性，把不同性质的生产关系与生产力发展的一般形式混为一谈，将社会主义社会的生产力与资本主义社会的生产力一刀两断，拒绝向资本主义社会的先进生产力学习，排斥商品经济和市场机制，结果自外于世界经济的发展，造成经济的长期落后。这一历史的教训是不应该忘记的。

第四，解决好民主政治建设这一跨世纪的课题。社会主义在20世纪的一个引人注目的成就，是中国确立了发展社会主义商品经济，建立和完善社会主义市场经济体制的改革目标，从而使长期困扰我们的经济发展问题得以迎刃而解。但是，另一个困扰我国的问题，即列宁提出的：无产阶级组织成为统治阶级究竟怎样才能组织得同最完全最彻底地“争得民主”相适应的问题，却没有得到完满的解决。我们的目标是既要发展人民民主，又要坚持民主的社会主义性质，坚持共产党的领导，逐步形成党领导社会主义民主发展的良性循环（而非恶性循环），这是一个需要极大创造力才能解决的时代课题。为此，我们将坚定不移地走自己改革创新的道路：一方面，将马克思主义的基本原理与本国实践相结合，不断总结群众的实践经验和创造，进一步改革政治体制，发展和完善社会主义民主；另一方面要吸收和借鉴资本主义民主中的进步的合理的因素，为我所用，但决不搞移植照搬或“全盘西化”，在这方面苏联、东欧的教训可以为鉴。这里应该指出的是：不借鉴资本主义民主的积极成果，社会主义民主便不可能获得真正的发展和完善；借鉴可以使社会主义民主更加丰富多彩，但它决代替不了社会主义民主自身的创造；如果没有自己的创造和特色，社会主义就永远不能产生出高于资本主义的民主。

第五，必须坚持物质文明与精神文明的共同进步。社会主义是以经济建设为重点全面发展、全面进步的社会。经济、政治、文化协调发展，两个文明都搞好，才是真正的社会主义。任何时候都不能以牺牲精神文明为代价换取经济一时的发展。

第六，必须保持党的先进性，实现先进性与广泛代表性的统一。共产党只有保持工人阶级先锋队的性质，才能担当起领导社会主义事业的重任。党要保持自己的先进性，就必须始终代表先进生产力发展的要求，始终代表先进文化的前进方向，始终代表广大人民的根本利益。

第七，建设社会主义必须坚持独立自主的原则。社会主义无疑是具有国际性的运动，但这种国际性是植根于民族性的，两者是辩证的统一。在这方面，共产国际和苏联都有自己的失误。中国的社会主义事业能有今天的发展，其重要原因之一，就是坚持了独立自主的原则。可见，独立自主是社会主义事业发展的一个必要前提。

综上所述，我们不难得出结论：20 世纪社会主义既是对 19 世纪社会主义光荣革命传统的继承，同时它又在理论和实践上丰富和发展了 19 世纪社会主义运动的伟大成果，并为 21 世纪社会主义的发展奠定了坚实基础。因此，20 世纪社会主义运动是国际共产主义史中光辉的一页，它起着承上启下的不可替代的作用，具有极其重要的历史地位。

参考文献

[1] 马克思恩格斯全集：第 20 卷 [M]. 北京：人民出版社，1971.

低潮中的奋进——1990—2010年的世界社会主义运动

苏联解体，东欧剧变是20世纪下半叶重大的历史事件，它对世界格局和人类社会发展已经产生并将继续产生深远的影响。人们对苏东剧变后世界社会主义运动的发展有不同的看法，大多数人认为世界社会主义运动处于低潮，但也有人认为国际共运已不复存在，还有人认为国际共运在不断走向高潮。笔者认为，对当前世界社会主义运动发展的总体态势，用“低潮中的奋进”来概括较为贴切。

一、20年来世界社会主义运动总体处于低潮

苏联解体，东欧剧变，使地处欧亚的10个社会主义国家倒退到资本主义，这一事件对世界社会主义运动打击的广度和深度都是空前的，带来了之后长达20多年的运动低潮。之所以称为低潮，是因为这20年来，在资本主义世界没有出现统治阶级不能照旧统治下去、被统治阶级不能照旧生活下去的危机形势，没有出现波涛汹涌的工农群众运动和大范围的革命发动。有的是反动势力对进步力量的摧残和高压，革命队伍的涣散和解体，群众政治意识的低落。特别是作为科学社会主义发源地的西欧国家，其共产党在社会政治生活中日益被边缘化，在2008年夏天爆发的极其严重的资本主义金融和经济危机中，资本主义国家的工人运动并没有得到明显的增强。但是，资本主义国家的共产党并没有在低潮中沉沦，他们在艰难的条件下坚持斗争，对其理论和政策进行了调整和变革，并取得了相应的斗争成果。其间，经历了三个相互联系而不可分割的发展进程。

其一，资本主义国家共产党在受到剧烈冲击后经历了一个站稳脚跟的过程（从苏东剧变到2001年的“9·11”事件）。苏东剧变后，垄断资本对各国共产党发动的进攻，其野蛮程度二战以来未曾有过，特别是在前苏东国家竟采取法西

斯手段宣布共产党为非法。在此情况下，各国共产党有的从此解体，有的则改行社会民主主义，有的发生分裂，比较普遍的是党员退党，党员人数锐减。在极端艰难的条件下，许多国家共产党人顶住了外部的压力，克服了内部的思想混乱和组织分裂，始终坚持社会主义的信念，高举马克思主义的旗帜，勇敢地进行了反对垄断资本和捍卫劳动群众基本权益的斗争，基本稳定下来。目前，在世界100多个资本主义国家中，约有127个党仍然保持共产党的称号，党员总数达700多万（比苏东剧变前锐减2/3）。应该说，这是个很难得的成就。

其二，资本主义国家共产党经历了一个总结经验教训和制定新的理论与策略的过程（从“9·11”事件到2008年经济危机）。正当以美国为首的西方国家陶醉于反共产主义运动的“成功”时，2001年9月11日美国纽约世界贸易大厦发生了震惊世界的恐怖袭击。“9·11”事件使他们不得不承认，恐怖主义乃是其面对的更现实更直接的威胁。他们组成反对恐怖主义的世界阵线，在阿富汗、伊拉克等国发动了反恐战争，耗费了大量的人力、物力和财力。这在客观上减缓了苏东剧变后反共势力给各国共产党所造成的压力。在此情况下，资本主义国家共产党进一步分析了新科技革命条件下资本主义的新调整和新变化，总结了国际共产主义运动以及本国社会主义运动的经验和教训，深化了对资本主义的认识，深化了对走具有本国特色的社会主义发展道路的认识，并制定了相应的战略和策略，从而使其处境在新世纪出现了不同程度的好转。资本主义国家共产党的党员人数基本稳定下来，少数党还有所发展，党的影响力有所提升。如印度共产党（马）党员发展到101万人，日本共产党有40万人，巴西共产党有20多万人，俄罗斯联邦共产党有16万人，捷克和摩拉维亚共产党有14万人，乌克兰共产党有11万人，法国共产党有13万人等。其中，摩尔多瓦共产党人、塞浦路斯劳动人民进步党、印共（马）、尼泊尔共产党（毛主义）、尼泊尔共产党（联合马列）等还先后执掌过或正在执掌全国政权或地方政权。这些成就说明，世界社会主义运动开始走出低潮的谷底。

其三，资本主义国家共产党正在经历一个深化对资本主义认识和调整丰富社会主义理论与策略的过程（2008年经济危机至今）。2008年夏天爆发的资本主义金融和经济危机，是世界社会主义运动走向振兴的一个新的契机。这次经济危机使资本主义再次坐到历史的被告席上，并使马克思主义理论获得新的证实，从而使全世界的工人阶级和劳动群众再次认识到只有社会主义才是人类的光明未来。这就进一步坚定了在艰难环境中斗争的各国共产党人的社会主义信念。从总体看，这次危机使工人运动活跃了，使国际共产主义运动的团结加强了。在此期间，资本主义国家许多共产党提出了符合本国国情的反危机斗争纲领，加强了反对垄断资本的斗争，密切了工人阶级与其他反垄断资本力量的团结与合作，增强了共产党的国际团结与合作，进一步调整丰富了其理论与策略。

二、低潮中的奋进之一：社会主义国家在改革开放中开拓前进

当今的世界社会主义运动在低潮中的奋进，首先当推社会主义国家在改革开放中取得的举世瞩目的伟大成就，特别是拥有 14 亿人口的中国，其发展完全是一种逆势上扬的态势，特别引人注目。

第一，中国特色社会主义理论继承、丰富和发展了科学社会主义，实现了其历史性发展。

第二，中国改革开放和社会主义现代化建设的成功，体现了社会主义的优越性及其无限的生机与活力，扩大了社会主义的影响，鼓舞了全世界进步力量争取社会主义前途的信心，对低潮中发展的世界社会主义运动起到了中流砥柱的作用，促进了世界社会主义运动的恢复和发展。

第三，中国改革开放和社会主义现代化建设的成功，为社会主义各国提供了一个可以成功地走出危机、从而获得稳定发展的崭新的社会主义模式，开拓了一条发展社会主义事业的崭新道路。

第四，中国改革开放和社会主义现代化建设的成功，给人类社会的进步以深刻的影响，它为广大发展中国家提供了一个不同于西方国家的新型现代化发展道路。

同时，越南、古巴、朝鲜、老挝等国巩固和发展社会主义的事业也获得了新的进展，这是对世界社会主义运动的巨大鼓舞。

三、低潮中的奋进之二：资本主义国家共产党在调整和变革中探索前行

苏东剧变后，资本主义国家一些共产党非常重视对社会主义运动历史经验的总结，他们对马克思主义理论、资本主义的新变化、社会主义发展道路、马克思主义政党的建设等重大问题进行了认真的理论思考，取得了一定的进展。

1. 关于党的指导思想：从教条式地对待马克思主义到创造性地运用马克思主义。

马克思主义理论不是教条，而是行动的指南。然而，从 20 世纪 30 年代起，教条主义在世界社会主义运动中便日益占据主导地位。全世界的马克思主义者都清楚地看到，苏东剧变，并不是马克思主义的失败，而是教条式地对待马克思主义的失败，是教条主义的彻底破产。同时苏共这个曾经被教条主义所腐蚀的“理论权威”的消失，也为人们创造性地运用马克思主义创造了有利条件。当今，把马克思主义与本国的具体实践相结合，已经成为世界社会主义运动发展的历史潮流。法共在 20 世纪 90 年代就提出了“新共产主义”理论，日共在新世纪提出了建设“日本式社会主义”的理论，希腊共产党提出了“反帝反垄断的社会主义革命理论”，印共（马）提出了“人民民主革命理论”，巴共提出了“建设具有巴西特色的新型社会主义”，等等。

2. 关于现代资本主义：走出资本主义总危机的理论误区，直面现代资本主义的调整、变革与发展。大多数资本主义国家共产党对当代资本主义发展的认识，比过去更加实际而辩证，对一些基本问题的认识比较一致：一是现代资本主义与自由资本主义时代和垄断资本主义初期相比有很大不同，它已经具有较强的自我调节、自我更新和自我发展的能力；二是资本主义的自我调节、自我更新和自我发展的能力，并没有也不可能消除资本主义社会的基本矛盾，解决这一矛盾的根本途径是用社会主义取代资本主义；三是在资本主义的发展中，其内部的新社会因素也在增长，这就为实现社会主义准备了条件；四是反对资本主义的全球化。资本主义国家共产党认为，全球化是伴随着社会生产力发展的客观历史进程，是一种历史的必然现象；但当前的全球化进程是由资本主义大国主导的，是新自由主义的和帝国主义的全球化，这一进程给生产与消费、政治与国家、权利与平等的各个领域都造成了破坏性的后果，它扩大了剥削、统治和压迫，从而为世界范围内的反帝、反资本主义运动的兴起和发展创造了条件。他们反对资本主义全球化，要求为建立造福于全人类的完全不同的全球化而进行必要的斗争。

3. 关于社会主义社会：从一元社会主义模式到多元社会主义模式。当前资本主义国家共产党普遍认为，建设社会主义的模式不是唯一的而是多样的。其主要理论观点为：一是强调建设社会主义必须从资本主义国家的具体实际出发，不能照搬别国现成的模式。美共认为，未来美国的社会主义将按美国的传统、历史和文化条件来建立，因此它将不同于其他国家的社会主义社会。许多国家共产党都重新制定了关于社会主义的理论和策略。二是主张建立公有制起主导作用的混合经济体制。法共主张发展以公有制为主体的混合经济，反对私有化和国家干涉主义，既不能实行统制经济，也不能屈从于市场法则。美共主张结束国家财富的私人占有，主要产品生产在公有制下进行，公有制在社会主义建设中起主导作用；同时还认为，社会主义并不要求废除所有由私人占有的生产方式，为自己工作或不雇佣他人创造利润的人所拥有的财富不实行国有化。葡萄牙共产党主张实行经济民主，在国家、合作社和私营等部门组成的“混合经济”基础上发展经济。三是越来越多的党承认市场经济在建设社会主义社会中的作用，但认为国家的宏观调控必不可少。日共提出了“市场经济社会主义”理论，特别重视中国建设社会主义市场经济体制的经验；西班牙共产党主张发挥公有制在经济领域中的“决定性”作用，同时也要尊重作为“计划”补充和纠正个体所有制形式的作用，认为“市场必须严格服从政治决策和民主”；葡共主张对国民经济实行有计划的领导，同时又充分发挥市场的作用，等等。四是主张实行多党民主制。资本主义国家共产党从本国的实际出发，一般都主张未来的社会主义社会将实行多党民主制度，但又强调社会主义社会只有在共产党的领导下才能得以实现。持这类主张的既包括发达国家的共产党，也包括南非、印度、尼泊尔等发展中国家的共产党。五是高度重视未来社会民主的发展。美共认为，比资本主义更优越的、真正的民主是社会主义的实质，争取民主和民主价值的斗争，在任何时候都是社会主义的实质。葡共提出了“争取民主和社会主义”的口号和“先进民主”纲领，认为社会主义就是深化民主。法共认为，新社会要扩大民主，使代议制民主从直接民主中吸取营养，使公民享有比代议制民主大得多的、新的权利和权力。六是实行广泛联盟的政策。在阶级结构已经发生巨大变化的条件下，资本主义国家共产党特别重视实行最广泛的阶级联盟政策，反对宗派主义的策略。如美共、葡共等主张建立以工人阶级的团结为基础的同农民、小资产阶级的联盟；在现阶段的革命进程中，职员、干部、知识分子、小商人、企业家和城市中等资产阶级都是联盟体系的组成部分。法共主张在议会和政府中实现一切左翼进步力量的联合，以便同议会外的广大人民群众结合起来，与工人、农民、知识分子、中小资产阶级结成的广泛联盟结合起来，共同实行由人民决定的社会变革。七是高度重视保护生态环境问题。当今资本主义国家共产党的纲领和政策中，一般都写有保护生态环境的内容。第十一次共产党和工人党国际会议还专门通过了“关于纪念博帕尔毒气泄漏悲剧25周年的决议”，呼吁全世界的进步力量在2010年开展纪念活动，抗议帝国主义的掠夺行径，支持印度和其他发展中国家人民保护生态环境的斗争，强调解决地球的生态环境问题，必须“要从这种野蛮的资本主义中解放出来，必须实行真正的替代方案——建立社会主义制度”。

4. 关于走向社会主义的道路：从主张暴力革命到主张走和平民主的发展道路。第二次世界大战后，大多数国家的共产党在理论上仍然坚持或至少是不否定通过暴力革命夺取政权，实现社会主义。此后，世界局势和资本主义国家出现了新的变化，从而引发对无产阶级斗争策略的新认识。苏东剧变以后，大多数资本主义国家的共产党都主张通过和平、民主的道路走向社会主义，一般不再提无产阶级革命，更不提建立无产阶级专政。法共主张“通过法国人民的运动和民主的力量，沿着新型革命的道路即一种人道的、公民的和互助的现代革命的道路前进”。日共认为，日本社会的进步需要通过和平和民主的方法，分阶段地、一步一步地向着既定的目标接近。美共提出要通过美国人民在发展着的宪法秩序的范围内，进行政治和经济的斗争，争取和平、民主地走向社会主义。希共、葡共等在提出走和平民主发展道路的同时，也不排除在资产阶级首先使用暴力的条件下走非和平发展道路的可能性。但是，在经济文化比较落后的发展中国家情况又不完全相同，这里的共产党往往分为两派，一派主张走由农村包围城市的武装夺取政权的道路，另一派则主张走议会民主的道路，或者将这两种策略结合起来加以灵活地运用，如尼泊尔、印度等国的共产党。

5. 关于党的性质：从工人阶级先锋队政党逐步转变为工人阶级和全体劳动者的群众性政党。如何给共产党的性质以科学的定位，是关系到共产党的阶级认同的重大问题。共产党自诞生之日起就一直自称是工人阶级的先锋队，被公认为是工人阶级或无产阶级的政党。但是自 20 世纪 60 年代以后，特别是在 70 年代中期以后，情况有所变化。此时兴起的“欧洲共产主义”，明确提出了有关党的性质的新主张，即否定“职业革命家的党”，主张建立“群众性的党”；否定党是无产阶级组织的最高形式。苏东剧变以后，西方国家共产党对其性质的表述又有新的变化。此时除希腊共产党等少数党继续坚持党是“工人阶级的先进的、有觉悟的、有组织的部队”这一传统理论观点之外，大多数国家的共产党已不再提工人阶级的先锋队，如日共自称“日本共产党是工人阶级的党，同时是日本国民的党”；意大利重建共产党自称是一个新型的工人阶级的群众性政治组织；法共自称是指导工人阶级、劳动人民和其他劳动阶层同资本主义进行斗争的坚强集体，斗争的目标是实现共产主义；葡共自称是“无产阶级”的政党，“是工人阶级和全体劳动者的政党”；等等。与此同时，发展中国家的共产党也对党的性质提出了新的见解。1990年南非共产党在取得合法地位以后认为，为适应新形势的发展，有必要将自己建设成一个“群众性的先锋党”。1998年尼共（联合马列）六大通过的政治纲领重申，尼共（联合马列）是尼泊尔无产阶级、劳动阶级的政党，保护所有劳动阶级和爱国民主力量的利益，强调了党的群众性。

由此可见，资本主义国家共产党自称是工人阶级的政党，但同时还认为自己是全体劳动阶层的党，甚至是全体国民的党，其阶级基础已经扩大；另外，资本主义国家共产党强调自己是群众性的政党，不再提是无产阶级组织的最高形式，不再提党是工人阶级的先锋队。

6. 关于党的运行机制：从实行民主集中制转变为强调民主运行体制。作为现代群众性政党，党的运行机制也发生了重大的变化，即从强调实行民主集中制转变为强调民主运行体制。资本主义国家共产党是在十月革命以后按照苏联共产党的模式建立和发展起来的，在党内形成了高度集中的权力体制。苏东剧变以后，在有关党的组织原则问题上，部分资本主义国家共产党已不再遵循传统的民主集中制，而是强调民主、自由和多样性，例如法共现在实行“民主的运转原则”，等等。另外，那些继续坚持民主集中制的党，则对民主集中制作了新的解释，重点强调其民主的方面。例如，希共强调“在坚定贯彻民主集中制原则的前提下，加强党内民主和集体决策与运作”；日共二十二大仍坚持民主集中制原则，但是删除了“少数服从多数，下级服从上级”的提法，并把党员“无条件服从”党的决议，修改为“自觉服从”党的决议；美共二十八大对民主集中制作出了新的解释：“在今后，党的建设应以灵活性、集体性、团结性和互相承诺为目标，致力于争取全体党员支持全党民主地制定政策，而不是以纪律来强迫少数人接受。”

7. 关于党的工作方法：信息技术在党的工作中起着日益重要的作用。人类已经进入信息化时代，能否掌握信息工具、运用信息手段，关系着社会各政党的生存和发展。瞬息万变、公开透明和广泛传播的信息，对各国共产党的领导、组织、宣传、动员工作带来了严峻的挑战，原有的工作方式和方法已显得不够。不少党都拥有自己的网站、出版社、报纸、杂志［如法共、日共、美共、印共（马）等］，有的党还拥有定时开播的电台和电视台（如希共等），它们在党的日常工作中起着越来越重要的作用。因此，是否拥有并成功运用这些传媒工具，就成为衡量该国共产党是否具有实力和公众影响力的重要标志。

四、低潮中的奋进之三：各国共产党之间新的国际联系正在重新建立和发展

苏东剧变使各国共产党之间的国际联系几乎完全中断。但是，无产阶级国际团结的思想仍然在继续发展，经过 20 年的不懈努力，各国共产党之间的国际联系正在重新建立和发展。

第一，左翼学者、社会主义学者和马克思主义学者的国际学术会议频繁召开。苏东剧变以后，先后在巴黎、莫斯科、纽约、伦敦、特利尔、北京、武汉等地召开了多次社会主义学者国际学术会议，这是世界社会主义运动在理论上相互交流的重要形式。特别是在社会主义运动低潮时期，社会主义学者国际会议的意义大大超过了会议本身，它起到了交流社会主义理论和思想，加强全世界马克思主义者之间的联系和合作，鼓舞社会主义者的斗志和扩大社会主义影响的积极作用。

第二，左翼政党国际会议的召开和左翼政党联盟的建立。在面对共同的问题和争取共同的利益面前，左翼政党开始了更密切的合作。首先是左翼政党的国际会议的频繁召开，其中历史最长、参加的左翼政党最多、影响最大的是圣保罗论坛会议。1990 年，在巴西劳工党倡议和主持下，拉美 48 个左派政党（包括古巴共产党）和组织参加了首次圣保罗论坛会议。从 1992 年第三次会议起，圣保罗论坛会议还邀请了世界五大洲的共产党和其他左派政党和组织与会。每年一次的圣保罗论坛会议已经成为拉美和世界左派政党的重要聚会。其次是左翼政党联盟的建立，其中最突出的是“欧洲左翼党”。2004 年 1 月 10—11 日，在德国民主社会主义党（前身为德国统一社会党）的主持之下，在柏林州议会大厦召开了成立“欧洲左翼党”的协商会，来自欧洲 17 个国家的 19 个左翼政党的代表参加了会议，宣布欧洲左翼党的成立，这标志着欧洲左翼政党在政治上和组织上的联系进一步加强。

第三，共产党工人党的国际联系出现新的形式。从 20 世纪 90 年代开始，共产党工人党的国际合作不断恢复和发展。首先，党与党之间的相互关系获得新的发展。当前，发展各国共产党相互之间的关系，已经成为各国共产党进行国际联系、交流经验和相互支持的主要形式。这种党与党之间相互关系的特点是：完全自愿、平等、独立自主、互不干涉内部事务，这就避免了过去以某个大党

为中心的国际联合所产生的强制性、不平等性、依附性和干涉别国党内部事务等不正常现象的发生。其次，“国际共产主义研讨会”的定期召开。自1992年以来，国际共产主义运动研讨会（ICS）每年在布鲁塞尔（比利时）举办一次，目前已经召开18次。其宗旨是就当前世界与社会主义的重大问题进行广泛的讨论和经验交流，捍卫马克思列宁主义和无产阶级国际主义，反对修正主义。目前已经有来自五大洲的约150个政党和组织参加到该研讨会中来。比利时工人党承担了研讨会秘书处的工作，会议刊物《马克思主义研究》的编印工作。再次，“共产党工人党国际会议”的定期召开。苏东剧变以后，各国共产党试图重组国际共产主义运动，并努力使共产党和工人党聚集在一起。1993年，印度共产党（马克思主义）第一个进行了这种尝试，举办了关于“当代世界形势与马克思主义有效性”的国际研讨会。从1998年开始，希腊共产党连续主办7次共产党工人党国际会议，目前共产党工人党国际会议已经召开过11次，它是世界各国共产党工人党加强联系、交流思想观点和工作经验、促进世界社会主义运动发展的重要形式。会议出版理论季刊《国际共产主义评论》。

从总体上看，苏东剧变20年来的世界社会主义运动长期处于低潮，它并没有出现量的扩展，却有一定质的提高。经过此次资本主义金融和经济危机的洗礼，世界社会主义运动将迈出更加坚实的步伐。

战役成功与战略困局：2008 年金融危机以来的世界社会主义运动发展态势

2008 年夏天爆发的金融危机将资本主义再次推上了历史的审判席，从而使人们不得不重新认识马克思主义，重新认识社会主义。这一新的发展形势为世界社会主义运动的复兴提供了新契机。在危机时期，资本主义国家工人运动表现出新的觉醒，社会主义运动取得了战役性的成功。然而，发达资本主义国家共产党在政治生活中被“边缘化”的处境并没有得到根本改变，世界社会主义运动仍然处于低潮，资本主义国家共产党仍然面临严峻的局面，斗争并没有取得战略性的胜利。

一、战役成功与反思

2008 年夏天的金融危机爆发后，资本主义国家共产党立即行动起来，积极开展应对严重危机及其后果的斗争，在理论与实践中都迈出了新的步伐。

第一，坚持马克思主义的基本原理，科学地揭示当代资本主义经济危机的一系列重大理论问题，如 2008 年经济危机的性质、根源及特点，经济危机的发展阶段及发展趋势，共产党应对经济危机的战略和策略，经济危机对资本主义社会的深刻影响，社会阶级结构的新变化与工人阶级状况等。资本主义国家共产党认为，此次经济危机并不会导致资本主义的终结，但它却宣告了“新自由主义”和“资本主义最终胜利”论的破产，宣告了反对帝国主义斗争的新时期的到来，宣告了用社会主义取代资本主义是可能的。

第二，勇敢地投身到反对垄断资本转嫁经济危机的斗争中。资本主义国家共产党积极参与和领导了反对将经济危机后果转嫁给工人阶级和劳动群众的斗争：一是参与和领导工人阶级的罢工斗争和群众抗议集会；二是在议会中投票反对资产阶级政府转嫁危机的政策，提出应对经济危机的正确途径和办法；三是反对国际垄断资本将经济危机的后果转嫁到第三世界国家，反对帝国主义的侵略扩张政策，维护各国人民的主权和独立，保护生态环境和维护基本人权等。

第三，加强共产党自身的建设。主要是加强党的马克思主义研究和宣传；运用信息化手段改进党的群众工作；加强党与工会、青年、妇女等群众组织的联系与合作；加强各国共产党和工人党之间的国际团结与合作，积极举办和参与共产党和工人党的国际会议和地区性会议等。

在2008年爆发的经济危机中，资本主义国家共产党表现出了新的斗争姿态，这就是党的活动更加积极主动，党参与和领导的反对转嫁危机后果的斗争产生了积极的效果，共产党在群众中的声望有所提升，党员队伍基本稳定，有些国家共产党的队伍还有所发展。例如在经济危机时期，印度共产党（马克思主义）虽然失去了西孟加拉邦和喀拉拉邦的执政党地位，但其党员人数却保持在100万以上，稳居非执政共产党党员人数的第一位。俄罗斯联邦共产党、日本共产党和美国共产党等也改变了党员人数不稳定甚至下滑的态势，出现了一定程度的增长。可以毫不夸大地说，在此次经济危机时期，工人运动和社会主义运动与过去比较都有了显著的进步，斗争取得了战役性的成功。

虽然资本主义国家共产党在经济危机时期的斗争取得了积极的成果，但是人们预期的世界社会主义运动的高涨并未出现，运动仍然处于低潮，发达资本主义国家共产党在政治生活中被“边缘化”的处境并未得到根本改变，世界社会主义运动仍然面临着严峻的局面，斗争并没有取得战略性的胜利。参加第十一次共产党和工人党国际会议的代表对产生这一状况的原因进行了实事求是的分析。

第一，2008年经济危机到来时，绝大多数国家共产党还没有从苏东剧变的打击中恢复元气，“资强社弱”的国际大格局并没有发生根本性的改变，这种历史大背景有利于资本主义应对危机而不利于世界社会主义运动的发展。卢森堡共产党代表阿里·吕克尔特指出：“具有重大战略意义并给各国共产党和全世界的共产主义运动带来巨大损失的社会主义的失败，至今仍对欧洲大陆有着非常严重的影响。反共产主义的思想清洗无处不在，这不仅仅存在于几个星期前我们所目睹的所谓纪念‘柏林墙倒塌’的宣传活动中，而且还存在于资产阶级的社会结构、学校和资产阶级的大众媒体中。”① 土耳其共产党代表穆罕默德·克祖鲁吉尔将2008年的经济危机与历史上的经济危机作了对比，他指出：此前资

---

① 聂运麟，刘卫卫，杨成果. 冷静的分析　热切的期待：第十一次共产党和工人党国际会议综述 [J]. 马克思主义研究，2011 (6).

本主义世界曾爆发过两次大的经济危机（19 世纪末的经济危机和 1929 年的经济大萧条），由于面对这两次危机时劳苦大众具有高昂的战斗士气，所以工人运动得到了增强。工人阶级事先在阶级斗争中所取得的经验，为工人阶级以一种更具战斗精神的姿态应对危机提供了条件。与资本主义经济世界所爆发的前两次大危机不同，当前的这场危机发生在一个反对革命的时代，这意味着工人阶级的战斗经验相对薄弱。这一因素对危机期间阶级斗争的发展和阶级意识的增强产生了不良影响，给资产阶级通过思想手段和政治手段控制劳苦大众留下了更大的发展空间。

第二，发达资本主义国家政府所实行的社会福利政策，弱化了经济危机对工人的影响，造成工人阶级的政治意识滞后。荷兰共产党代表威廉·凡克拉任伯格着重论述了欧洲工人阶级在经济危机中的表现及其根源，他指出："荷兰许多工人还能够量入为出，甚至有时沉溺于生活中的许多美好事物，比如去剧院、听音乐会、去博物馆、出国度假等，逃避现实世界的现象在不断增长。工人阶级中相当大部分倾向于继续过这种有点质量的生活，而对于这一生活背后的进程却不感兴趣。这些思想在支持保守的民族主义政治运动（这一运动害怕放宽对伊斯兰教徒的移民政策，并积极推动贸易保护主义措施）中找到了寄托，因此这导致人民大众不想通过发动工人运动来保护被破坏的社会福利事业。在欧洲各国的政治日程中，工人政治上的无权状态还将继续。不管是我们的朋友还是敌人都必须承认，相对美国而言，迄今欧洲的社会福利措施已经弱化了经济危机的影响。"卢森堡共产党代表阿里·吕克尔特也指出："当今工人阶级的政治意识比过去几十年前差了很多，虽然有些工人正在改变对资本主义的认识并开始了完全不同的思考。然而，在大多数工人眼里，资本主义仍然在为他们提供比较舒适的物质生活，所以他们看不出有任何理由需要寻求其他的经济秩序。"①

第三，资本主义国家共产党自我变革和创新能力不足，拿不出改变现状的有效对策，是妨碍工人运动在经济危机时期得到增强的重要原因。德国共产党代表海因茨·施特尔指出：在一些受到这场危机影响的工厂、工业行政部门和机构的员工中，以及在受到危机影响的人群中存在着反抗的思想。但是迄今仍缺乏一种全面的、团结的反抗。出现这种现象的原因之一，是上班族和失业人

① 聂运麟，刘卫卫，杨成果．冷静的分析　热切的期待：第十一次共产党和工人党国际会议综述［J］．马克思主义研究，2011（6）．

群中广泛存在着对失去工作或者遭遇社会倒退的恐惧。另一个原因就是反共产主义宣传的影响，这种宣传确保不进行有关替代资本主义制度方案的讨论，并使人们认为他们自己应对这场危机的爆发负有个人责任并应受到谴责。面对这种情况，“反资本主义力量、社会主义以及共产主义力量的影响力还不够，他们拿不出改变这种状况的有效策略，至少当今是如此”①。

第四，不少国家共产党自身处于分裂的状态，宗派主义成为社会主义运动发展的严重障碍，这也是经济危机时期阻碍社会主义运动发展的一个重要原因。卢森堡共产党代表阿里·吕克尔特认为，在有关社会主义“问题上的共识乃是社会主义运动发展的一个最重要前提”。然而，“直到今天，共产主义运动仍然对社会主义失败的原因、社会主义运动的经验和成就、社会主义运动的缺点和不足、社会主义建设时期的社会矛盾等都缺乏基本的分析和共识；同时，有关社会主义替代方案的标准和特征、社会主义生产力的发展、社会主义市场的发展、各种不同的经济管理方式、行之有效的社会主义计划、社会主义生产资料所有制的形式、政权机构建设和司法机制建设，以及在经济和社会中捍卫人民群众当家作主地位的途径等方面，也都缺乏应有的共识”。以色列共产党代表凡特恩·加特斯对社会主义运动在理论上的分歧甚感迷茫，他指出：“特别是在苏联解体后，我们也期望澄清什么是社会主义。”②

二、战略困局与破解

20 世纪社会主义运动的巨大功绩，就是在俄国这个中等发达的帝国主义国家和在中国这个经济文化落后的半殖民地半封建国家，先后实现了社会主义革命的胜利，揭开了人类历史发展的新纪元。然而，正如 1988 年邓小平在与罗马尼亚共产党总书记齐奥塞斯库的谈话中所指出的：“现在的情况和过去大不一样了。我们走的是十月革命的道路，其他国家再走十月革命的道路就难了，因为条件不一样。没有执政的共产党正在寻找其他的、新的途径，但还没有找到一个成熟的观点、成功的办法。”日本共产党 2004 年的纲领也指出：“在迄今为止的世界上，还没有在资本主义高度发达的经济和社会基础上真正开展社会主义

① 聂运麟，刘卫卫，杨成果．冷静的分析　热切的期待：第十一次共产党和工人党国际会议综述 [J]．马克思主义研究，2011（6）．

② 聂运麟，刘卫卫，杨成果．冷静的分析　热切的期待：第十一次共产党和工人党国际会议综述 [J]．马克思主义研究，2011（6）．

变革的经验。在发达资本主义国家中实现向社会主义和共产主义社会的迈进是21世纪世界上的新课题。”① 今天的情况仍然如此，“寻找其他的、新的途径”和解决“新课题”的战略任务，并没有在经济危机时期获得实质性的推进。

当前，后经济危机时期已经到来，资本主义国家共产党在探索走向社会主义道路的战略目标的过程中，不仅要承受比经济危机时期更大的外部压力，而且还将继续被自身发展的诸多问题困扰。要破解战略发展的困难局面，资本主义国家共产党必须从解决自身存在的问题做起。

1. 解决历史遗留的和现实产生的内部分歧，实现社会主义运动自身的团结和统一

由于历史的和现实的原因，不少国家的共产党还处在分裂的状态。例如，在英国就存在三个共产党：即英国共产党、英国共产党（马列）、英国共产党（晨星报派）；在印度也存在四个共产党：即印度共产党、印度共产党（马克思主义）、印度共产党（马克思列宁主义）、印度共产党（毛主义）。在土耳其有六个共产党：即土耳其共产党、土耳其工人党、土耳其共产党（马列）、人民共产党，还有两个是毛主义共产党。社会主义运动的分裂在苏联和东欧地区表现得尤为突出，如在俄罗斯就有多个共产党，比较有影响的是俄罗斯联邦共产党、俄罗斯共产主义工人党-共产党人党、全联盟布尔什维克共产党、俄罗斯共产党-苏共、全俄罗斯未来共产党等。

除了一国范围内有多个共产党组织之外，在一个共产党的内部还存在不同的政治派别。例如，2007年，俄共开展了反对“新托洛茨基主义”的斗争；2008年—2009年，俄共中央改组了圣彼得堡市委领导机构，撤换了市委主要负责人；2010年，俄共中央改组了莫斯科市委领导机构，撤换了市委主要负责人。其他国家共产党内也存在类似的派系斗争。

资本主义国家共产党组织上的不断分裂，其结果必然是共产党组织力量的不断削弱。因此，能否克服宗派主义、山头主义和自由主义，用正确的方法解决历史遗留下来的和现实存在的政治和思想分歧，在共同指导思想和共同战略目标的原则基础上，实现各国共产党自身的团结与统一，就成为关系社会主义事业成败的重大问题，也是对这些国家共产党的党性、智慧和能力的严峻考验。

---

① 刘洪才. 当代世界共产党党章党纲选编［M］. 北京：当代世界出版社，2009：124.

2. 排除“左”倾和右倾思潮的干扰，创造性地构建和制定马克思主义的理论与策略

正确的理论与策略是党的生命。在当代世界社会主义运动中，有两种倾向干扰了创造性地构建和制定马克思主义的理论和策略。

一种是“左”的干扰。由于受传统社会主义模式的束缚，有些国家的共产党理论创新不足，战略策略僵化保守，严重脱离了现实的社会生活。它们在党纲的制定中，只能抽象地分析资本主义的社会矛盾和种种弊病，而对资本主义在全球化、信息化时代所出现的新变化却视而不见；在规划未来社会主义的蓝图时，仍被束缚于苏联的传统社会主义模式的窠臼而不能自拔，对社会主义市场经济体制和公有制主导下的多种经济成分并存的制度采取排斥或敌视的态度；在议会斗争策略方面，则以与现政权对抗为己任，一味扮演不妥协的反对派角色，而无视政府的某些改革措施的积极意义及社会成效；在发展党员的工作中，无视传统产业工人队伍严重萎缩、新兴产业工人和知识型劳动者日益壮大的现实，继续追求党的阶级基础的所谓“纯洁性”；虽然也堂而皇之地制定了与左翼政党联盟的政策，但对联盟的对象仍旧采取敌对的态度，结果连一个左翼政党也没有能够联合起来；面对中产阶级日益壮大的现实，制定了团结中间阶级的政策，但却收效甚微；等等。持这种立场的党还热衷于给兄弟党贴上“机会主义”“修正主义”的标签，影响社会主义运动的团结与合作。

另一种是右的干扰。即对传统的理论和政策缺乏辩证的分析，采取全盘否定的态度，“超越”马克思主义过了头，在有些问题上放弃了马克思主义的原则立场，其所谓“新理论”也经不起实践的检验。例如，它们在党的指导思想上，全盘否定列宁主义；在社会发展阶段上，否定社会主义的发展阶段；在党的组织建设上，片面强调民主，全盘否定民主集中制；在规划未来的社会主义社会时，一味强调自由、平等、博爱等民主革命的一般价值追求，而对社会主义社会的本质及特征却不愿触及；等等。持这种立场的党也喜欢将“斯大林主义”的帽子随意扣在兄弟党的头上，影响社会主义运动的团结与合作。

理论与策略正确与否关系党的生存和发展，关系社会主义事业的成败。因此，克服来自“左”的或右的错误思想的干扰，坚持马克思主义的基本原理，并将其创造性地运用于本国实践，在有关现时代的特征、有关当代资本主义的发展阶段、有关本国社会发展的性质、阶段与特点，有关社会主义革命的主力军、同盟军和革命对象，有关革命的和平与非和平的发展形式，有关走向社会主义的发展阶段，有关社会主义社会的基本特征等一系列基本问题上，构建和制定出正确的理论与策略，引导本国工人阶级和广大人民群众胜利开展争取民主、进步和社会主义的斗争，这是新时期资本主义国家共产党要解决的一个基本问题。

3. 坚持和发展民主集中制，不断加强党的组织建设

民主集中制是马克思主义工人政党的组织原则，这一组织原则保证了20世纪社会主义事业的胜利发展。但是，民主集中制在其执行过程中也产生过一定的偏差，这就是权力过度集中而损害了社会主义民主。然而，我们不能因此全盘否定这一被社会主义实践所证明的行之有效的组织原则，正确的态度是在坚持这一原则的基础上，不断改革、发展和完善党的民主集中制。

苏东剧变后资本主义国家共产党的实践证明，凡是能够不断恢复和发展自己力量的马克思主义工人政党，都坚持了民主集中制的基本原则，并在实践中进一步发展和完善了民主集中制，如印度共产党（马克思主义）、日本共产党、葡萄牙共产党、希腊共产党、巴西共产党、南非共产党、尼泊尔联合共产党（毛主义）等。当然，这些党的发展并不能仅仅归功于坚持民主集中制，还有其他的多方面因素。然而，如果没有民主集中制的组织保证，这些党就不可能坚强有力，也不会有今天的发展。

同样，苏东剧变后资本主义国家共产党的实践还证明，凡是党员人数越来越少、政治影响越来越小并日益被边缘化的共产党，基本上是放弃了民主集中制组织原则的党，如法国共产党、西班牙共产党、意大利重建共产党等。当然，这些国家共产党的发展在客观上遇到了很大的困难，其力量的削弱有多方面的原因，但民主集中制的废止所带来的组织日益涣散、内部纷争不断、政策议而不决和决而不行、党的领导机构缺乏必要权力和权威等，则是削弱这些马克思主义工人政党的组织上的原因。

因此，能否辩证地看待民主集中制，既认识民主集中制对马克思主义工人政党的不可或缺性，又看到传统马克思主义工人政党在执行民主集中制过程中的缺陷和不足；并用科学的态度对待民主集中制，即坚持民主集中制作为共产党的组织原则，同时又根据近一个世纪共产党践行民主集中制的丰富实践经验，不断改革、发展和完善民主集中制，从而使党组织在新世纪能够更加坚强有力并获得新的发展，这是关系资本主义国家共产党在组织上进一步巩固和发展的重大问题，也是对资本主义国家共产党的一个严峻考验。

4. 巩固党的阶级基础，扩大党的群众基础

从事伟大的社会主义事业，没有一个强大的群众性的马克思主义工人政党是不可能成功的。当前资本主义国家共产党经过苏东剧变的冲击，除少部分国家共产党的力量得到一定的恢复和发展以外，大部分国家共产党的力量都不同程度地削弱了。苏东剧变以前，资本主义各国共产党总共有党员 2000 万—2400 万人，而现在资本主义各国共产党只是过去党员总数的 1/3 左右，有些国家共产党的党员不足万人。这样缺乏党员群众的党，是不能称为真正的现代群众性政党的。资本主义国家共产党党员流失的原因非常复杂：如工人阶级结构的新变化削弱了党固有的阶级基础，工人阶级内部分层的加剧使工人阶级的阶级意识弱化，苏东剧变的消极影响和右翼势力的思想渗透使工人阶级产生政治冷淡主义或思想右倾化，等等。能否克服这些不利因素的影响，重整工人阶级对社会主义的信念和热情，吸收广大工人阶级和劳动群众到共产党中来，从而巩固党的阶级基础，这是建设强大的马克思主义工人政党的又一个重要问题。资本主义国家共产党不仅要巩固其阶级基础，还需要进一步扩大党的群众基础。这中间最关键的是要解决好党与工会的关系和团结广大中间阶级的问题。苏东剧变极大地破坏了共产党与工会的历史联系。有些原来与共产党有密切关系的工会，纷纷宣布与共产主义脱离关系，或投奔社会民主主义的工会国际，或投奔自由主义的工会国际，或宣布自己在政治上中立。这就意味着大多数国家的共产党已经失去了联系工人阶级的重要桥梁和纽带。今天，仍然与工会保持联系并能够影响工会发展的，主要是一些发展中国家的共产党，如印度共产党（马克思主义）、巴西共产党和南非共产党等。有鉴于此，在金融危机爆发以来的历次共产党和工人党国际会议上，都提出了要加强与各国工会、青年、妇女组织的联系，加强与国际工会、青年和妇女组织的团结与合作的倡议和行动计划。现阶段，中间阶级是资本主义国家举足轻重的社会力量，无论哪个阶级的政党要问鼎国家政权，都必须取得中间阶级的支持。中间阶级由于在经济上摆脱了困境，故而持温和的、中性的观点，采取中间或中间偏右的政治立场，这妨碍了他们成为社会主义运动的基础。然而，中间阶级的地位又极不稳固，特别是在经济不景气和经济危机到来的年代，无情的失业又把他们抛上街头，甚至使其变得一贫如洗，这种发展前景又使中间阶级的政治立场左倾，并倾向社会主义。中间阶级在经济上和政治上的不稳定性，增加了共产党制定其相应政策的难度。马克思主义工人政党要争取群众，就必须争取工会和中间阶级的群众。能否根据形势的发展变化，制定正确的理论和策略，将广大工会会员和中间阶级团结在自己的周围，扩大党的群众基础，这是关系资本主义国家共产党巩固和发展的重大问题，也是对资本主义国家共产党的严峻考验。

5. 坚持左翼联盟政策，不断巩固和发展广泛的统一战线

社会主义运动是人民群众自己的运动，需要广大人民群众的积极参与，因此领导社会主义运动的工人阶级政党必须与左翼进步力量结成联盟，才能取得社会主义事业的胜利。

自苏东剧变以来，资本主义国家共产党与左翼进步力量结成联盟，共同开展社会运动和革命斗争，既有成功，也有失败。

在发展中国家，共产党与左翼力量联盟并开展社会革命运动，取得了明显的成果。例如，南非共产党、巴西共产党、尼泊尔联合共产党（毛主义）、尼泊尔共产党（联合马列）、印度共产党（马克思主义）等。

但在发达资本主义国家中，共产党与左翼联盟所取得的成效却不甚理想。例如法国、西班牙、意大利等国的共产党，由于种种复杂的原因，它们在与社会民主党等左翼政党的合作中，不仅没有发展自己的力量和扩大自己的影响力，反而削弱了自身的力量和影响力。

共产党在左翼联盟中的地位，是与共产党自身的力量以及党对工会运动的影响力这两个因素密切相关的。共产党越是坚强有力，越是能够得到大多数工会、特别是主流工会的支持和拥护，它在左翼联盟中就越能处于重要地位，甚至是主导的或领导的地位，这便有利于共产党自身力量的壮大和社会主义事业的发展；反之亦然。问题是自苏东剧变以来，原来受共产党领导或影响的工会大多已经离去，这对共产党在左翼联盟中取得强有力的地位十分不利。

因此，能否坚持广泛的联盟政策，在联盟中巩固和发展自己，这是关系资本主义国家共产党进一步巩固和发展的重大问题，也是对资本主义国家共产党的能力和智慧的严峻考验。

6. 突破现行政治体制的禁锢，扩大共产党的政治影响力，扭转被“边缘化”的状态

当前资本主义国家共产党一般都选择了通过议会民主和平取得政权的社会

主义发展道路。这条道路是否能够成功，将取决于许多复杂的因素和条件，而其中最直接面对的现实问题，就是突破资本主义政治体制的自我保护功能及其对社会主义力量的制约、排斥功能，实现共产党在政治上的发展，摆脱被边缘化的状态。

资本主义政治制度对社会主义的排斥与制约主要表现在：在资本主义现行选举制度下，共产党很难通过选举角逐进入政治舞台的中心；在资本主义国家成熟的两党制或多党制下，共产党很难在政治上获得长足发展；在三权分立和制衡制度下，资本主义国家共产党即使掌握了政权，也难以对国家进行社会主义改造。

资本主义国家共产党争取社会主义的斗争是在资本主义体制内进行的，是在资本主义宪法和法律框架内进行的。因此，能否突破资产阶级政治体制的制度性禁锢，求得自身的立足和发展，这是资本主义国家共产党通过和平、民主方式走向社会主义的政治前提，也是对资本主义国家共产党的智慧和能力的严峻考验。

总之，资本主义国家共产党在金融危机时期的战役成功，仅相当于我们井冈山斗争时期黄洋界保卫战的胜利，它还必须经过一系列艰难的斗争历程，才能最终打破战略的困局，实现战略目标。对资本主义各国共产党来说，后经济危机时期是一个新的历史征程的开始，其主要战略任务就是要探索各具本国特色的社会主义发展道路。然而，在实现这一战略任务的征程中，困难和问题不是短时间内就能轻易解决的，其间必然要经历一个艰难探索的历史过程，才能最终实现战略困局的破解，而当前最关键的是解决各国共产党自身发展存在的诸多问题。

参考文献

[1] 赵曜. 赵曜自选集 [M]. 学习出版社，2007.

[2] 王怀超. 当代世界社会主义的发展态势 [J]. 当代世界与社会主义，2014 (5).

[3] 吕薇洲. 资本主义国家共产党关于社会主义实现形式的论争 [J]. 马克思主义研究，2014 (11).

[4] 余维海. 共产党和工人党党际交往需要协商民主原则：从第 15 次共产党和工人党国际会议谈起 [J]. 党政研究，2014 (6).

[5] 聂运麟. 论世界社会主义运动在当代发展的新趋向 [J]. 马克思主义研究，2013 (12).

中国特色社会主义研究

论中国特色社会主义的理论基石

对中国特色社会主义理论基石研究，是科学地构建中国特色社会主义理论体系的重要内容，不少专家、学者对此已经提出了值得思考的诸多见解，本文拟对此谈一点看法，以期得到学界的指正。

一、关于理论基石的内涵

“理论基石”这个概念被引入科学社会主义的范畴之中，是与恩格斯有关社会主义从空想到科学的发展的论述密切关联的。今天我们沿用“理论基石”这个概念，正确理解其内涵，有必要回顾恩格斯的相关论述。

1877年，恩格斯在《卡尔·马克思》一文中指出：“在马克思使自己的名字永垂于科学史册的许多重要发现中，这里我们只能谈两点。第一点就是他在整个世界史观上实现了变革。”① “马克思的第二个重要发现，就是彻底弄清了资本和劳动的关系，换句话说，就是揭露了在现代社会内，在现存资本主义生产方式下资本家对工人的剥削是怎样进行的。”② 恩格斯接着指出：“现代科学社会主义就是以这两个重要事实为依据的。在《资本论》第二卷中，这两个发现以及有关资本主义社会制度的其他同样重要的科学发现，将得到进一步的阐述，从而政治经济学中那些在第一卷还没有涉及到的方面，也会发生根本变革。”③

1880年，恩格斯在《社会主义从空想到科学的发展》一书中指出，“这两个伟大的发现——唯物主义历史观和通过剩余价值揭开资本主义生产的秘密，都应当归功于马克思。由于这两个发现，社会主义变成了科学，现在首先要做的是对这门科学的一切细节和联系作进一步的探讨。”④

---

① 马克思恩格斯选集：第3卷［M］. 北京：人民出版社，2012：722.
② 马克思恩格斯选集：第3卷［M］. 北京：人民出版社，2012：724.
③ 马克思恩格斯选集：第3卷［M］. 北京：人民出版社，2012：726.
④ 马克思恩格斯选集：第3卷［M］. 北京：人民出版社，2012：797.

1885年恩格斯在《资本论》第二卷序言中又指出：马克思的剩余价值理论，“好像晴天霹雳震动了一切文明国家”①。然而，“在马克思以前很久，人们就已经确定我们现在称为剩余价值的那部分产品价值的存在；同样也有人已经多少明确地说过，这部分价值是由什么构成的，也就是说，是由占有者不付等价物的那种劳动的产品构成的。但是到这里人们就止步不前了”②。资产阶级经济学家至多只研究了劳动产品在工人和生产资料占有者之间分配的数量比例；社会主义者则发现这种分配不公平，并寻求乌托邦的手段来消除这种不公平现象。这两种人都为既有的经济范畴所束缚。“于是，马克思发表意见了。他的意见是和所有他的前人直接对立的。”恩格斯认为，剩余价值学说的提出，“不是在于要简单地确认一种经济事实”“而是在于这样一种事实，这种事实必定要使全部经济学发生革命，并且把理解全部资本主义生产的钥匙交给那个知道怎样使用它的人。”③

在恩格斯发表了上述论断以后，科学社会主义和国际共产主义运动史的有关论著和教科书，才将唯物主义历史观和剩余价值学说这两大发现，概括为科学社会主义的两大理论基石。

恩格斯确认唯物主义历史观和剩余价值学说是科学社会主义的两大理论基石是有其一定条件的：条件之一是与前人的理论直接对立。只有与前人的理论直接对立，才可能在有别于传统理论的创新理论的基础上，构筑出创新的理论体系。条件之二是提供了解决最复杂问题的钥匙。只有提供解决最复杂问题的钥匙，才能解开前人无法破解的难题，从而提供解决复杂问题的新的理论与策略。条件之三是使整个学说发生变革。只有使整个学说发生变革的理论，才能因其不可替代的重大作用而在整个理论体系中处于理论基石的重要地位。

与前人的理论直接对立，这是要求作为基石的理论具有创新性；提供解决最复杂问题的钥匙，这是要求作为基石的理论具有关键性；使整个学说发生变革，这是要求作为基石的理论具有影响的全局性。构成理论基石的这三个方面条件并不是彼此孤立的，而是互相联系、互为条件的，是统一的。

---

① 马克思恩格斯选集：第2卷［M］．北京：人民出版社，2012：301.

② 马克思恩格斯选集：第2卷［M］．北京：人民出版社，1995：302.

③ 马克思恩格斯选集：第2卷［M］．北京：人民出版社，1995：303.

二、“解放思想、实事求是”——中国特色社会主义的第一块理论基石

中国特色社会主义以辩证唯物主义和历史唯物主义为其理论基础，从哲学、政治经济学和科学社会主义等众多理论领域，探索了中国的社会主义发展道路，形成了中国特色社会主义理论体系。“解放思想、实事求是”，是邓小平在党的十一届三中全会上对新时期党的思想路线的高度概括，它集中地展现了马克思主义世界观的精髓，是中国特色社会主义理论体系的第一块理论基石。

1.“解放思想、实事求是”是与20世纪50年代中期以后所一度盛行的“唯上、唯书”的“左”的思想和路线根本对立的，是理论上的一个伟大的创造

“实事求是”是我们党的优良传统，是遵义会议后毛泽东为党制定的思想路线。然而，自20世纪50年代中期以后，党内的骄傲自满情绪和“左”的思想逐步发展起来，从社会主义改造时期的某些过头做法，发展到反右派斗争，以及总路线、“大跃进”、人民公社的“三面红旗”运动和随后的“反右倾”，一直到“文化大革命”和“两个凡是”。在这20多年的时间里，中国或是在“左”的思想影响下长期徘徊不前，或是在“左”的路线的直接指导下开历史倒车，使社会主义建设事业长期处于危机的状态而不能获得正常的发展。这种“左”的思想和路线的主要表现是“唯上、唯书”，就是不“唯实”。它完全违背了“实事求是”的思想路线，违背了马克思主义的辩证唯物主义和历史唯物主义，从而步入了唯心主义和形而上学的泥潭。同时，这种“唯上、唯书”，就是不“唯实”的“左”的思想和路线还笼罩着20世纪50年代以后的整个世界社会主义运动：苏联东欧国家在社会主义的体制危机面前的无所作为，资本主义国家共产党领导的社会主义运动在新的形势面前长期打不开局面。究其思想政治根源，则是“左”的教条主义思想在作祟。他们不能将马克思主义的基本原理与本国的具体实践和时代特征结合起来，与时俱进地制定正确的路线、方针和政策，从而使社会主义事业长期陷入困难境地。

“解放思想、实事求是”的思想路线就是针对上述“左”的思想路线提出的。它是以邓小平为代表的党的第二代中央领导集体在理论上的一个伟大创造，具有重大的理论价值和实践意义。从实践上来说，邓小平提出“解放思想、实事求是”的思想路线，这在当时实为一件力挽狂澜、扭转乾坤的大事。因为“解放思想、实事求是”的思想路线的确立，就从根本上彻底否定了20世纪50

年代中期以后党内盛行的“唯上、唯书”的“左”的思想和路线，重新恢复和确立了辩证唯物主义和历史唯物主义作为整个马克思主义理论基础的地位，重新恢复和确立了辩证唯物主义和历史唯物主义在我国社会主义现代化建设中的指导地位。从理论上来说，“解放思想、实事求是”的思想路线的提出，是对党的“实事求是”思想路线的丰富和发展，是对马克思主义理论的发展和创新。这表现在以下几个方面：

（1）首次确立了“实事求是”在毛泽东思想中的精髓地位。邓小平指出：“毛泽东思想的基本点就是实事求是，就是把马列主义的普遍原理同中国革命的具体实践相结合。毛泽东同志在延安为中央党校题了‘实事求是’四个大字，毛泽东思想的精髓就是这四个字。”把“实事求是”概括为毛泽东思想的基本点和精髓，这在中国共产党的历史上和马克思主义发展史上都是第一次。”①

（2）系统地阐明了以“实事求是”为核心的思想路线的内容：一切从实际出发，使思想符合实际，主观符合客观，是“实事求是”的基本内涵；理论联系实际，是“实事求是”的根本方法；实践是检验真理的标准，是“实事求是”不可或缺的一个基本环节，找出事物发展的客观规律来指导革命和建设，是“实事求是”的根本目的。

（3）精辟论述了“解放思想”的基本内容：强调“解放思想”就是要在马克思主义的指导下，打破习惯势力和主观偏见的束缚，研究新情况，解决新问题。

（4）把“实事求是”与“解放思想”联系起来，揭示了两者的辩证关系：一方面，“解放思想”是坚持“实事求是”的思想前提，只有解放思想，才能做到实事求是，解放思想是实事求是的内在要求；另一方面，“实事求是”是“解放思想”的指南和根本目的。因此，思想愈解放，就愈能坚持实事求是，思想愈坚持实事求是，就愈能解放思想。所有这一切，都是对党的“实事求是”思想路线的丰富和发展，是马克思主义理论在新的历史条件下的创新。

2.“解放思想、实事求是”作为党的思想路线，是中国特色社会主义产生和发展的前提和基础

建设中国特色社会主义的事业从何入手？邓小平认为，中国社会主义现代化建设的发展连连受挫，主要问题出在以阶级斗争为纲和无产阶级专政下继续革命的“左”的思想路线上。因此，必须从思想路线上着手，从世界观和方法论上着手。只有树立“解放思想、实事求是”的马克思主义思想路线，才能把

---

① 邓小平文选：第2卷［M］. 北京：人民出版社，1994：126.

马克思主义的基本原理同中国的具体实践和时代特征结合起来，走建设中国特色社会主义的正确道路。因此，“解放思想、实事求是”是中国特色社会主义理论与实践发展的前提和基础。

第一，只有坚持“解放思想、实事求是”，才能坚持辩证唯物主义和历史唯物主义，打破唯心主义盛行、形而上学猖獗的一统天下，使人们从对马克思主义的偏离，重新回到马克思主义的科学世界观和方法论的轨道上来。从而砸碎“左”的精神枷锁，摆脱对僵化的传统体制的迷信，去掉抱残守缺、不求进取的精神状态，使人们的思想来一次大的解放，这就为中国特色社会主义理论与实践的发展奠定了思想基础。没有“解放思想、实事求是”的思想路线，我们就不可能重新回到辩证唯物主义和历史唯物主义的世界观和方法论的基础上来，就根本不可能产生中国特色社会主义。

第二，坚持“解放思想、实事求是”，才能坚持实践是检验真理的唯一标准，正确对待马克思主义理论。即正确区分马克思主义的基本原理、基本原则和基本方法与个别结论的界限，坚持其被实践反复证明是正确的基本原理、基本原则和基本方法，把握其精髓与活的灵魂，并在实践中予以创造性地运用；同时又敢于正视并舍弃其中被实践证明是过时的或原本就不确切的个别结论，真正将中国特色社会主义建立在科学的基础上。

第三，坚持“解放思想、实事求是”，才能坚持理论与实践相结合的原则。如实地将马克思主义看成深深扎根于实践，并在实践中不断丰富和发展的理论体系，从而在实践中创造性地加以运用。这就是以马克思主义理论为指导，不断研究实践中出现的新情况，解决新问题，总结新经验，在社会主义发展道路、发展阶段、根本任务、发展动力、领导力量和依靠力量、发展战略、党的建设、国际战略等一系列重大问题上，得出创造性的科学结论，全面回答在经济文化比较落后的中国，如何建设、巩固和发展社会主义这一世纪难题，进而创立和发展中国特色社会主义理论体系。

3.“解放思想、实事求是”是中国特色社会主义理论的精髓，它贯穿于中国特色社会主义理论体系形成和发展的全过程和各个方面

“解放思想、实事求是”是中国特色社会主义理论体系的历史起点和逻辑起点，是中国特色社会主义理论体系的精髓，它贯穿于中国特色社会主义理论体系形成和发展的全过程，渗透于中国特色社会主义理论体系形成和发展的各个方面。中国特色社会主义理论体系的每一个重大问题的提出和解决，每一个重大理论的创立和发展，每一个新理论领域的开辟和拓展，都是“解放思想、实事求是”在实践中具体运用的产物，都是在这一思想路线的指导下，研究新情况、解决新问题的理论成果。中国特色社会主义理论体系的所有内容都闪耀着“解放思想、实事求是”的思想光辉，因此，“解放思想、实事求是”是中国特色社会主义理论体系中具有全局性影响的重要理论。

综上所述，“解放思想、实事求是”是具有创新性、关键性和影响全局性的重要理论，因而，它是中国特色社会主义理论的第一块理论基石。只有解放思想、实事求是，一切从实际出发，理论联系实际，我们的改革开放和社会主义现代化建设事业才能胜利发展，马克思列宁主义、毛泽东思想的理论才能获得新的发展，中国特色社会主义理论体系才能创立和发展起来。

三、社会主义市场经济理论——中国特色社会主义的第二块理论基石

将“解放思想、实事求是”的理论和思想路线运用于社会主义经济建设的实践，便产生了社会主义市场经济的理论。1992 年春天邓小平的南方谈话和同年 10 月召开的中国共产党第十四次全国代表大会，提出了建立社会主义市场经济体制的战略目标，标志着社会主义市场经济理论的最终确立。

1. 社会主义市场经济理论是与传统理论直接对立的，是具有划时代意义的理论创新

社会主义与市场经济的关系问题是一直困扰社会主义建设的一个重大问题，其中的一个重要原因，就是马克思主义经典作家从未在其著作中明确提出过社会主义（共产主义第一阶段）还存在商品和市场，相反，他们明确地主张新社会应该实行没有商品和市场的计划经济。

1917 年十月革命以后，列宁就遇到了俄国这个中等资本主义发展水平的国家如何建设社会主义的问题。在经历了“战时共产主义”政策的失败以后，列宁在晚年改变了他关于社会主义就是消灭商品经济的观点，开始把社会主义同商品经济结合起来。列宁认为，以公有制为基础的工农之间的交换，“这就是社会主义的经济实质，社会主义的基础”①。他要求苏维埃政权成为一个精明的批发商，使全体居民个个参加合作社的买卖，学会做文明商人的本领；他还要求

① 列宁全集：第 41 卷［M］. 北京：人民出版社，1995：376.

社会的基本产品采取商品形式，企业实行经济核算，按商业原则办事，等等。与此同时，列宁还改变了将社会主义与市场对立起来的观点，开始把计划与市场结合起来，认为苏维埃政权的经济工作“必须从市场的存在出发并考虑市场的规律，掌握市场，通过有系统的、深思熟虑的、建立在对市场过程的精确估计之上的经济措施，来调节市场和货币流通”①。但是列宁又指出，俄共（布）对市场态度的转变，“不是要改变统一的国家经济计划，不是要超出这个计划的范围，而是要改变实现这个计划的办法”。由此可见，列宁当时仍然固守着计划经济为主体，市场只是实现计划经济的手段和办法的认识。所以列宁主张的是一种有限的商品、市场经济。然而，对于主张尽快消灭商品、市场关系的经典社会主义理论来说，这又是一个很大的突破。这一突破为社会主义商品、市场经济理论在以后的发展奠定了最初的基础。列宁不愧是社会主义商品、市场经济理论的奠基人。

列宁逝世后，斯大林担任了苏联党和国家的领导人。在20世纪20年代末的“反右倾”和农业集体化运动时期，商品、市场的地位和作用被否定，由此带来了一系列严重的后果。不久，斯大林就采取了相应措施来纠正“左”的错误。1934年，斯大林在联共（布）十七大上重新肯定了商品货币关系，指出，苏维埃经济活跃的一个必要条件是“扩展的商品流转”，同时，货币将在苏联长期存在，“一直到共产主义的第一阶段即社会主义发展阶段完成的时候为止”②。1952年，斯大林在《苏联社会主义经济问题》一书中指出，由于两种社会主义公有制形式的存在，商品生产和商品流通在苏联“仍是必要的东西”③，但这只限于生活资料的范围，而“生产资料却失去了商品的属性，不再是商品，并且脱出了价值规律发生作用的范围，仅仅保持着商品的外壳（计价等等）”④。斯大林主张“一步一步地缩小商品流通的活动范围，而扩大产品交换的活动范围”，⑤以便向共产主义过渡。斯大林还认为，“价值规律在我国的制度下不能起生产调节者的作用”⑥。显然，与列宁的“新经济政策”思想相比较，斯大林的思想是后退了。

---

① 苏联共产党代表大会、代表会议和中央决议汇编：第2分册［M］．北京：人民出版社，1964：137.

② 斯大林全集：第13卷［M］．北京：人民出版社，1965：302.

③ 斯大林文选：下册［M］．北京：人民出版社，1962：582.

④ 斯大林文选：下册［M］．北京：人民出版社，1962：613.

⑤ 斯大林文选：下册［M］．北京：人民出版社，1962：648.

⑥ 斯大林文选：下册［M］．北京：人民出版社，1962：584.

布哈林的观点有所不同，他认为市场关系的存在是新经济政策的决定性因素；市场关系的存在是必然的和不可避免的，计划具有相对性，因此必须保存和发展市场关系，并使之与计划经济结合起来。值得注意的是，早在列宁逝世后的第二年（1925年），他就在《到社会主义之路和工农联盟》一文中，提出了“通过市场关系走向社会主义”① 的全新的科学命题。布哈林的“市场关系”是指商品交换关系的总和。所谓通过市场关系走向社会主义，是指俄国这样一个小生产大量存在的经济文化比较落后的国家，不能超越社会经济发展的商品生产阶段，而必须在商品经济充分发展的基础上建设社会主义。这是对列宁“新经济政策”思想的继承和发展，并被后来的社会主义实践所证实。

中华人民共和国成立的最初七年，国民经济获得了恢复和迅猛的发展，但此后不久就发生了忽视生产发展客观规律、忽视商品市场关系的错误。在经历了“大跃进”和人民公社的教训之后，毛泽东为纠正“左”的错误而发表了一系列重要指示和谈话。1958年10月，他在《在华北华东九省农业协作会议的指示》中写道：“交换是永远的，一万年之后还有交换”，“应当利用商品交换来团结几亿农民”②。同年11月，他又在郑州会议上指出：“现在还是要等价交换，将来共产主义的产品交换，现在还办不到。”③ 又说：“我们的国家是个商品生产不发达的国家，现在又很快进到了社会主义。社会主义的商品生产同商品交换还要发展，这是肯定的，有积极作用。”④ 1959年2、3月间，毛泽东在第二次郑州会议上指出：应该“严格按照价值法则、等价交换办事”，“这是客观规律，客观法则，违反它，要整得头破血流。”可惜，由于传统体制的束缚和“左”的指导思想的影响，毛泽东的上述重要思想并没有得到应有的发展和始终如一的贯彻。“文化大革命”的发动及其后期对商品货币关系的批判表明，毛泽东并没有走出将社会主义与商品、市场关系对立起来的理论误区，虽然不得不承认它的存在和作用，但念念不忘的却是要尽快地消灭它。

社会主义国家在商品市场问题上的频频失误，阻碍了社会主义的发展，并从20世纪50年代末开始，逐步发展成为日益严重的经济、政治、思想和社会的

---

① 斯大林文选：下册［M］. 北京：人民出版社，1962：441.

② 张友仁，李克纲. 社会主义经济理论发展史［M］. 北京：北京大学出版社，1991：324.

③ 薄一波. 若干重大决策与事件的回顾：下卷［M］. 北京：中共中央党校出版社，1993：809.

④ 薄一波. 若干重大决策与事件的回顾：下卷［M］. 北京：中共中央党校出版社，1993：810.

危机，迫使各国社会主义者在改革和发展社会主义的道路上加快了探索的步伐。先后出现了兰格模式、布鲁斯模式、锡克模式以及考斯塔、科尔奈和列尔什等人的理论和计划，这些理论和计划都是为解决社会主义与商品、市场的关系，探索社会主义发展道路而进行的理论设计。他们共同的长处是以市场经济作为改革发展的价值取向；其共同的不足是没有完全摆脱传统社会主义体制思想的束缚，在社会主义与市场的结合中，要么不能保证国家对市场的宏观调控作用，要么不能保证市场在资源配置中起基础性作用。因此，其理论付诸实践的结果均以失败而告终。

邓小平将马克思主义的基本原理与中国社会主义建设的实践相结合，继承和发展了列宁和毛泽东关于建设社会主义的思想，创造性地解决了商品、市场与社会主义的关系问题。1991 年冬和 1992 年春，邓小平两次重申：计划经济不等于社会主义，资本主义也有计划；市场经济不等于资本主义，社会主义也有市场，不搞市场经济，连信息都没有，是自甘落后。1992 年 10 月召开的中国共产党第十四次全国代表大会，做出了具有划时代意义的决定，这就是它在社会主义发展史上，第一次确立了社会主义市场经济理论在社会主义建设中的地位，把建立社会主义市场经济体制，确定为我国经济体制改革的目标，强调要在国家宏观调控下，让市场在资源配置中起基础性作用。十四大理论的贡献在于：首先，它明确提出，计划和市场都是配置资源的手段和调节经济的方式，这就打破了把计划经济和市场经济看成是社会基本制度范畴的思想束缚，肯定市场经济能够与社会主义基本制度相结合；其次，它明确指出了国家在社会主义市场经济中的宏观调控地位和市场在社会资源配置中的基础性作用，并强调了在社会主义市场经济中国家宏观调控地位的不可或缺性和市场在资源配置中基础性作用的不可或缺性，从而科学地解决了社会主义与市场经济怎样相互结合的问题，以及解决了计划与市场怎样结合的问题。最后，它明确提出，我国经济体制改革的目标是建立社会主义市场经济体制，这就表明我国的经济体制改革不是要在原有的计划经济体制框架内作枝节性的修补、改良，而是一场根本性的变革，目标是建立社会主义基本制度和市场经济相结合的新型经济体制。所有这些都是崭新的科学社会主义理论，是具有划时代意义的理论创新。

2. 社会主义市场经济理论是中国改革开放的主要理论支柱，它在实践中使社会主义模式发生了深刻的变革

社会主义市场经济理论为中国的改革开放提供了最主要的理论支持：它为

中国的经济体制改革提供了正确的发展方向和价值取向，并在很大程度上影响和制约着中国改革开放的整个历史进程、发展的各个阶段以及发展的各个方面，是中国改革开放事业的主要理论支柱。

社会主义市场经济理论要求我们将市场经济与社会主义的基本制度结合起来，这就形成了一种崭新的经济运行体制，并创造了新的社会主义发展模式。最终，经济体制改革以建立社会主义市场经济体制为目标，这标志着以社会主义公有制为基础的产品生产与产品直接分配相结合的社会主义经济运行的基本模式，将被以社会主义公有制为基础的商品生产与商品的社会交换相结合的社会主义经济运行的基本模式所取代。社会主义经济领域的这一巨大变革，不可避免地将引起政治、文化和社会等各个领域的相应变革。正如列宁在论述新经济政策时所说："我们丝毫也没有改变社会主义的本质，但却根本改变了建设社会主义的方法和形式。"正是由于建设社会主义的方法和形式的根本改变，才创造出了新的建设社会主义的模式，从而为经济文化落后的国家建设社会主义和巩固、发展社会主义事业开辟了现实的道路。

由于社会主义市场经济理论是中国改革开放的主要理论支柱，并引起社会主义发展模式的深刻变革，因此，社会主义市场经济理论就成为中国特色社会主义理论体系中具有关键性和标志性的重要理论。

3. 社会主义市场经济理论的确立，使社会主义政治经济学理论发生了深刻的变革，并丰富和发展了科学社会主义理论

恩格斯曾经指出："生产和交换是两种不同的职能"，它们"都有多半是各自的特殊的规律"。"但是另一方面，这两种职能在每一瞬间都互相制约，并且互相影响，以致它们可以叫做经济曲线的横坐标和纵坐标。"科学社会主义理论的巨大历史功绩是科学地分析了未来"经济曲线的横坐标"，强调社会生产的决定作用，提出在社会化大生产的基础上实行的公有制、按劳分配、计划调节等社会主义的基本特征。然而，由于当时商品、市场远未达到充分发展的阶段，因而科学社会主义理论对"经济曲线的纵坐标"① 的论述是不够完备的。有些结论与现实还有相当大的距离，例如当时就认为交换环节可以用产品的直接分配来取代等。然而，当代社会主义的实践不断显示出生产和交换这两个"经济曲线"的相互作用，显示出交换对生产的各个环节和各个方面的巨大影响，在一定条件下甚至是决定性的影响，从而暴露出经典社会主义理论在绘制"经济曲

① 马克思恩格斯选集：第3卷［M］. 北京：人民出版社，1995：489.

线的纵坐标”上的弱点。列宁的“新经济政策”开始了完善社会主义“经济曲线的纵坐标”的工作，斯大林、毛泽东和其他国家的马克思主义者也都在这方面做了有益的探索。然而，由于历史条件的限制，他们都没有从根本上克服经典社会主义理论的不足，只承认在计划经济体制占主导地位的条件下，程度不同地允许商品、市场的存在，没有认识到应使市场在国家宏观调控下对社会资源的配置起基础性作用，因而也就没能最终确立市场经济在社会主义社会中应有的地位。社会主义建设的实践经验，特别是中国的改革开放和现代化建设的实践经验，为社会主义市场经济理论的最终确立准备了条件。以邓小平为主要代表的中国共产党人，全面考察了社会主义生产和交换的关系，在科学社会主义思想史上第一次明确提出，要建立和完善社会主义市场经济体制的目标，从根本上肯定了商品、市场经济在社会主义社会中的应有地位，极大地丰富和发展了科学社会主义理论。

综上所述，由于社会主义市场经济理论所具有的创新性、关键性和影响的全局性，使其成为中国特色社会主义理论的第二块理论基石。它不仅影响着社会主义改革的全部历史发展进程，而且影响着中国特色社会主义理论体系的进一步发展和完善。

四、结论

1978 年中国共产党第十一届三中全会确立的“解放思想、实事求是”的思想路线，是中国特色社会主义的历史起点和逻辑起点，是中国特色社会主义理论的第一块基石，它开启了马克思主义基本原理与中国社会主义现代化建设实践及时代特征相结合的新的历史征程。因此，“解放思想、实事求是”的思想路线的确立，标志着中国特色社会主义理论的诞生。1992 年中国共产党第十四次全国代表大会确立的社会主义市场经济理论，根本改变了建设社会主义的方法和形式，使社会主义发展模式发生了深刻的变革，从而为经济文化落后的国家建设社会主义、巩固和发展社会主义开辟了现实的道路，是中国特色社会主义理论的第二块理论基石。因此，社会主义市场经济理论的确立，标志着中国特色社会主义理论体系的基本形成。

“解放思想、实事求是”和社会主义市场经济理论的确立，不仅对中国特色社会主义理论的形成和发展具有重大意义，而且对科学社会主义的历史性发展也作出了重大贡献。正是由于有了“解放思想、实事求是”的思想路线的确立，科学社会主义理论才能真正与当代世界各民族国家的社会主义实践相结合；正是由于有了社会主义市场经济理论的确立，才从根本上改变了建设社会主义的方法和形式，从而开辟了经济文化比较落后的国家走向社会主义的现实道路。由此我们可以得出结论：正是由于有了“解放思想、实事求是”和社会主义市场经济理论这两块理论基石，才使科学社会主义理论最终发展成为具有时代精神和民族特点的当代社会主义理论。中国特色社会主义是当代社会主义理论的第一个完整、系统和成熟的理论表现，它是对科学社会主义理论的继承、丰富和发展，是当代中国的马克思主义。

参考文献

[1] 邓小平文选：第 2 卷 [M]. 北京：人民出版社，1994.
[2] 马克思恩格斯选集：第 3 卷 [M]. 北京：人民出版社，1995.
[3] 列宁选集：第 2 卷 [M]. 北京：人民出版社，1995.
[4] 斯大林文选：下册 [M]. 北京：人民出版社，1962.
[5] 布哈林文选：上册 [M]. 北京：人民出版社，1981.

论中国特色社会主义理论体系

中国特色社会主义理论体系，是马克思列宁主义与中国实际和时代特征相结合的产物。它是在和平与发展成为时代主题的条件下，在我国改革开放和社会主义现代化建设的伟大实践中形成和发展起来的科学理论体系。国际、国内正反两方面的历史经验，为中国特色社会主义的形成和发展提供了重要的思想材料；现代科学技术和生产力的发展，是中国特色社会主义产生和发展的物质前提；中国共产党创造性地运用马克思主义于中国实践的优良传统，是中国特色社会主义产生和发展不可或缺的人文历史条件；社会主义的体制危机，为中国特色社会主义发展道路的新探索创造了条件。

一、中国特色社会主义理论体系的形成和发展

中国特色社会主义理论体系是随着中国特色社会主义道路的开辟、发展而不断形成和发展起来的。这一发展分为三个时期六个阶段。

1. 准备和孕育时期

从 1956 年党的八大至 1978 年 12 月党的十一届三中全会前的 22 年，是中国特色社会主义的准备和孕育时期。这一时期毛泽东思想关于实事求是，群众路线，独立自主的立场、观点、方法，关于经济、政治、文化、军事、外交等方面具有普遍意义的基本原理和基本原则，为我们探索中国特色社会主义道路提供了科学的指导思想。毛泽东同志关于社会主义建设的正确思想，如十大关系的思想、正确处理人民内部矛盾的思想等，作为最早探索中国特色社会主义道路所取得的重要成果而成为后来形成体系的中国特色社会主义理论的有机组成部分。

2. 产生和形成体系时期

从党的十一届三中全会至 1997 年党的十五大这 20 年，是中国特色社会主义

产生和形成体系时期，该时期可分为三个发展阶段。

（1）产生阶段：从党的十一届三中全会至1982年党的十二大，是中国特色社会主义理论开始产生和形成概念的阶段。

十一届三中全会标志着我们党重新确立了解放思想、实事求是的马克思主义思想路线，是改革开放和集中力量进行社会主义现代化建设的开始，因而是中国特色社会主义理论产生的出发点。1981年6月，党的十一届六中全会通过的《关于建国以来党的若干历史问题的决议》，标志着党拨乱反正的基本完成。决议根据建国以来正反两个方面的历史经验，对我国社会主义现代化建设道路作了最早的理论概括，这些概括成为中国特色社会主义理论的雏形。在这个基础上召开的党的十二大，形成并提出了一个科学的命题："把马克思主义的普遍真理同我国的具体实际结合起来，走自己的道路，建设有中国特色的社会主义。"这一科学命题，经典地概括了中国特色社会主义的基本思想和根本指导原则。

（2）展开阶段：从党的十二大至1987年党的十三大，是中国特色社会主义理论逐步展开和形成轮廓的阶段。

十二大以后，党和国家进入全面改革开放的新时期，改革在实践中有两大突破：农村实行家庭联产承包责任制和兴建沿海经济特区。改革开放和现代化建设的全面展开和深入，必然要求解放思想的深入和理论思考的深化。1984年10月召开的党的十二届三中全会通过的《关于经济体制改革的决定》，突破了把计划经济和商品经济对立起来的传统观念，提出我国社会主义经济是公有制基础上的商品经济。1986年9月党的十二届六中全会通过的《关于社会主义精神文明建设指导方针的决议》，进一步阐明了我国社会主义现代化建设的总体布局，确立了社会主义精神文明建设的战略地位，强调了"两手抓"的战略方针。党的十三大对中国特色社会主义理论的形成具有重要意义：十三大报告比较系统地提出了社会主义初级阶段理论；明确概括和阐明了"一个中心、两个基本点"的基本路线；提出了"生产力标准"是我们考虑一切问题的出发点和检验一切工作的根本标准；概括了我国社会主义现代化建设的阶段、任务、动力、条件、布局和国际环境等基本问题，共12条，初步建构了中国特色社会主义的理论体系，是这个理论体系初步形成的标志。

（3）形成体系阶段：从党的十三大，经过1992年党的十四大至1997年党的十五大，是中国特色社会主义理论走向成熟和形成体系的阶段。

1992年邓小平的南方谈话创造性地提出了一系列关于改革开放和社会主义

现代化建设的新思想、新观点、新论断，发展了马克思主义理论，是邓小平理论的集大成之作。以邓小平的南方谈话为基础形成的党的十四大报告，进一步发展和完善了中国特色社会主义理论体系：对中国特色社会主义的科学含义、主要内容、历史地位、重要作用等作出了新的科学概括，使之成为比较完整的科学理论体系；明确地把建立和完善社会主义市场经济体制作为我国经济体制改革的目标，发展了马克思主义的政治经济学；科学地阐明了中国特色社会主义理论产生的时代背景、实践基础、历史条件和发展过程，明确指出："这个理论第一次比较系统地初步回答了中国这样的经济文化比较落后的国家如何建设社会主义、如何巩固和发展社会主义的一系列基本问题，用新的思想、观点，继承和发展了马克思主义。"这标志着中国特色社会主义理论已经成熟并形成比较完备的科学理论体系。党的十五大报告进一步阐明了党在社会主义初级阶段的基本路线和基本纲领，提出了马克思列宁主义同中国实际相结合的两次历史性飞跃，产生了两大理论成果的新论断，科学阐明了中国特色社会主义的历史地位。

3. 进一步拓展时期

从党的十五大经过2002年党的十六大至2007年党的十七大这10年，是中国特色社会主义理论体系在新的历史时期获得重大发展的时期。这一时期又可分为两个发展阶段。

(1)"三个代表"重要思想形成和确立的阶段：从党的十五大至党的十六大，是"三个代表"重要思想形成和确立的阶段。在这一阶段，以江泽民同志为核心的第三代党中央领导集体提出了一系列关于建设中国特色社会主义的经济、政治、文化、社会、外交、国防的重大治国方针和战略，丰富和发展了中国特色社会主义的理论体系。特别是党的十六大科学阐明了"三个代表"重要思想，提出了坚持和发展党的先进性、提高党的执政能力的时代课题，是马克思主义党建理论的重大发展。

(2)科学发展观与和谐社会思想形成和确立的阶段：从党的十六大至党的十七大，是科学发展观与和谐社会思想形成和确立的阶段。

党的十六大以后，以胡锦涛同志为总书记的党中央高举中国特色社会主义伟大旗帜，在全面推进改革开放和社会主义现代化建设的同时，不断推进党的理论创新，提出了加强党的执政能力建设和先进性建设、建设创新型国家、建设社会主义新农村、树立社会主义荣辱观、走和平发展道路等一系列重大战略思想，为党和人民事业的发展提供了科学的理论指导，丰富和发展了中国特色社会主义理论。2006 年 10 月党的十六届六中全会通过了构建社会主义和谐社会的决议，党的十七大报告科学概括了中国特色社会主义道路和中国特色社会主义理论体系，全面阐明了科学发展观，是中国特色社会主义理论体系的重大发展，是马克思主义社会发展理论的重大发展。

二、中国特色社会主义理论体系的主要结构

中国特色社会主义是严整而科学的理论体系，它是包括邓小平理论、“三个代表”重要思想以及科学发展观等重大战略思想在内的科学理论体系。这一理论体系由哲学基础、基本原理、基本路线、基本纲领和重要范畴等五个紧密联系、不可分割的理论层次构成。

1. 中国特色社会主义理论体系的哲学基础

哲学基础即世界观和方法论基础，是中国特色社会主义理论体系的最高理论层次。世界观和方法论不仅指导中国特色社会主义理论的形成，而且贯穿于这一理论的各个观点和原理之中，指导着这一理论的实践，指导着这一理论的进一步丰富、发展和完善。

“解放思想、实事求是、与时俱进”是辩证唯物主义和历史唯物主义的世界观和方法论的高度概括，是中国特色社会主义理论体系的基础和总的指导思想，是中国特色社会主义理论体系的精髓。

毛泽东同志用“实事求是”四个字对马克思主义哲学加以概括，并将其作为我们党的思想路线。邓小平同志依据“文化大革命”后中国面临的形势和任务，运用其政治智慧和丰富经验，在“实事求是”前面加上“解放思想”四个字，以此作为新时期党的思想路线。江泽民同志总结改革开放以来党的思想路线 20 多年的实践经验，特别强调“与时俱进”，并将其作为党的思想路线的重要补充。只有“解放思想、实事求是、与时俱进”，才能摆脱对马克思主义的教条式理解，抛弃那些对社会主义不科学甚至扭曲的认识，开拓中国特色社会主义发展道路，开拓中国特色社会主义理论的新境界。

“解放思想、实事求是、与时俱进”的思想路线是我们党制定和贯彻中国特色社会主义的理论、路线、纲领、政策的哲学基础和科学方法论的指导思想，是继续推进中国特色社会主义的实践探索和理论创新的根本性行动指南，是发展中国特色社会主义的一大法宝。

2. 中国特色社会主义理论体系的基本原理

基本原理是中国特色社会主义理论体系的第二理论层次，它是中国共产党人贯彻“解放思想，实事求是，与时俱进”的思想路线，将科学社会主义基本原理与中国实践和时代特征相结合的产物。它既坚持了科学社会主义的基本原则，又赋予其鲜明的中国特色，是中国特色社会主义理论体系中最具本原性的理论，是派生其他理论的理论，是中国特色社会主义的理论核心和理论支柱，舍此便不可能构成中国特色社会主义的理论体系。

中国特色社会主义理论体系的基本原理包括六个方面的内容：

(1) 社会主义本质论

什么是社会主义？这是20世纪社会主义提出的重大理论课题，是当代社会主义面临的一个最基本的问题。邓小平将“解放思想，实事求是”的思想路线运用于“什么是社会主义”这一当代社会主义实践的基本理论课题，创造性地提出了“社会主义的本质，是解放生产力，发展生产力，消灭剥削，消除两极分化，最终达到共同富裕”的科学论断，破解了这一世纪难题。社会主义本质是社会主义根本属性的最深层次的概括，是社会主义诸特征的理论升华和社会主义总价值的科学体现，是建设社会主义的根本前提，是中国特色社会主义的基本原理。

(2) 社会主义初级阶段论

我们的社会主义正处在什么阶段？这是20世纪社会主义没有解决的一个重大理论问题。过去，无论是苏联、东欧，还是中国或其他社会主义国家，都没有搞清楚这个问题，一起犯了超越社会主义发展阶段的错误，造成社会主义建设的连连失误和深刻的体制危机。邓小平将“解放思想，实事求是”的思想路线运用于解决我国社会主义所处的发展阶段，作出了我国正处在社会主义初级阶段的科学论断。强调这是我国在生产力落后、商品经济不发达条件下建设社会主义必经的特定阶段，至少需要上百年时间，制定一切方针政策都必须以这个基本国情为依据，不能脱离实际、超越阶段。社会主义初级阶段理论，是中国共产党关于中国基本国情的科学判断，它使中国特色社会主义真正“建立在现实的基础上”，是现阶段党的基本路线、方针、政策和策略的出发点和依据，因而是中国特色社会主义的基本原理。

(3) 社会主义改革开放论

社会主义基本制度建立后，社会主义发展的动力是什么？“文化大革命”没有解决这个问题，戈尔巴乔夫的“新思维”也没有解决这个问题。邓小平总结社会主义国家改革的正反两个方面的历史经验和教训，将“解放思想，实事求是”的思想路线运用于中国社会主义的发展，提出了独具中国特色的改革开放理论：改革是社会主义发展的重要动力；改革是中国的第二次革命；改革是社会主义的自我发展和完善，是解决社会主义基本矛盾的重要方式；改革决定社会主义的前途和命运，是中国现代化的必由之路，僵化停滞没有出路；开放是改革和建设必不可少的方面，封闭只能导致落后。邓小平的改革开放理论解决了改革的性质、地位、作用、发展道路以及改革的必要性、必然性、全面性、长期性、艰巨性等一系列理论问题，是中国特色社会主义的基本原理。

（4）社会主义市场经济论

计划与市场的关系是长期困扰社会主义改革的主要难题之一。邓小平运用“解放思想，实事求是”的思想路线破解了这一世纪难题。党的十四大根据邓小平的思想，正式确立了这一理论：强调计划多一点还是市场多一点，不是社会主义与资本主义的本质区别，计划和市场都是经济手段。我国经济体制改革的目标是建立和完善社会主义市场经济体制，使市场在国家宏观调控下对资源配置起基础性作用。社会主义市场经济理论是中国特色社会主义极具特色的基本原理，这一原理是对马克思主义政治经济学的重大发展。

用市场经济体制取代计划经济体制是社会主义经济发展的根本性转变，这一转变实现了从以社会主义公有制为基础的产品生产与产品的直接分配相结合的社会主义经济运行的基本模式，向以社会主义公有制为基础的商品生产与商品的社会交换相结合的社会主义经济运行的基本模式的转变，并推动了社会主义政治、文化、社会诸领域改革的深入发展，从而从根本上改变了建设社会主义的方法和形式，实现了从传统社会主义发展模式到现代社会主义发展模式的深刻变革。

（5）马克思主义执政党建设论

改革开放和社会主义现代化建设事业的发展，关键在党的领导。邓小平、江泽民、胡锦涛和其他党中央领导人始终关注党的建设和发展，他们强调党必须适应长期执政和改革开放的新要求，加强和改善党对各方面工作的领导；强调把党的执政能力建设和先进性建设作为党的建设新的伟大工程；特别是提出了“三个代表”重要思想，要求中国共产党必须始终代表中国先进生产力的发展要求，代表中国先进文化的前进方向，代表中国最广大人民的根本利益。党在新时期提出的马克思主义执政党建设理论，特别是“三个代表”重要思想，是中国特色社会主义的基本原理，是马克思主义党建理论的重大发展。

（6）社会主义科学发展论

采取什么样的发展战略，关系到发展目标的实现和整个社会主义事业的成败。世界社会主义90年来的建设，基本上是在“赶超”资本主义发达国家的战略思想指导下进行的，这种发展战略曾发挥过积极的作用，但也带来了一系列矛盾和问题。在改革开放和社会主义现代化建设事业的实践中，中国共产党坚持“解放思想，实事求是，与时俱进”的思想路线，逐步形成了新的发展战略思想。强调发展是硬道理；发展是我们党执政兴国的第一要务；必须坚持走生产发展、生活富裕、生态良好的文明发展道路，建设资源节约型、环境友好型社会；努力实现以人为本、全面协调、可持续的科学发展。中国共产党的社会主义科学发展理论，集中表现为“科学发展观”，它是中国特色社会主义理论体系的基本原理，是马克思主义关于社会主义发展理论的丰富和发展。

3. 中国特色社会主义理论体系的基本路线

如果将中国特色社会主义理论体系中的哲学基础和基本原理看作哲学意义上的“认识理性”，那么，基本路线和基本纲领便可称为“实践理性”。单有“认识理性”而无“实践理性”，在理论与实践之间就缺乏沟通的桥梁和中介，就难以在实践中发挥巨大的威力。而基本路线和基本纲领则是实践化的理论，是基本原理的实践化、具体化和深化。它们是连接哲学基础、基本原理与实践之间的桥梁和中介，体现了中国特色社会主义的理论与实践的统一，体现了理论的能动性实践功能。因此，党的基本路线和基本纲领，也是中国特色社会主义理论体系不可分割的有机组成部分。

基本路线是中国特色社会主义理论体系的第三理论层次，它是以党的“解放思想，实事求是”的思想路线为指导，以中国特色社会主义基本原理为基础形成的，是中国特色社会主义基本理论的结构化、实践化和深化，对基本纲领起着直接指导和规范作用，是中国特色社会主义理论体系不可分割的重要组成部分和重要内容。

党的十四大报告指出：“在中国特色社会主义理论的指导下，我们党形成了社会主义初级阶段的基本路线，这就是：领导和团结全国各族人民，以经济建设为中心，坚持四项基本原则，坚持改革开放，自力更生，艰苦创业，为把我国建设成为富强、民主、文明的社会主义现代化国家而奋斗。”党的十七大对党的基本路线作了重要补充，即将“富强、民主、文明的社会主义现代化国家”，补充为“富强、民主、文明、和谐的社会主义现代化国家”。

党的基本路线明确规定了建设中国特色社会主义的主体是以中国共产党为领导核心的全国各族人民；明确规定了建设中国特色社会主义的根本问题和中心环节是以经济建设为中心，这是我们的兴国之要，是党和国家兴旺发达、长治久安的根本要求；明确规定了围绕经济建设中心的两个基本点，一个是坚持四项基本原则这一立国之本，一个是坚持改革开放这一强国之路；明确规定了建设中国特色社会主义的基本方针和方法，即自力更生、艰苦创业，这也是建设中国特色社会主义应有的基本立足点和精神状态；明确规定了建设中国特色社会主义的“四位一体”的伟大目标，等等。

党在社会主义初级阶段的基本路线，是党和国家的生命线，是实现科学发展与社会和谐的政治保证，是实现全面建设小康社会奋斗目标的政治保证，是实现中国特色社会主义事业的政治保证。

4. 中国特色社会主义理论体系的基本纲领

基本纲领是中国特色社会主义理论体系的第四理论层次，它是在马克思主义世界观和方法论的指导下，以基本原理为基础形成的，是基本路线在经济、政治、文化、社会、党建诸方面的展开。基本纲领是中国特色社会主义长期实践的经验总结，是直接指导实践的理论，是在实践中不断丰富发展的理论，是中国特色社会主义理论体系不可分割的重要组成部分和重要内容。

党的十四大报告指出：同党的基本路线相适应，“我们党还形成了包括经济、政治、教育、文化、军事、外交等各方面的一整套方针政策”。党的十五大报告明确提出了社会主义初级阶段的经济、政治、文化方面的基本纲领，并指出：“这个纲领，是邓小平理论的重要内容，是党的基本路线在经济、政治、文化等方面的展开，是这些年来最主要的经验总结。”由此可见，中国特色社会主义的基本纲领也与《共产党宣言》一样，“是详细的理论和实践的党纲”（马克思、恩格斯语）。这一纲领大致分为经济、政治、文化、社会、党建五个大的方面。

（1）建设中国特色社会主义经济的基本纲领。建立和完善社会主义市场经济体制；积极参加国际经济合作与竞争，实施互利双赢的对外开放战略；坚持公有制为主体多种经济成分共同发展的基本经济制度；坚持和完善按劳分配为主体的多种分配制度，逐步达到共同富裕；实施科教兴国战略，提高自主创新能力，建设创新型国家；实施人才强国战略；实施可持续发展战略；加快转变经济增长方式，推动产业结构升级，坚持走中国特色新型工业化道路；统筹城乡发展，推进社会主义新农村建设；加强能源资源节约和生态环境保护，把建设资源节约型、环境友好型社会放在工业化、现代化发展战略的突出位置；推动区域协调发展，优化国土开发格局，缩小区域发展差距，实现公共服务均等化和生产要素跨区域合理流动；走中国特色城镇发展道路，促进大中小城镇协调发展。

(2) 建设中国特色社会主义政治的基本纲领。积极稳妥地推进政治体制改革：政治体制改革必须坚持正确的政治方向，坚持中国特色社会主义政治发展道路；坚持党总揽全局、协调各方的领导核心作用；采取循序渐进的方式，积极稳妥地推进政治体制改革。发展社会主义民主政治：切实保障人民依法管理国家事务和社会事务、管理经济和文化事业的权利；尊重和保障人权，广开言路；建立健全民主选举、民主决策、民主管理、民主监督的制度和程序；推进社会主义民主的制度化、规范化、程序化，为党和国家的长治久安提供政治和法律制度保障。实施依法治国方略，建设社会主义法治国家，坚持党的领导、人民当家作主、依法治国的有机统一。实施"一国两制"方针，完成祖国统一大业。全面推进国防和军队现代化，加强军队革命化、现代化、正规化建设。坚持和平发展道路，实行独立自主的和平外交政策。

(3) 建设中国特色社会主义文化的基本纲领。一是推进文化体制改革：实现文化的内容形式、体制机制、传播手段的创新；文化体制改革要坚持"二为"方向、"双百"方针和"三贴近"原则；始终把社会效益放在首位，做到经济效益与社会效益相统一。建设社会主义精神文明，实行依法治国和以德治国相结合，提高全民族的思想道德素质和科学文化素质，为改革开放和社会主义现代化建设提供强大的思想保证、精神动力和智力支持。二是建设社会主义先进文化：坚持社会主义先进文化的前进方向，努力建设社会主义核心价值体系，用社会主义核心价值体系引领社会思潮的健康发展；巩固马克思主义的指导地位，大力推进理论创新，推动当代中国马克思主义的大众化；建设和谐文化，培养文明风尚；弘扬中华文化，建设中华民族共有精神家园；推进文化创新，增强文化发展活力。

(4) 建设中国特色社会主义的社会纲领。一是保持社会长期稳定：改革是动力，发展是目标，稳定是前提；要在政治和社会稳定中推进改革和发展，在改革和发展的推进中实现政治和社会稳定；把改革的力度、发展的速度和社会可承受的程度三者协调统一起来。二是构建社会主义和谐社会：要按照民主法治、公平正义、诚信友爱、充满活力、安定有序、人与自然和谐相处的总体要求和共同建设、共同享有的原则，努力形成全体人民各尽所能、各得其所而又和谐相处的局面。三是在经济发展的基础上，更加注重社会建设：着力保障和改善民生，推进社会体制改革，扩大公共服务，完善社会管理；促进社会公平正义，努力使全体人民学有所教、劳有所得、病有所医、老有所养、住有所居，推动和谐社会的建设。和谐社会理论是对马克思主义关于社会主义社会建设理论的丰富和发展。

(5) 建设马克思主义执政党的基本纲领。实践“三个代表”重要思想；加强党的先进性建设；加强党的执政能力建设；以改革创新精神全面推进党的建设新的伟大工程；在党际关系四项基本原则的基础上发展同包括各国共产党在内的其他一切政党的关系。

5. 中国特色社会主义理论体系的重要范畴

中国特色社会主义理论体系有自己相对独立的范畴体系，表现着对中国特色社会主义的本质和关系的概括，反映着社会主义经济、政治、文化、社会的关系结构和普遍联系。中国特色社会主义理论体系的范畴主要有：“改革与发展”“基本原理与中国特色”“基本制度与具体制度”“市场经济与社会主义基本制度”“改革、发展与社会稳定”“效率与公平”“独立自主与经济全球化”“社会生产力与民族文明素质”“民主与法制”“批判与借鉴”等。

三、中国特色社会主义理论体系的主要特点

实践性：这是中国特色社会主义理论体系最重要、最显著的特征。中国特色社会主义是在建设中国特色社会主义的实践中产生和发展起来的；实践是检验中国特色社会主义的唯一标准；实践是中国特色社会主义的目标和归宿。

时代性：中国特色社会主义是具有强烈时代精神的科学理论体系。中国特色社会主义是马克思主义与时代特征相结合的产物；其基本内容反映了时代发展的要求；它是人类社会发展规律、社会主义建设规律和马克思主义执政党建设规律在现阶段的具体而生动的体现。

民族性：中国特色社会主义是具有鲜明国情特色的科学理论体系。它是马克思主义基本原理与中国社会主义建设实际相结合的产物；其有关全面推进社会主义经济、政治、文化、社会建设的理论、路线、纲领和政策，是针对中国特殊国情制定的，是当代中国发展进步的唯一正确道路。

人民性：中国特色社会主义是以人为本的科学理论。领导中国特色社会主义事业的核心力量是中国共产党，党的一切奋斗和工作都是为了造福人民，全心全意为人民服务是党的宗旨。中国特色社会主义的发展为了人民、发展依靠人民、发展成果由人民共享。随着社会主义建设的深入和对社会主义认识的深化，以人为本已经成为中国特色社会主义理论体系的核心价值理念。党和国家始终把实现好、维护好、发展好最广大人民的根本利益作为一切工作的出发点和落脚点，尊重人民主体地位，发挥人民首创精神，保障人民各项权益，引导人民走共同富裕的道路，促进人的全面发展。

完整性：中国特色社会主义理论是一个完整的科学理论体系。它系统、全面、科学地回答了在中国这样一个经济文化相对落后的国家“什么是社会主义、怎样建设社会主义”“建设什么样的党、怎样建设党”“实现什么样的发展、怎样发展”等一系列基本问题，深刻揭示了中国社会主义初级阶段建设的客观规律。它围绕上述基本问题，形成了一个由哲学基础、基本原理、基本路线、基本纲领和重要范畴组成的完整而系统的科学理论体系。各个理论层次之间有着内在的逻辑联系，形成一个有机统一的整体。

开放性：中国特色社会主义是一个开放和发展的科学理论体系。它面向现代化：中国特色社会主义是马克思主义基本原理与中国实际和时代特征相结合的产物，旨在解决当代中国走向现代化进程中所遇到的一系列基本问题。它面向世界：中国特色社会主义吸取了世界上其他社会主义国家建设的经验和教训，同时也借鉴了资本主义发展的优秀文明成果，特别是科学技术的新成果。它面向未来：中国特色社会主义并不是终极真理，而是为社会主义理论的发展开辟了更加广阔而现实的道路。新的科学研究成果和新的社会实践经验将不断丰富和发展中国特色社会主义理论体系。

综上所述，中国特色社会主义理论体系是一个内涵丰富、思想深邃、逻辑严谨的科学理论体系。它自始至终贯穿着马克思主义的立场、观点和方法，其精髓是解放思想、实事求是、与时俱进，主题是改革与发展，核心是以人为本，关键是党的领导和建设。

中国共产党对社会主义认识的三次深化与升华

一、走俄国人的路：中国共产党对社会主义发展战略的最初探索

这是20世纪的五六十年代，以毛泽东为主要代表的中国共产党人领导中国人民走上社会主义建设道路的时期。中华人民共和国成立前夕，毛泽东在《论人民民主专政》一文中的以下论述，深刻概括了这一时期中国社会主义建设的基本特点。他指出："十月革命帮助了全世界的也帮助了中国的先进分子，用无产阶级的宇宙观作为观察国家命运的工具，重新考虑自己的问题。走俄国人的路——这就是结论。"① 由于中国是在十月革命的影响下逐步走上社会主义发展道路的，苏联又是世界上唯一取得社会主义建设经验的国家，中国当时所处的国际和国内环境都十分复杂，自己又缺乏任何建设社会主义的经验，因此，学习和借鉴苏联的历史经验，甚至搬用苏联社会主义建设的模式，就成为这一时期中国社会主义建设的一大特点。尽管如此，以毛泽东为主要代表的中国共产党人仍然努力地将马克思主义的基本原理与中国的实际相结合，在苏联模式的框架内，对中国社会主义的发展战略进行了创造性的探索，丰富和发展了科学社会主义理论。

第一，提出有中国特色的社会主义改造理论。

遵循马列主义的基本原理，毛泽东认为中国在进入社会主义之前也需要经历一个过渡时期。但是，他没有照搬苏联的做法，而是从实际出发，提出了适合中国国情的社会主义过渡理论，选择了一条有中国特色的社会主义改造道路。1953年，毛泽东提出了党在过渡时期的总路线，即在10到15年或者更长一段

① 毛泽东选集：第4卷［M］. 北京：人民出版社，1991：1471.

时间内，基本上完成国家的社会主义工业化和对农业、手工业和资本主义工商业的社会主义改造。根据总路线的基本精神，他还提出了社会主义改造的一系列方针：针对中国农民和手工业者的特点，提出对个体农业和手工业实行合作化的原则、形式和步骤；针对中国民族资产阶级的特点，提出对资本主义工商业采取和平赎买的政策和方法。正是在毛泽东提出的有中国特色社会主义改造理论指引下，国家成功地实现了对农业、手工业和资本主义工商业的社会主义改造，建立了社会主义经济制度。

第二，提出社会主义基本矛盾的理论和两类社会矛盾的学说。

社会基本矛盾贯穿于迄今为止的人类社会。但在社会主义改造基本完成以后，社会基本矛盾发生作用的情况如何？这个问题，马克思、恩格斯和列宁没有给出明确的回答。斯大林在很长一段时间内，认为在社会主义制度下，生产力和生产关系之间、上层建筑和经济基础之间已经“完全适合而不再有矛盾了”，直到晚年，他才承认社会基本矛盾之间的“适合”不是绝对的，有时候还会存在矛盾。但他仍然没有认识到社会基本矛盾在社会主义社会的重要作用。毛泽东在总结国内外社会主义建设正反两方面经验的基础上，系统地论述了社会主义社会基本矛盾的性质、特点和解决方式。他明确地指出，在社会主义社会中，基本的矛盾仍然是生产力和生产关系之间的矛盾，上层建筑和经济基础之间的矛盾。不过，社会主义社会的基本矛盾是非对抗性的，而不是对抗性的，它们之间是基本适应的，但也有不相适应的部分，其不相适应的部分可以通过社会主义制度本身不断地加以解决。在论述社会主义社会基本矛盾的基础上，毛泽东还提出了两类社会矛盾的学说。他说，在社会主义社会存在着两类社会矛盾，这就是敌我之间的矛盾和人民内部的矛盾。这是性质完全不同的两类矛盾。前者是对抗性的，后者是非对抗性的。对待敌我矛盾，应该采取专政的方法来解决；对待人民内部矛盾，应该采取民主的方法加以解决。毛泽东提出的社会主义基本矛盾理论和两类社会矛盾学说，为正确地认识社会主义社会、处理各种社会矛盾、调整各种社会关系，提供了重要的指导原则。

第三，提出适合中国国情的社会主义工业化思想。

中国社会主义工业化道路的探索，是从学习苏联开始起步的。但是，毛泽东很快就发现了苏联模式的弊端。他认为，不能照搬苏联模式，必须找到一条中国自己的工业化道路。他提出，中国工业化的目标，是建立独立、完整、现代化的工业体系：自己能够生产主要的原材料，能够制造机器，能够制造新式武器，有相应的化学工业、运输业、轻工业等。实现工业化的立足点是自力更生。要独立自主地发展工业，同时争取外援，学习外国先进的科学技术和管理方法。要有一股艰苦奋斗的创业精神，全心全意地依靠工人阶级。毛泽东还提出了办好工业的一些基本政策。他认为，工业建设规模要同国力相适应，工业要扩大出口，为农业现代化服务，要抓好工业管理等。

第四，对社会主义经济建设规律进行了新探索。

毛泽东和中国共产党人在总结苏联社会主义经济建设经验教训的基础上，结合中国的实际，对社会主义经济建设规律进行了新的探索，提出了一些宝贵思想。社会主义改造基本完成以后，毛泽东根据中国生产力比较落后的现状，吸取苏联过早结束“新经济政策”的教训，提出“可以消灭了资本主义，又搞资本主义”① 的论断，认为自由市场和国家市场可以同时存在。斯大林不承认国营经济之间有商品交换关系，否认生产资料是商品。毛泽东在实践中形成了关于社会主义商品经济的思想。他认为，中国的商品生产很不发达，不是消灭它，而是要大力发展。商品生产和社会主义相联系，就是社会主义商品生产。生产资料也是商品，也应当参与商品流通。他还认为，在社会主义社会，价值规律仍然在发挥作用，这是客观法则。在企业管理方面，毛泽东提出“两参一改三结合”的思想，即干部参加劳动，工人参与管理，改革不合理的规章制度，实行工人、干部和技术人员三结合的管理方法。为了调动国内外一切积极因素，毛泽东对社会主义建设中的若干重大关系进行了探讨，提出要正确处理重工业和轻工业、农业的关系，沿海工业和内地工业的关系，经济建设和国防建设的关系，国家、生产单位和生产者个人的关系，中央和地方的关系，中国和外国的关系等。

毛泽东关于社会主义的理论是丰富而深刻的，尽管有些思想并未在实践中得到一以贯之的实行，而且由于它在总体上承袭了苏联发展模式，因此，它还不能构成新的、系统的社会主义发展思路。但其影响是深远的，正是这些思想为以后中国特色社会主义理论的产生作了理论上的准备，是中国特色社会主义理论的探索起点和思想源头。

---

① 薄一波．若干重大决策与事件的回顾：上卷［M］．北京：中共中央党校出版社，1991：434．

二、走自己的道路：中国共产党对社会主义发展道路的崭新探索

20世纪七八十年代，当世界社会主义运动的发展逐步进入低潮，社会主义日益陷入深重的体制性危机的时候，以邓小平为代表的中国共产党人把马克思主义的基本原理与中国的实际和时代特征相结合，制定了建设中国特色社会主义的路线、方针和政策，形成了中国特色社会主义理论。1982年9月，邓小平在党的十二大开幕词中指出："我们的现代化建设，必须从中国的实际出发。无论是革命还是建设，都要注意学习和借鉴外国经验。但是，照抄照搬别国经验、别国模式，从来不能得到成功。这方面我们有过不少教训。把马克思主义的普遍真理同我国的具体实际结合起来，走自己的道路，建设有中国特色的社会主义，这就是我们总结长期历史经验得出的基本结论。"① 这段论述，深刻总结了中华人民共和国社会主义建设33年和世界社会主义运动发展65年的历史经验，概括了十一届三中全会以后中国社会主义发展的基本特点。这个特点就是：完全打破了苏联模式的束缚，从走俄国人的路转到走自己的道路，进行改革开放和社会主义现代化建设，建设有中国特色的社会主义。

建设中国特色社会主义是一项全新的事业，马克思、列宁不可能为我们"走自己的道路"作出具体的理论阐明，国内外也没有走自己道路的成功历史经验可资借鉴。这就使建设中国特色社会主义的实践具有试验、探索的特点，中国必须"走一步看一步"②，要摸索前进，即"摸着石头过河"。尽管道路很艰难，但它的方向是正确的，中国共产党人以巨大的勇气、顽强的毅力、高度的智慧和与时俱进的创新精神，成功地走出了一条有别于苏联模式的全新的社会主义发展道路，用新的理论成果丰富和发展了科学社会主义的理论宝库。

第一，提出了和平与发展是当今时代主题的论断。马克思主义的经典作家，特别是列宁和毛泽东都从当时的时代特征出发，把革命和战争作为时代的主题。邓小平用马克思主义的宽广眼界观察世界，对当今时代特征和国际形势作了科学分析，深刻指出："现在世界上真正大的问题，带全球性的战略问题，一个是和平问题，一个是经济问题或者说发展问题。和平问题是东西问题，发展问题是南北问题。概括起来，就是东西南北四个字。南北问题是核心问题。"③ 党的

① 邓小平文选：第3卷［M］. 北京：人民出版社，1993：2.

② 邓小平文选：第3卷［M］. 北京：人民出版社，1993：78.

③ 邓小平文选：第3卷［M］. 北京：人民出版社，1993：105.

十三大报告把这一思想正式表述为和平与发展两大时代主题。这个判断，从总体上明确了建设有中国特色社会主义的国际环境，发展了马克思主义关于时代的理论。

第二，确立了社会主义初级阶段的理论。马克思、恩格斯设想社会主义将首先在经济发达国家取得胜利，认为在无产阶级夺取政权后要经历过渡时期、共产主义第一阶段和共产主义高级阶段。列宁大体上也持这种观点。在一个相当长的时期里，包括中国在内的几乎所有社会主义国家，都对建设社会主义的艰巨性、长期性认识不足，导致犯了“快过渡、穷过渡”的错误。十一届三中全会以后，以邓小平为代表的中国共产党人，在总结经验教训的基础上，确定我国正处在社会主义初级阶段，强调这是一个至少上百年的漫长的历史阶段，制定一切方针政策都必须以这个国情为依据，不能脱离实际，超越阶段。社会主义初级阶段理论丰富了马克思主义的社会发展阶段论，在实践上解决了经济落后国家社会主义建设的立足点和出发点问题。

第三，提出了社会主义改革的理论。社会主义制度建立以后，采用什么样的发展机制，以推动社会主义社会不断向前发展，这是很长时间没有解决好的历史性课题。恩格斯当年虽然有过社会主义社会应当改革的认识，列宁晚年也有过改革的思想，但都未形成系统完整的理论。毛泽东纠正了斯大林否定社会主义社会基本矛盾的理论失误，并主张对生产关系和上层建筑进行变革，但他脱离生产力来谈变革，最终也陷入了“以阶级斗争为纲”的误区。邓小平坚持了马克思主义的改革观，总结了过去的经验教训，特别强调改革是社会主义发展的重要动力，是解放和发展生产力的必由之路，改革是一场革命；同时指出改革是全方位的，改革要有领导地进行，改革的标准是“三个有利于”，改革是社会主义的自我发展和完善，从而形成了社会主义改革的完整理论。这些不仅丰富发展了马克思主义关于社会主义改革的思想，而且解决了社会主义社会的发展动力问题。

第四，把社会主义与市场经济相结合，确立了市场经济在社会主义社会中应有的地位。社会主义与市场经济能否兼容？马克思主义经典作家对此作出了否定的回答。长期以来，人们把计划经济列为社会主义的基本特征之一，认为社会主义与市场经济势不两立。邓小平摒弃了把市场经济、计划经济理解为带有基本制度属性范畴的错误认识，指出：计划多一点还是少一点，不是社会主义与资本主义的本质区别。计划经济不等于社会主义，资本主义也有计划；市场经济不等于资本主义，社会主义也有市场。计划和市场都是经济手段，都是方法。计划和市场都要，两者要结合。社会主义市场经济和资本主义市场经济的根本区别在于所有制基础不同。社会主义实行市场经济是为了更有效地发展社会生产力。这一观点为社会主义市场经济体制的建立提供了理论支持，从而为建设有中国特色的社会主义经济找到了正确的发展道路。同时，社会主义市场经济理论的确立，从根本上改变了建设社会主义的方法和形式，实现了社会主义发展模式的深刻变革，是科学社会主义理论的重大发展。

第五，重新界定了社会主义的本质。以往人们习惯于从“结构取向”或“制度取向”来界定社会主义，强调社会主义的本质是公有制。党的十一届三中全会以后，邓小平以“存在根据”或“价值取向”来界定社会主义，并把生产力、生产关系、根本任务、根本目的和发展手段等融合在一起，深入思考“我们为什么要坚持社会主义公有制”，并最终概括出了“社会主义的本质，是解放生产力，发展生产力，消灭剥削，消除两极分化，最终达到共同富裕”的论断。这个论断使人们的思想豁然开朗，一下子从旧的僵化认识中摆脱出来，形成了“坚持基本制度，改革具体制度，选择灵活政策，实现本质要求”的基本理念，按照“三个有利于”的标准，积极推进社会主义的改革与创新。邓小平关于社会主义本质的论断，不仅在理论上发展了马克思主义的社会主义观，而且在实践上为中国特色社会主义事业的发展开辟了广阔的前景。

第六，所有制理论上的重大突破。传统理论认为，社会主义是在生产力高度发达的资本主义基础上建立起来的，应当是纯粹的、单一的社会主义公有制形式。后来各国的实践突破了这个禁锢，实行了全民所有制和集体所有制两种公有制形式，但仍然没有摆脱所有制“越大越公越优越”的思想束缚，并在实践上急于过渡，结果使生产力的发展长期受到束缚。党的十一届三中全会以后，中国共产党在坚持以公有制为主体的前提下，允许和鼓励个体、私营、外资经济等多种经济成分共同发展，并取得了公有制与非公有制经济优势互补、互相结合的成功经验，提出了国有经济和集体经济没有高低之分，都要进入市场平等竞争、共同发展的观点。这些新的思想观点，使马克思主义的社会主义所有制理论有了崭新的面貌，并使社会主义建设出现了勃勃生机。

邓小平理论是马列主义、毛泽东思想与中国实际和时代特征相结合的产物，它从整体上打破了苏联模式的束缚，提出了新的社会主义发展道路。这就使社会主义理论发展出现了新的飞跃，并推动科学社会主义实现了从经典理论到当代理论的历史性发展。中国特色社会主义理论就是当代科学社会主义的一个系统、完整和成熟的理论表现，是现代社会主义的一面光辉旗帜。

三、中国共产党对中国特色社会主义发展战略的进一步发展和完善

党的十三届四中全会以来，国内外的形势异常严峻，以江泽民、胡锦涛为主要代表的中国共产党人，高举邓小平理论伟大旗帜，在改革开放和社会主义现代化建设中，不断总结历史经验，开拓进取，取得了举世瞩目的成就，并以巨大勇气进行理论创新，全面深化了对社会主义的认识，进一步发展和完善了中国特色社会主义的发展战略，从而用新的理论和实践丰富了科学社会主义的理论宝库。

第一，提出“三个代表”的重要思想，为新时期党的建设指明了方向。近半个世纪以来，科学技术革命突飞猛进，社会生产力、生产关系、社会阶级结构和思想意识形态均发生了深刻变化，这使早在20世纪上半叶形成和发展起来的世界各国政党普遍面临严峻的挑战，甚至形成世界性的政党危机。如何走出困境、适应社会的发展和变化，是摆在各国政党面前的严峻课题。以江泽民为代表的中国共产党人总结了中国共产党和世界各国政党发展的经验和教训，结合当前世界和中国发展的具体实际，提出了“三个代表”的重要思想。“三个代表”重要思想继承和发展了马克思主义关于社会前进最终是由生产力决定的，同时是由先进文化引导的，是由人民群众推动的等基本原理；揭示了中国特色社会主义是社会主义市场经济、社会主义民主政治和社会主义先进文化的有机统一，是党领导的伟大事业同党的建设新的伟大工程相互促进的进程；创造性地把党的建设同当今世界和当代中国的发展趋势，同我国社会主义的自我发展和完善，同实现中国特色社会主义的宏伟目标和各项任务联系起来，赋予党的性质和宗旨、党的指导思想和党的任务以鲜明的时代内容和时代特征，标志着我们对共产党执政的规律、社会主义建设的规律和人类社会发展的规律的认识达到新的高度。按照“三个代表”重要思想的要求去建设党，就能始终保持党的先进性，增强党的阶级基础，扩大党的群众基础，巩固党的执政地位，推动社会主义事业胜利发展。因此，“三个代表”重要思想是我们的立党之本、执政之基、力量之源，是新时期加强党的建设的基本纲领，是对马克思主义党建理论的重大发展。

第二，提出与时俱进、不断开拓创新的思想，将马克思主义政党的理论自觉提到了新的高度。创新是一个民族进步的灵魂，是一个国家兴旺发达的不竭动力，也是一个政党永葆生机的源泉。党的十六大将与时俱进、不断开拓创新，

提到了党的思想路线的高度，强调坚持党的思想路线，解放思想，实事求是，与时俱进，是我们党保持先进性和增强创造力的决定因素；与时俱进，就是党的全部理论和工作要体现时代性，把握规律性，富于创造性；能否做到这一点，决定着党和国家的前途命运。这是对马克思主义理论发展规律的新认识，是对保持马克思主义政党先进性规律的新认识，是对马克思主义政党执政规律的新认识，体现了中国共产党作为一个成熟的马克思主义政党对不断发展变化着的世界已经具有极强的应变能力，其理论自觉已经达到了新的、更高的境界。

第三，提出加强党的执政能力建设的任务，把党的政治自觉提到了新的高度。从 1917 年俄国十月革命算起，马克思主义政党执掌政权已经有近 90 年的历史了。在这近 90 年的时间里，由于国际局势的严峻和我们自身的缺乏经验，加上思想上、政治上和组织上还存在种种不足，因此我们以往关注的重点主要是关于实现党对国家领导的必然性和必要性、党领导国家的基本原则、职能和方法等问题上，而较少关注从整体上加强党的执政能力建设的问题。造成这种情况的原因是：我们在很大程度上把党领导好国家的希望寄托在领袖的英明伟大上去了，寄托在模仿别国党成功领导社会主义建设的方式方法上去了，或者是错误地认为马克思主义政党的先进性质就决定了其领导水平和执政能力也是世界上最先进的了。直至有了苏东剧变的沉重教训之后，有了党领导改革开放和社会主义现代化建设的成功实践之后，在我们客观地看到某些资本主义国家政党执政取得的一定成功之后，我们才逐步认识到从整体上加强党的执政能力建设是一个十分紧迫和十分关键的问题。

党的十六大和党的十六届四中全会，深刻总结了中国共产党和其他马克思主义政党执政的历史经验和教训，从战略发展的高度提出了加强党的执政能力建设的任务，强调加强执政能力建设是党的一项战略任务，是关系到社会主义事业的兴衰成败、关系中华民族的前途命运、关系党和国家的长治久安的重大课题。提出了加强党的执政能力建设的指导思想、总体目标，明确了当前和今后一个时期加强党的执政能力建设的主要任务是：按照推动社会主义物质文明、政治文明、精神文明协调发展的要求，不断提高驾驭社会主义市场经济的能力、发展社会主义民主政治的能力、建设社会主义先进文化的能力、构建社会主义和谐社会的能力、应对国际局势和处理国际事务的能力等。

把加强党的执政能力建设问题提到战略的高度，并提出了加强党的执政能力建设的基本理论和方略，这在世界社会主义运动史上是前所未有的，它是马克思主义政党执政理论的创造性发展，并将对巩固中国共产党的执政地位和发展中国特色社会主义事业起着十分重要的作用；同时，也说明中国共产党是对全中国人民负责任的党，是对世界社会主义运动负责任的党，其政治成熟性和自觉性已经上升到一个新的高度。

第四，进一步发展了社会主义所有制的理论。党的十五大坚持解放思想、实事求是的思想路线，进一步总结了我国近20年调整和完善所有制结构的实践经验，在社会主义的所有制结构和公有制实现形式上得出了崭新的结论。党的十五大改变了对所有制与所有制的实现形式不加区别的错误做法，突破了社会主义公有制只包括国有经济和集体经济的传统观点，明确指出了公有制经济不仅包括国有经济和集体经济，还包括混合所有制经济中的国有成分和集体成分，强调公有制实现形式可以而且应当多样化；打破了股份制是资本主义经济的传统观点，提出股份制是资本组织方式的观点，明确指出社会主义可以利用股份制，判断股份制性质的关键，是看控股权掌握在谁手里；打破了公有制的主体地位主要体现在量上占优势的观点，提出既要有量的优势，更要注意质的提高，公有制的主体地位主要体现在控制力上的观点。十五大把社会主义公有制的实现看成一个有赖于生产力不断发展的长期历史过程，强调一切反映社会化生产规律的经营方式和组织形式都可以大胆利用，一切符合“三个有利于”的所有制形式都可以而且应该用来为社会主义服务；进一步明确了非公有制经济的地位，指出非公有制经济不仅是我国社会主义经济的重要补充，而且是我国社会主义市场经济的重要组成部分。因此，对个体、私营等非公有制经济要继续鼓励、引导，使之健康发展。上述理论观点进一步丰富了马克思主义所有制理论的内容，为深化我国的社会主义体制改革提供了重要的支持。

第五，提出了科学发展观，深化了对社会主义发展的认识。党的十六大以来，以胡锦涛同志为总书记的党中央，站在历史和时代发展的高度，总结国内外在发展问题上的经验教训，提出了科学发展观。科学发展观认为，我国的基本国情不允许我们继续走粗放型增长的路子，必须努力避免和克服传统工业化带来的弊端，以技术创新为突破口，走出一条科技含量高、经济效益好、消耗低、环境污染少、人力资源优势得到充分发展的新路子。这条新路子最根本的就是要坚持以人为本，全面协调可持续的发展。全面发展，就是要以经济建设为中心，全面推进经济、政治、文化和社会建设，实现经济发展和社会全面进步。协调发展，就是要统筹城乡发展、区域发展、经济社会发展、人与自然和谐发展、国内发展和对外开放，以及推进生产力和生产关系、经济基础和上层建筑相协调，推进经济、政治、文化和社会建设的各个环节、各个方面相协调。

可持续发展，就是要促进人与自然和谐，实现经济发展和人口、资源、环境相协调，坚持走生产发展、生活富裕、生态良好的文明发展道路，保证一代接一代地永续发展。科学发展观把全面协调可持续作为衡量发展的基本尺度，强调发展不仅要重视经济指标，而且要重视人文指标、资源指标、环境指标和社会指标，坚持把经济增长同人文、资源和社会发展指标有机结合起来，这就深化了对中国特色社会主义发展道路的认识，丰富了马克思主义的社会发展理论，为我们指出了一条又快又好的社会主义发展道路。

第六，提出了建设社会主义政治文明和构建和谐社会的战略任务，对社会主义的总体布局作了新的、全面的论证。未来社会主义究竟是怎样的，我们应该如何开展社会主义建设？这不是一个仅靠书本讨论就可以解决的问题，它只有在长期的社会主义实践中才能逐步予以解决。党的十一届三中全会以后，中国共产党根据社会主义实践的经验和教训，提出了建设社会主义物质文明和精神文明的战略任务。进入新的世纪，党的第三代领导集体根据新时期社会主义建设的需要，又逐步提出了建设社会主义政治文明和构建社会主义和谐社会的战略任务。党的十六大报告在阐述全面建设小康社会的宏伟目标时，把建设社会主义政治文明和构建社会主义和谐社会分别作为我们党为之奋斗的两个重要目标。十六大报告指出，发展社会主义民主政治，建设社会主义政治文明，是全面建设小康社会的重要目标。必须在坚持四项基本原则的前提下，继续积极稳妥地推进政治体制改革，扩大社会主义民主，健全社会主义法制，建设社会主义法治国家，巩固和发展民主团结、生动活泼、安定团结的政治局面。党的十六届四中全会进一步提出了构建社会主义和谐社会的任务，强调形成全体人民各尽其能、各得其所而又和谐相处的社会，是巩固党的执政基础、实现党执政历史任务的必然要求，要适应我国社会的深刻变化，把和谐社会建设摆在重要位置，并明确了构建社会主义和谐社会的主要内容。这表明，随着我国经济社会的不断发展，中国特色社会主义事业的总体布局也更加明确地由社会主义经济建设、政治建设、文化建设三位一体发展为社会主义经济建设、政治建设、文化建设、社会建设四位一体。构建社会主义和谐社会，是党从全面建设小康社会，开创中国特色社会主义事业新局面的全局出发提出的一项重大任务，适应了我国改革发展进入关键时期的客观要求，体现了广大人民群众的根本利益和共同愿望，丰富了社会主义社会发展的战略思想。

综上所述，中国共产党对社会主义发展道路的探索，大致可分为三个主要的发展时期，或称之为三个主要发展阶段，即从走俄国人的路，到走自己的道路，从摸着石头过河建设有中国特色的社会主义，到总结自己的历史经验，更加自觉地建设中国特色社会主义的历程。

社会主义是一个长期发展的历史过程，人们对社会主义的认识也是一个不断深化和升华的历史过程。随着中国特色社会主义事业的不断发展，中国共产党对社会主义的认识还将不断地深化，并升华成为丰富而深刻的社会主义建设理论，这是中国共产党对世界社会主义运动的伟大贡献，是对科学社会主义理论的伟大贡献。

参考文献

[1] 毛泽东选集：第 4 卷 [M]. 北京：人民出版社，1991.

[2] 薄一波. 若干重大决策与事件的回顾：上卷 [M]. 北京：中共中央党校出版社，1991.

[3] 20 世纪社会主义发展的历史进程研究 [M]. 福州：福建人民出版社，2005.

[4] 邓小平文选：第 3 卷 [M]. 北京：人民出版社，1993.

现代生产力是中国特色社会主义理论产生的物质前提

恩格斯曾经指出，任何一种新学说的产生，都“必须首先从已有的思想材料出发”，然而它的根源却深藏在物质的经济的事实中。空想社会主义者以个体生产和手工工场作为构思理想社会的参照物，这一历史局限性阻碍了他们找到实现未来社会基础的物质生产条件。科学社会主义创始人马克思和恩格斯在产业革命后的经济条件下，从机器大工业的发展中看到了实现社会主义的希望，他们以社会化的生产作为实现未来社会的物质基础，从而使社会主义从空想变为科学。邓小平从现代生产力的变革中看到了进一步发展社会主义的希望，他以现代的社会化生产作为建设社会主义的物质基础，终于创立了具有中国特色的社会主义理论，从而实现了科学社会主义从经典理论到当代理论的历史性发展。以现代的社会化生产作为实现社会主义的物质基础，这是中国特色社会主义理论区别于经典社会主义理论的一个主要特点。

一、现代生产力发展的几个值得注意的特点

现代生产力是一个相对的概念，它主要是指在现代社会化生产的条件下生产力获得的新发展。在此以前，近代生产力有过三次大的发展和变革。第一次是在1540—1640年间。此时作为生产力的人从封建生产关系中解放出来，转而从事资本主义生产，工场手工业获得了大发展；动力资源由木柴改为煤炭，促使冶炼业和整个手工工业发生了新的技术革命。第二次是在1760—1860年间，即通常所说的第一次产业革命。在这个阶段，蒸汽机以及新的生产工具和机器的使用，促使工场手工业变为机器大工业，生产社会化了，从而使资产阶级社会的整个基础革命化了。第三次是在19世纪末至20世纪三四十年代。在这个阶段，电力的广泛使用，石油的大规模开采，电动机和内燃机的普遍推广，在很大程度上消除了机器大工业的局限性，使企业紧密联系起来，并为生产力的进

一步发展，为生产的集中和垄断提供了物质前提。

从 20 世纪 50 年代开始，以电子计算机、生物工程、光导纤维和新材料、新能源为代表的新的技术革命的开发和运用，推动了生产的自动化和智能化，促进了生产力的更大发展。现代生产力的发展有以下几个显著特点：

第一，生产力的发展获得了空前的速度和规模，科学技术在生产力发展中日益处于首要地位。

第二次世界大战以后，特别是在 20 世纪 50 年代以后，整个世界生产力的发展进入快车道，其速度和规模创下历史的新纪录。以发展较快的东亚国家和地区为例，在 1950—1980 年的 30 年间，日本经济的年均增长率达到 9%—10%，国民生产总值提高了 14 倍，从而使日本一跃成为世界经济大国。被称为亚洲“四小龙”的韩国、新加坡和中国香港、中国台湾，在 1965—1980 年的 15 年间，国民生产总值以 8%—9%的平均速度增长，个别年份超过 10%。从 20 世纪 50 年代至 80 年代的 30 年间，韩国的国民生产总值增长了近 8 倍，中国台湾则增长了 11 倍。

在生产力的发展中，科学技术占有越来越重要的地位。据统计，工业化国家的科学技术在国民经济增长和劳动生产率提高中所占的比重，已从 20 世纪初的 5%—10%，提高到今天的 60%—80%。正是科学技术的突飞猛进推动了生产力的高速发展。英国科学家詹姆斯·马丁估计，现代物理学中 90%的知识是在 1950 年以后获得的；人类目前认识的化合物约为 400 多万种，其中的 75%—80%是在 1950 年后才认识的。人类的科学知识在 19 世纪是 50 年增加一倍，20 世纪中叶是 10 年增加一倍，70 年代是 5 年增加一倍，目前约为 2 至 3 年增加一倍。与此同时，科技应用于生产的速度也大大加快。据统计，1855 年—1918 年间科技成果应用到生产中的时间平均是 30 年，从生产投入市场的时间平均是 7 年；1920—1944 年相应为 16 年和 8 年；1945—1964 年又相应缩短为 9 年和 5 年；而今电子技术转化的周期就更短。

第二，产业结构发生了巨大的变化，新的产业部门日益成为生产力发展的主要增长点。

电子技术、生物工程、光纤通信，以及一系列新材料、新能源的应用，特别是微电子技术的发展，给传统的产业结构带来了质的变革。一方面是新产业的兴起，并以传统产业增长速度的 3—5 倍迅速发展；另一方面是旧产业被改造或被淘汰，从而使新兴产业成为国民经济的支柱产业。美国在 1988 年的国民生产总值中，信息产业及其附加值已占到 40%—60%，而农业只占 2%，工业占

24.3%。随着产业结构的变化，从事第一、二产业的人数在就业总人数中不断下降，从事科技、咨询和信息业的第四产业的人数不断上升。据统计，美国在70年代新增加的2000万就业人员中的90%都集中在知识信息服务业上。美国的知识信息业就业人数超过总就业人数的50%左右，而日本约占40%，均超过第一、二产业总就业人数。

第三，市场机制在生产力的发展中起着重要的作用。

在各种发展条件基本具备的情况下，经济运行机制在生产力的发展中起着决定性的作用。20世纪30年代以前，自由放任的市场经济在资本主义国家的资源配置中占优势；30年代资本主义经济大危机之后，特别是在第二次世界大战以后，有国家宏观调控的市场经济在资本主义国家的资源配置中占优势。现代市场经济一方面发挥了市场机制的长处，即通过灵敏的价格信号和经常的竞争压力来促进优胜劣汰，协调供求关系，把有限的资源配置到最优环节上去；另一方面，又通过国家宏观调控，对市场机制的短处即由于自发性、盲目性和事后性所造成的剧烈经济波动和两极分化等弊病，起着一定的抑制作用，因而促进了资本主义经济比以前更快地发展。

第四，出现了企业中小型化的发展势头。

在蒸汽机时代，集中提供动力的大型动力机的采用及随后高能耗的重化工业的发展，使规模经济在经济效益的取得上占优势，大规模生产优于小生产，大企业挤垮或吞并中小企业，因此，与生产社会化伴行的是生产大型化的发展。进入20世纪，特别是进入50年代之后，随着科学技术的发展和社会需求的多样化及迅速变换，中小企业所具有的机动性、创造性和适于进行多品种、小批量生产的种种优点便派上了用场，从而使企业的中小型化获得了新的发展势头。从50年代到80年代的30年中，美国企业数量大增，1950年新创办企业9.3万家，而1980年为60万家。这些新办企业中绝大部分是小型企业。1969—1976年间，美国就业机会中的2/3是由雇佣职工不到20人的小企业提供的，而1000家最大的公司几乎没有提供新的就业机会。一些大型企业也进行了经营方式的改革，过去按职能分工的单一型企业演变为多部门的企业，每个企业的合理人数维持在500人以下，超过千人时即采取“母鸡下蛋”的办法，从中分出新部门。

第五，生产的专业化和国际化发展到新的水平。

大机器生产对于各国的社会分工发展成为国际分工体系，并使生产国际化起了决定性的作用。在产业革命期间，国际分工和生产国际化才刚刚开始；19

世纪末和20世纪初，随着生产和交换的发展，经济关系国际化了，资本国际化了，统一的世界市场终于形成。进入20世纪50年代以后，由于科学技术的进步，各产业部门内部的级差化不断加强，这就不仅使产品规格更加多样化，而且使产品生产进一步复杂化。因此，在一国范围内进行某些产品的生产便成为对经济并不总是有利的事情，从而使各国走上生产专业化和协作化的道路。于是，不同型号规格的产品专业化，零件和部件产品的专业化，工艺流程的专业化便发展起来。随着国际分工的深化，国际经济联系在各国经济发展中的地位也日益强化，各国经济对国外市场的依赖也日渐加深，这标志着生产社会化达到新的水平。

二、现代生产力与中国特色社会主义理论的产生

现代生产力的发展对中国特色社会主义理论的产生有深刻的影响，在根源的层面上甚至可以说有决定性的影响。

第一，现代生产力的发展引发了传统社会主义发展模式的内在矛盾。

在社会生产方式中，生产力是最活跃、最革命的因素。正是由于生产力的发展变化，打破了社会有机体内部与生产力基本相适应的状况，引发新的不平衡和矛盾。现阶段我国的主要社会矛盾是人民日益增长的物质文化需要同落后的社会生产之间的矛盾，它是社会主义社会基本矛盾在现阶段的集中表现。这个矛盾的发展和激化，从根本上说是生产力发展的结果。阻碍生产力发展的主要障碍是高度集中的计划经济体制及其与之相适应的政治体制。计划经济体制是在建国初期建立起来的，它的长处是能够集中力量和资源，进行国家重点经济建设，有可能从社会整体利益出发来协调经济的发展；它的缺陷是，由于计划制定和决策人员在信息的掌握和认识能力上的局限性，以及所处地位和所代表利益上的局限性，计划配置方式也难免发生偏颇、僵滞的毛病，从而限制了经济发展的活力，不利于资源的优化配置。中华人民共和国成立初期，我国的经济发展水平较低，建设的规模不大，经济结构和产业结构比较简单，发展目标比较单纯、集中，整个经济处于被封锁的自给自足状态中。经济的落后性为计划经济提供了适宜的存在条件。因此在我国建国初期和第一个五年计划期间，计划经济体制对我国国民经济的恢复和发展曾起过积极的作用。从50年代末开始，特别是进入60年代以后，随着国民经济的进一步发展和经济结构的迅速变动以及社会需求的日益多样化，计划经济的信息系统、决策系统和动力系统便由于经济活动的规模庞大和复杂多变而逐步失去其有效性，最终成为生产力发

展的障碍。从而使人民群众日益增长的物质文化需要同落后的社会生产之间的矛盾日益加剧。由此可见，高度集中的计划经济体制和政治体制与生产力的发展由基本适应到基本不适应，从根本上来说是社会生产力发展造成的。

第二，现代生产力的发展揭示了科学社会主义经典理论中的某些论断与社会现实之间的矛盾。

现代生产力的发展和社会主义实践，充分证明了科学社会主义基本原理的强大生命力和有效性。但也应该看到，由于客观历史条件的限制，科学社会主义经典理论的某些论断并没有得到验证，且与现实有相当大的距离。其一是马克思和恩格斯关于生产社会化的发展将“把整个社会变成一座工厂”的预言没有得到证实。事实表明，生产社会化并不总是像19世纪那样伴随着生产大型化的进程单项发展，生产大型化只是一定时期的发展趋向。当代企业中小型化和分散化的发展势头表明，生产社会化不可能把整个社会变为一座巨型工厂。其二是马克思和恩格斯关于“经济的冲突达到了顶点：生产方式起来反对交换方式，生产力起来反对已经被它超过的生产方式”的论断，即商品交换和资本主义生产关系均已不再容纳生产力发展的观点没有得到证实。事实是，第三次科技革命和现代生产力的巨大发展主要是在资本主义生产方式和商品经济中得以实现的，这表明现代生产力在资本主义生产方式和商品经济中还能找到发展的余地。其三是马克思和恩格斯关于“一旦社会占有了生产资料，商品生产就将被消除，而产品对生产者的统治也将随之消除。社会生产内部的无政府状态将为有计划的自觉的组织所代替”的论断也没有得到证实。这是因为，一方面，上述论断是以生产社会化走向生产大型化的巨型工厂的观点和商品经济已无法容纳社会化生产发展的观点为前提的，前提得不到证实，结论自然不可能在实践中得到证实；另一方面，社会主义是在经济文化比较落后的国家建立的，现实的社会主义与科学预想的社会主义在生产力发展水平上有较大的差距。

社会主义理论与社会主义实践中的矛盾是相互联系的。现代生产力所揭示的社会主义理论中的矛盾，乃是社会主义实践中的矛盾的理论根源；现代生产力所引发的社会主义实践中的矛盾，乃是社会主义理论中的矛盾在实践中的具体表现。

第三，现代生产力为社会主义的进一步发展提供了新的物质手段。

事物发展的规律总是这样：社会矛盾愈成熟、愈尖锐，解决社会矛盾的条件也愈完备。然而，解决社会矛盾的物质手段，并不是存在于社会矛盾之外，而是存在于社会矛盾之中。当现代生产力在展示、引发社会主义理论与实践中的矛盾时，它本身就为矛盾的解决提供了物质条件。

1. 商品经济是适合现阶段社会主义生产力发展的经济形式。商品经济是一个历史范畴，迄今它已在奴隶社会、封建社会存在过，在资本主义社会它又发展到一个更高的阶段。商品经济为资本主义制度下社会生产力的发展提供了强大的动力，为资本主义生产方式实现生产力的现代化提供了物质手段。现阶段社会主义国家的生产力远远落后于发达资本主义国家的发展水平，它仍有着商品关系存在的前提。这就是社会分工的存在、多种所有制的存在和以企业为单位的不同经济主体的存在，因此商品经济是适合现阶段社会主义国家生产力发展的必要的经济形式。社会主义兴衰成败的经验证明，商品经济的充分发展是社会主义经济发展不可逾越的阶段，是社会主义国家走向现代化的必由之路。

2. 市场经济是社会主义国家资源配置的有效手段。在 20 世纪长达 70 余年的经济竞赛中，市场经济和计划经济作为两种不同的配置资源的手段，在不同的历史条件下有成功，亦有失败，各有千秋。然而在发展生产力的总体较量中，市场经济的信息系统、决策系统和动力系统已被证明是更有效率的，因此它是更适合商品经济发展和现代化要求的经济运行机制，这也是资本主义国家的生产力获得较快发展的原因之一。而传统的计划经济已被证明敌不过现代市场经济，正是这个事实最终成为社会主义国家经济发展滞后和苏东剧变的重要原因之一。

3. 对外开放是现代化建设不可缺少的重要条件。生产社会化的发展以及国际经济分工的深化和国际经济联系的加强，使当今世界成为一个开放的世界。环顾全球，凡是经济发展较快的国家，不论其社会制度如何，没有一个是封闭自守的，越是经济发达的国家，它们的国际经济联系越广泛。它们在吸收外资、引进技术、发展对外贸易方面下的功夫越多。对外开放之所以能促进生产力的发展，是因为对外开放的过程实际上是一个参与国际分工的过程，而国际分工是节约社会劳动的重要源泉，社会劳动的节约也就是劳动生产率的提高，这是同一过程的不同表现。社会主义国家实行对外开放，这反映了社会化生产发展的固有要求，也符合生产国际化这一进步的历史趋势。

4. 科学技术是社会主义生产力发展的巨大动力。20 世纪中叶开始的社会生产力的突飞猛进的发展，正是新一轮的科学技术革命引起的，科学技术已经成为带动生产力发展的“火车头”。当今世界经济发达的国家，必然是科学技术先进的国家；反之，科学技术落后的国家，经济发展也滞后。因此，社会主义国家要振兴经济，首先必须振兴科技；要实现经济现代化和社会的全面进步，必须首先实现科学技术的现代化。

最后，现代生产力向社会主义提出了自身发展的要求。这些要求是：承认生产力的社会本性及其客观历史作用；体现生产力在社会发展中的物质基础地位；尊重生产力发展阶段的不可逾越性；采用现代的经济手段和方法；优先发展科学技术以及经济与社会协调发展；等等。

三、中国特色社会主义理论体现了现代生产力发展的基本要求

中国特色社会主义理论虽然产生在经济文化比较落后的中国这个具体的社会环境中，但它却是以人类共同创造的现代生产力为其产生的物质前提的，因此，它充分体现了现代生产力发展的基本要求。

第一，生产力是社会存在和发展的最一般条件，是推动人类社会发展的决定性力量。高速发展的现代生产力比历史上任何时候都迫切地要求人类自觉认识并承认生产力的社会本性及其客观历史作用，以排除人类的盲目性所造成的干扰和破坏。中国特色社会主义理论将解放生产力和发展生产力作为社会主义的本质和根本任务，就是对这一要求的确认。

长期以来，人们习惯于把公有制、按劳分配和计划经济看作社会主义三位一体的本质特征，忽略了生产力的方面。几十年的社会主义实践表明，上述认识严重地束缚了社会主义生产力的发展，从而使经济现代化和社会主义本身都陷入严重困境。社会主义作为更高类型的社会发展形态，乃是社会生产力发展的自然历史进程的产物。资本主义必然被社会主义所代替，其根本原因在于它最终将无法驾驭日益发展的生产力，而将被生产力的发展突破。因此，社会主义和共产主义是建立在生产力高度发展的基础之上的，同时它们又为生产力的进一步发展开辟了无限广阔的前景。离开了生产力高度发展这个前提，就没有真正的社会主义和共产主义，而只会有贫困的普遍化和重新开始争取必需品的斗争。现实社会主义是在资本主义生产力方式未获充分发展的经济文化比较落后的国家实现的，因此，进一步解放生产力和发展生产力，使自己早日进入发达国家的行列，是其面临的最紧迫的任务。

第二，生产力是社会全面发展的物质基础和条件。生产力的这一物质属性要求人类不仅在理论上承认它的历史作用，更要在实践中把它当作社会的物质基础去构建它、发展它。中国特色社会主义理论明确要求必须把发展生产力摆

在首要地位，必须以经济建设为中心，正是体现了生产力的物质基础地位的发展要求。

传统社会主义发展模式以“阶级斗争”为纲，不能始终坚持、有时甚至否定以经济建设为中心，掀起一次又一次的政治风暴，严重地阻碍了生产力的发展。事实是，我国现阶段社会主义的主要矛盾已不是阶级斗争，而是人民日益增长的物质文化需要同落后的社会生产之间的矛盾，只有把发展生产力摆在首位，紧紧抓住经济建设这个中心不放，才能逐步解决这个矛盾，并使其他发展问题迎刃而解。因为经济建设是一切事业发展和进步的基础，只有把发展生产力摆在首位，以经济建设为中心，才能带来社会的全面发展和进步，巩固和发展社会主义制度；才能使我们的事业在风云变幻的世界中、在两种不同社会制度的对立和竞争中，永远立于不败之地。

第三，生产力具有发展阶段不可逾越性的特点。每一代人都只能在前人创造的生产力水平的基础上进行新的创造。生产力由低起点到比较发达是一个长期的渐进的过程。生产力发展的继承性和渐进性使生产力的发展阶段是不可逾越的。旧中国“一穷二白”的状况是我们社会主义建设无法回避的起点，这就决定了我国社会主义现代化建设是长期的。然而，在我国社会主义建设历史上，曾有过不顾生产力发展状况，违背生产力发展的客观规律，急于求成，搞“大跃进”“穷过渡”的教训，结果使生产力受到极大破坏，人民吃尽苦头。中国特色社会主义理论作出了我国还处在社会主义初级阶段的科学论断，强调这是一个至少上百年的很长的历史阶段；制定了以“一个中心，两个基本点”为主要内容的党的基本路线；规划了分三步走实现现代化的战略目标；等等，都充分体现了生产力发展的继承性、渐进性和发展阶段不可逾越性的特点的要求。

第四，现代生产力的发展，要求采用现代的经济手段和方法，否则经济将难以实现现代化。中国特色社会主义以改革为动力，破除过时的、陈旧的、行之无效的经济手段和方法，变革自然经济模式为发展社会主义商品经济；变革计划经济体制为社会主义市场经济体制，让市场在国家宏观调控下对资源配置起决定性作用；变革闭关锁国为对外开放，吸引或借鉴国外的资金、技术、资源、人才、先进经济和管理方法，使经济走向国际化，等等。

第五，现代生产力的发展，要求将科学技术放在优先发展的地位。科学技术是人类智慧的结晶，当它被劳动者所掌握并“物化”为新的更高生产率的生产工具和劳动技术，扩大了生产的广度和深度，开辟出越来越多的劳动对象时，就转化为一种强大的物质力量，一种直接的生产力。在现代生产力的发展中，科学技术作为直接的生产力起着越来越大的作用，它是带动生产力发展的“火车头”，是推动生产力发展的巨大动力。中国特色社会主义理论作出了科学技术是第一生产力的重要论断，要求经济建设必须依靠科学技术的进步和劳动者素质的提高，正是反映了科学技术在现代生产力发展中的巨大作用和现代生产力需要科学技术优先发展的要求。

第六，现代生产力要求经济与社会协调发展。生产力的发展与社会的全面进步是相辅相成的，是互为条件的。一方面，现代生产力的发展推动了社会的全面进步；另一方面，社会的全面进步又为现代生产力的发展提供了条件。中国特色社会主义理论制定了建设富强、民主、文明的社会主义现代化国家的全面发展目标；要求在进行经济体制改革的同时，相适应地进行政治体制改革，健全社会主义民主和法制；在建设物质文明的同时，努力建设社会主义精神文明；一手抓改革开放，一手抓打击犯罪；以及保护生态环境等，正是体现了现代生产力需要经济与社会协调发展的客观要求。

综上所述，我们不难得出如下结论：中国特色社会主义理论作为科学社会主义的经典理论发展到当代理论的第一个系统、完整、成熟的理论形式，从根本上来说，它是现代生产力发展的产物；中国特色社会主义理论将随着现代生产力和社会主义实践的发展而不断发展、完善；由于生产力具有普遍性的品格，因此中国特色社会主义理论中反映现代生产力发展基本要求的内容，将不仅对中国的发展具有重大意义，而且还将对世界社会主义运动的发展产生深远的影响。

参考文献

[1] 马克思恩格斯选集：第 1 卷 [M]. 北京：人民出版社，1991.
[2] 马克思恩格斯选集：第 3 卷 [M]. 北京：人民出版社，1995.
[3] 于尔根·库钦斯基. 生产力的第四次革命 [M]. 北京：商务印书馆，1984.
[4] 杨纪珂. 面临新挑战的科学技术 [M]. 合肥：安徽科技出版社，1984.
[5] J. 奈斯比特. 大趋势改变我们的生活的十个新趋向 [M]. 北京：新华出版社，1984.

在现代化进程中实现社会政治稳定

稳定是社会发展的有序状态。它是社会发展的规律性、社会生活的秩序性、政府更迭的连续性和守常性的统一。稳定与不稳定是一对矛盾，它们是相互排斥的，又是相互联结的，社会正是在稳定和不稳定的对立统一中获得发展。

中国是一个发展中的社会主义国家，实现社会主义现代化是中国共产党、中国政府和中国人民的共同心愿和共同奋斗目标。历史和现实的经验都表明，虽然现代化的成功无疑会增强社会的稳定性，但现代化进程不可避免地会带来不稳定因素的增长，甚至导致社会的非稳态发展。因此，既要走向现代化，又要实现社会的政治稳定，就成为一种两难的选择。中国高度重视现代化进程中的社会政治稳定，并将现代化与稳定统一于建设中国特色社会主义的伟大实践，成功地实现了在社会政治稳定中迈向现代化。

一、中国的问题，压倒一切的是需要稳定

1989 年 2 月 26 日，邓小平在会见时任美国总统布什时指出："中国的问题，压倒一切的是需要稳定。没有稳定的环境，什么都搞不成，已经取得的成果也会失掉。中国一定要坚持改革开放，这是解决中国问题的希望。但是要改革，就一定要有稳定的政治环境。"邓小平的这个讲话道出了一个深刻的道理：政治稳定是实现社会主义现代化的基本前提。在政治稳定的前提下推进社会主义现代化建设，是中国人民的最高利益之所在。时至今日，"压倒一切的是需要稳定"的思想已经成为全国人民的一个基本共识。这一基本共识，是中国人民总结一百多年来历史经验得出的重要结论。

首先，压倒一切的是需要稳定，这是总结中华人民共和国成立前一百年左右的历史经验得出的重要结论。

中国是一个地处东亚的国家，与东亚其他国家和地区相比，中国今天具有不同于这些国家的重要特点，这就是它走上了符合本国国情的社会主义发展道

路。但是，中国与东亚其他国家和地区在文化传统、经济结构和政治体系等方面有着紧密的历史联系，这就使中国与东亚其他国家和地区有了可比性。

自 1840 年鸦片战争以后，中国的发展远远落后于日本；20 世纪六七十年代，其发展又落后于日本和亚洲“四小龙”。原因当然是多方面的、复杂的，这涉及社会经济、政治结构、文化特点、历史传统和国际条件等方面的巨大差异。但是从经济活动的社会政治环境的角度作历史比较的考察，就会发现，中国缺少一个有利于经济发展的稳定社会政治环境，是其中不可忽视的重要原因。下面试将 19 世纪中叶至 20 世纪中叶的中国和日本两国经济发展的社会政治环境作一比较。

从 19 世纪 60 年代到 20 世纪 30 年代的日本，其社会稳定度大大优于包括中国在内的东亚各国。1854 年 2 月，美国东印度洋舰队司令海军准将柏利率 10 艘军舰冲过浦贺，在神奈川河口停泊，向日本政府发出最后通牒，3 月与幕府签订了“日美和好条约”，次年在下田批准换文。日本的国门从此被打开，结束了二百多年闭关自守的局面。14 年后的 1868 年 1 月，德川幕府倒台，成立了以睦仁天皇为首的中央政府，开始了日本近代史上划时代的改革运动——明治维新（1868—1873 年）。在此期间，明治政府在政治、经济、文化和社会等各方面采取措施，进行改革，为日本资本主义的发展开拓了广阔的道路。从经济发展的社会政治环境看，自 1868 年到 20 世纪 30 年代，日本的社会是基本稳定的，局部的不稳定事件虽然时有发生，但大的政治动乱却是屈指可数的。据美国学者珀金斯统计，这期间日本实际上只发生过一次大的政治动乱，并且很快被平息下去了。对日本政府构成严重挑战的是来自陆军军官团操纵的一系列对外侵略战争以及在国内猖獗的暗杀活动，如 1874 年发动侵略中国领土台湾的战争，1875 年对朝鲜的武装挑衅，1876 年强迫朝鲜签订《江华条约》，1879 年吞并琉球，1894 年发动侵略朝鲜和中国的甲午战争，等等。应该指出，这些在日本国外进行的侵略战争，并没有对日本本土的政治稳定造成大的影响，而且还为日本资本的积累开辟了血腥的途径；个人的恐怖活动虽然猖獗一时，但它只会使社会感到震惊，却不足以引发社会的政治动乱。同样重要的是，在此期间，日本政府把主要力量放在建立强大的经济上，它利用对外掠夺来的大量财源和资源，并充分利用了日本的人力和物力资源，重点建设日本经济的基础设施，以致当时日本的资本构成的一半是由政府的财源所支持的，这无疑给日本经济的发展以巨大的推动。

第二次世界大战以后，日本经济的恢复和发展也是建立在社会政治稳定的基础之上的。珀金斯指出："日本在第二次世界大战后30年的经济高速增长也是建立在促进经济发展的安定的政府的基础之上的。30年来，日本是由一个政党所统治的，而该党又是以商业利益占统治地位的。日本与美国的联盟也提供了安定的国际环境，这就使得日本能够避免将大量的资源从投资转入军事开支。"中国经济发展的社会政治环境与日本大不相同。在从19世纪40年代到20世纪40年代整整一个世纪的时间里，中国经历的是对外反侵略战争的连连失败和内部矛盾激化而产生的一次又一次的政治动乱。

1840年至1842年，英国对中国发动了第一次鸦片战争，结果以中国的失败并签订丧权辱国的《南京条约》而告终。从此，中国沦为半殖民地半封建社会。然而，清王朝的统治并没有像日本的幕府一样垮台，它又延续了70多年，这是内忧外患不断加深的70多年。鸦片战争以后，帝国主义和清王朝勾结在一起，穷凶极恶地压榨中国人民，激起中国人民不断奋起反抗。据不完全统计，从1843年到1850年，较大规模的农民起义就有70多起，最后爆发了持续14年(1851—1864年)，波及大半个中国的太平天国运动。清王朝与外国侵略者相互勾结，残酷地镇压了这次起义，导致几百万人的死亡，使中国的中部和南部的广大地区的经济遭到严重破坏。

1865年到1894年，是中国相对和平发展的30年，这也是中国在19世纪可能获得发展的最后一次机会。然而，腐败的清政府根本不了解用重大的社会变革来推动现代化进程的必要性，只有少数买办官僚发起了洋务运动，主张采用外国资本主义的生产技术以自强。但由于其自身的封建性和买办性的限制，最终难逃失败的结局。此后，中国又开始了一段战乱不断的时期：1895年的中日甲午战争，1900年的八国联军入侵。1911年，孙中山领导的辛亥革命推翻了清王朝的统治，建立了民国，但没有能够结束帝国主义、封建主义在中国的反动统治，此后又接连发生了没完没了的军阀混战。1927年，蒋介石发动反革命政变，掌握了中央政府的权力，执行"攘外必先安内"的反动政策，弄得民生凋敝、外患不绝，旧中国半殖民地半封建社会的性质丝毫没有得到改变。1937年，日本军国主义对中国发动了全面的侵略战争，中国人民在中国共产党的领导下进行了艰苦的八年抗战，在苏联和国际反法西斯力量的支持下，终于在1945年取得了抗日战争的伟大胜利。接着，蒋介石在美帝国主义的支持下又发动了全面内战，经过三年的解放战争，中国共产党领导中国人民终于推翻了帝国主义、封建主义和官僚资本主义的反动统治，1949年10月1日建立了中华人民共和国，结束了中国长期的混乱局面。

19世纪中叶至20世纪中叶的中国和日本的近代历史经验表明：经济的停滞或衰退是与侵略、内战、动乱及其后果同时出现的；而社会政治的长期稳定则是经济持续增长的前提，也是吸引外部投资的基本条件，这一点对于发达国家是如此，对于正在走向现代化的发展中国家则更是如此；社会政治稳定局面的出现，是与一个独立的、享有完全主权的、稳定的政府的存在紧密联系着的，一个享有完全主权的、成熟的、稳定的政府，既可以发挥维护社会政治稳定的功能，又可以起到规划经济的发展、对经济实行宏观调控、动员和组织人力资源和物力资源的作用，从而推动经济的快速增长。

其次，压倒一切的是需要稳定，这是总结中华人民共和国成立最初28年左右的历史经验得出的重要结论。

中华人民共和国成立最初的28年，我们既有成功的经验，也有失败的教训，大致可分为三个发展时期。

(1) 从1949年中华人民共和国成立到1956年，是基本完成社会主义改造的七年。

在这个历史阶段中，党确定的指导方针是正确的。中华人民共和国成立初期，我们对内镇压了反革命分子的破坏，对外开展了抗美援朝的斗争，从而赢得了一个相对和平的国际环境和基本稳定的国内环境。党领导全国各族人民有步骤地实现了从新民主主义到社会主义的转变，迅速恢复了国民经济并开展了有计划的经济建设，在全国绝大部分地区基本上完成了对生产资料所有制的社会主义改造。

(2) 从1956年到1966年，是开始全面建设社会主义的十年。

这期间，党在指导方针上有过严重的失误，从而使国家经历了曲折的发展过程，如反右斗争扩大化，发动了“大跃进”运动和“人民公社化”运动，使得以高指标、瞎指挥、浮夸风和共产风为主要标志的“左”倾错误泛滥。但由于这一时期党的基本指导思想是正确的，所以社会是基本稳定的，因而我们仍然取得了很大的成就。以1966年与1956年相比，全国工业固定资产按原价计算，增长了三倍。棉纱、原煤、发电量、原油、钢和机械设备等主要工业产品的产量，都有巨大的增长。电子工业、石油化工等一批新兴工业部门建设起来。工业布局有了改善。全国农用拖拉机和化肥施用量都增长六倍以上，农村用电增长七十倍。这种发展速度，大大超过东亚其他发展中国家和地区。

(3) 从1966年5月到1976年10月，是“文化大革命”的十年。

“文化大革命”是一场由党的领导人错误发动的政治大动乱。正是这场“文化大革命”险些使人民政权易手，使几十年革命和建设的成果付诸东流；它使国家政权和党的组织受到极大的损害，大批干部和群众受到残酷迫害，民主和法制被肆意践踏；国民经济濒临崩溃的边缘，比例严重失调，经济效益全面下降，国民收入损失5000亿元，人民生活水平明显下降；科学、文化、教育事业受到严重摧残，科学技术水平同世界先进国家的差距进一步拉大，历史文化遗产受到巨大破坏；党的优良传统、人民的道德风尚在很大程度上被废弃，整个国家陷入严重的经济、政治、文化和社会的危机之中。

正当我们陷入“左”的失误和“文化大革命”的灾难中的时候，亚洲“四小龙”却快速发展起来。从20世纪初到1941年12月7日太平洋战争爆发以前，“四小龙”都处于殖民统治阶段，经济发展有限。1945年日本投降，第二次世界大战结束，这给东亚的发展带来了新的机遇。特别是进入60年代，这些国家和地区都先后获得了一个相对和平的国际环境和基本稳定的内部环境，从而使其经济活动的社会政治环境大为改善。在此情况下，它们实行了权力的高度集中，组织了专家型的政府，推行市场经济体制和全新的工业化战略，扩大对外经济活动，吸收各国资本到本地投资等一系列政策，建立了所谓“硬政府，软经济”的政治经济体制，从而使这些国家和地区的经济获得了高度发展。东南亚“四小龙”的经济起飞为世人所瞩目，也给我们提供了有益的借鉴。

中华人民共和国成立后近三十年的经验表明：国家取得了独立，有了一个享有完全主权的政府，甚至建立了社会主义制度，并不等于就有了社会的政治稳定，起决定作用的是采取了怎样的路线、方针和政策。如果党和政府把发展社会生产力放在各项工作的中心地位，政治就稳定，经济就发展，人民生活就提高，社会主义制度的优越性就能发挥出来，国家也就能得到比较快的发展；相反，如果搞“左”的一套，人为地制造阶级斗争，甚至自己制造动乱，穷折腾，人民就不得安宁，社会政治就不会稳定，经济的发展就会停滞下来，甚至倒退，人民生活水平就会下降，国家就要落后，社会主义就会陷入十分危险的境地。

最后，压倒一切的是需要稳定，这是总结中共十一届三中全会以来的历史经验得出的重要结论。

1978年党的十一届三中全会以后，在邓小平建设有中国特色社会主义理论的指导下，我们抛弃了以阶级斗争为纲的错误理论和路线，制定了我国在社会主义初级阶段的基本路线。自此以后，我们始终坚持以经济建设为中心不动摇；在以公有制为主体、多种经济成分共同发展的基础上，建立和完善社会主义市场经济体制；在全面推进经济体制改革的同时，进行政治、文化和社会等各方面的改革，从而使我国在这20年中，经济的年增长率达到10%左右，人民的物质和文化生活水平有了巨大的提高，成为当今世界发展势头最强劲、发展成果最显著的国家之一，为世界各国所瞩目。我们所取得的成就，是党和政府正确领导、正确决策和正确实施的结果，是全国各族人民艰苦奋斗的结果。然而，所有这一切，都与我们党、政府和全国各族人民特别珍视来之不易的安定团结的政治局面是分不开的。

改革开放和社会主义现代化建设的实践经验已雄辩地证明，社会政治稳定是我国经济持续、快速、健康发展的基本前提。由于这是在近一个半世纪以来，中国第一次在长达20年左右的时间里获得的关于稳定发展的成功经验，所以特别宝贵，特别受到全国人民的珍视。

中国是一个拥有十多亿人口、由56个民族组成的社会主义国家，同时又是一个经过长期战乱、经济、文化、社会等各个方面都比较落后的发展中国家，正在向着社会主义现代化的宏伟目标迈进。社会的政治稳定对于我们具有特殊重要的意义。抚今追昔，使我们深刻地认识到：中国的问题，压倒一切的是稳定；社会政治稳定乃是中华民族生死攸关的头等大事。

二、现代化过程伴随着一定程度的非稳定因素的增长

中国的目标是实现现代化，到21世纪中叶，要达到中等发达国家的水平，要经过一段时间的努力，赶上和超过发达国家。但是，历史和现实都表明现代化建设过程并不注定与社会的政治稳定相伴随，有时情况正好相反，它会带来一定程度的非稳定因素的增长。这是因为现代化与政治稳定有着复杂的关系，正如亨廷顿所指出："现代化孕育着稳定；现代化过程则滋生着动乱。"

一方面，现代化孕育着稳定。这就意味着实现社会主义现代化将从根本上加强和巩固社会主义制度，从而加强社会主义的稳定性。这是我们认识社会主义现代化与稳定相互关系的一个基本前提。这个前提之所以能够成立，是由以下诸因素决定的。

社会主义是由多种矛盾构成的统一的有机体，在这个矛盾体系中，有基本矛盾、主要矛盾和社会各个领域的矛盾。现阶段社会主义社会的主要矛盾是人民日益增长的物质文化需要同落后的社会生产之间的矛盾。实现社会主义现代化，使生产力发展水平不断提高，这就为社会主要矛盾的解决提供了物质基础，从而为社会主义社会各个领域，即政治、经济、文化和社会各种矛盾的解决不

断提供物质基础，这将极大地提高社会主义社会的协调性、和谐性和巩固性，从根本上保证社会主义社会的长治久安。

就人类历史发展的长河而言，社会主义代替资本主义是不可抗拒的历史潮流，然而这一客观规律的实现是通过人的主观能动作用而得以实现的。具体而言，社会向什么方向发展，它将采取何种制度，人心的向背是决定一切的。实现现代化，就能在生产发展和劳动生产率不断提高的基础上，不断提高人民的物质和文化生活水平，满足人民日益增长的物质和文化生活需要。不仅要达到小康和中等发达国家的水平，而且要赶上和超过发达国家的水平。这就具体生动地显示了社会主义制度的优越性。从而使人民群众不仅在理论和信念上，而且在物质利益的要求上，去追求和信仰社会主义，这就必然使社会主义成为不可抗拒的世界历史潮流，那时，社会主义才是真正稳固和不可战胜的了。

巩固社会主义制度必须提高社会主义国家的综合国力，而经济实力乃是综合国力的基础。只有实现社会主义现代化，不断提高生产力的发展水平和创造更高的劳动生产率，才能从根本上提高社会主义国家的综合国力，使它对内能够应付各种自然灾害，成功地击退各种反社会主义敌对势力的破坏，对外能够应付国际上的突发事件和西方和平演变的图谋，做到任凭风吹浪打，我自岿然不动。这就从根本上提高了社会主义制度的稳定性。

社会主义现代化不仅是生产领域的变革，而且还将是政治、文化和社会诸领域的深刻变革，实质上是整个社会结构的全面优化。这种优化的经济、政治、文化和社会诸方面的结构，将用制度化和法律化予以巩固，从而使社会主义从政策性的稳定过渡到制度性稳定。政策性稳定因领导人的变动而变化，从根本上来说，这是一种不稳定的社会体制；而制度性稳定则不会因领导人的变动而变化，从根本上来说，这种稳定是由制度和法律来规范和制约的。优化的社会结构可以减少社会的矛盾和冲突，增强社会的协调性、和谐性和稳固性；完善的社会主义法制可以规范和制约党、政府和社会公众的行为，这才是现代稳定的社会体制。

另一方面，现代化过程却滋生着动乱。这就意味着现代化进程却不一定给社会政治稳定带来立竿见影的效果。事实表明，在现代化发展的初期和中期，还会伴随着大量非稳定因素的滋长，这已为西方发达国家现代化的进程以及亚、非、拉美等许多发展中国家现代化的进程所证实。就社会主义国家而言，现代化进程中的非稳定因素可分为国内和国际两个方面。

在国内方面。随着现代化进程的发展，经济方面的非稳定因素将会滋长。

现代化是与经济体制的转轨、产业结构的调整、经营方式的转变等结伴而行的。这就必然要全面地牵动整个社会的经济关系，造成经济关系的重组和利益的失衡。而对于这种经济关系和利益关系的重组或调整到位（相对的），则将是一个长期的动态发展过程。在这一长期的发展过程中，种种非稳定因素会滋长起来：如国有企业效率不高，失业和失业人口的迅速增加，地区之间发展的不平衡，社会成员收入差距的拉大，农村人口向城市的大量流动，通货膨胀，无法抵御的自然灾害，以及不可能完全避免的领导在经济决策上的某些失误，等等，都是可能导致社会政治不稳定的因素，若处置不当，很可能引发社会的动乱。

现代化的经济变革，不可避免地要引起思想文化领域的变化，而对外开放及其由此而来的异质因素，即西方文化因素的影响，却使这一变化的速度大大加快了。在这一演变的过程中，现代文化与传统文化的冲突，西方文化对本土文化的冲击，显得特别突出，最终造成部分社会成员的价值观念、民族心理和政治文化的嬗变，导致原有社会的思想联系纽带及控制机制的弱化，从而造成社会的不稳定。同时，由于发展中国家的资本主义因素在近代没有获得充分的发展，因而封建主义思想残余流毒深广。而在现代化的变革时期，由于人们的社会角色迅速变换，利益关系不断调整，从而使得人们内心世界的矛盾和冲突加剧，如果得不到适当的调适，使内心的矛盾和冲突得以缓解，并将其引向积极方面，就可能导致思想的消极、意志衰退，甚至产生厌世心理。这就会为封建主义思想的沉渣泛起，封建迷信活动的死灰复燃，以及邪教组织的泛滥提供适合的土壤。所有这一切都会引发社会的非稳态发展。

社会主义现代化使政治领导的任务复杂起来，同时，经济生活的现代化要求政治生活的现代化与之相适应，这就要求政治体制的变革及政治生活的进一步民主化。由此便可能引发一系列政治方面的非稳定因素的滋长：如双重政治结构导致的政治功能的缺损或重叠现象，腐败现象的滋生，政治参与的扩大与制度化建设滞后的矛盾，政治权力的配置与发展起来的经济实力不相适应的矛盾，西方国家民主的“示范效应”与走符合本国国情的民主发展道路的矛盾，执政党制定的路线、方针、政策的正确性与贯彻执行能力不足的矛盾，以及政治权威自身现代化的滞后，等等。由于政治是经济的集中表现，具有牵一发而动全身的后果，所以对政治领域矛盾的解决就比较困难，如果处置得不谨慎、不合理；或者虽处置得合理，但却不到位，就可能成为社会动乱的潜在火种。

上述种种不稳定因素由于社会主义现代化所具有的加速性质而显著地加剧了。西方的现代化是在社会内部的现代性不断生长和积累的基础上开始的，其现代化进程带有明显的自然演进的性质，现代化造成的利益失衡、矛盾和冲突的发生和发展都具有相对的渐进性，其强度也要相对弱些。中国是一个发展中的社会主义国家，它的现代化一方面是社会自身发展的必然产物，另一方面，它又是在国外资本主义因素的刺激和挑战的情况下开始启动的。西方国家二三百年现代化的成果不仅使中国有了加速实现现代化的要求和愿望，而且还为现代化的加速进行提供了一定的物质技术条件，从而使现代化的加速进行成为可能。而现代化发展的速度是与现代化进程引发社会问题的频率和强度成正比的。以往在西方国家现代化进程的二三百年间逐步出现的社会矛盾和冲突，现在将在中国现代化进程的几十年中急速地涌现出来。显然，在加速实现现代化的过程中，矛盾和冲突出现的频率和强度都将超过以往西方国家现代化的进程。

在研究现代化过程的非稳定因素时，还应注意问题的国际方面。在国际方面，对社会主义国家稳定的威胁主要来自西方国家的和平演变战略。它们利用经济援助、技术转让以及所谓人权外交，施加经济、政治压力，诱迫社会主义国家取消共产党的领导，实行资本主义政党制；取消社会主义公有制，实行私有化，取消马克思主义的指导思想地位，实行意识形态多元化。它们还利用各种大众传播媒体，百般丑化社会主义，美化资本主义，散布腐朽的资产阶级生活方式。它们还利用人员交往搞离间策反，培植和收买反社会主义的“不同政见者”和各种非法组织，大肆进行破坏活动，以达到它们西化、分化中国之目的。历史经验告诉我们，西方国家的和平演变战略，确能促进社会主义国家不稳定因素的增长。

综上所述不难看出，要推进现代化进程，不可避免地会带来一定程度的非稳定因素的增长；而求稳怕乱，就难以实现现代化。在两难的情况下，我们该如何选择？回答是：现代化与稳定的统一，而且这两者是能够统一的。

首先，现代化将使社会主义获得新的更为强大和巩固的基础，这就是从根本上提高了社会主义的稳定性，这是现代化与稳定关系的决定性方面，是长期起作用的因素。现代化进程中非稳定因素的增长是暂时的、局部的，从总体上看是次要的方面。

其次，现代化进程中社会整体稳定性的提高与局部的、暂时的非稳定因素的增长不是彼此隔绝的，而是相互联结、相互贯通的。一方面，克服不稳定因素有赖于社会整体稳定性的提高，社会整体稳定性的提高又为克服不稳定因素的增长创造了条件。另一方面，社会整体的稳定性的提高，有赖于旧稳态的打破和新稳态的建立，这正是不断克服新增长的不稳定因素的结果。在这里，稳定与不稳定是一个事情的两个方面，是相反相成的，是辩证的统一。

再次，现代化进程中不稳定因素的增长是社会从旧质态的稳定向新质态的稳定的必然过渡的一个表现，从本质上来说，这是社会进步的另一种表现，即被扭曲了的表现。它的出现是正常的和不可避免的。同时现代化进程中非稳定因素的影响也是一分为二的，一方面，非稳定因素的负面影响是主要的，因为它引发社会的动乱，延缓现代化的进程，甚至有颠覆人民政权的危险。另一方面，在一定条件下和一定范围内，现代化进程中的非稳定因素对社会还具有某些正面的影响：一定量、质的不稳定使党和政府有一种紧迫感、危机感，从而更加谨慎和勤奋地工作；一定量、质的不稳定，结束了在社会封闭状态下四平八稳的心态，有利于现代化进程的领导者和管理机构，增进其在社会非平衡发展状态下的领导能力和管理能力，造就一代现代化的新型领导者；一定量、质的不稳定，是旧质稳态向新质稳态的必然过渡，正是在这一过渡状态中，使新的规范和制度的逐步形成和发展获得有利的环境和条件；一定量、质的不稳定，是对旧的传统、习惯、心理的有力冲击，它有利于社会成员告别旧的传统、习惯和心理，并易于接受新的规范和制度。

要实现现代化与社会政治稳定的统一，关键是要在现代化进程中把非稳定因素控制在一定的“度”里。如果一个社会企求自我封闭式的苟安和稳定（事实上，这种稳定是以社会的停滞、贫困、愚昧和落后为代价的），最后将不可避免地走向巨大的社会震荡，从而被迫走向现代化。但是，如果一味追求现代化的高速度，忽视现代化进程中非稳定因素的增长，任其自然发展，或者采取一些加剧社会不稳定的政策和举措，那么，不稳定就会超出应有的“度”，局势就会失控，从而危及现代化事业的发展。

三、在改革和发展中实现社会政治稳定

改革开放以来的20多年，是中国在现代化建设中胜利前进的20多年，我们在社会主义建设中取得的巨大成就，是与我们坚持不懈地维护安定团结的政治局面的努力分不开的。20多年来，我们的社会是基本稳定的，但也有局部的不稳定和暂时不稳定的时候，如1986年底的学潮、1989年的“六·四”政治风波、1999年的“四·二五”政治事件等。有了这些教训，我国人民更加珍惜来之不易的安定团结的政治局面，更加深刻地认识到稳定是我国人民根本利益之所在。

当今的世界，发展中国家在走向现代化的过程中均为不时发生的政治动乱

所困扰，部分发展中国家甚至被动乱中断了现代化的历史进程，而中国却能在基本稳定的条件下，胜利地走向现代化。这是因为我们吸取了国内外的经验教训，不是采取单纯防范的消极稳定政策，而是将现代化与稳定统一起来，采取将事先化解矛盾与必要防范相结合的积极稳定政策。我国实现社会稳定的主要做法和经验，可以归纳为：一个基本出发点，两个主要支柱，三个重要方略。

在改革和发展中实现社会政治稳定，处理好改革、发展、稳定三者的关系。这是我们在解决社会政治稳定问题上的一个基本出发点。

我们从来不把社会政治稳定问题看成是一个孤立的问题，而将其看成是与社会基本矛盾及其集中表现——社会主要矛盾的解决密切联系着的一个问题。社会矛盾不断获得解决，社会的政治稳定就有基本的保证；反之，社会矛盾长期得不到解决，社会的政治稳定就难以实现。当前，我国社会的主要矛盾是人民日益增长的物质文化需要同落后的社会生产之间的矛盾，阻碍生产力发展的主要障碍是传统的社会主义体制。因此必须改革传统的经济、政治、文化和社会体制，推动社会生产力的发展，推动社会主义的政治、文化、社会等各项事业的发展，实现社会主义现代化，才能逐步解决社会的主要矛盾，从而保证社会的政治稳定。因此，我们特别强调现代化与稳定的辩证统一，要求处理好改革、发展、稳定三者之间的相互关系，将其看成是贯穿现代化过程的一个重大问题。中国现代化建设的实践使我们认识到，改革是社会主义发展的重要动力，它能够解放和发展生产力，促进社会的发展，是我们走向现代化的必由之路。从某种意义上可以说，中国现阶段的经济发展问题，实质上就是改革问题。发展是硬道理，解决中国所有问题的关键要靠自己发展。只有发展，中国才能逐步解决社会的主要矛盾，尽快摆脱落后的状态，并进入现代化强国的行列。因此，发展是社会稳定和国家长治久安的基础，同时，发展反过来又会促进改革的深入。稳定是前提，是发展经济和顺利进行改革的必不可少的条件。没有稳定，改革和发展就无从谈起，即使已经开始的现代化建设也会停滞，甚至中途夭折。由此可见，改革、发展、稳定三者的关系是相辅相成的，我们在任何时候都要十分注意把握好改革的力度、发展的速度、稳定的程度，使三者之间保持应有的平衡，以保证社会的持续、快速、健康的发展。反之，如果改革的力度过大，发展的速度过快，超过了社会的承受能力，必然会增加解决社会问题的难度，使社会的矛盾激化，甚至导致社会的非稳态发展；但是，如果将稳定片面化、绝对化，以至降低改革应有的力度，降低发展所必要的速度，以牺牲现代化来换取暂时的安定，这就必然会影响社会经济的发展和人民物质文化生活水平的提高，削弱社会政治稳定的基础，最终也不利于社会的政治稳定。

我国实现社会政治稳定所依靠的第一个主要支柱是邓小平理论。由于我们确立了邓小平理论的指导思想地位，用邓小平理论统一了全党和全国人民的思想，这就奠定了社会政治稳定的思想基础。

要实现政治稳定，必须有共同思想作基础。任何有分歧的政治行动，均来源于思想上的分歧。因此，一个缺乏共同思想基础和共同理想的国家或民族，是无法团结一致的，是难以实现社会的政治稳定的。我国在改革开放和现代化建设的20多年时间里，能够基本实现社会的政治稳定，就是因为我们有邓小平建设有中国特色社会主义理论作为全党和全国人民的指导思想。邓小平理论是马克思列宁主义的基本原理与当代中国实际和时代特征相结合的产物，是毛泽东思想的继承和发展。它总结了各社会主义国家建设社会主义的历史经验和教训，特别是总结了中国社会主义建设的历史经验和教训，提出了建设有中国特色社会主义的创造性的理论体系。这一理论，科学地把握了社会主义的本质，第一次比较系统地初步回答了中国这样一个经济文化比较落后的国家，怎样建设社会主义和如何巩固、发展社会主义的一系列基本问题，成为我国人民建设社会主义现代化强国的光辉旗帜，并用新的思想、观点，继承、丰富和发展了马克思主义。20多年来我国改革开放和社会主义现代化建设实践的巨大成就，充分证明了邓小平理论是符合中国国情的社会主义现代化的理论，是符合全国绝大多数人民根本利益的社会主义现代化理论。离开了邓小平理论，我们的社会主义现代化事业就会失去正确的方向，就会再次误入歧途，党内党外就会产生严重的意见分歧，并进一步发展成为政治上的严重分野，国家就可能步入分裂的状态。在这种情况下，就不会有任何的社会政治稳定，很可能又是狼烟四起，内乱不已。因此，宪法和党章都明文规定了邓小平理论作为党和国家的指导思想的地位。这表明了全党和全国人民把邓小平开创的建设有中国特色社会主义事业全面推向新世纪的决心和信念，也反映了全党和全国人民将邓小平理论作为实现社会政治稳定的思想基础的共识和心愿。

我国实现社会政治稳定所依靠的第二个主要支柱，是党在社会主义初级阶段的基本路线，这是全党和全国人民在社会政治稳定中迈向现代化的行动总纲，它统一了全国人民的行动。

党在社会主义初级阶段的基本路线，也是我国实现社会主义现代化的基本路线。这条基本路线的内容是：领导和团结全国各族人民，以经济建设为中心，坚持四项基本原则，坚持改革开放，自力更生，艰苦创业，为把我国建设成为富强、民主、文明的社会主义现代化国家而奋斗。这条基本路线是建设有中国特色社会主义理论和实践的总纲。它规定了实现社会主义现代化的基本目标、中心任务、发展道路、基本原则、领导核心和依靠力量等，是保证我国在社会政治稳定中迈向社会主义现代化的行动纲领。经济建设与四项基本原则、改革开放是相互贯通、相互依存、不可分割的统一整体。我们的经济建设，是以四项基本原则为政治保证、以改革开放为强大动力的；我们的改革开放，是以进一步解放生产力和发展生产力、巩固和发展社会主义制度为目的的；我们的四项基本原则，是保证改革开放和经济建设沿着正确的方向前进，同时又从新的实践中不断吸取新的经验来丰富和发展的。离开经济建设这个中心任务，社会主义社会的一切发展和进步就会失去物质基础，社会政治稳定也就失去了物质基础；离开四项基本原则和改革开放，经济建设就会丧失动力和迷失方向，社会的发展也会丧失动力和迷失方向，就不可能有社会政治的稳定。20 多年来，我们之所以能够经受住困难和风险的考验，保持社会政治稳定和经济快速发展，最根本的就是排除了违背基本路线的来自“左”的和右的干扰，坚定不移地贯彻执行社会主义初级阶段的基本路线。坚持基本路线 100 年不动摇，将经济建设这个中心同四项基本原则、改革开放这两个基本点，统一于我国社会主义现代化建设的整个过程，我们就能不断从胜利走向胜利。

实现社会政治稳定所依靠的两个主要支柱的基石和核心是中国共产党的领导。中国共产党创立了马克思列宁主义与中国实践相结合的毛泽东思想，制定了实现新民主主义革命和社会主义革命的正确路线，领导中国人民取得了新民主主义革命、社会主义革命和社会主义建设的伟大胜利；在新的历史时期，中国共产党又创立了马克思列宁主义与当代中国实际和时代特征相结合的邓小平理论，制定了社会主义初级阶段的基本路线，引导中国人民不断取得社会主义现代化建设的新胜利。历史和现实的发展使中国共产党成为中国社会主义现代化事业的领导核心。离开了中国共产党的领导，也就离开了党的理论和基本路线的指导，中国就没有社会主义现代化事业的发展，也不会有社会的政治稳定。那时，我们将重新回到“一盘散沙”和“战乱不已”的年代，在这种情况下，中国是不会有任何前途的，中华民族将再次蒙受屈辱和苦难。

我国实现社会政治稳定的重要方略之一，是实施共同富裕的大政策。

实现全国各族人民的共同富裕，这是社会主义现代化建设的既定目标，也是我们在改革开放和现代化建设中的一个大政策，它是社会主义本质的一个体现，同时也是社会主义制度的优越性的一个体现。人民是国家的主人，是实现社会主义现代化的根本力量，是决定我国前途和命运的根本力量。我们党和国家的一切工作和方针政策，都是以符合最广大人民群众的利益为最高标准的。在整个改革开放和现代化建设的过程中，都要努力使工人、农民、知识分子和其他群众共同享受到经济和社会发展的成果，逐步实现共同富裕。如果搞两极分化，情况就不同了，民族矛盾、区域间矛盾、阶级矛盾都会发展，相应地中央和地方的矛盾也会发展，就可能出乱子。只有实现共同富裕，才能实现和维护广大群众的切身利益，并进一步发挥他们建设社会主义现代化事业的积极性，实现全国各族人民的大团结，从而不断巩固和扩大政治稳定的社会基础。但是，共同富裕不是同步富裕，也不是要回到“大锅饭”时代的平均主义。为了实现共同富裕，必须允许一部分地区、一部分人先富起来，先富带后富，先富帮后富，逐步达到共同富裕。这是一个承认不平衡，并从不平衡逐步达到相对平衡，逐步实现共同富裕的过程。要实现这个过程，需要在大局之下的自觉和共识，需要自力更生和相互支持，需要正确的政策和办法。实践已经并将进一步证明，邓小平提出的让一部分地区、一部分人先富起来，带动和帮助越来越多的地区和人们富裕起来的发展战略，是加强发展和达到共同富裕的唯一正确道路，也是实现社会政治稳定的唯一正确道路。

我国实现社会政治稳定的重要方略之二，是将发展社会主义民主与健全社会主义法制结合起来，建设社会主义法治国家。

没有民主就没有社会主义，就没有社会主义现代化。民主历来是我国人民奋斗的基本目标之一，在中国共产党的领导下，经过28年的英勇奋战，取得了新民主主义革命的胜利，建立了人民共和国，实现了人民当家作主。社会主义制度的建立，开辟了社会主义民主的新纪元。党的十一届三中全会以来，我们在进行政治体制改革和发展社会主义民主方面又出台了一系列举措，取得了新的成就。我国是工人阶级领导的、以工农联盟为基础的、人民民主专政的社会主义国家，人民代表大会制度是我国根本的政治民主制度，人民代表大会制度、共产党领导的多党合作、政治协商制度以及民族区域自治制度等基本政治民主制度，适合中国国情，鲜明地体现了有中国特色社会主义民主政治的本质和特点，具有自己的优势和强大生命力。发展社会主义民主，首先和主要的就是要发展和完善我国社会主义民主的基本制度和其他基层民主制度，而决不是盲目照抄照搬西方议会民主的模式。世界各国现代化建设实践的教训表明，不顾本国的实际，盲目照抄照搬西方议会民主制度，只会带来社会的混乱和政治的动荡。因此，只有坚持和完善我国社会主义民主制度，扩大人民群众参与政治、经济、文化和社会各项事业的权利，使人民真正当家作主，才能保持国家统一、民族团结、社会稳定和经济发展。

民主总是同法制结合的。民主是法制的前提和基础，法制是民主的体现和保障。没有民主的法制会导致专制主义，没有法制的民主会导致无政府主义。我国社会主义民主建设始终是同社会主义法制建设紧密结合的。在扩大社会主义民主的同时，我们努力实现民主的制度化、法律化，实行依法治国，建设社会主义法治国家的基本方略，使党、政府和广大人民群众这三个方面都自觉地在宪法和法律范围内活动，用宪法和法律规范和制约各自的行为。即共产党依法对国家实行总的领导，政府依法行政，广大人民群众依法进行政治参与。事实说明，发展社会主义民主与健全社会主义法制的结合，就能够使国家彻底摆脱人治的影响，逐步走上法治国家的发展道路，并使我国从政策性稳定逐步走向制度性稳定，这才是我们实现国家长治久安的根本大计。

我国实现社会政治稳定的重要方略之三，是实施一系列“两手抓”的方针。

社会主义社会是以经济建设为重点，全面发展、全面进步的社会，是经济、政治、文化和社会等各个方面协调发展的社会。我们实行一系列“两手抓”的方针，就是为了既实现经济的持续发展，又实现社会的全面进步，进一步发挥社会主义制度的优越性，不断增强社会主义社会的巩固性和稳定性。

“两手抓”，首先是要一手抓物质文明建设，一手抓精神文明建设。社会主义精神文明建设是社会主义社会的重要特征，它包括思想道德建设和教育科学文化建设两个方面，根本任务和目标是适应改革开放和社会主义现代化建设的需要，培养有理想、有道德、有文化、有纪律的社会主义新人，提高整个中华民族的思想道德素质和科学文化素质。思想道德建设解决民族的精神支柱和精神动力问题，它使广大干部和群众具有共同的理想和奋斗目标，从而使社会主义制度保持强大的凝聚力，这就为社会政治稳定提供了强大的精神支持；教育科学文化建设解决提高整个中华民族的科学文化素质问题，为社会主义现代化建设提供强大的智力支持，为社会政治稳定提供了强大的智力支持。没有经济的发展，社会的发展和精神文明建设就没有物质基础；没有社会的发展和精神文明的进步，物质文明建设就没有动力和正确的发展方向，旧社会的腐朽思想和种种社会丑恶现象就会沉渣泛起，破坏社会的政治稳定，发展经济的目标就难以实现。所以，只有两个文明建设一起抓，才能保证社会主义现代化建设有一个优化的社会环境和稳定的政治环境。

“两手抓”还必须一手抓改革开放，一手抓打击各种犯罪。改革开放是强国之路，是发展生产力、实现现代化的必由之路。但是，在改革开放和现代化建设的过程中，由于新旧体制转换时期出现的政治功能缺损和功能重叠现象；由于制约和控制机制的暂时弱化；由于可能出现腐败现象的领域增加；由于思想意识的嬗变引起价值观念的偏离；由于西方腐朽思想的影响等多方面因素的影响，致使各种沉渣泛起，政治腐败、经济犯罪、刑事犯罪，邪教活动以及各种社会丑恶现象都趁机泛滥起来，极大地影响了社会的政治稳定，阻碍了改革开放和现代化建设的顺利进行。只有依法惩治各种腐败现象，打击各种犯罪活动，净化社会环境，才能抑制不稳定因素的滋长，为改革开放和现代化建设提供稳定的政治环境。

20多年的社会主义实践证明，我们什么时候坚持“两手抓”的方针，我们改革开放和社会主义现代化建设就顺利发展，经济建设就取得巨大成就，人民群众的精神面貌就积极向上，社会政治就稳定；什么时候不坚持“两手抓”，或者一手硬、一手软，社会风气就容易变坏，腐败现象就会泛滥，各种犯罪活动就会横行于世，人民群众就会不满、愤懑，社会就会进入非稳态发展，政治动乱就有可能发生。

处在世纪之交的中国，改革正处在攻坚阶段，现代化进程正由初期发展阶段向中期发展阶段迈进，国际局势又有新的、复杂的变化，国内新的社会矛盾和社会问题层出不穷，这必然使社会政治稳定问题出现新情况和新的特点。对此，我们决不能掉以轻心，必须认真研究新情况，解决新问题，在原有成功经验的基础上，出台新的稳定社会政治的举措，进一步巩固和发展我国安定团结的政治局面。

参考文献

[1] 邓小平文选：第3卷 [M]. 北京：人民出版社，1993.

[2] [美] D・H・珀金斯. 中国：亚洲的下一个经济大国 [M]. 北京：学林出版社，1992.

[3] [美] 塞缪尔・P・亨廷顿. 变化社会中的政治秩序 [M]. 上海：生活・读书・新知三联书店，1988.

近代以来生产力的三次革命与社会主义的发展

生产力是社会发展的最终决定力量。列宁曾经指出，马克思的历史唯物主义历史观之所以被称为科学思想中最伟大的成果，就是因为这一理论在科学思想史上第一次说明了："由于生产力的发展，如何从一种社会生活结构中发展出另一种更高级的结构。"社会主义之所以能从资本主义的社会生活结构中发展出来，从根本上来说是生产力作用的结果。

社会生产力的发展一般呈现三种状态：一种是生产力的渐进式发展，一种是生产力的跃进式发展，一种是生产力的停滞或倒退。

生产力的革命是生产力的跃进式发展，它具有如下基本特征：其一，是生产力的结构和运行在总体上发生了根本性的变化；其二，是生产力获得了超常发展的速度和规模；其三，是生产力的发展使社会的生产方式、生活方式以至社会关系都发生了深刻的变化。因此，生产力革命可以概述为生产力结构和运行的全面变化。科学技术革命不能等同于生产力的革命，只有把科学技术革命的成果应用于社会的生产和生活的广泛领域，才可能出现生产力的巨大变革，才可能出现生产力的革命。

生产力在结构和运行上的全面变化，不是生产力一般发展意义上的变化。因此，不应该把生产力的个别环节和个别方面的发展变化与之混为一谈，甚至也不能把生产力的个别环节和个别方面的质变与之混为一谈。只有构成生产力的总体结构和动态系统的全面变化，才能称为生产力的革命。这样的生产力革命在近代历史上发生过三次：第一次生产力的革命发生在18世纪60年代，它是由工业革命推动的；第二次生产力的革命发生在19世纪70年代，它是由电工技术革命推动的；第三次生产力的革命发生在20世纪50年代，它是由新科技革命推动的。

正是生产力的三次革命，在最终的意义上推动了科学社会主义的产生、社会主义制度的建立和社会主义的改革与发展。

一、生产力的第一次革命与社会主义从空想到科学的发展

当18世纪资产阶级革命风暴席卷整个法国的时候，英国正在进行一场看似平静但却威力无比的工业革命。工业革命中的决定性生产力是工具机。首先进入工业革命领域的是纺织业。纺纱业和织造业这两个主要工业部门发展的不平衡促进了工具机在这些部门的使用。1733年，英国工匠凯伊发明了飞梭法，使织工的效率提高了两倍，出现了1个织工需要8到10个纺纱工供纱的局面。为改变这种不平衡的生产状况，1764年哈格里夫斯发明了珍妮纺纱机，该机能同时纺十几根纱，大大提高了纺纱的效率。此后，棉纺织业中相继发明了一系列配套的机器，同时，毛纺业和麻纺业也开始了机械化的过程。

工业革命的另一个决定性生产力是蒸汽机。机器的使用使动力成为亟需解决的问题。18世纪60年代，格拉斯哥大学的机械制造工瓦特（1736—1819年）钻研蒸汽机技术，经过一再改进，终于在80年代初制成改良型蒸汽机，第一次把热能转化为有效率的机械运动。蒸汽动力的广泛运用奠定了工业革命的基础，并引发了交通运输业和农业部门的技术革命。很快，工业革命就越出英国的范围迅速向欧洲和北美发展。

工业革命的显著后果是极大地提高了英国的社会生产力。1764年，英国加工棉花380万磅，1789年激增至3200万磅。铁的产量在1800年为25万吨，1850年增加到200万吨。煤的产量在1800年突破1000万吨，1816至1856年又从1600万吨激增至6500万吨。到19世纪三四十年代，英国已经完成工业革命，建立了纺织、冶金、煤炭、机器制造和交通运输五大工业部门。1850年前后，英国的生铁产量占全世界的一半；纺织品行销世界各地，并成为英国工业发达的标志之一。

工业革命改变了英国的经济结构。手工生产逐渐被机器生产所代替，作坊和手工工场先后被使用机器的工厂排挤。到19世纪90年代初，使用蒸汽动力的纺织机器工厂开始兴建，资本雄厚、生产效率高的工厂彻底摧毁了手工工场。随着工业化的进一步发展，英国从一个以农业为主导产业的国家，逐步发展成为一个以工业为主导产业的国家，确切地说，是以轻纺工业为主导产业的国家。

工业革命改变了英国经济地理的面貌。以前，东南地区人口稠密，手工业发达。工业革命开始后，英格兰的中部和北部成为新兴工业区，大量劳动者向那里汇集，新兴的工业城市如曼彻斯特、伯明翰和利物浦迅速崛起，整个兰开夏成为英国的纺织工业中心。

工业革命不仅引起了生产力的革命，还引起了社会关系的革命。在工业革命中，产生了工业资产阶级和产业无产阶级。

工业革命使工业资产阶级发展壮大起来，逐步取代了资产阶级旧世家的地位。他们要求取得更多的政治参与权利，反对政府为农业利益而限制工商业的发展，要求取消过时的法令，主张推行资产阶级自由主义政策。与此同时，产业无产阶级也成长起来。在工厂制度下，工人受雇于资本家，没有资本，不占有任何生产资料，凭出卖劳动力而取得工资，是真正的无产者。工厂的分工比工场手工业时期更细致、更专门，工人们分别在生产过程中的一个工序上生产一个部件，或者仅在一个部件上加工，工作极其单调、简单，工人们操纵机器，但却是机器的附属物。工人在政治上具有人身自由，因而不同于奴隶和农奴，但他们在经济上仍处于依附地位，劳动权没有保障，要依靠雇主来生活。随着工业革命的发展，无产阶级与资产阶级的斗争也不断加剧。

工业革命改变了世界的面貌。它使各国的生产和消费都成为世界性的了，建立新的工业成为一切文明民族生命攸关的问题。过去那种地方的和民族的闭关自守和自给自足状态逐渐消失，取而代之的是各个民族之间的互相往来和互相依赖。

以上事实表明，震撼世界的工业革命，实质上是在工具机和蒸汽机的双重推动下发生的近代第一次生产力革命，它对于社会主义从空想到科学的发展具有十分重要的意义。从 1516 年诞生的空想社会主义到 18 世纪中叶，已经有 200 多年的发展历史。它作为一种不成熟的社会主义理论，是与不成熟的资本主义生产状况和不成熟的阶级状况相适应的。只是到了工业革命时期，它才从空想发展成为科学。1848 年发表的《共产党宣言》是科学社会主义诞生的标志，这决不是偶然的，因为工业革命为社会主义从空想到科学的发展创造了必要的物质前提。

第一，工业革命巩固和发展了新生的资本主义制度，同时也加剧并暴露了资本主义固有的基本矛盾。机器大生产的广泛采用和工厂制度的普遍建立，使资本主义生产关系获得了强大的物质技术基础而成熟起来，从而最终战胜了封建主义。与此同时，资本主义的固有矛盾，即生产社会化与资本主义私人占有形式之间的矛盾也日益加剧并显现出来，这是资本主义社会生产力与生产关系之间的矛盾的具体体现。资本主义社会的基本矛盾是随着资本主义生产方式的产生而产生的，它决定和制约着资本主义社会的其他一切矛盾。但是，在资本主义发展的初期，生产社会化与资本主义私人占有形式之间的矛盾还没有充分展开。工业革命的发展和工厂制度的出现，使成千上万的雇佣工人集中在同一个工厂里，共同生产一种或几种产品；社会分工变得更加精细，各部门之间的关系更加紧密；社会产品成为许多企业共同的劳动成果，所有这一切，便使生产的社会化程度达到前所未有的地步，从而使其与生产资料私人资本主义占有形式之间的矛盾空前尖锐化。其结果是导致了 1825 年在英国爆发的资本主义世界第一次经济危机，此后经济危机便周期性地爆发，极大地破坏了社会生产力，充分暴露了资本主义社会基本矛盾的不可调和性。这就为科学社会主义理论揭示资本主义社会的基本矛盾，并构思改造资本主义的科学社会主义方案，提供了必要的物质前提。

第二，工业革命及其随之而来的阶级斗争的发展，使马克思和恩格斯发现了埋葬旧社会和建设新社会的阶级力量。无产阶级和资产阶级是资本主义社会中两个根本对立的基本阶级。无产阶级在它诞生时就开始了反对资产阶级的斗争，然而在很长的时间里，无产阶级的利益往往与小生产者和一般劳动分子的利益混在一起，它并不了解自己的阶级利益和阶级地位，因而也不可能作为一个独立的阶级来采取政治行动。恩格斯指出："产业革命的最重要的产物是英国无产阶级。""它用机器代替了手工工具，用工厂代替了作坊，从而把中等阶级中的劳动分子变成工人无产者，把从前的大商人变成了厂主；它排挤了小资产阶级，并把居民间的一切差别化为工人和资本家之间的对立。"可见，只是在工业革命发展的一定时期，无产阶级才作为一个阶级成长起来，才可能意识到自己与资产阶级完全对立的阶级地位，才可能意识到自己不同于其他劳动阶级的独立的阶级利益，无产阶级才能由一个自在的阶级变为一个自为的阶级。正是在 19 世纪上半叶，标志着无产阶级作为独立政治力量登上历史舞台的英国的宪章运动、法国的里昂工人起义发生了，这决不是偶然的巧合，而是因为工业革命为工人阶级及其反对资本主义斗争的发展准备了条件。工业革命把无产阶级从其他劳动阶级中剥离出来，使它与资产阶级对立起来，并使无产阶级作为独立的政治力量登上历史舞台，从而为科学社会主义的产生奠定了阶级基础。马克思和恩格斯正是在这种"剥离""对立"和"独立"的过程中，找到了实现社会主义的阶级力量——产业无产阶级。

第三，工业革命时期，特别是 19 世纪上半叶社会科学和自然科学的丰硕成果，为科学社会主义的产生提供了科学和文化条件。德国的古典哲学、英国的古典政治经济学和英法的空想社会主义是当时社会科学的杰出成就，科学社会主义就是在批判地吸收上述思想成果的基础上形成的。同时，19 世纪自然科学的三大发现（细胞学说、能量转化学说和进化论）和其他巨大进步，对科学社会主义的产生也起到了重要的作用。这些自然科学的伟大成就，有力地打击了唯心主义和形而上学，为马克思、恩格斯创立辩证唯物主义和历史唯物主义，进而创立科学社会主义奠定了坚实的思想理论基础。

第四，工业革命为马克思剩余价值学说的产生提供了必要的物质条件。在工厂制度下，雇佣劳动制度发展成为自己的成熟形式，同时也是雇佣劳动的最赤裸裸的形式。工厂制度剥去了前资本主义生产关系的种种羁绊，在这里，劳动力变为商品，货币变为资本，资本的生产、增殖及分配，都比较清楚地暴露出来，这就为马克思剩余价值学说的发现提供了必要的物质前提。由于剩余价值学说的发现，就揭示了资本主义剥削的奥秘和无产阶级所处的历史地位；揭示了资本主义生产方式被社会主义生产方式代替的必然性。

恩格斯指出：由于唯物主义历史观和通过剩余价值揭开资本主义生产的秘密这两个伟大的发现，“社会主义变成了科学”。

二、生产力的第二次革命与社会主义制度的建立

19 世纪下半叶，资本主义国家兴起了以电工技术革命为主要内容的科技革命浪潮。科技革命推动了资本主义社会生产力的巨大发展和生产社会化程度的提高，从而导致了生产力的第二次革命。

能源的发展是第二次生产力革命的主要特征。到 19 世纪末和 20 世纪初，技术发展最重要和最典型的特征，就是电动机开始取代蒸汽机，电力逐步成为社会生产和社会生活的主要能源。

突破性的发展还发生在重工业和交通运输业。在 19 世纪的最后 50 年，由于贝塞麦和西门子改进冶炼工艺，大大降低了钢铁生产的成本，从而推动了铁路和建筑业的发展。欧美各国先后掀起了修建铁路的热潮，1870 年美国的铁路总长达 176,000 英里，超过了全欧洲的总和。与铁路同步发展的是造船业。造船技术有了很大的改进，钢材代替了铸铁，螺旋桨代替了明轮。1850 年，世界货运吨位仅有 5%由蒸汽驱动，但到 1893 年，由蒸汽机驱动的货运吨位占整个世界货运吨位的 50%；到 1913 年，轮船的货运量为 1100 万吨，大大超过了帆船的 80 万吨货运量。

化学工业在 19 世纪也获得了飞跃式发展。道尔顿的分子结构理论和门捷列夫的化学元素周期表，不仅使人们发现了不少新的元素，而且还人工合成了在自然界中并不存在的诸多元素。这些新材料迅速取代了石头、木材和一些单金

属物质（如铜、铁、钨、铅等）的使用。新的化学工艺方法渗透到矿山、冶金、石油、纺织、橡胶、军工、建筑等几乎所有的工业部门，完全改变了生产和原料加工的旧方法。

19 世纪科学技术的最后一个突破性发展是内燃机的发明和完善，并在此基础上生产出了给人类生产和生活带来巨大影响的汽车。内燃机的使用不仅宣告了汽车时代的到来，而且还宣告了蒸汽时代的行将结束。

电工技术革命不仅仅是科学技术领域的革命，而且还带来了生产力和社会关系的全面变革。

电工技术革命推动了生产力突飞猛进的发展。科学技术的突破带来了劳动生产率的巨大提高和生产规模的扩大，交通与通讯技术的发展使整个世界的经济联系空前密切。这一切促进了生产力的迅速发展。据不完全统计，1870 年至 1900 年间，世界工业产值增长了 2.2 倍。欧美各国工业生产发展的具体情况是：在 1860 至 1913 年的半个多世纪里，德国增长了 7.1 倍，英国增长了 2.9 倍，法国增长了 3.8 倍，美国增长了 12.5 倍，俄国增长了 12.5 倍，意大利增长了 10 倍。

电工技术革命推动了经济结构的变化。首先是产业结构的变化。工业革命以后，欧美国家的经济从以农业为主导产业的阶段逐步过渡到以工业为主导产业的阶段。电工技术革命则进一步将欧美国家从以轻纺工业为主导产业的阶段推进到以重化工业为主导产业的阶段。其次是动力源的变化。恩格斯曾经指出："电的使用，这实际上是一次巨大的革命。蒸汽机教我们把热能变成机械能，而电的利用将为我们开辟一条道路，使一切形式的能——热、机械运动、电、磁、光——互相转化，并在工业中加以利用。循环完成了。"不仅如此，由于高压输电方法的推广，电能可以到达世界上一切需要用电的地方。这样，人类掌握电能也就最终掌握了消除城乡对立的强有力的杠杆。再次是生产组织的内部结构也发生了变化。过去，蒸汽机及其传动装置的相当固定的体系，把工作机的组合排列在固定的、狭小的范围内，生产场所的具体结构在很大程度上是由动力体系决定的。这种固定不变的动力传动系统极大地限制了生产流程的更新与合理化，从而妨碍了劳动生产率的提高。电能的使用从根本上消除了蒸汽机的上述弊病，并使人们有可能按照产品制造过程的需要去有效地组织生产过程和排列工作机，这就大大提高了劳动生产率，并为机器生产过程中的进一步分工和走向自动化创造了条件。这样，电能的使用就使生产力向新的阶段的发展成为可能，而不必破坏物质技术基础的基本特征。

电工技术革命使社会结构发生了新的变化。在一般情况下，新兴的中小企业将科技成果产业化所耗费的成本，要低于历史悠久的大企业将科技成果产业化所耗费的成本，这就不可避免地促进了中小企业的发展。而电力的使用，则为中小企业的发展提供了可靠的能源支持。因为电能具有可大可小、可近可远的特点，它既适合大型的和超大型企业使用，也适合中小型企业使用；既适合中心城市的企业使用，也适合边远的城市和地区的企业使用。这就使资本主义企业在向大型化趋向发展的同时，又出现了向中小型化发展的趋向。大批中小企业的发展对资本主义社会的阶级结构产生了重大影响，它使资本主义社会的阶级结构并不是像工业革命时期所显示的那样日益简单化，即不是最后只剩下资产阶级和无产阶级这两大对立的阶级，而是在这两大对立的阶级中间，又出现了数量日增的中间阶级或阶层。

电工技术革命推动了垄断的发展和世界经济的真正形成。垄断现象的出现，是资本主义生产方式固有的基本矛盾发展的产物，具体而言是单个企业生产的计划性与全社会生产的无政府状态的矛盾发展的产物。在这一矛盾的冲击下，一些资本家采取了联合的办法，来协调生产计划、产品价格及销售，从而出现了生产和资本的集中和垄断。同时，科技革命和生产力突飞猛进的发展又为生产和资本的集中和垄断的发展提供了物质技术条件：与蒸汽机时代工业所具有的分散的、封闭的动力生产的情况相反，电力生产是集中的和开放的，因而电力工业一出现就具有集中的垄断的性质；冶金、石油、化工、造船、煤炭等重化工产业的发展不同于轻纺工业的发展，它需要巨大的资本投入，需要资本的相对集中，其发展趋势也倾向于集中和垄断；交通的发达、通讯的便捷为资本主义走向垄断提供了强大的技术支持；电能使用所产生的解放生产力、促进生产力发展的作用，为生产和资本的集中提供了强大的动力。很难想象，没有上述物质技术条件的推动，生产和资本会那么迅速地走向集中和垄断。

资本积聚或集中同垄断资本主义结合在一起，其必然的结果是资本的向外扩张和输出。资本输出使绝大多数经济落后国家都被资本主义生产方式所统治或影响，不同程度地成为资本主义“链条”中的某一个环节。正是在这个意义上，各国之间的经济联系得到前所未有的加强，以资本主义生产方式为主体的世界经济体系才得以形成。

以上事实表明，电工技术革命已经转化为现实的生产力，并发展成为第二次生产力革命，它对社会主义制度的产生具有非常重大的意义。根据威廉·李卜克内西的回忆，马克思曾对刚刚开始的电工技术革命作了如下评价：“自然科学正在准备一次新的革命。蒸汽大王在前一世纪中翻转了整个世界，现在它的统治已到末日，另外一种更大无比的革命力量——电力的火花将取而代之。这件事的后果是不可估计的。经济革命之后一定要跟着政治革命，因为后者只是前者的表现而已。”于尔根·库钦斯基教授在评价电工技术革命的社会意义时也指出：“电工技术革命有了发展，它导致生产力反抗资本主义和剥削的革命，强制性地建立了社会主义社会。不要忘记电工技术革命的意义，因为个人的全面发展的历史正是从科学技术革命开始的。”

第一，生产力的第二次革命使社会主义革命具备了必要的物质前提。伴随着科技革命和生产力突飞猛进的发展，自由资本主义完成了向垄断资本主义的过渡，一般垄断资本主义在向国家垄断资本主义过渡。资本输出随之迅速扩大，造成国内垄断向国际垄断的发展，产生了国际垄断组织，这就使生产和资本国际化了，资本主义的生产方式和生产过程扩大到全世界。此时，资本主义已经发展成为极少数先进国家对世界大多数国家进行殖民压迫和掠夺的世界体系，各个国家和民族都是这个世界体系的组成部分，统治世界的资本主义经济、政治体系已经形成。帝国主义是成熟了的资本主义，是无产阶级社会革命的前夜，国家垄断资本主义是社会主义的入口。因此，就已经形成世界体系的资本主义帝国主义体系而言，实现社会主义革命的物质前提已经初步具备了。

第二，生产力的第二次革命为实现社会主义革命准备了现实的阶级基础。第二次生产力革命的伟大成果是铸造了世界的工业文明。它改造和扩大了重工业，使重化工产业成为国民经济的主导产业，并最终确立了大工业在国民经济中的主导地位，将世界经济推向了新的高涨。与此同时，以重化工为主导的大工业的发展，使产业工人阶级得以真正发展壮大起来，并成长为能够给社会发展以决定性影响的社会力量，这就使社会主义革命具备了现实的阶级基础。

第三，生产力的第二次革命，使资本主义的政治经济发展不平衡特别突出起来，从而为社会主义革命的成功提供了广阔的空间。资本主义的经济政治发展不平衡，是资本主义发展的绝对规律。但在帝国主义时代，在生产力发生剧烈变革的时期，这一规律表现得尤为突出。一般说来，经济相对落后的国家在将科学技术成果运用于生产方面所花费的成本，要比经济发达国家低得多。这就为经济相对落后国家较快地采用先进技术，赶上和超过发达国家提供了可能的条件。资本主义经济政治发展不平衡加剧了帝国主义之间的矛盾，从而爆发了重新瓜分殖民地和势力范围的第一次世界大战。战争极大地加深了宗主国和殖民地附属国人民的痛苦，同时也削弱了帝国主义自身的统治，造成了帝国主义统治链条中的薄弱环节，从而使一些国家有可能通过革命推翻资本主义的统治，建立社会主义社会。

第四，生产力的第二次革命，加速了俄国革命主客观条件的成熟。俄国本来是一个经济文化比较落后的农奴制国家，资本主义发展缓慢。自 1861 年农奴制改革以后，俄国资本主义才有了长足的发展，特别是在 19 世纪 90 年代，随着第二次生产力革命的发展，俄国也出现了工业高涨的时期。20 世纪初，俄国资本主义已进入垄断阶段，即帝国主义阶段。到第一次世界大战前夜，垄断组织已经遍布所有工业部门，大银行控制着全国银行资本，银行资本与工业资本相结合，形成为财政寡头。尽管如此，俄国仍然落后于西方国家，农业占国民收入的一半以上，绝大部分人口住在农村。特别是俄国还被前资本主义的经济、政治关系所缠绕。正是由于落后，俄国日益成为西方国家的资本输出场所，俄国的工业和金融业都操纵在外国资本家的手中。上述经济、政治状况使俄国成为帝国主义各种社会矛盾的集合点，社会矛盾既尖锐又复杂。俄国在资本主义世界体系中的特殊地位和俄国社会内部所具有的错综复杂的社会矛盾，非常有利于俄国革命的主观力量的发展。俄国无产阶级深受双重压迫之苦，处在社会的最底层，具有很强的革命性。它人数不多，但与社会化大生产相联系，高度集中，很有战斗力，是俄国革命的领导阶级。俄国农民深受双重压迫之苦，为争取土地和自由进行了长期艰苦的斗争，他们是无产阶级革命的可靠同盟军。所有这一切，就使俄国成为当时帝国主义链条中的薄弱环节。

因此，从根本上来说，伟大的俄国十月社会主义革命，以及中国等欧亚一系列国家的社会主义革命，都是第二次生产力革命的产儿。

三、生产力和第三次革命与社会主义制度的改革和发展

第二次世界大战以后，特别是 20 世纪六七十年代以后，新的科技革命浪潮再次兴起，使生产力取得了前所未有的进步，实现了生产力的第三次革命。

新科技革命的一个重大特点，是科技发展的群体化趋势日益突出。它不再是以一两项技术的创新为代表，而是表现为一种相互关联、相互渗透的高新技术群的突破性发展。特别是自 20 世纪 70 年代以来，以信息技术为中心的高新技术蓬勃发展起来，它表现为信息技术、生物技术、新能源技术、航天和空间技术、海洋开发技术等高科技群的迅速崛起。

以信息技术为中心的高新科技群体的突破性发展，迅速给整个人类社会的发展以极其深刻的影响。

新科技革命使社会生产力获得了突飞猛进的发展。同以往相比，20世纪下半叶社会生产力的发展是惊人的，这一方面是生产力自身长期积累的结果，同时科技革命对生产力的提高也起了非常突出的作用。美国经济学家罗斯托夫在《世界经济：历史和展望》一书中统计，战后1948—1971年的将近四分之一世纪里，世界工业生产年平均增长率高达5.6%，相当于18世纪至20世纪70年代初的200多年平均增长率2.8%的一倍。日本经济学家正村公宏在《日本经济论》一书中统计，在1913—1938年间，美国、英国、法国、西德、日本的国民生产总值的平均增长率分别为2%、1%、1.1%、1.3%、4.5%，而到1953—1973年则分别为3.5%、3%、5.2%、5.9%、9.8%。主要资本主义国家战后的国民生产总值都有了巨大增长，与战前相比都增长了一倍以上（美国除外）。此外，发展中国家的经济也有较快的发展，其速度甚至超过发达国家。1950—1979年，经互会成员国国民收入增加了6.8倍，工业总产值增加了11.4倍（相应的世界平均增长数字为3.1和5.1）。

新科技革命使产业结构发生了巨大的变化。工业经济时代，产业结构以第二产业取代第一产业成为国民经济的主导为其特征；信息经济时代的到来使第二产业在国民经济中的比重下降，第三产业的地位不断上升，并逐步占到主导地位。例如，英国在1889—1899年的第二产业的比重为44.1%，1919—1929年则下降为41.3%。德国的第二产业比重1935—1939年为50.3%，1963年为54%，1971年仍为53.3%，到1993年才降至38%。法国的第二产业比重曾一直很高，1896年占46.2%，1963年为51%，1971年为52%，1994年则下降为22.8%。与此同时，经济发展的重心逐步转向第三产业，并且已经占据主导地位。1994年主要资本主义国家第三产业的比重是：美国占71.1%，法国占70%，英国占66%，日本占58%，德国（1963年）占61%。

新科技革命使人类社会生产发展到一个新的阶段，即从工业革命后的机械化、电气化阶段，推进到自动化、智能化的新阶段。在新的发展阶段上，社会生产出现新的特征：工业经济建立在资源大量消耗的基础之上，而信息经济则建立在应用知识和智能的基础之上；工业经济下的生产经营是以大型化、高速化、标准化、批量化为特征，而信息经济下的生产则以个性化、多样化和高质量为特征；企业管理的重点由工业经济时代对产品生产、经营和有形资产的管理转变为对科研开发、职工培训和无形资产的管理，即由注重提高企业的生产效率转变为注重提高企业创造知识的能力。在生产发展的新阶段上，人在社会生产中的地位也发生了深刻的变化。在工业社会，机器是经济活动中最主要的因素，生产什么、怎么生产，以及产品的数量和质量，主要取决于机器及其作用的发挥，在某些情况下人成为机器的附属品；而在信息社会，人才真正成为机器的主人，一切经济活动都由人及其操纵的电脑按设定的程序进行，所有知识的生产、传播和创新都离不开人的脑力劳动。

新科技革命使社会结构发生了巨大的变化。由于信息化的发展和知识作用的提高，出现了产业结构软化，即社会生产和再生产过程中体力劳动和物质资源的投入相对减少，而脑力劳动和科学技术的投入相对增多。与此相适应，社会中从事脑力劳动的人数不断增加，作用日益提高。从事体力劳动的“蓝领阶层”的比重由占社会劳动者的80%以上逐渐下降到20%以下，而从事脑力劳动的“白领阶层”的比重则逐渐上升至80%左右。例如，在美国，1956年制造业中的白领人数首次超过蓝领人数，1960年他们的比例关系发展为75∶25，1990年进一步发展为84∶16。这就表明，工业经济时代以从事体力劳动的社会成员为主体的社会，将被信息经济时代以从事脑力劳动的社会成员为主体的社会所取代。

社会结构的变化造就了一个强大的中间阶层，使社会从传统的“金字塔”型的非稳定社会结构，过渡到“橄榄型”的稳定社会结构。中间阶层在技能、职能、收入和财富占有状况、社会地位或权力等方面都处于中间状态。他们是社会中过着比较宽裕的中等生活的人，对社会主导价值观有强烈的认同感，对社会对立和社会矛盾一般起着缓解的作用，是稳定社会结构的基础。

新科技革命使世界经济一体化获得新的发展。回顾过去的几百年，世界经济一体化的进程大致有三个不同性质的阶段。工业革命以后，作为世界经济形成时期的世界经济，是市场的一体化。它以贸易为联系的基础方式，以实物商品交换为国际经济活动的基本内容，一个统一的（但不十分完整的）世界市场是一体化的基本形式。电工技术革命以后，世界经济一体化的基本内容是资本一体化。国际投资使资本主义生产方式在世界取得了统治地位，世界被纳入了同一的运动过程。到19世纪末，这一过程更因以间接投资为主的资本相互输出而达到一个全新的阶段。第三次科技革命的结果是把世界经济推上了生产一体化的新阶段。生产一体化的特点是生产过程的分工的深化。在此以前，世界范围的分工本质上是农业、采矿业和工业的分工，是工业制成品与原材料的分工，是不同产业间的分工。第三次科技革命为分工的深化提供了可能：因为科技革命产生了一大批新兴产业，从而使传统产业的转移成为必要，结果一批发展战略成功的发展中国家加入了工业领域的产品分工，并促进了世界作为一个整体走向工业化的进程，世界经济的整体性就表现为工业生产本身的国际分工。科技革命中产生的新产业使各国处于相近的竞争水平之上，促使国家间的产业内部分工得到发展，世界经济的整体性表现为同一水平的分工合作。科技革命使现代化产品日益复杂化，许多产品难以在一个国家单独开发和生产，促使产品在零部件生产乃至工艺上进行国际合作，世界经济的整体性表现为生产过程的相互联系。

这里要指出的是，第三次科技革命不仅发生在发达的资本主义国家，而且也在苏联等比较发达的社会主义国家中获得一定程度的发展。众所周知，苏联的航天技术、原子能技术、军工技术等曾经处于世界发展的前列。很难想象，如果没有新科技革命的支持，苏联的这些新技术怎么能够较长时期地处于世界领先的地位。而且苏联、民主德国、捷克斯洛伐克等社会主义国家的科学家，早在20世纪70年代中期就为新的科学技术革命和生产力的革命问题召开了国际学术研讨会，并发表了理论文章和专著，这是社会主义国家的新科技革命发展在理论上的表现。然而，由于体制上的原因，苏联在科学技术革命上的成就最终没有能够有效地转化成为现实的生产力，没有出现社会生产力的革命性变革。由此便失去了新科技革命带来的高速发展生产力的极好机遇，便不得不面临科学技术和生产力发展都处于落后状态的困难境地，并最终走向失败。

尽管社会主义国家在新科技革命的发展中滞后，但从世界发展的整体来看，新的科技革命已经迅速转化为现实的生产力，并发展成为第三次生产力革命，它对社会主义的改革和发展产生了深刻影响。

第一，生产力的第三次革命使社会主义国家高度集中的计划经济体制和政治体制与社会生产力发展要求的矛盾日益尖锐化。社会主义国家高度集中的计划经济体制和政治体制是在十月革命后的特殊历史条件下建立和发展起来的，它的长处是：能够集中力量和资源，进行国家的重点经济建设，有可能从社会的整体利益出发来协调经济的发展，这比较适合以重化工为主导产业的经济发展的需要，同时也是克服资本主义自由放任的市场经济的严重缺陷的需要。它的缺陷是：由于计划制定和决策人员在信息的掌握上和认识能力上的局限性，以及所处地位和代表利益上的局限性，计划配置的方式就不可避免地会产生偏颇和僵滞的毛病，从而限制了经济发展的活力。在社会主义建立初期，经济的落后性为高度集中的计划经济体制和政治体制提供了适宜的生存条件。当时经济发展水平较低，建设的规模不大，经济结构比较简单，发展目标比较单纯、集中，经济采取粗放型发展道路，整个经济处在封闭的自给自足的状态，在此情况下，这种经济政治体制是比较有效的。在20世纪50年代以前，高度集中的计划经济体制和政治体制对社会主义国家经济的恢复和发展都曾起过积极的作用。但是，从50年代末开始，特别是进入60年代以后，新科技革命的兴起和生产力的进一步发展，使经济结构发生了剧烈的变动——信息产业逐步取代了重化工产业成为经济发展的主导产业，经济的粗放型发展日益被经济的集约型发展所取代，社会需求日益多样化和复杂化。在此情况下，高度集中的计划经济体制和政治体制的信息系统、决策系统、动力系统便逐渐失去其有效性，最终成为社会生产力发展的障碍。可见，高度集中的计划经济体制和政治体制与社会主义国家生产力的发展由基本适应到基本不适应的发展，从根本上来说，是现代社会生产力发展的结果，第三次生产力的革命无疑在其中起到了极其重要的推动作用。在此情况下，改革社会主义国家的高度集中的经济政治体制就成为现代生产力发展的客观要求。

第二，生产力的第三次革命使传统的社会主义所有制关系与社会生产力发展要求的矛盾日益尖锐化。社会主义国家的生产资料所有制主要是按苏联的社会主义发展模式建立和发展起来的，它的特点是单一的公有制和按劳分配制。以这种单一的生产资料所有制关系为基础建立起来的经济制度，与现实生产力发展的多层次、不平衡的发展状况是极不相适应的，并严重挫伤了劳动群众的生产和经营积极性。如果说这种生产资料所有制关系曾经在工业方面的一定发展时期起过积极作用的话，那么，在农业和轻工业方面的情形就完全不同了。社会主义国家农业的发展长期落后，个别国家的生产有时还达不到革命前的水平，甚至人民的吃饭也成为需要解决的问题。与此同时，对农业有相当依赖度的轻工业的发展也受到很大的限制。所有这一切，就使人民群众不断增长的物质文化生活需要长期得不到基本的满足。在发达资本主义国家和新兴工业国家先后进入第三次生产力革命的历史进程、生产力有了极大提高、人民群众的物质和文化生活条件有了较大改善的情况下，改革传统社会主义所有制关系，解决生产关系与生产力发展的矛盾，就成为社会生产力发展的客观要求。

第三，生产力的第三次革命为社会主义社会的改革和发展提供了新的物质手段。事物发展的规律总是这样：社会矛盾愈成熟、愈尖锐，解决社会矛盾的条件也愈成熟、愈完备。然而，解决社会矛盾的物质手段，并不是存在于社会矛盾之外，而是存在于社会矛盾之中。当现代生产力的发展冲击着社会主义生产关系和上层建筑，并使社会基本矛盾日益尖锐化时，它也为社会矛盾的解决提供了物质条件。

商品经济是适合现阶段社会主义国家生产力发展的经济形式。商品经济是一个历史范畴，迄今它已在奴隶社会、封建社会存在过，在资本主义社会它又发展到一个更高的阶段。商品经济为资本主义制度下社会生产力的发展提供了强大的动力，为资本主义生产方式实现生产力的现代化提供了物质手段。现阶段社会主义国家的生产力远远落后于发达资本主义国家生产力的发展水平，它自然具备商品关系存在的前提，这就是社会分工的存在、多种所有制的存在以及以企业为单位的不同经济主体的存在，因此，商品经济是适合现阶段社会主义国家生产力发展的必要的经济形式。社会主义国家兴衰成败的经验表明，商品经济的充分发展是社会主义发展的不可逾越的阶段，是社会主义国家走向现代化的必由之路。

市场经济是社会主义国家资源配置的有效手段。在20世纪长达70余年的经济竞赛中，市场经济和计划经济作为两种不同的资源配置的手段，在不同的历史条件下既有成功，亦有失败，各有千秋。然而在发展生产力的总体较量中，特别是在第三次生产力革命发展过程的较量中，市场经济的信息系统、决策系统和动力系统已经被证明是更有效率的，因而它是更适合经济发展和现代化要求的经济运行机制，这也是资本主义国家的生产力获得较快发展的主要原因之一。而传统的计划经济已被证明敌不过现代市场经济，正是这个事实最终成为社会主义国家经济发展滞后和苏东国家剧变的重要原因之一。

对外开放是现代化建设不可缺少的重要条件。生产社会化的发展和国际经济分工的深化以及国际经济一体化的加强，使当今世界成为一个开放的世界。环顾全球，凡是经济发展较快的国家，不论其社会制度如何，没有一个是封闭自守的，越是经济发达的国家，它们的国际经济联系也越广泛，它们在吸收外资、引进技术、发展对外贸易方面下的功夫也越多。对外开放之所以能够促进社会生产力的发展，是因为对外开放的过程实际上是一个参与国际分工的过程，而国际分工是节约社会劳动的重要源泉，社会劳动的节约也就是劳动生产率的提高。这是同一个过程的不同表现。社会主义国家实行对外开放，这反映了社会化生产发展的客观要求，也符合生产国际化这一进步的历史趋势。

科学技术是现代生产力发展的强大动力。20世纪中叶开始的社会生产力的突飞猛进的发展，是新一轮的科学技术革命引起的，科学技术已经成为带动生产力发展的“火车头”。当今世界经济发达的国家，必然是科学技术先进的国家；反之，科学技术落后的国家，经济发展也滞后。因此，社会主义国家要振兴经济，首先必须振兴科学技术和发展国民教育，要实现经济现代化和社会的全面进步，就必须首先实现科学技术的现代化和国民教育的现代化。

政治民主化是走向现代化的基本条件，也是现代化的一个基本内容。在新的科学技术革命和生产力突飞猛进发展的今天，人的主观能动性在科学技术和生产力发展过程中的作用空前提高，从而使人们对民主、自由的追求也达到了全新的境界。这样，政治民主化就成为解放生产力的一个重要因素，它不仅是科学技术和生产力发展的有力保障，而且也是推动科学技术和生产力发展的必不可少的基本条件。没有民主就没有现代化，更没有社会主义的现代化。

保持阶级的先进性与广泛的群众代表性的统一，是建设强大的马克思主义政党的重要条件。第三次生产力的革命使社会的阶级结构进一步发生了新的变化，传统意义上的产业工人，即从事体力劳动的“蓝领”的比重逐渐下降，而从事脑力劳动的“白领”的比重日益上升，个体从业人员的人数增加，中间阶层日益扩大。在此情况下，争取和团结广大的中间阶层群众，不断扩大政党的群众基础，就具有十分重要的意义。对于执政的工人阶级政党来说，就是要保持党的阶级的先进性与广泛的群众代表性的统一，始终代表先进生产力发展的要求，始终代表先进文化的前进方向，始终代表广大人民的根本利益。

由此可见，中国和其他社会主义国家的改革开放，不过是对生产力的社会本性及其客观历史作用的自觉认同，是对现代生产力发展客观要求的正确回应。

综上所述，现代生产力的三次革命推动了社会主义的产生和发展，从根源的层面上讲，社会主义是现代生产力发展的产物。因此，社会主义国家执政的工人阶级政党必须始终代表先进生产力发展的要求，始终致力于发展社会生产力，正确把握社会主义社会的基本矛盾，适时调整生产力和生产关系、经济基础和上层建筑之间的关系，不断改革和完善社会主义制度，才能永远立于不败之地。

参考文献

[1] 马克思恩格斯选集：第 1 卷 [M]. 北京：人民出版社，1995.

[2] 马克思恩格斯选集：第 2 卷 [M]. 北京：人民出版社，1995.

[3] 马克思恩格斯选集：第 3 卷 [M]. 北京：人民出版社，1995.

[4] 马克思恩格斯全集：第 35 卷 [M]. 北京：人民出版社，1971.

[5] 列宁选集：第 2 卷 [M]. 北京：人民出版社，1995.

[6] 黄宗良，林建勋，叶自成. 世界社会主义的历史和理论 [M]. 北京：中央编译出版社，1995.

[7] 李纯武，寿纪瑜. 简明世界通史：上册 [M]. 北京：人民出版社，1981.

[8] 李京文. 知识经济：21 世纪的新经济形态 [M]. 北京：社会科学文献出版社，1998.
[9] 齐世荣，廖学盛. 20 世纪的历史巨变 [M]. 北京：人民出版社，2000.
[10] 于尔根·库钦斯基. 生产力的第四次革命：理论和对比 [M]. 北京：商务印书馆，1984.
[11] 张幼文. 世界经济一体化的历程 [M]. 北京：学林出版社，1999.

社会主义的体制危机与社会主义发展道路的新探索

列宁曾经指出："设想世界历史会一帆风顺、按部就班地向前发展，不会有时出现大幅度的跃退，那是不辩证的，不科学的，在理论上是不正确的。"社会主义作为世界历史发展进程的一部分，其发展也不是一帆风顺的，它既有凯歌行进的时期，也有失误、严重受挫和局部倒退的时期。因此，正确认识社会主义发展的历史进程，不仅需要正确认识社会主义的胜利和成功，而且还需要正确认识社会主义发展进程中的挫折、失败和危机。

战后世界社会主义运动有过巨大的发展，但不久就陷入了一次比一次严重的危机之中。这种危机从根本上说是一种体制性的危机，它包括两个部分：内部体制的危机，即各社会主义国家内部高度集中的经济、政治体制的危机；外部体制的危机，即社会主义国家相互关系的危机，或称社会主义世界体系的危机。社会主义国家的内部体制与外部体制是互为表里、互相联系、相互作用的。内部体制要求外部体制与之相适应，外部体制在很大程度上是其内部体制的外在表现、延伸或补充；同时，外部体制的存在和发展，也必须以内部体制的稳定和巩固为其前提，"皮之不存，毛将焉附"。所以，社会主义的内部体制危机与外部体制危机也是互为表里、相互联系、相互作用的。

战后社会主义的体制性危机大致可分为三次：第一次危机是 20 世纪 50 年代至 60 年代中叶，其标志是波、匈事件和中苏论战，最后导致社会主义运动的分裂；第二次危机是 20 世纪 60 年代下半叶至 80 年代中期，其标志是中国的"文化大革命"和苏联入侵捷克斯洛伐克，最后导致社会主义体制改革陷入困境；第三次危机是 20 世纪 80 年代中叶至 90 年代初，其标志是苏东的剧变，最后导致世界社会主义运动坠入发展的低谷。危机产生了严重的后果，造成了巨大的损失；同时它又促使人们去思考，去寻找摆脱危机的出路，去探索社会主义发展的创新道路。

一、社会主义体制的初步危机

社会主义新探索的开始（20 世纪 50—60 年代中）。

第二次世界大战以后，社会主义获得了前所未有的发展，它超越一个国家的范围，成为世界体系，组成了社会主义阵营，形势一派大好。但是，在社会主义阵营形成的过程中，苏联在向其他社会主义国家推行自己的社会主义建设经验的同时，还极力构筑自己的权威领导地位，力图形成一个由苏联控制的世界社会主义体系，这就不可避免地受到其他社会主义国家的抵制，引发社会主义运动的危机。

首先与苏联的大国主义和大党主义发生冲突的是南斯拉夫。早在反法西斯战争时期，南斯拉夫共产党就对苏联在援助南斯拉夫游击队和承认南斯拉夫新政权问题上的消极态度不满。战后初期，苏联又在的里亚斯特的归属问题上不尊重南斯拉夫的主权，与美、英、法私下达成协议。在南苏贸易中存在着严重不平等交易，使南斯拉夫蒙受经济损失；苏联还控制南斯拉夫经济，使其成为苏联工业附庸的意向。在南、保等国酝酿建立巴尔干联邦的问题上，苏联也横加干涉和阻挠，并强迫南斯拉夫签订在外交政策上必须事先与苏联磋商的协定，等等。对苏联的大国主义和大党主义，南斯拉夫都曾表达过自己的不满并进行了不同程度的抵制；而苏联对南斯拉夫在内政外交上的自主倾向也是大动肝火，两国的矛盾不断尖锐化。1948 年 3 月，苏联横蛮地撤走了全部军事顾问、教官和文职人员。1948 年 6 月，苏联以欧洲九国共产党情报局的名义作出了《关于南斯拉夫共产党状况的决议》，以南斯拉夫共产党“背叛了马列主义、背叛了国际主义”、执行了“民族主义路线”的罪名，将南斯拉夫共产党开除出情报局，导致苏南关系彻底破裂。这是苏联推行大国主义、大党主义造成社会主义运动分裂的第一个恶果，也是社会主义出现危机的最初征兆。

第二个与苏联大国主义和大党主义发生冲突的是波兰。1956 年 6 月爆发的波兹南事件是波兰社会政治经济矛盾发展的产物，同时也是苏波矛盾演变的必然结果。早在 1938 年，共产国际便以莫须有的罪名解散了波兰共产党，并处决了该党的领导人；在 1945 年召开的雅尔塔会议和波茨坦会议上，美、英、苏三国重划了波兰的边界，苏联从波兰获取了 7 万平方公里的土地；波苏贸易中也存在着严重的不平等交易。波兰党和政府机械照搬苏联的经验，造成农业、轻工业、重工业严重的比例失调，人民生活水平下降，农民对违反自愿原则的合作化非常不满。在苏共 20 大冲击波的影响下，1956 年 6 月，波兹南的工人提出了增加工资和减免赋税的要求，由于波兰政府对事件处置不当，导致工人走上街头，喊出了“要面包要自由”“俄国人滚出去”的口号，并与军警发生流血冲突，造成54人死亡，200多人受伤。许多工人被捕。

波兹南事件发生后，波兰统一工人党决心吸取教训，党的七中全会提出了调整国民经济，提高工资，鼓励私人手工业的积极性，修改不利于农民的交售定额，加强波兰统一工人党和民主党的合作，扩大议会的权力并使议会成为主要立法机构等新举措，并考虑作进一步的政治经济体制改革。同年10月13—15日，波兰统一工人党召开政治局会议，决定于10月19日召开八中全会，并准备由哥穆尔卡出任党的主要职务。

苏联对波兰事态的发展极为不满，尤其不能容忍主张走波兰社会主义道路的哥穆尔卡担任党的主要职务，并担心局势失控并引起连锁反应，便傲慢地要求波兰党和国家领导人来莫斯科进行“磋商”，遭到波兰方面的婉言拒绝。此时，苏联的大国主义和大党主义便恶性发作起来，他们一方面调遣苏军直逼华沙城下，另一方面又在未经波兰邀请的情况下，由赫鲁晓夫亲率苏共高级代表团直飞华沙，要求参加波兰统一工人党的八中全会，再次遭到波方的拒绝，形势极为紧张。波兰领导人在广大工人、人民群众和武装部队的支持下，经过紧张、艰巨的谈判，才迫使不可一世的赫鲁晓夫下令撤退进抵华沙的苏军，并表示了对以哥穆尔卡为首的新的党中央的支持。苏波冲突对波兰来讲是一次领导班子的调整、一次路线的调整，它是波兹南事件的深入和发展；从国际共产主义运动来看，这是波兰党和政府反对苏联的大国主义和大党主义，争取独立自主的一次胜利。

第三个与苏联大国主义和大党主义发生冲突的是匈牙利。1956年10月的匈牙利事件是匈牙利社会的政治经济矛盾发展的产物，同时也是苏匈矛盾发展的产物。匈牙利领导人拉科西不顾匈牙利的具体国情，在经济上全盘照搬苏联模式，造成农业、轻工业与重工业发展严重的比例失调，导致消费品严重短缺，影响了人民的生活。在政治上拉科西紧跟苏联，在清洗“铁托分子”的运动中制造了一大批冤假错案，受株连的蒙冤者近20万人，阶级斗争严重扩大化。拉科西还大搞个人崇拜，以自己的名字命名工厂、学校、街道、幼儿园，自称是“匈牙利人民英明的父亲”等。他还将苏军解放纪念日定为匈牙利国庆日，把匈牙利国旗弄得像苏联加盟共和国的国旗一样，严重伤害了匈牙利人民的感情。

斯大林逝世以后，匈牙利紧跟苏联进行政策和领导班子的调整，主张改革的纳吉·伊姆雷被任命为总理，着手进行了被称为“六月政策”的改革，并受到人民群众的欢迎。但以拉科西为首的党内保守势力在苏联的支持下，于 1955 年 3 月将纳吉开除出政治局，撤销党内外一切职务，11 月又将纳吉开除出党。

苏共 20 大后，匈牙利共产党内两派的斗争进一步激化，纳吉为首的改革派受到知识分子和工人的同情和支持。10 月 22 日，裴多菲俱乐部和布达佩斯各大专院校学生向党和政府提出如下要求：在匈牙利进行政治和经济体制改革；对拉科西时期的错误进行清算；维护匈牙利的民族尊严和反对苏联的大国主义；恢复纳吉的领导职务等。10 月 23 日，群众开始示威游行，匈牙利党的领导人在苏联驻军的支持下继续采取高压政策，使局势进一步激化，混入群众中的敌对分子趁机兴风作浪，示威很快转变为暴乱，局势逐渐失控。11 月 4 日，苏联红军出面干涉，局势才得以恢复。历时 13 天的匈牙利事件，有上万人死亡，经济损失达 220 亿福林，占匈牙利国民收入的四分之一。

客观地看，匈牙利 10 月事件反对的是高度集中的政治经济体制和苏联的大国主义。卡达尔在 11 月 1 日的声明中指出："10 月 23 日，我国掀起了一个群众运动，这个运动的崇高目标是纠正拉科西和他的同谋所犯下的错误，保卫民主、独立和主权。纳吉·伊姆雷的软弱以及钻入运动中的反革命分子的日益得势，使我们的社会主义成果，我们的人民国家、我们的工农政权和我们整个祖国的生存面临危险。"

波匈事件使苏联党和政府也意识到改善苏联与其他社会主义国家关系的必要，1956 年 10 月 30 日，苏联政府发表《关于发展和进一步加强苏联和其他社会主义国家的友谊和合作的基础宣言》，承认自己犯了大国沙文主义的错误，同意社会主义国家之间应采取和平共处、平等协商的原则。但是，后来的事实表明，苏联党和政府并没有从根本上认识自己的严重错误，它的上述声明只不过是缓和矛盾的权宜之策。

第四个与苏联大国主义和大党主义冲突的是中国。20 世纪中叶，国际形势发生了新的巨大变化，这就给世界社会主义运动提出了一系列新问题：如何对待正在恢复和发展了的资本主义？如何对待战争与和平？如何对待蓬勃发展的民族解放运动？资本主义国家的无产阶级怎样进行社会主义革命？社会主义国家怎样进行社会主义建设？等等。这些重大问题本应由各国共产党依据马克思主义的基本原理并结合本国的实际，独自进行探索并予以解决。在此基础上，通过平等协商、求同存异，达成基本一致的共识，从而促进社会主义事业的发展。但是以赫鲁晓夫为首的苏共领导人却以"理论权威"和"老子党"自居，将苏共 20 大的观点钦定为"国际共产主义运动总路线"，强加给世界各国共产党，并视不同的意见为“反苏”或“民族共产主义”而大加讨伐，这种蛮横的做法理所当然地引起其他国家共产党的反对，终于爆发了1963年至1964年中苏两党的公开论战，双方都说了许多过头的话。在论战中，苏共还胁迫世界上近80个国家的共产党对中国共产党进行理论围剿，与中国共产党断绝交往，并妄图将中国共产党从组织上开除出国际共产主义运动；不仅如此，苏共还将党际分歧扩大到国家关系方面，撕毁两国正在履行的合同、撤走全部苏联专家、在中国东北边境地区进行武装挑衅、在新疆地区策动民族分裂和发动民族叛乱，使中苏两党和两国的关系彻底破裂。与此同时，世界共产主义运动被分割成为支持苏共与支持中共的两个部分，并从各国共产党中又新分裂出100多个小党，世界社会主义运动处于大分裂的局面，严重地阻碍了社会主义事业的发展。

总的来看，这一时期的社会主义的体制危机，是在建立传统的社会主义体制的过程中发生的，它是苏联推行大国主义和大党主义，以及社会主义各国教条主义地照搬苏联模式而产生的恶果，它本质上是一种体制危机。在构成危机的上述两方面的原因中，苏联的大国主义和大党主义是造成这一时期社会主义体制危机的主要方面；但内部体制和外部体制是相互联系和相互作用的。照抄苏联高度集中的体制模式的结果，激发了各社会主义国家产生走自己发展道路的要求，而走自己发展道路的要求又必然引起苏联的干涉，进一步激化苏联大国主义、大党主义与其他社会主义国家的矛盾，加深社会主义的体制危机。

社会主义体制危机在一定条件下又会变成好事。这就是它启发了各国共产党认识苏联模式的弊病，开始探索新的社会主义发展道路。

正是在与苏联决裂之后，南斯拉夫开始探索自己的社会主义发展道路。一方面，苏南关系破裂，意味着苏南之间在历史上形成的某种隶属关系已不复存在，这就使南斯拉夫获得了发展自己的自由，从而为探索新的社会主义发展道路创造了有利的外部环境。另一方面，苏南关系破裂，意味着南斯拉夫对神圣不可侵犯的苏联模式迷信的终结，这有利于他们解放思想，有利于他们摆脱苏联模式的影响，走自己的创新道路。事实也是如此，南斯拉夫共产党认真总结了经验和教训，将马克思主义的基本原理与具体实际相结合，创立了南斯拉夫社会主义自治制度，其主要内容是：变社会主义国家所有制为社会所有制；实行企业自治，使企业完全具有独立的商品生产者所必需的一切权限；废除指令性计划，实行社会计划制度；实行劳动者自行决定成果分配的原则；废除外贸和外汇的国家垄断制，实行外贸和外汇的自由化等。南斯拉夫是世界上第一个敢于改革苏联模式的社会主义国家，开社会主义改革之先河。

中国在经过了七年社会主义建设的实践之后，在有了波匈事件的教训之后，也开始重新思考自己建设社会主义的道路。在这一时期，以毛泽东为代表的中共第一代领导集体主张以苏联的教训为借鉴，走自己的路，并提出如下重要思想和理论：关于十大关系的思想；关于正确处理人民内部矛盾的理论；关于三个主体三个补充的思想；关于依法办事和扩大民主的思想；关于在社会主义制度基本建立以后，我国国内的主要矛盾是人民对于经济文化迅速发展的需要同当前经济文化不能满足人民需要的矛盾的思想等。所有这些重要的思想和理论，可以看成是中国共产党人探索有中国特色社会主义道路的开始或萌芽。

匈牙利在十月事件后，也悄悄地对苏联的计划经济体制进行改革，开始了建立“指导性计划经济”模式的尝试。卡达尔政府制定了1958—1960年调整国民经济的三年计划，1962年开始为拉科西时代的冤假错案彻底平反。1962年11月召开了第八次党代会，宣布“大规模的阶级斗争时期在我国已经结束”“党的工作重心转入经济建设”。1962年12月匈牙利社会主义工人党的八大制定了团结各阶级和阶层的广泛的“联盟政策”，指出剥削阶级已经最终从社会中消除，已没有那些在利益上与社会主义相矛盾的阶级或较大的阶层，匈牙利社会主义工人党的口号是：“谁不反对我们，谁就同我们在一起。”1966年5月匈牙利社会主义工人党中央扩大会议通过了《关于经济体制改革的指导原则》和《关于经济管理体制改革的决议》，要求在生产资料社会主义所有制基础上，把国民经济计划发展的中央管理和商品关系、市场的积极作用有机联系起来。其中心思想是建立计划与市场的有机统一，并发挥国家、集体和个人的积极性。匈牙利是继南斯拉夫之后又一个对苏联模式进行改革的社会主义国家。

在社会主义国家酝酿和进行改革的同时，西方发达资本主义国家的共产党也在思想上冲破了苏联模式的束缚，提出了自己走向社会主义道路的初步设想，其著名代表是陶里亚蒂（1893—1964）。1956年12月，他在意大利共产党第八次全国代表大会上提出了“走向社会主义的意大利道路”，主张在宪法范围内，在和平民主的斗争中，通过结构改革和建立劳动阶级的民主政府，逐步向社会主义前进。这一主张被称为“结构改革论”。其主要内容是：在经济方面，国家对经济进行干预，对垄断资本实行民主监督，将一些操纵国计民生的垄断企业收归国有，以削弱、限制以至最后消灭垄断资本；国家控制银行系统；改革土地制度和农业，实现耕者有其田，保护中小农户，废除对分制和其他过时的租佃制度，发展农业合作社，建立发展农业的民主组织，遏制垄断资本向农村渗透；在意大利南部实行有计划的开发和工业化，克服南北方发展的不平衡；在进行结构改革的同时实行民主的经济发展规划。在政治方面，扩大民主自由，改革中央集权的国家体制，实施宪法规定的改革，普遍推行大区自治，实行下层监督和直接民主等。

与此同时，美国共产党领导人福斯特（1881—1961）也对美国走向社会主义的道路进行了新的思考，提出了美国共产党“到达社会主义的新路线”，其具体步骤是：首先在党的领导下组成人民阵线，然后建立人民阵线政府，党和无产阶级要努力推动这一政府向左转，最后实现人民民主，即无产阶级专政。

综上所述，正是在社会主义体制的初步危机中，南斯拉夫、中国和匈牙利等社会主义国家，以及意大利等欧美国家的共产党开始了对各自国家社会主义发展道路的新探索。

二、社会主义体制危机的发展与社会主义新探索理论的提出（60年代中至80年代中）

战后的社会主义体制危机在60年代中叶起又有新的发展。这一阶段的危机是在传统社会主义体制已经建立以后发生的，各社会主义国家内部高度集中的经济政治体制的严重弊病，是造成这一阶段社会主义体制危机的主要因素，但苏联的大国主义和大党主义仍在危机形成过程中扮演着重要的角色。

中国的“文化大革命”（1966—1976年）是传统社会主义体制的矛盾发展的产物。从上世纪50年代后期起，中国高度集中的经济政治体制的弊病就日益严重起来，它使中国的经济长期停滞不前，人民生活得不到应有的改善，群众的不满在增长，党内要求改革传统社会主义体制的呼声日益高涨。中国共产党的主要领导人毛泽东，明显受到中苏论战的影响，用“左”的“阶级斗争”的观点看待国内对社会主义体制变革的要求、理论与实践，认为这些主张是中国共产党内的赫鲁晓夫式的资产阶级代表人物提出的，是与苏联“修正主义”相呼应的，并力图将这些人从领导岗位上拉下来。由于毛泽东的这种认识和企图根本不符合实际，所以不可能按常规的政治程序来达到其目的，只有凭借他个人的崇高威望，利用传统社会主义体制高度集中的种种弊病，动员狂热的青年，来将“走资派”打倒，即发动“文化大革命”。中国的“文化大革命”破坏了党和国家的民主和法制，践踏了宪法和人权，使成千上万的群众横遭不白之冤，使国民经济濒临破产的边缘，使人民生活普遍贫困化，更严重的是它完全堵塞了中国的社会主义体制改革的道路。“文化大革命”是传统社会主义体制的弊病向极端发展的产物，也是社会主义体制陷入深重危机的表现。

1968年8月苏联入侵捷克斯洛伐克，是社会主义体制危机的又一严重表现。捷克斯洛伐克战前是一个工业比较发达的国家，战后以苏联为榜样建立起了高度集中的经济政治体制，这一体制曾在国民经济恢复时期发挥过积极的作用。但它不能适应经济进一步发展的需要，并造成严重后果：经济部门之间出现了严重的比例失调，消费品供应不足并导致通货膨胀，对外贸易严重依赖苏联并处于不平等地位。在政治上，劳动人民当家作主的积极性得不到充分发挥；1951—1953年在苏联安全专家的参与下进行了“大清洗”运动，反对所谓的“铁托主义”和“民族主义”，使大批无辜者受到迫害和株连，蒙冤者近10万人，等等。凡此种种，都引起人民群众的不满。

苏共20大后，捷克斯洛伐克于1958年开始了经济体制改革。但由于国际上再一次掀起批判南斯拉夫“修正主义”的高潮，致使改革中途夭折，并使经济陷入困境。1964年国家经济计划委员会主席奥塔·锡克提出《关于改组国民经济计划管理体制的原则草案》，这一改革计划由于诺沃提尼的反对而寸步难行。1967年捷克斯洛伐克经济陷入重重困难，生产停滞，大量基本建设工程不能完成，政府财政赤字高达50多亿克朗（约合6亿美元），人民的不满日益增长，要求改革经济、政治体制的呼声日益强烈。

在此情况下，党内改革派与保守派之间的斗争尖锐起来。1968年1月召开了捷共中央全会，诺沃提尼被迫辞去党的第一书记的职务，由杜布切克接任。同年4月，捷共中央公布了改革的《行动纲领》。杜布切克的改革，不仅是经济体制上的彻底改革，而且是一次包括经济、政治、社会的综合改革；同时杜布切克还提出“走捷克斯洛伐克的社会主义道路”的主张，表现出要求独立自主和摆脱苏联模式束缚的倾向。由于捷克斯洛伐克在苏联的欧洲战略中具有举足轻重的地位，并可能在东欧国家引起连锁反应，因此，以勃列日涅夫为首的苏联领导人不能容忍捷克斯洛伐克的改革，他们大造“社会主义大家庭论”“有限主权论”“国际专政论”等侵略有理的舆论，使用各种手段施加压力、横加干涉，使矛盾不断尖锐化。最后，苏联于1968年8月20日伙同保加利亚、波兰、匈牙利和民主德国的军队入侵捷克斯洛伐克，将杜布切克等捷共领导人绑架到莫斯科，软硬兼施，迫使其就范。这样，被称之为“布拉格之春”的改革运动就此夭折，并起到了杀一儆百的作用，使整个苏联和东欧国家的改革再也无法向前发展一步，完全进入了死胡同。

中国的“文化大革命”和苏联入侵捷克斯洛伐克，表面上看是很不相同的事件，但两者也有相通之处，这就是两者都是用来对付可能发生或已经发生的社会主义体制改革的手段，其结果都是使社会主义陷入了深重的危机。然而，事情的发展往往与当事人的主观愿望相反，危机虽然延误了改革的时间，但它却促使人们更坚定地走上了改革创新的道路。

中国特色社会主义虽然是中国的政治、经济、文化和社会发展的产物，是马克思列宁主义的基本原理与中国具体实际和时代特征相结合的产物，但是“文化大革命”的发生在这一理论的形成中无疑起到了重大的促进作用。因为“文化大革命”暴露了高度集中的经济政治体制的弊病和“左”倾错误的危害，促使人们去总结历史的经验和教训，推动人们去寻找摆脱危机的出路，提出改革开放的政策，从而促进了中国特色社会主义的形成。1986 年 9 月 2 日，邓小平在谈到“文化大革命”对中国特色社会主义的形成的促进作用时指出：“那件事，看起来是坏事，但归根到底也是好事，促使人们思考，促使人们认识我们的弊端在哪里。毛主席经常讲坏事转化为好事。善于总结‘文化大革命’的经验，提出了一些改革措施，从政治上、经济上改变我们的面貌，这样坏事就变成了好事。为什么我们能在 70 年代末和 80 年代提出了现行的一系列政策，就是总结了‘文化大革命’的经验和教训。”党的十一届三中全会是一次“结束过去，开辟未来”的历史性会议，它实现了中国社会主义发展史上的历史性转折：这就是结束了以阶级斗争为纲的极“左”政治路线，实现了全党工作重点的转移，制定了建设社会主义现代化的政治路线；打破了“唯上、唯书”的一统天下，恢复和制定了“解放思想，实事求是”的思想路线；结束了对传统社会主义模式的顶礼膜拜，制定了改革开放的战略方针。党的第十二次全国代表大会形成了建设有中国特色社会主义的主题。党的第十三次全国代表大会对中国特色社会主义进行了初步的理论概括，使其具有了较为完整的理论框架，标志着具有中国特色社会主义理论的初步形成。

“欧洲共产主义”是二战后资本主义世界、特别是西欧资本主义国家的政治经济发展的产物，同时它又是二战后社会主义体制的危机发展的产物。苏联是世界上第一个社会主义国家，长期以来，西欧各国共产党把苏联的社会主义制度看作自己的榜样。苏共 20 大和接着发生的波匈事件，暴露了苏联体制的严重弊病，特别是民主与法制方面的严重问题，使他们感到震惊，逐步认识到苏联模式已面临危机，它无法解决当今资本主义国家工人阶级和广大劳动群众面临的复杂问题。上世纪五六十年代中苏两党之间的大论战的一个积极成果，是使西欧国家的一些共产党破除了对苏联模式的迷信，促使它们去独立思考和自由讨论自己的发展道路和目标。1968年苏联入侵捷克斯洛伐克，加深了苏共与西欧国家共产党之间原有的分歧和裂痕，意共、法共、西共等西欧17个国家的共产党向苏联提出强烈的抗议，在国际共产主义运动史上第一次出现了三分之二以上的欧洲共产党联合抗苏的行动，并促使西欧共产党逐步走上了独立自主的道路。

1971年3月，欧洲各国共产党的代表第一次带着自己的思想和观点出席了苏共二十四大。贝林格以意共的名义强调各国的社会主义革命必须走自己的道路。伊巴露丽代表西班牙共产党指出：各个共产党是在不同的社会历史条件下工作，因此必须反对党与党之间的干涉行动。日共、英共、比共等也表示了类似的立场。此后，欧洲各国共产党之间进行了频繁的双边会晤和协商。1977年3月2—3日举行了意、法、西三党领导人参加的马德里会议，会后发表了联合声明，系统阐明了欧洲共产主义的基本主张，标志着“欧洲共产主义”的形成。“欧洲共产主义”主张根据本地区的特点，独立自主地探索通过和平和民主的道路走向民主的、自由的和多元化的社会主义。它的主要内容是：用马克思主义、马克思思想、科学社会主义等概念取代马克思列宁主义的提法；放弃暴力革命，主张通过议会斗争和群众斗争，对资本主义社会进行政治、经济和社会的长期民主变革，逐步过渡到社会主义；在争取社会主义的民主革新和建设社会主义的过程中，实行以代议制为基础的政治民主和多党制；经济上实行民主规划，在国营企业起主导作用的前提下，国营与公营经济、合作社经济和私营经济并存，充分发挥工人阶级及其他劳动群众对企业的监督作用。在国际共产主义运动方面，他们强调各党独立自主、权利平等和互不干涉内部事务的原则，主张各党根据本国情况制定自己的路线和战略策略。在国际上主张实行包括共产党、社会党、社会民主党、民族解放运动和一切和平与进步力量在内的互相声援的“新国际主义”。

由此可见，中国特色社会主义和欧洲共产主义都是社会主义体制深刻危机时期发展的产物，它们的出现就是为了克服社会主义体制的危机，开辟社会主义发展的新道路。

三、苏东剧变与社会主义新探索理论的基本形成（80年代中至今）

80年代中期以后，苏联东欧国家传统社会主义体制已经病入膏肓，在改革的道路上无法前进，体制危机走到了自己的尽头，最终发生苏东剧变。苏东剧变是20世纪下半叶国际共产主义运动中影响最为深远的重大事件，它震动了整个世界，也震惊了全世界的共产党人，使他们对20世纪的社会主义发展进行了彻底的反思。

苏联作为建国70多年的第一个社会主义国家，为什么会顷刻瓦解？这是全世界共产党人都在思索的一个问题。虽然，苏东剧变的根源错综复杂，但是拒绝理论与制度的创新，拒绝社会变革，最后从“左”的教条主义发展到右的“民主社会主义”，这不能不是葬送苏联社会主义的一个重要原因。

苏联高度集中的计划经济体制和政治体制，是在十月革命后资本主义包围和战争威胁的特殊历史条件下，为克服资本主义自由放任的市场经济的严重缺陷，应对电工技术革命所引起的重化工产业发展的需要，即第二次生产力革命的需要而建立和发展起来的。它的长处是：能够集中力量和资源，进行国家的重点经济建设，有可能从社会的整体利益出发来协调经济的发展。它的缺陷是：由于计划制定和决策人员在信息的掌握上和认识能力上的局限性，以及所处地位和所代表利益上的局限性，计划配置的方式就不可避免地会产生偏颇和僵滞的毛病，从而限制了经济发展的活力。在社会主义建立初期，经济发展的水平较低，建设的规模不大，经济结构比较简单，发展目标比较单纯和集中，走的是粗放型的发展道路，整个经济处在封闭的自给自足的状态，在此情况下，这种经济政治体制是比较有效的。因此，在20世纪上半叶，高度集中的计划经济体制和政治体制对社会主义国家经济的恢复和发展都曾起过积极的作用。但是，从50年代末开始，特别是进入60年代以后，新科技革命的兴起和生产力的进一步发展，使经济结构发生了剧烈的变动——信息产业逐步取代了重化工产业成为经济发展的主导产业，经济的粗放型发展日益被经济的集约型发展取代，社会需求日益多样化和复杂化。在此情况下，高度集中的计划经济体制和政治体制的信息系统、决策系统、动力系统便逐渐失去其有效性，最终成为社会生产力发展的障碍。

但苏联领导人只能对过时的经济政治体制进行无关痛痒的修补，而无力对其进行根本性的改革，并蛮横地阻挠、破坏其他社会主义国家的改革，最后又盲目追随西方、模仿社会民主主义，最终导致1989年的东欧剧变、1990年的两德统一、1991年的苏联解体。

苏联的解体本来是一件坏事，但在全世界的共产党人认真总结历史的经验和教训、勇敢地探索各自国家社会主义发展道路的条件下，它又变成了一件好事。这就是苏联解体为社会主义的新探索提供了有利条件：其一，苏联解体为社会主义的新探索提供了一个比较宽松和自由的环境，再没有一个自命的“中心”在那里任意挥舞“左”的大棒了。其二，苏联解体彻底破除了全世界共产党人对苏联模式的迷信，如果说此前还有某些党对苏联模式仍存有一点点幻想的话，那么，苏联解体使这一点点幻想也破灭了，这对人们的思想解放是非常有益的。其三，苏联的解体为世界社会主义运动留下了第一个社会主义国家从产生、发展到衰亡的完整的经验和教训，这是用无比沉重的代价取得的宝贵的历史遗产，是社会主义新探索的理论和实践的前提。

中国党和政府正确对待苏东剧变的严酷事实，从中吸取了深刻的教训。1992年春，邓小平一针见血地指出，中国“不坚持社会主义，不改革开放，不发展经济，不改善人民生活，只能是死路一条”。同时他还强调：“计划多一点还是市场多一点，不是社会主义与资本主义的本质区别。”“计划和市场都是经济手段。”明确指出了中国的改革必须坚定地走社会主义市场经济的道路，这是对苏东剧变的历史教训最深刻的总结。1992年10月召开了中国共产党第十四次全国代表大会，在总结我国社会主义的历史经验和其他社会主义国家兴衰成败历史经验的基础上，提出了建立和完善社会主义市场经济体制的战略目标，强调应使市场在国家宏观调控下对社会资源的配置起基础性作用，这就标志着社会主义商品、市场经济理论在社会主义中国的正式确立，具有重大的理论意义与实践意义。它标志着以社会主义公有制为基础的产品生产，同以产品的直接分配相结合的计划经济运行的模式，最终将被以社会主义公有制为基础的商品生产，同以商品的社会交换相结合的社会主义市场经济运行的基本模式所取代。社会主义经济领域的这一巨大变革，不可避免地将引起社会主义的政治、文化、社会等领域的全面变革，这就从根本上改变了建设社会主义的方法和形式，实现了对传统社会主义发展模式的深刻变革。

解放思想，实事求是的理论和社会主义商品、市场经济理论是中国特色社会主义的两块理论基石。因此，党的十四大确立了建设和完善社会主义市场经济体制的目标，就标志着作为一个完整理论体系的中国特色社会主义已经基本形成。这一理论是中国共产党人在新的历史时期探索符合本国国情的社会主义发展道路的伟大成果，它初步回答了在一个经济文化落后的中国，怎样建设社会主义和怎样巩固和发展社会主义的问题，是马克思主义在中国的创造性发展。

在中国特色社会主义理论形成的同时，发达国家共产党对社会主义发展道路的探索也有了新的发展，其代表是法国共产党和日本共产党。

法共和日共同样也受到苏联共产党“左”倾教条主义的影响，苏东剧变后也受到巨大的冲击，但他们是具有将马克思主义的基本原理与本国实践相结合的优良传统的党，所以能够迅速摆脱苏联模式的影响，率先走出苏联解体的阴影，提出了不同于传统社会主义模式的社会主义发展理论。

法国共产党是国际工人运动的一支重要的突击队，对世界社会主义运动作出过自己的贡献，苏东剧变后不久，它便完全走上了独立自主地探索本国社会主义的发展道路。法共提出了“超越马克思”和“回到马克思”的重要思想，其实质是要坚持马克思主义的基本原理，并将其创造性地运用于本国的具体实践，探索适合本国国情的社会主义发展道路，从而使马克思主义在新的历史条件下获得新的发展。在“超越马克思”的思想指导下，法共提出了“新共产主义”理论。该理论主张实行新“左翼进步联盟”政策，争取群众，团结大多数，以取得在议会和政府中的稳定多数，进而革新资产阶级政权，使其成为以劳动者为主体的、为人民服务的政权。通过革命后的人民政权，对社会进行政治、经济、文化和社会的全面改造，建设新社会，最终达到“合作的分享的共产主义”的目标。法共还认为，法国的社会主义与共产主义是同一个阶段，法国将不经历社会主义的历史阶段；法国要实现共产主义，就必须建设一个现代化的法国共产党；人道主义是马克思主义的一个基本出发点，是马克思主义的题中应有之义。

在苏东剧变之后，日本共产党结合本国的国情，对社会主义发展道路进行了新的探索。日共认为，由于国情的不同，日本实现社会主义的方式与苏联和中国有许多不同，也与欧美发达资本主义国家实现社会主义的方式不同。21 世纪是超越资本主义，建设社会主义条件成熟的世纪。日共主张与其他“革新的政党”和各种民主势力合作，结成广泛的统一战线，通过争取议会多数，在资本主义框架内进行民主改革，并在资本主义取得的政治、经济、文化和社会的全部成果的基础上，在日本建设民主富裕的社会主义。日本模式的社会主义的内涵是：继承和发展资本主义政治、经济、文化和社会整体创造的价值和成果；在继承的基础上超越资本主义，超越利润第一主义，彻底消灭剥削；生产力高度发展，物质基础雄厚；使社会整体目标有效地代替企业个体目标来决定生产；使国民成为国家和社会的真正主人，而不是生产资料的国有化；等等。由此可见，日共的民主主义革命路线，已被具体化为“在资本主义框架内进行民主改革的路线”。

法共和日共提出这条新路线的主要依据是，新的科技革命带来了生产力的革命性变革和突飞猛进的发展，从而使资本主义的经济基础和上层建筑都发生了深刻的变化，有些甚至是部分质变。在资本主义社会内部，新社会的因素即社会主义的因素正在不以人的意志为转移地生长起来。在这样的条件下，发达国家有可能通过不同于十月革命的另一条道路，即民主、和平发展的道路，建设新的社会主义社会和共产主义社会。

社会主义发展的历史进程再次证明了恩格斯的下述名言："伟大的阶级，正如伟大的民族一样，无论从哪方面学习都不如从自己所犯错误的后果中学习来得快。"诚然，20世纪下半叶对社会主义发展道路的新探索，是各国的经济、政治、文化和社会发展的产物，有其必然性的一面，但是，社会主义的体制危机对这一探索的发展无疑起着巨大的推动作用。这是因为：首先，危机有利于破除迷信，解放思想，促使人们以批判的眼光重新审视传统社会主义发展的道路或模式；其次，危机本身就积累了深刻的教训，为改革和发展社会主义提供了有益的参照，特别是它集中地暴露了传统社会主义模式的弊病和难以解脱的矛盾，为社会变革提供了比较明确的重点和突破口；再次，危机为社会主义理论和制度的创新提供了新的途径和方法，因为解决社会矛盾的物质手段，并不是存在于社会生活之外，而是存在于社会生活的矛盾之中，危机发展的愈深刻，社会为解决矛盾提供的物质手段也就愈成熟；最后，危机可以打破历史上形成的某种隶属关系的束缚，为理论和制度的创新提供比较自由宽松的政治环境。

社会主义发展的历史进程是否定之否定的事物辩证发展规律的体现。社会主义革命是对资本主义旧制度的否定，由社会主义的体制危机推动的对社会主义的新探索，则是对过时的苏联社会主义体制或模式的否定。这第二次否定克服了第一次否定的主观的、脱离实际的、空想的成分，即克服了它的片面性，并从第一次否定的经验和教训出发，提出了解决矛盾的新的思路和方法，这就比第一次否定更加接近事物发展的本来面目，更加符合社会发展客观规律的要求，从而为社会主义的发展提供了新的更加广阔的空间和更加光明的前景。

社会主义的新探索是社会主义复兴和发展的先导，全世界的共产党人和马克思主义者都积极地走上独立探索社会主义发展的道路，这是社会主义发展具有多样性的体现，也是社会主义兴旺发达的表现，我们可以满怀信心地说，21世纪必将是社会主义复兴和获得巨大发展的世纪。

参考文献

[1] 列宁选集：第 2 卷 [M]. 北京：人民出版社，1995.

[2] 邓小平文选：第 3 卷 [M]. 北京：人民出版社，1993.

[3] W. Z 福斯特. 美国共产党史 [M]. 梅豪士，译. 北京：世界知识出版社，1957.

[4] 吴江. 社会主义前途与马克思主义的命运 [M]. 北京：中国社会科学出版社，2001.

[5] 姜琦，张月明. 东欧三十五年 [M]. 上海：华东师范大学出版社，1986.

[6] 薛汉伟. 时代发展与中国特色—当代社会主义在中国的兴起 [M]. 北京：北京大学出版社，1998.

[7] 黄安森，严宜生，杜康传. 当代国际共产主义运动史 [M]. 北京：中国人民大学出版社，1987.

邓小平理论是现代社会主义的一面光辉旗帜

科学社会主义并不是一个静止的、封闭的理论体系，而是一个不断发展、开放的理论体系，具有与时俱进的理论品格。自 1848 年科学社会主义诞生之日起，它就在吸取人类文明发展的优秀成果和总结世界社会主义运动的历史经验的基础上，不断丰富和发展自己。在这一过程中，社会主义不仅从理论变为现实，从一国胜利发展到多国胜利，而且还使经典社会主义理论发展成为现代社会主义理论。

一、科学社会主义从经典理论到现代理论的历史性发展

经典社会主义理论是马克思和恩格斯在 19 世纪中叶创立的，当代社会主义理论是科学社会主义的基本原理同 20 世纪社会主义的实践相结合的产物。经典社会主义理论发展到现代社会主义理论并不是一蹴而就的，它经历了近百年的时间，是几代无产阶级革命家和马克思主义者艰难探索的成果。

20 世纪初，以列宁为主要代表的布尔什维克在帝国主义和无产阶级革命时代到来的时候，将马克思主义的基本原理与俄国的具体实际和时代特征相结合，为俄国的社会主义革命和建设社会主义的事业制定了正确的理论、路线、方针和政策，形成了列宁主义，实现了科学社会主义理论在 20 世纪的第一次飞跃。

20 世纪三四十年代，以毛泽东为主要代表的中国共产党人在殖民地半殖民地国家革命运动高潮到来的时候，将马列主义的基本原理与中国的具体实际和时代特征相结合，为中国革命和建设社会主义的事业制定了正确的理论、路线、方针和政策，形成了毛泽东思想，实现了科学社会主义理论在 20 世纪的第二次飞跃。

20 世纪七八十年代，当世界社会主义运动的发展进入低潮，社会主义陷入深重的体制危机的时候，以邓小平为代表的中国共产党第二代领导集体将马列主义、毛泽东思想的基本原理与中国社会主义建设的实践和时代特征相结合，

制定了建设中国特色社会主义的路线、方针和政策，形成了邓小平理论，实现了科学社会主义在20世纪的第三次飞跃。

科学社会主义的这三次突破性的发展，所做的在本质上是一件事，即按照马克思主义所揭示的社会发展的客观规律，结合本国实际和时代特征的要求，去实现社会主义的理想，并在此基础上逐步形成和完善了现代社会主义的理论。

列宁的历史性贡献在于，他创造性地提出了帝国主义理论，社会主义可以在一国和几国首先胜利的理论，无产阶级革命和无产阶级专政的理论，新经济政策理论，等等，解决了在帝国主义和无产阶级革命的时代，俄国这个落后的帝国主义国家能不能进行社会主义革命和怎样进行社会主义革命的问题，以及处在过渡时期的俄国如何开展社会主义建设的问题。

斯大林在领导俄国社会主义建设的过程中，既取得了伟大的成就，但也犯有不顾具体的历史条件，照抄照搬马克思主义经典理论的错误，形成了具有很大弊病的苏联社会主义体制，从而在对20世纪社会主义运动的发展产生了积极影响的同时，也产生了一定的消极影响。

毛泽东的历史性贡献在于他创造性地提出了新民主主义革命的理论，由农村包围城市并最后夺取城市的武装革命理论，人民民主专政理论，对资本主义工商业进行社会主义改造的理论，以及社会主义建设的理论，等等。解决了在经济文化落后的中国怎样进行革命和初步开展社会主义建设的问题。毛泽东领导中国的革命和社会主义建设取得了伟大的成就，同时也留下了遗憾，他虽然明确地认识到苏联传统社会主义体制的弊病并力图克服它，但由于历史条件的限制，他最终并没有打破苏联传统社会主义体制的束缚，并在晚年犯了“文化大革命”式的极左错误。

邓小平的历史贡献在于他创造性地提出了建设有中国特色社会主义的理论，这一理论突破了传统社会主义体制的束缚，将社会主义真正建立在现实的基础上，解决了在经济文化落后的中国，怎样建设社会主义，以及如何巩固和发展社会主义的问题。邓小平理论是对马列主义、毛泽东思想在新的历史条件下的继承、丰富和发展，他提出了全新的社会主义运行体制和建设社会主义的目标，实现了几代马克思主义者的夙愿，完成了经典社会主义理论到现代社会主义理论的历史性发展。

由此可见，现代社会主义是由列宁开创，毛泽东予以继续，邓小平予以初步完成的理论体系，建设有中国特色社会主义是其完整、系统和成熟的理论表现。它在现时主要是解决了在经济文化比较落后的国家如何进行社会主义革命、如何建设社会主义以及如何巩固和发展社会主义的问题。至于解决发达资本主义国家如何实现社会主义的问题，则还有待于21世纪社会主义理论与实践的发展。

二、邓小平对现代社会主义理论的三个重大贡献

邓小平理论是严整的科学理论体系：在社会主义发展道路问题上，它强调走自己的路，建设中国特色社会主义；在社会主义发展阶段问题上，它做出了我国还处在社会主义初级阶段的科学论断；在社会主义的根本任务问题上，它指出社会主义的本质是解放生产力，发展生产力，消灭剥削，消除两极分化，最终达到共同富裕；在社会主义的发展动力问题上，它强调改革也是一场革命，也是解放生产力；在社会主义建设的外部条件问题上，它指出和平与发展是当代世界的两大主题；在社会主义建设的政治保证问题上，它提出了坚持社会主义道路，坚持人民民主专政，坚持共产党的领导，坚持马克思列宁主义毛泽东思想的四项基本原则；在社会主义建设的战略步骤问题上，它提出了基本实现现代化分“三步走”的战略目标；在社会主义的领导力量和依靠力量问题上，它强调中国共产党是建设中国特色社会主义事业的领导核心，建设社会主义必须依靠工人、农民、知识分子，依靠各族人民的团结，依靠全体社会主义劳动者，依靠拥护社会主义和拥护祖国统一的爱国者；在实现祖国统一问题上，它提出了“一个国家、两种制度”的创造性构想；等等。邓小平理论体系具有严密的科学性、强烈的实践性、鲜明的时代性、高度的开放性的特征，是20世纪末现代社会主义理论最系统、最完整、最成熟的表现形式，同时它又是在实践中获得了辉煌成就的现代社会主义理论。

邓小平对科学社会主义理论的发展是多方面的，然而，就现代社会主义理论的形成来说，他最突出的贡献主要体现在三个方面。

第一，重新确立了马克思主义的世界观和方法论在社会主义发展中的地位。50年代中期以后，科学社会主义理论处于引述、注释经典作家的论述和为僵化的传统社会主义模式作辩护的停滞状态，谈不上创造性的研究和发展，马克思主义的某些词句在有些人手中变成了打人的“棍子”，专门用来反对那些敢于将科学社会主义的基本原理同本国实践结合起来的人，造成唯心主义盛行，形而上学猖獗的不正常局面。1978年12月，邓小平同志在党的十一届三中全会上提出了“解放思想，实事求是”的思想路线，把实践第一的马克思主义观点，再一次提到党的指导思想的突出位置，影响所及，不仅仅限于中国，而且震撼了

整个世界社会主义运动。邓小平在这里提出的，实际上是在新的历史条件下我们究竟用什么样的世界观和方法论来指导社会主义理论和实践发展的原则问题，具有战略全局的指导意义。因为实事求是乃是马克思主义世界观的基本观点，是辩证唯物主义和历史唯物主义的认识路线。因此，“解放思想，实事求是”的思想路线的确立，也就是重新确立了辩证唯物主义和历史唯物主义作为马克思主义世界观和方法论在社会主义发展中的指导地位，重新确立了辩证唯物主义和历史唯物主义作为科学社会主义的理论基础或理论基石的地位，这就给社会主义理论和实践的发展重新注入了新的生机和活力，并为这一发展开辟了无限广阔的前景。

第二，为科学社会主义理论在当代的发展提供了一块新的理论基石。社会主义商品经济、市场经济理论的提出，是邓小平将马克思主义的基本原理运用于我国实际的典范，是“解放思想，实事求是”的思想路线的辉煌成果。1992年春天邓小平的南方讲话和同年10月召开的党的第十四次全国代表大会，提出了建立和完善社会主义市场经济体制的战略目标，强调应使市场在国家宏观调控下对社会资源配置起基础性作用，这就标志着社会主义商品经济、市场经济理论的最终确立，具有重大的理论意义和实践意义。

1. 社会主义商品、市场经济理论的确立，为完善社会主义经济理论提供了科学的依据。列宁、斯大林和毛泽东在社会主义的交换问题上都作过有益的探索，但由于历史条件的局限，他们只承认在计划经济占主导地位或占统治地位的条件下，程度不同地允许有限的商品、市场存在，没有认识到发展社会主义商品经济是经济文化落后的社会主义国家走向现代化的必由之路，更没有认识到应使市场在国家宏观调控下对社会的资源配置起基础性作用，因而也就没有最终确立商品、市场在社会主义发展中应有的地位。社会主义建设70余年的实践经验和教训，特别是中国改革开放和现代化建设的实践经验，为社会主义商品、市场经济理论的最终确立准备了必要的条件。以邓小平为代表的中国共产党人，全面考察了生产和交换的相互关系，在科学社会主义思想史上第一次明确提出要发展社会主义商品经济和建立、完善社会主义市场经济体制的目标，从而在根本上肯定了商品、市场在社会主义社会中应有的地位。这就给社会主义经济理论注入了新的科学的内容，丰富和发展了科学社会主义的经典理论。

2. 社会主义商品、市场经济理论的确立，根本改变建设社会主义的方法和形式，创造了全新的社会主义发展模式。最终确认经济体制改革的目标是建立社会主义市场经济体制，这就意味着原有的、以社会主义公有制为基础的产品生产及其同产品的直接分配相结合的社会主义经济运行的基本模式，将向新的、以社会主义公有制为基础的商品生产及其同商品的社会交换相结合的社会主义经济运行的基本模式转变。社会主义经济领域的这一巨大而深刻的变革，不可避免地要引起社会主义的政治、文化和社会等各个领域的相应变革，引起整个社会主义发展模式的巨大而深刻的变革。但是，正如列宁在论述新经济政策时所说的那样，这些变革并不改变工人国家的实质，然而却根本改变了社会主义建设的方法和形式。

3. 社会主义商品经济和市场经济理论的确立，为经济文化相对落后的国家建设社会主义、巩固和发展社会主义事业开辟了现实的道路。苏联和东欧剧变的事实表明，如果不进行以建立和完善社会主义市场经济体制为目标的经济体制改革，社会主义事业将难以取得突破，甚至可能陷入困境。只有将社会主义置于现代化的经济、政治、文化和社会体制的基础之上，才能克服传统社会主义体制的弊病，为社会主义注入新的生机与活力，加速社会主义事业的发展，改变落后面貌，充分发挥社会主义制度的优越性，为赶上甚至超过发达资本主义国家、建成合格的社会主义开辟现实的道路。

第三，科学地阐明了当代社会主义理论和实践的最基本问题。什么是社会主义？怎样建设社会主义？这是当代社会主义理论和实践的核心问题，其中“什么是社会主义”更具基础性。因为只有正确地认识社会主义的本质，才能按照其本质要求去建设社会主义。长期以来，人们习惯于从社会主义的制度特征，即从“结构取向”来认识社会主义。然而，实践证明，这种认识方式往往使社会主义发展模式缺乏灵活性，表现出“刚性”有余而“弹性”不足，同时在社会主义制度建设过程中容易出现“急躁冒进”的问题，缺乏“渐进性”。1992 年春天，邓小平在南方谈话中指出：“社会主义的本质是解放生产力，发展生产力，消灭剥削，消除两极分化，最终达到共同富裕。”邓小平对社会主义本质的论断，继承和发展了科学社会主义理论，将人们对社会主义的认识提升到新的科学高度。

1. 邓小平对社会主义本质的科学界定，从根本上改变了认识社会主义问题的思路，将人们从传统的以“结构取向”或“制度取向”来界定社会主义的思维定势，转变到以“存在根据”或“价值取向”来界定社会主义的新思路上来。它突出了社会主义自身发展的需要及其存在价值，而将社会主义的结构特征或制度特征放到了价值层面之下，这就恢复了社会主义与具体制度的正常关系，即社会主义应根据自身的条件和发展水平去选择具体制度，具体制度为社会主义服务，一切以实现社会主义的本质为准则，而不是由某些具体制度来规范社会主义的本质。这种对社会主义本质的界定及其与此相联系的社会主义发展模式，就有可能避免传统社会主义发展模式的“刚性”即僵化的弊病，并具有了不断吸取人类一切优秀文明成果、实事求是地总结本国和世界社会主义运动的经验和教训，不断发展和完善社会主义的“弹性”和“自由”。可见，这种对社会主义本质的界定，能够为社会主义的自我发展和完善开辟广阔的前景。

2. 在对社会主义本质的界定中，邓小平突破了历来在生产关系和上层建筑两个层面上来界定社会主义的传统思维，深入到更基础的层面——生产力的层面上来界定社会主义，将社会主义存在的根本依据——解放生产力和发展生产力作为社会主义本质特性的最根本的体现。这就将人们对社会主义的认识大大深化了，也使人们对社会主义的认识得到了发展。同时，这也是把历史唯物主义关于社会基本矛盾的原理贯彻到底，不仅用它来剖析资本主义社会和前资本主义社会，而且用它来剖析社会主义社会。只有这样，才能使社会主义建设者牢固树立起社会主义的根本任务是发展生产力的历史唯物主义观点，抵制和排除来自“左”的和右的种种干扰和破坏，始终把握经济建设这个中心不动摇，把改革开放和社会主义现代化建设事业不断推向前进。

3. 邓小平对社会主义本质的界定，突出了社会主义是一个不断发展的历史过程的特点。它提示人们，社会主义的根本任务是解放生产力和发展生产力，只有在生产力高度发展的基础上，经过长期不懈的努力，才有可能消灭剥削，消除两极分化，最终达到共同富裕的目标。“最终达到”，而不是立即达到，就表明社会主义本质的实现是一个长期发展的历史过程，是一个由一系列相互衔接的发展阶段所构成的历史发展过程，从而克服了以制度特征或“结构取向”来界定社会主义时所产生的静止地、绝对地看待社会主义的弊病，帮助人们消除“一步到位”的急躁冒进情绪，摆脱所谓“纯粹社会主义”的空想，回到一步一步地建设社会主义的现实中来。

总之，由于确立了“解放思想，实事求是”的思想路线，从而恢复了辩证唯物主义和历史唯物主义这一马克思主义的世界观和方法论在科学社会主义发展中的指导地位，这就巩固了科学社会主义理论的第一个理论基石；由于确立了社会主义商品、市场经济理论，开辟了经济文化落后国家建设社会主义的现实道路，从而为科学社会主义在当代的发展提供了新的理论基石；由于拓展了新的思路，深化了对社会主义的认识，从而使社会主义本质这一科学社会主义最基本的理论范畴和理论问题得到了科学的界定；等等。所有这一切就使科学社会主义的理论和实践进入了一个新的发展阶段。这样，在经历了以列宁、斯大林、毛泽东和邓小平为代表的四代马克思主义者近一个世纪的艰难探索之后，科学社会主义最终完成了从经典理论到现代理论的历史性发展。

三、邓小平理论是现代社会主义的一面光辉的旗帜

马克思的唯物主义历史观和剩余价值学说的发现使社会主义从空想变为科学，科学社会主义的经典理论成为19世纪社会主义的一面光辉旗帜。科学社会主义经典理论是极其野蛮和残酷地剥削本国无产阶级和殖民地附属国人民的自由资本主义的对立物；在那黑暗无边的年代，它给了人民一个没有压迫和剥削的社会主义社会的理想；在这个社会里，生产力高度发展，主要生产资料共同占有，实行按劳分配，人人自由平等，每个人都将获得全面的发展。20世纪初年，俄国取得了伟大十月社会主义革命的胜利，社会主义从理论变为活生生的现实；20世纪中叶，中国革命的胜利和欧亚一系列国家社会主义制度的建立，使社会主义实现了从一国胜利到多国胜利的历史性跨越。在马列主义、毛泽东思想的指引下建立社会主义的理论与实践，即现实的社会主义，是20世纪社会主义的一面光辉的旗帜。现实社会主义是既精巧地压迫和剥削本国工人阶级，又极其野蛮地掠夺殖民地附属国人民的垄断资本主义的即帝国主义的对立物；它为实现马克思主义关于社会主义的伟大理想进行了勇敢而艰难的探索，取得了巨大的成就，初步显示了社会主义制度的优越性，给亿万被压迫和被剥削的劳动群众的解放指明了现实的道路；同时，社会主义又遭受了重大的挫折，给人民留下了失误的遗憾，使不少人产生了彷徨和犹豫。

20世纪七八十年代产生的邓小平理论即中国特色社会主义理论，是科学社会主义理论在新时期的创造性的丰富和发展。它继承了19世纪的经典社会主义和20世纪现实社会主义的历史价值的全部优秀成果，同时又克服了它们的历史局限性，并根据社会的发展、时代的特征和社会主义现代化建设的历史经验，提出了新的、更符合时代特征和本国具体实际的建设目标、价值理念和发展道路。它根本区别于传统的苏联社会主义模式：倡导“解放思想，实事求是”的思想路线，反对教条主义和极左的政治路线；倡导社会主义市场经济体制，改革高度集中的经济政治体制，将市场经济与社会主义的基本制度有机地结合起来；倡导解放生产力，发展生产力，消灭剥削，消除两极分化，最终达到共同富裕的社会主义，不搞贫穷落后的社会主义；等等。所有这一切就给中国的社会主义事业注入了新的生机与活力，使其获得了前所未有的发展和繁荣。这就

给低潮中发展的世界社会主义运动以新的希望，鼓舞了全世界进步人类为争取和平、民主和社会主义的斗争。邓小平理论及其建设中国特色社会主义的伟大事业就成为现代社会主义的一面光辉的旗帜。“三个代表”重要思想是邓小平理论在新世纪的进一步发展，它更高地举起了中国特色社会主义这面现代社会主义的旗帜，向全世界宣示：中国共产党领导建设的中国特色社会主义，根本区别于传统的苏联模式的社会主义。它始终站在先进的科学技术和生产力发展的前列，最终将建成物质文明高度发展的社会主义；它始终站在先进文化发展的前列，最终将建成精神文明高度发展的社会主义；它始终站在实现人民当家作主和依法治国的前列，最终将建成政治文明高度发展的社会主义。从根本上说，中国特色社会主义是为最广大人民群众谋取根本利益的社会主义，它是与为少数人谋利益的跨国垄断资本主义相对立的，其最终目标是使人获得自由的全面的发展。这样，邓小平理论和“三个代表”重要思想就将中国共产党及其领导的社会主义事业以崭新的面貌展现在世界各国人民的面前。在邓小平理论和“三个代表”重要思想的指引下，建设中国特色社会主义事业必将取得新的、更大更全面的发展，并将使世界亿万劳动群众进一步团结在马克思主义的旗帜下，向着社会主义的伟大目标前进。

邓小平发展世界社会主义运动的几个重要战略思想

党的十一届三中全会以后，邓小平对世界社会主义运动的发展战略有着深刻的思考，发表了许多精辟见解，对世界社会主义运动的发展具有重要意义。邓小平有关世界社会主义运动的理论与策略，建立在其丰富的政治阅历和长期领导社会主义实践的基础上，建立在深厚的马克思主义理论素养的基础上，建立在实事求是的科学态度的基础上，因而经受住了社会实践的严峻考验。

一、倡导新时期的国际主义，反对“国际共运中心论”

苏共一直没有从波匈事件中吸取教训，不断推行其大国主义和大党主义，鼓吹所谓“国际共运中心论”和“社会主义大家庭论”，干涉其他社会主义国家和其他国家共产党的内部事务，妄图控制兄弟国家和兄弟党，谋求世界霸权。鉴于苏联在霸权主义的道路上愈走愈远，邓小平严厉批评了它的错误政策。1979 年 12 月 25 日，他在会见加拿大前总理特鲁多时指出：“我们相信，凡是谋求霸权，凡是一国欺负、控制另一个国家，就不是马克思主义。马克思主义主张国际主义，认为有义务援助其他国家，却无权控制别的国家，干涉别国内政，剥削别的国家。”①

1986 年 11 月 9 日，邓小平在会见日本首相中曾根康弘时进一步强调，中国共产党将继续反对所谓“国际共运中心论”和“社会主义大家庭论”。他指出：“我们历来主张世界各国共产党根据自己的特点去继承和发展马克思主义，离开自己国家的实际谈马克思主义，没有意义。所以我们认为国际共产主义运动没有中心，不可能有中心。我们也不赞成搞什么‘大家庭’，独立自主才真正体现

① 邓小平年谱 1975—1997：（上）[M]. 北京：中央文献出版社，2004：560.

了马克思主义。”①

在批评苏联的大国主义和大党主义的同时，邓小平高度赞扬了真正的国际主义精神。对于在中国革命和社会主义建设事业中作出贡献的众多国际友人，邓小平怀着深深的敬意，高度赞扬了他们的国际主义精神。1977年12月2日，他在新西兰作家艾黎八十寿辰的宴会上祝酒时说：“为中国革命事业尽力的国际朋友有千千万万。像艾黎同志那样五十年如一日，在我们艰难困苦的时期，在我们创业的时期，在我们胜利以后，始终如一地为中国人民做了大量的工作，这是不容易的，所以他受到中国人民理所当然的尊敬。”②

在中国改革开放和社会主义现代化事业取得初步的成就以后，国内外都有人主张中国应该像苏联那样出手帮助各国共产党，以推动世界社会主义运动的发展。对此，邓小平有着更深远的思考。早在苏联解体、东欧剧变前的1988年10月17日，他在会见罗马尼亚共产党中央总书记齐奥塞斯库时就指出：“总的来看，没有执政的共产党正在衰弱，它们的影响也在缩小。执政的共产党又不能帮助它们。”他明确表达了中国共产党不能苟同上述主张的原则立场。

为什么执政的共产党不能帮助非执政的共产党？早在1980年4月29日，邓小平在同卢森堡电视台制片主任鲍利的谈话中就涉及了这个问题。首先，他指出：“我们是社会主义国家，在政治上、道义上支持一切被压迫民族和被压迫人民的斗争，这是我们义不容辞的责任。”这就清楚地表明，所谓“不能帮助”非执政的共产党，并不包括政治上和道义上的支持和帮助，而仅仅是指除政治上和道义上的支持以外的物质性的帮助。其次，邓小平说“我们认为，一个国家的人民革命取得胜利，主要地依靠自己的力量”，即要靠这个国家革命条件的成熟，要靠这个国家共产党的理论和策略的正确，并能够得到本国广大人民群众的拥护和支持。因此，“革命是不能像商品那样随意输出或输入的”③。历史经验表明，社会主义是一个自然发展的历史进程，任何外来的强制和包办代替都会适得其反，向别国输出革命的政策不是马克思主义的政策，也是不可能取得成功的政策，它只能使别国的革命事业受到挫折和失败。最后，邓小平指出：“中国是社会主义国家，这个社会制度的性质决定了我们对外奉行和平外交政策。和平共处五项原则是我们处理同其他国家之间关系的准则。”如果中国“出手”

① 邓小平年谱1975—1997：（上）[M]. 北京：中央文献出版社，2004：1152.

② 邓小平年谱1975—1997：（上）[M]. 北京：中央文献出版社，2004：244.

③ 邓小平年谱1975—1997：（上）[M]. 北京：中央文献出版社，2004：627.

帮助非执政的共产党去反对现政府及现存社会制度，这就违背了和平共处五项原则，干涉了别国的内政；在此情况下，社会主义国家就不可能与不同社会制度的国家和平共处，就不可能保证社会主义国家的政治、经济、文化和社会的全面发展，甚至会使社会主义国家时时处在危险的境地，这对世界社会主义运动的发展是极为不利的。

邓小平认为，在新的时期，社会主义国家对世界社会主义运动的主要贡献，就是要把自己国家的生产力搞上去，证明社会主义制度优于资本主义制度，从而推动世界社会主义运动的发展。

20世纪80年代，邓小平在会见外国共产党领导人时，曾经多次谈到社会主义国家对世界社会主义运动作出贡献的问题。1983年11月6日，他在会见澳大利亚共产党（马列）主席希尔时指出："如果中国要对国际共运、对人类做出重大贡献的话，关键是生产力的发展。这种发展不仅表现在国际上社会主义对资本主义比重的增加，而且要体现在社会主义比资本主义更加优越。"1988年10月17日，邓小平在会见罗马尼亚共产党总书记齐奥塞斯库时又进一步强调："我们要用发展生产力和科学技术的实践，用精神文明、物质文明建设的实践，证明社会主义制度优于资本主义制度，让发达的资本主义国家的人民认识到，社会主义确实比资本主义好。"当然，"在较短的时间里不可能证明这一点，也难以证明这一点。我们中国要用本世纪末期的20年，再加上下个世纪的50年，共70年的时间，努力向世界证明社会主义优于资本主义"。

综上所述，邓小平对新时期国际主义思想的主要阐发是：第一，世界社会主义运动没有中心，也不搞社会主义大家庭。第二，社会主义国家应在政治上、道义上支持一切被压迫民族和被压迫人民的斗争；社会主义国家有义务援助其他国家，但不能损害别国的独立自主，不能欺负别的国家，甚至不能谋求霸权。第三，社会主义国家要坚决反对任何形式的霸权主义。第四，社会主义国家不能出手去帮助未执政的各国共产党。第五，社会主义国家对世界社会主义运动的主要贡献，就是要把自己国家的生产力搞上去，并使社会获得全面的发展，从而证明社会主义制度优于资本主义制度。

邓小平对新时期国际主义思想的新阐发，总结了国际共产主义运动的历史经验，体现了马克思主义关于社会主义是一个自然历史发展进程的基本思想，符合和平、发展与合作的国际大趋势，在新的历史条件下丰富了马克思主义的国际主义思想内涵，对各国共产党独立自主的发展，对变革与转型时期世界社会主义运动的推进，都具有重要的理论价值和实践意义。

二、制定“向前看”的总方针，妥善解决国际共运史遗留的问题

20世纪50年代末60年代初，世界各国共产党都卷入国际共产主义运动总路线的大论战之中，并导致世界社会主义运动的分裂。因此，如何认识和处理大论战的遗留问题，就成为新时期中国共产党发展与各国共产党之间的正常关系、推进世界社会主义运动向前发展的一个不可逾越的难题。邓小平以无产阶级革命家的宽广胸怀和长远的战略眼光，制定了“向前看”的总方针，成功地解决了这个难题。

1. 深刻地分析了引发中苏两党大论战的深层次原因

中国共产党要发展与世界各国共产党的相互关系，关键在于发展与苏联共产党的关系，即在中苏两党间解决大论战的历史遗留问题。对此，邓小平以实事求是的科学态度，分析了中苏两党大论战发生的原因。他深刻地指出，引起中苏两党大论战的真正原因，并不在于某个问题的是非，而是在于苏联和苏共长期以来所推行的大国主义和大党主义政策。1989年8月16日，他在会见苏共中央总书记戈尔巴乔夫时就直截了当地指出：引发中苏大论战的“真正的实质问题是不平等，中国人感到受屈辱”。这一深刻分析，明确了苏联的大国主义和苏共的大党主义是引发这场大论战的深层次原因。同时，邓小平还表达了对大论战的形式和内容的不认可态度。他指出：“从1957年第一次莫斯科会谈，到60年代前半期，中苏两党展开了激烈的争论。经过20多年的实践，回过头来看，双方都讲了许多空话。”① 邓小平高瞻远瞩的深刻分析，对解开中苏两党关系的纽结无疑起到了关键作用。

2. 以对历史高度负责的态度，检讨了中国共产党在国际共运大论战中的错误

邓小平在多次谈话中，公开承认中国共产党在论战中也有错误。1980年4月17日，邓小平会见了以贝林格为团长的意大利共产党中央代表团，他在谈到中意两党的关系时指出：“当时有些问题我们看得不清楚，甚至有错误。”1980年5月31日，他在同中央负责工作人员谈话时又明确指出：“我们在处理党与党之间的关系时，总的来说是清醒的。但是回过头看看，我们过去也并不都是对的。”1980年11月24日，他在会见卡里略率领的西班牙共产党代表团时又明确

① 邓小平年谱1975—1997：（上）[M]. 北京：中央文献出版社，2004：944.

指出："现在回过头看，我们过去并不都是对的，错误也不少。"①

三年后，邓小平又进一步阐明了中国共产党在国际共运大论战中的主要错误之所在。1983年11月6日，他在会见澳共（马列）主席希尔时指出："大论战我们发表了九篇文章，这些工作我都参加了。从现在的观点看，好多观点是不对的。我们的错误不在个别观点，个别观点上谁对谁错很难讲，应该说，我们的许多观点现在看还是正确的。我们的真正错误是根据中国自己的经验和实践来论断和评价国际共运的是非，因此有些东西不符合唯物主义和辩证法的原则。主要是这个问题。"邓小平对中国共产党在大论战中主要错误的分析，使人们从纷繁复杂的现象中看到了问题的关键之所在，从而把人们对这场大论战的认识提高到新的历史高度。

3. 用战略家的大手笔，粗线条地分清了中国共产党与其他国家共产党在国际共运大论战中各自应负的历史责任

20世纪五六十年代，中国共产党除了与苏共的大论战之外，还与其他国家共产党发生过一些小的论战，也存在一个恢复关系的问题，因而也应该大体分清各自应承担的责任。这大致有三种情形：一是中国共产党与南斯拉夫共产党的关系。邓小平以实事求是的科学态度，代表中国共产党主动承担了在中南两党关系恶化中的"很大责任"。二是中国共产党与东欧社会主义国家共产党的关系。邓小平认为在这类关系中，"我们过去有正确的方面，也有失误的方面"，双方都有自己的责任。三是中国共产党与资本主义国家共产党的关系，邓小平认为在这类关系中，"并不是我们讲的都是对的。我想你们（注：指资本主义国家共产党）认为自己讲的也不一定都对"，双方都有自己的责任。

4. 主张过去的矛盾和问题一风吹，团结一致向前看

在论述历史遗留问题时，邓小平更多的是谈到处理历史遗留问题应有的态度，这就是"向前看"的总方针。1980年4月17日，邓小平在与贝林格谈话时指出："我要说三句话：一是过去的一切一风吹；二是当时有些问题我们看得不清楚，甚至有错误；三是我们双方统统向前看。"1986年10月23日，邓小平在与昂纳克谈话时又指出："十一届三中全会以来，我们总结了建国以来的经验和教训，也总结了国际共产主义运动的经验和教训，在国内政策、国际政策和党与党的关系问题上，都有一些新的做法、新的观点。概括成一句话，就是要向

① 邓小平年谱1975—1997：（上）[M]. 北京：中央文献出版社，2004：692.

前看。”1989 年 8 月 16 日，邓小平与戈尔巴乔夫谈话时指出：“历史账讲了，这些问题一风吹，过去就结束了。”①

过去的问题一风吹，并不是问题没有了是非，而是因为社会的发展还没有为判定某些问题的是非提供必要的条件，在此情况下的再争论也不会有好的结果，更不会有正确的答案。因此，不如不争论，等待实践对问题作出结论。1980 年 4 月 17 日，邓小平在会见贝林格时强调指出：“过去吵架没关系，有不同意见不要紧，总会有一些不同的看法。双方都把问题讲清楚，有些问题要通过实践加以检验。”

综上所述，不难看出，所谓“向前看”的总方针是有其积极内涵的：其一，在整体上，双方要用长远的战略眼光来看待和处理历史遗留问题，着眼于事物未来的长远发展；其二，不要再纠缠于历史旧账，把问题说清楚就行了，问题的是非曲直由历史的实践作出结论；其三，各方要以“向前看”的姿态，着重于未来的团结与合作，重新发展党与党之间的相互关系。

三、确立新型政党关系的准则，反对父子党关系

重新发展各国共产党之间的相互关系，除了要正确处理历史遗留的问题之外，关键还是不能再走过去党际关系的老路，而必须构筑新型的党际关系。为此，邓小平提出了党与党之间相互关系的基本原则。

第一，建立新型党际关系，必须反对旧的父子党关系，确立党际关系独立自主的原则。

1980 年 11 月 24 日，邓小平在会见卡里略时说：“有两条原则一定要坚持。第一条原则是，党与党之间的关系是兄弟党关系，不是父子党关系；第二条原则是任何国家的事情只能由那个国家的马列主义者和共产主义者自己去判断，犯错误也是他们自己犯，他们自己去纠正，不要拿我们的观点、模式强加于人。”他强调“独立自主才真正体现了马克思主义”。

第二，建立新型党际关系必须坚持不干涉内部事务的原则。

1980 年 5 月 31 日，邓小平在同中央负责工作人员谈话时指出：“各国的事情，一定要尊重各国的党、各国的人民，由他们自己去寻找道路，去探索，去解决问题，不能由别的党充当老子党，去发号施令。我们反对人家对我们发号

① 邓小平年谱 1975—1997：(上)［M］. 北京：中央文献出版社，2004：1275.

施令，我们也决不能对人家发号施令。这应该成为一条重要的原则。”①

第三，建立新型党际关系必须确立完全平等和相互尊重的原则。

1987 年 1 月 15 日，邓小平在会见以阿尔托为团长的芬兰共产党代表团时说：“我们党总结了国际共运的历史经验，确立了一点，就是我们党历来反对党与党关系中的不平等状况是正确的。所有的党，不管大小和历史长短，都应当平等，相互尊重。”同时，指出：“我们两党关系的恢复是在一种新的基础上，即在平等的、相互尊重的基础上。我们党根据同样的原则，处理和发展跟苏联党、东欧党、西欧党以及世界上所有党的关系。”②

在邓小平上述思想的基础上，中国共产党第十二次全国代表大会报告提出了中国共产党与外国共产党相互关系的基本原则，这就是：坚持在马克思主义的基础上，按照独立自主、完全平等、互相尊重、互不干涉内部事务的原则，发展同各国共产党和其他工人阶级政党的关系。邓小平有关新型党际关系的基本原则，是国际共产主义运动历史经验的科学总结，是马克思主义政党关系理论在新时期的新发展。它顺应时代发展的要求，促进了马克思主义工人阶级政党相互关系的健康发展，对世界社会主义运动在低潮时期的复兴也起到了非常积极的作用。

四、坚持马克思主义发展观，积极面对世界社会主义运动的变革与转型

20 世纪 70 年代以来，特别是苏联解体、东欧剧变之后，世界社会主义运动发生了重大而深刻的变化，呈现出一些新的发展趋向。对当代世界社会主义运动的新发展和新变化，邓小平坚持马克思主义发展观，对其采取了实事求是的科学态度，积极地予以面对。他的主要思想观点有以下几个方面。

1. 条件已经发生变化，革命的策略也必然要发生变化

作为一位卓越的无产阶级革命家，邓小平高度关注当今世界的发展变化。他在 1988 年 9 月 5 日与捷克斯洛伐克总统胡萨克会见时就指出：“世界在变化，我们的思想和行动也要随之而变。过去把自己封闭起来，自我孤立，这对社会主义有什么好处呢？历史在前进，我们却停滞不前，就落后了。”1988 年 10 月

① 邓小平文选：第 2 卷［M］. 北京：人民出版社，1994：319.

② 邓小平年谱 1975—1997：（上）［M］. 北京：中央文献出版社，2004：319.

17 日，邓小平在会见齐奥塞斯库时，又明确表示，由于条件的变化，资本主义各国共产党有必要改变自己的革命策略，他指出："我们走的是十月革命的道路，其他国家再走十月革命的道路就难了，因为条件不一样。没有执政的共产党正在寻找其他的、新的途径，但还没有找到一个成熟的观点、成功的办法。"

邓小平的上述谈话提出了两个重要的观点。

第一个观点是，"其他国家再走十月革命的道路就难了，因为条件不一样了"。所谓条件不一样，主要是指"现在世界的发展，特别是高科技领域的发展一日千里"。在高新科技革命和生产力发展的推动下，资本主义的经济、政治、文化和社会等方面均发生了巨大而深刻的变化，这就使资本主义国家共产党的生存环境也发生了巨大而深刻的变化，社会主义革命的外部条件与过去不一样了。导致其他国家"再走十月革命道路就难了"的原因，除条件已经发生变化以外，还有一个国情不同的问题。不同国情的国家，应该采取不同的革命策略。早在 1980 年 11 月 24 日，邓小平就指出："每个国家情况不同，甚至一个很小的国家，也有自己的特点。"因此，"毛主席提出的农村包围城市的战略对中国这样的大国是合适的，使中国革命取得了胜利。但对一个小国，即使是一个发展中国家，就不一定合适，更不用说对发达国家了"①。

总之，一方面，由于世界已经发生了巨大的变化，条件不一样了；另一方面，各国的国情又有很大的不同，因此，再走十月革命的道路就难了，各国共产党理所当然地应该制定新的革命策略。

第二个观点是，人们应该正确对待没有执政的共产党对社会主义发展道路的新探索，承认"没有执政的共产党正在寻找其他的、新的途径"，而不能随意对其扣上一个"左"或"右"的帽子。尽管这些新探索"还没有找到一个成熟的观点、成功的办法"，即还没有一个成功的范例。

早在 1980 年 4 月 17 日，邓小平在回答意大利记者提出的"欧洲共产主义"问题时，就非常谦逊和非常客观地指出："这是一个在探索中的问题。欧洲的共产党也在探索中。我们处于亚洲，同欧洲相隔万里，了解不够。我们很有兴趣对新事物进行探索。事物总是要通过实践来检验的。"表现出中国共产党人实事求是的科学态度，这与苏联共产党对"欧洲共产主义"的批判和打压的态度是完全不同的。

1985 年 10 月 16 日，邓小平在会见意共总书记纳塔时又指出："我们两党都

① 邓小平年谱 1975—1997：(上)[M]. 北京：中央文献出版社，2004：815.

在搞试验，你们是在发达资本主义国家探索走向社会主义的道路，我们是在执政条件下探索如何建设和发展社会主义。应该说，我们两党有一个共同特点，都是勇于探索的党。”这就进一步肯定意大利共产党对“欧洲社会主义”探索的意义，并将其提高到与中国共产党对中国特色社会主义道路探索比肩的重要地位。

在三年后的1988年，邓小平在同齐奥塞斯库的谈话中，再次肯定意大利、法国、西班牙等国倡导的“欧洲共产主义”是对社会主义的一个新探索，是“没有执政的共产党正在寻找其他的、新的途径”。

邓小平的上述深邃思想，充分体现了一个卓越马克思主义者实事求是的科学态度。其一，他直面现实，承认现在的条件与过去不同了，各国的国情也极不相同，其他国家再走十月革命的道路就难了，必须探索新的发展道路。其二，他坚持战略坚定性与策略灵活性相结合的原则，认为在革命的方式和方法上应采取灵活的态度，根据不同国情和不同的社会历史条件制定新的革命策略，探索不同于十月革命道路的其他社会主义发展道路。

2. 尊重各国党和各国人民自己解决问题的权力，这是一条重要原则

社会主义革命和社会主义建设是各国人民自己的事情，因此，邓小平特别强调：“各国的事情，一定要尊重各国的党、各国的人民，由他们自己去寻找道路，去探索，去解决问题，不能由别的党充当老子党，去发号施令。”他强调“这应该成为一条重要的原则”。这表明，在争取社会主义的斗争中，各国共产党有独立自主制定自己的理论和策略的权力，我们应该尊重这一基本权力。

同时，邓小平还从认识论的视角，分析了尊重各国党独立自主的重要性。他深刻地指出：“一个党评论外国兄弟党的是非，往往根据的是已有的公式或者某些定型的方案，事实证明这是行不通的。各国的情况千差万别，人民的觉悟有高有低，国内阶级关系的状况、阶级力量的对比又很不一样，用固定的公式去硬套怎么行呢？就算你用的公式是马克思主义的，不同各国的实际相结合，也难免犯错误。”①

邓小平还用中国革命的经验，论证了尊重各国党独立自主地制定理论与策略的重要意义，强调：“中国革命就没有按照俄国十月革命的模式去进行，而是从中国的实际情况出发，在农村包围城市，武装夺取政权。既然中国革命胜利靠的是马列主义普遍原理同本国具体实践相结合，我们就不应该要求其他发展

① 邓小平文选：第2卷［M］. 北京：人民出版社，1994：318.

中国家都按照中国的模式去进行革命，更不应该要求发达的资本主义国家也采取中国的模式。当然，也不能要求这些国家都采取俄国的模式。”①

值得我们注意的是，邓小平在这里对人们比较容易混淆的两个不同概念，即十月革命道路与十月革命模式，进行了科学的区分。所谓十月革命道路包括两方面的内容：其一是指十月革命的社会主义性质；其二是指十月革命的武装斗争策略。十月革命模式主要是指十月革命采取武装斗争策略的具体方式或方法，即中心城市武装起义夺取国家政权的模式。中国虽然也采取了武装斗争策略，但并没有套用十月革命的城市武装起义模式，而是采取了由农村包围城市，进而取得全国革命胜利的崭新革命模式。

3. 实践是检验各国党的理论和策略是否正确的唯一标准

在过去的一段相当长的时间里，国际共产主义运动中“唯上、唯书”的风气盛行，权威的发言、书中写就的观点、苏联的经验等，都成了判断其他国家共产党理论和策略是否正确的标准。邓小平对这种状况进行了拨乱反正，提出社会实践才是检验各国党的理论和策略是否正确的唯一标准。1980 年 5 月 31 日，邓小平在同中央负责工作人员的谈话时指出：“各国党的国内方针、路线是对还是错，应该由本国党和本国人民去判断。最了解那个国家情况的，毕竟还是本国的同志。”因此，“欧洲共产主义是对还是错，也不应该由别人来判断，不应该由别人写文章来肯定或者否定，而只能由那里的党、那里的人民，归根到底由他们的实践来做出回答”。在这里，邓小平把一个国家的党和人民对社会主义发展道路选择的是与非，归结到一个深刻的哲学命题中，即实践是检验真理的标准。这对当代世界社会主义运动的发展具有十分重大的指导意义。

五、冷静应对运动的低潮时期，对社会主义的未来充满信心

当今的世界社会主义运动低潮时期并非从 20 世纪 90 年代苏联解体、东欧剧变开始。早在 20 世纪 50 年代末 60 年代初，即在高新科技革命和生产力革命在资本主义发达国家蓬勃兴起的时候，苏联的传统社会主义体制就显露出不能完全适应新的生产力发展要求的一面，从而陷入了体制性的危机。与此同时，中苏两党在国际共产主义运动总路线问题上的分歧发展成为大论战，导致社会主义阵营的瓦解和世界社会主义运动的大分裂。此后，体制性危机在苏联和其他

① 邓小平文选：第 2 卷［M］. 北京：人民出版社，1994：318.

社会主义国家均长期没有得到解决，世界社会主义运动的分裂也一直未能弥合。这不仅使各社会主义国家的发展严重受阻，而且也影响到资本主义各国共产党的发展，并使其陷入了困难的境地。种种事实表明，第二次世界大战后世界社会主义运动的高潮发展时期已结束，并逐步步入低潮发展时期。

然而，由于“左”的思想的束缚，人们在相当长的一段时间里不愿承认社会主义存在体制性危机，不愿承认世界社会主义运动的发展已经遇到了严重困难，仍然高唱“形势大好，越来越好”的赞歌。因此，如何认识世界社会主义运动的发展态势，就成为一个敏感的“政治”问题。早在1988年10月17日邓小平会见齐奥塞斯库时，就直言不讳地指出世界社会主义运动已经进入严重困难的时期。他说：“总的来看，没有执政的共产党正在衰弱，它们的影响也在缩小。”邓小平作出这一实事求是的论断，正值苏联解体、东欧剧变的前三年。

20世纪80年代末90年代初的苏联解体、东欧剧变，使世界社会主义运动从低潮跌入谷底，进入其发展的艰难时期。许多资本主义国家共产党的党员大量退党；前东欧社会主义国家的共产党和资本主义国家中最大的共产党——意大利共产党先后抛弃了马克思主义，转而奉行民主社会主义；有些国家的共产党则干脆解散，从此销声匿迹。

面对世界社会主义运动发展的低谷，国内外都有人提出社会主义向何处去的问题。邓小平从理论和实践两个方面对此作了回答，表达了对社会主义事业的坚定信念。

1992年，邓小平在著名的南方谈话中强调指出：“我坚信，世界上赞成马克思主义的人会多起来的，因为马克思主义是科学。它运用历史唯物主义揭示了人类社会发展的规律。封建社会代替奴隶社会，资本主义代替封建主义，社会主义经历一个长过程发展后必然代替资本主义。这是社会历史发展不可逆转的总趋势，但道路是曲折的。资本主义代替封建主义的几百年间，发生过多少次王朝复辟？因此，从一定意义上说，某种暂时复辟也是难以完全避免的规律性现象。一些国家出现严重曲折，社会主义好像被削弱了，但人民经受锻炼，从中吸收教训，将促使社会主义向着更加健康的方向发展。”

在这个有关苏联解体、东欧剧变与世界社会主义运动发展前途的重要谈话中，邓小平强调了三点：第一，社会主义经过一个长过程发展后必然代替资本主义，这是历史发展的总趋势，是人类社会发展的规律。第二，人类走向社会主义的道路是曲折的，某种暂时倒退也是难以完全避免的规律性现象。第三，苏联和东欧国家倒退到资本主义，世界社会主义暂时被削弱了，但人民经受锻炼，从中吸取教训，将使社会主义向着健康的方向发展。这三个要点，为我们展示了三类规律：第一类是社会主义代替资本主义的“人类社会发展的规律”，这是社会发展的总趋势；第二类是在走向社会主义的历程中难以完全避免的某些国家资本主义复辟的“规律性现象”，这种逆历史潮流而动的“规律性现象”虽然是难以完全避免的，但它不能改变人类社会发展规律这一社会发展的总趋势；第三类是坏事在一定条件下可以变成好事，即“矛盾着的事物的互相转化”的规律。由此可见，邓小平对未来社会主义必胜的坚定信念，并非只是出自个人对社会主义的深厚感情，而是建立在对社会发展规律、难以完全避免的某些规律性现象以及相互对立的事物互相转化规律的科学认识的基础上的，是建立在辩证唯物主义和历史唯物主义的科学世界观和方法论的基础上的。

邓小平对社会主义事业的未来充满信心，还有其坚实的现实基础——中国特色社会主义事业的巨大成功。1991 年 10 月 5 日，邓小平在会见朝鲜劳动党总书记金日成时指出：“中国是大国，也可以说中国的社会主义事业不垮，世界的社会主义事业就垮不了。”这就是邓小平对低潮时期社会主义充满自信的现实基础。

在苏联解体、东欧剧变后的艰难时期，邓小平多次强调，社会主义事业的未来发展，还有待于各国共产党和各国人民的艰苦奋斗。他总结了世界社会主义运动发展的历史经验和教训，提出了健康发展社会主义事业的两个基本条件。

第一，搞社会主义，老祖宗不能丢。

针对苏联解体、东欧剧变后出现的一股否定马克思主义和反马克思主义的社会政治思潮，邓小平强调搞社会主义必须坚持马克思主义。1991 年 8 月 20 日，邓小平在同中央领导同志的谈话中指出：“我们搞改革开放，把工作重心放在经济建设上，没有丢马克思，没有丢列宁，也没有丢毛泽东。老祖宗不能丢啊!”1991 年 10 月 5 日，邓小平会见金日成时又指出：“东欧、苏联的事件从反面教育了我们，坏事变成了好事。问题是我们要善于把坏事变成好事，再把这样的好事变成传统，永远丢不得祖宗，这个祖宗就是马克思主义。”①

什么是不丢祖宗？什么是坚持马克思主义？邓小平认为，这就是不仅要坚持马克思主义的基本原理，而且还必须在新的历史条件下用新的思想和观点丰富和发展马克思主义。在苏联解体、东欧剧变前夕的 1989 年 5 月 16 日，邓小平在会见苏共中央总书记戈尔巴乔夫时就指出：“马克思去世以后一百多年，究竟

① 邓小平年谱 1975—1997：（上）[M]. 北京：中央文献出版社，2004：1332.

发生了什么变化，在变化的条件下，如何认识和发展马克思主义，没有搞清楚。绝不能要求马克思为解决他去世之后上百年、几百年所产生的问题提供现成答案。列宁同样也不能承担为他去世以后五十年、一百年所产生的问题提供现成答案的任务。真正的马克思列宁主义者必须根据现在的情况，认识、继承和发展马克思列宁主义。世界形势日新月异，特别是现代科学技术发展很快。现在的一年抵得上过去古老社会几十年、上百年甚至更长的时间。不以新的思想、观点去继承、发展马克思主义，不是真正的马克思主义者。”可惜戈尔巴乔夫没有领会也不可能领会邓小平讲话的要义。

第二，无论是社会主义革命还是社会主义建设，都必须找出符合本国国情的发展道路。

邓小平认为，由于“每个国家包括资本主义发达国家之间的情况都是千差万别的”，所以，每个资本主义国家的共产党都必须将马克思主义的基本原理与本国实际相结合，努力探索符合本国国情的社会主义发展道路，即找到一条走向社会主义的“新的途径”和“成功的办法”。1983 年 4 月 29 日，邓小平在会见南布迪里巴德率领的印度共产党中央代表团时指出，对于一个国家的革命来说，“最根本的一条经验就是，各国共产党应该根据自己国家的情况，找出自己的革命道路”。1989 年 5 月 16 日，他在会见戈尔巴乔夫时又进一步指出，即使在革命成功之后，各国仍然“必须根据自己的条件建设社会主义。固定的模式是没有的，也不可能有。墨守成规的观点只能导致落后，甚至失败”。将马克思主义的基本原理与本国实际相结合，找到符合本国国情的社会主义发展道路，这是 160 多年来世界社会主义运动发展经验的科学总结，也是低潮时期社会主义运动复兴的关键之所在。

由此可见，邓小平对社会主义事业的坚定信念，是一个科学的信念，它建立在马克思主义的辩证唯物主义和历史唯物主义的基础之上，建立在中国特色社会主义事业成功实践的基础之上，建立在各国共产党坚持马克思主义基本原理并将其与本国实际相结合的成功实践的基础之上。

邓小平有关新时期发展世界社会主义运动的战略思想，是国际共产主义运动历史经验的科学总结，是科学社会主义理论的丰富和发展，是世界社会主义运动的宝贵财富。它既反映了新时期世界社会主义运动发展的客观要求，又反映了和平、发展、合作、共赢的世界发展潮流的客观需要，因而对世界社会主义运动的发展具有重要的理论价值和实践意义。

参考文献

[1] 世界社会主义研究年鉴（2013）[M]. 上海：上海人民出版社，2014.

[2] 世界社会主义研究年鉴（2014）[M]. 上海：上海人民出版社，2015.

[3] 刘洪才. 当代共产党党章党纲选编 [M]. 北京：当代世界出版社，2009.

[4] 刘淑春. 欧洲社会主义研究 [M]. 北京：中国社会科学出版社，2013.

[5] 何传启. 第二次现代化理论 [M]. 北京：科学出版社，2013.

[6] 聂运麟. 新时期新探索新征程：当代资本主义国家共产党的理论与实践研究 [M]. 北京：经济科学出版社，2014.

“三个代表”重要思想是马克思主义党建理论的重大发展

党的十三届四中全会以来，以江泽民同志为代表的党中央第三代领导集体，高举马列主义、毛泽东思想和邓小平理论的伟大旗帜，坚持马克思主义的基本原理与中国实际和时代特征相结合，全面继承和发展了邓小平理论，特别是对马克思主义党建理论的发展作出了突出的贡献。任何政党自它的诞生之日起，就面临一个如何进行党的建设的问题，这是因为社会总在进步和发展，客观的形势总在不断地发生变化，一个党要适应时代发展和客观形势变化的要求，就必须不断发展自己和完善自己，因此党的建设对于任何一个政党来说，都是一个恒久的课题。特别是在社会变革时期，政党建设的重要性会显得尤为迫切和突出。社会主义政党自19世纪中叶诞生以来，已经进入了它发展的第三时期。从19世纪中叶至19世纪末是其发展的第一时期，此时资本主义正处在自由发展的阶段并逐步向垄断资本主义过渡，无产阶级革命的形势还没有最终形成，社会主义政党的任务主要是组织工人阶级队伍，进行马克思主义的宣传教育，依靠议会民主进行斗争，为未来的社会主义革命作准备。从20世纪初至20世纪60年代末是马克思主义政党发展的第二时期，此时自由资本主义已经过渡到垄断资本主义即帝国主义阶段，资本主义的矛盾空前激化，战争与革命成为时代的主题，显然，依靠议会民主进行斗争类型的党，是不能适应革命形势发展需要的，必须建立新型的无产阶级政党，即进行社会主义革命、实现无产阶级专政和建设社会主义的党，这就是列宁的布尔什维克式的党。从20世纪70年代开始，是马克思主义政党发展的第三时期，这是跨国垄断资本发展的年代，在以高新技术为先导的第三次生产力革命不断发展的条件下，世界的经济、政治、文化和社会都发生了深刻的变化，和平发展已经成为时代的主题，在此情况下，各国共产党继续采用20世纪初秘密政党的基本体制进行活动显然是不适宜的了。但这个问题一直没有引起人们足够的重视，从而导致社会主义政党的危机，不少国家的共产党在斗争中连连受挫，处境十分困难。1977 年法、意、西三国共产党的领袖在马德里会晤，提出了“欧洲共产主义”的理论，这是欧洲各国共产党为摆脱政党危机而采取的一个重大的步骤。1978 年中共十一届三中全会制定了“解放思想，实事求是”的思想路线和建设社会主义现代化强国的政治路线，提出了改革开放的一系列大政方针，为党和国家的革新开辟了崭新的道路。与此同时，苏联和东欧国家的共产党拒绝党和国家的体制改革，最终在 20 世纪八九十年代相继走向衰亡。这一事实突出地表明，在世界已经发生深刻变化的今天，以苏共为榜样建立和发展起来的各国马克思主义政党只有以改革的精神建设党，进行自我革新，才能使党获得新的发展，否则便是没有出路的。但是，马克思主义政党要以改革的精神建设党，进行自我革新，就面临一个建设什么样的党和如何建设党的问题。为解决这一世纪性的课题，世界各国的马克思主义政党都在进行艰难的探索和试验，中国共产党在这一探索中作出了自己的贡献。

中国改革开放的总设计师邓小平同志高度重视新时期党的建设，鉴于“文化大革命”中“四人帮”对党组织的严重破坏，他特别强调了加强党的建设和恢复党的战斗力的重要性。他指出：“现在摆在我们面前的迫切问题，是要恢复党的战斗力。党应该是一个战斗的队伍，是无产阶级的先锋队，应该是统一的、有高度觉悟的、有纪律的队伍。只有恢复到这种状态，党才能有战斗力。”为此他提出：第一，加强党的建设，必须把党的思想建设放在首位。邓小平同志强调，党的各级干部，首先是领导干部，要重视马克思主义的理论学习，从而加强我们工作中的原则性、系统性、预见性和创造性。要努力把马克思主义的普遍原则同我国实现四个现代化的具体实践结合起来，“不断结合变化着的实际，探索解决新问题的答案，从而也发展马克思主义理论本身”。第二，加强党的组织建设是党的建设的重要环节。邓小平同志强调，必须坚持和健全党的民主集中制，加强和改进党的基层组织建设，培养和选拔德才兼备的领导干部。第三，必须加强党的作风建设，实现党风的根本好转。邓小平同志强调，执政党的党风是关系党的生死存亡的重大问题。在新的历史条件下，一定要坚持党的宗旨，继承党的优良传统，发扬党的理论与实际相结合的作风、和人民群众紧密联系在一起的作风以及自我批评的作风。第四，加强党的建设一定要重视党的制度建设。邓小平同志深刻总结了历史经验，尤其是“文化大革命”的教训，指出领导制度、组织制度问题更带根本性、全局性、稳定性和长期性。要健全党的各级代表大会制度，党内选举制度，党的组织生活制度，集体领导与个人分工负责相结合的制度，保证党内生活的民主化。要健全干部选举、招考、任免考核、弹劾、轮换、职务任期以及离退休制度，完善党内监督制度。要把党的制度建设贯穿于党的思想建设、组织建设和作风建设之中，保证党的建设新的伟大工程的胜利完成。面对着改革开放和社会主义现代化建设这一新的艰巨历史任务，邓小平同志提出全党必须重新进行一次学习，他指出："实现四个现代化是一场深刻的伟大的革命。在这场伟大的革命中，我们是在不断地解决新的矛盾中前进的。因此，全党同志一定要善于学习，善于重新学习。"学习什么呢？根本的是学习马克思主义理论，同时还要抓紧三个方面的学习，一个是学习经济学，一个是学习科学技术，一个是学习管理。只有学习好才可能领导好高速度、高水平的社会主义现代化建设。

党的十三届四中全会以来，以江泽民同志为代表的党中央第三代领导集体全面贯彻邓小平同志关于加强党的建设的思想，在加强党的思想建设、组织建设、作风建设和制度建设的各项工作中，在组织全党重新进行一次学习的工作中，都取得了新的成就，为改善党的领导和加强党的领导作出了重大的贡献。在加强党自身建设的伟大实践中，以江泽民同志为代表的党中央第三代领导集体根据人类社会发展的新趋势和迅速变化的世界形势以及建设中国特色社会主义新任务的要求，进一步总结了世界社会主义运动和我党建设的历史经验，以无产阶级革命家的宏伟气魄，创造性地提出了"三个代表"的重要思想，指出："我们党必须始终代表中国先进生产力的发展要求，代表中国先进文化的前进方向，代表中国最广大人民的根本利益。"

"三个代表"重要思想从总体上回答了在新的时期我们应该建设一个什么样的党，以及应该如何建设党的重大历史课题，是马克思主义党建理论的重大发展。首先，"三个代表"重要思想是新时期党的先进性的集中体现。党的先进性是它所代表的阶级的先进性的集中体现，其根源在于工人阶级是先进生产方式的代表，是先进生产力的代表。党在不同的历史发展阶段所处的历史环境和所承担的历史任务不同，因此，其先进性在内涵上和所强调的重点上也有着明显的差异。20世纪初年，自由资本主义已经过渡到垄断资本主义的发展阶段，社会的基本矛盾空前激化，战争与革命成为时代的主题，在这样的条件下，马克思主义政党的先进性集中表现为工人阶级的高度的觉悟性、严密的组织纪律性和彻底的革命性。自20世纪70年代以来，以信息技术为核心的高新技术迅猛发展，推动着社会生产发生了革命性的变化，也极大地改变着人们的生活方式，并对国际经济关系和政治关系产生深刻的影响。在国际舞台上，以经济为基础、科技为先导的综合国力的竞争更为激烈。生产力是社会发展中最活跃最革命的因素，是社会发展的最终决定力量，这一点表现得比过去任何时候都更加突出。在这种情况下，作为工人阶级先锋队的马克思主义政党，它的先进性如果仍局限于工人阶级高度的觉悟性、严密的组织纪律性和彻底的革命性，那就显得不能满足社会发展的需要了，必须赋予党的先进性以新的、更丰富的时代内涵。“三个代表”重要思想是新时期党的先进性的新的、丰富内涵的科学表现，它既涵盖了党的先进性的历史内容，又反映了社会发展、时代特征和中国社会主义现代化建设事业的发展对马克思主义政党先进性提出的新的客观要求。在现时代的条件下，一个马克思主义政党只有始终代表先进生产力发展的要求，代表先进文化的前进方向，代表最广大人民的根本利益，才能站在现代社会发展的前列，领导整个社会前进。同时，解放生产力和发展生产力是社会主义的本质要求，领导社会主义国家的共产党如果不能代表先进生产力发展的要求，去推动社会生产的发展，如果不能代表先进文化的前进方向，去发展先进的社会主义文化，它就不是在搞社会主义，而是在搞贫穷和愚昧的再分配，这样的社会主义是不会被广大人民群众所认同的，这样的马克思主义政党也是不会被广大人民群众所拥戴的。中国是发展中的社会主义国家，领导社会主义事业的中国共产党只有代表先进生产力发展的要求，使社会生产力的发展始终保持必要的规模和速度，才可能解决中国社会发展中的经济、政治、文化和社会的诸多问题，不断满足人民群众日益增长的物质和文化生活需要，推动社会主义现代化事业的全面发展，才能代表最广大的中国人民的根本利益，从而得到全中国人民的拥戴。中国共产党也才能真正成为中国工人阶级的先锋队，成为中国人民和中华民族的先锋队。这里要强调的是，中国共产党之所以能够在现时提出“三个代表”重要思想，在党的先进性的内涵上不断与时俱进，也正是它始终具有工人阶级高度的觉悟性、严密的组织纪律性和彻底的革命性的最生动体现。苏联东欧国家共产党的覆灭和某些资本主义国家共产党的自行消亡的历史教训证明，一个不能始终保持党的先进性的工人阶级政党，是没有资格领导社会前进的。在现代社会条件下，不能代表先进生产力发展要求和先进文化前进方向的政党，就不可能代表最广大人民的根本利益，党自身也会逐步变质，它最终就会被工人阶级和广大人民群众毫不留情地抛弃。其次，“三个代表”重要思想是新时期加强党的建设的基本纲领。自1921年中国共产党建立以来，我们已经历了革命战争、社会主义革命和社会主义建设、改革开放和社会主义现代化建设的不同历史阶段，不同历史阶段对党的建设提出了不同的要求。新时期党的建设的基本要求就是“三个代表”的重要思想。“三个代表”重要思想是党的建设的根本内容。我们党的思想建设、组织建设、作风建设和制度建设，都必须在“三个代表”重要思想的指导下进行。“三个代表”重要思想是党统揽全局，使社会主义事业胜利发展的基本保证。我们正处在改革开放和社会主义现代化建设事业大发展的时期，也是中国社会大变动的时期，历史的巨变总是伴随着主流与支流的相互激荡，先进与落后的相互较量，内部与外部因素的相互影响和制约，从而使社会矛盾出现多样化和复杂化的局面；在复杂的形势下，党要以“三个代表”重要思想为指导，统揽全局，分清主流与支流，全局与局部，先进与后进，正确与错误的界限，正确认识和处理改革开放和社会主义现代化建设中出现的各种复杂的矛盾和问题，使党始终站在解放生产力和发展生产力的前列，站在建设面向现代化、面向世界、面向未来的，民族的科学的大众的文化的前列，站在不断实现好和维护好广大人民群众根本利益的前列，遵循社会发展的客观规律，把建设中国特色社会主义的伟大事业全面推向前进。“三个代表”重要思想是衡量党的建设工作的根本标准。在改革开放和社会主义现代化建设事业不断发展的情况下，党为了改革社会，也需要用改革的精神来建设党，进行自我革新，这是党的自我发展和完善，是一个长时期发展的历史过程。在党的建设或革新的过程中，“三个代表”重要思想是我们判断党的建设工作的根本标准，凡是符合“三个代表”思想要求的，我们就应该认真进行研究，大胆去探索、去实践，努力去开拓；凡是不符合“三个代表”思想要求的，或原来符合但在新的历史条件下已经变得不再符合的，我们就要坚决予以摒弃，并按照“三个代表”思想的要求进行必要的变革。总之，“三个代表”重要思想是我们党的建设纲领的与时俱进，是我们党的立党之本。最后，“三个代表”重要思想是引导广大人民群众走向社会主义的一面旗帜。一个政党的纲领，就是一面公开树立的旗帜，它使广大的人民群众知道，这个党具有怎样的性质，它要干些什么，以及它将把群众引导到何处去。广大人民群众就是根据这面旗帜，来了解这个党对自己根本利益实现的程度，从而决定自己是跟着这个党走，还是跟着别的党走。“三个代表”重要思想就是这样一面旗帜，它集中体现了中国共产党作为中国工人阶级的先锋队，同时作为中国人民和中华民族的先锋队的性质，鲜明地揭示了党的先进性的科学内涵。正是党的这种先进性集中体现了现代社会主义的时代价值。一种社会制度的时代价值，就是它根本区别于和优越于其他社会制度的方面，这是该社会制度之所以能够生存和发展，并能够战胜和取代其他社会制度的基本条件。社会主义的价值在不同的历史时期，具体表现有所不同。19世纪社会主义的时代价值在于：它是极其野蛮和残酷地压迫剥削本国无产阶级和殖民地附属国人民的自由资本主义的对立物；在那黑暗无边的年代里，它给人们一个没有压迫和剥削的社会主义社会的理想；在这个理想的社会里，生产力高度发展，主要生产资料公共占有，实行按劳分配，人人自由平等，每个人都将获得全面的发展。20世纪社会主义的时代价值在于：它是精巧地压迫剥削本国无产阶级和极其野蛮地掠夺殖民地附属国人民的垄断资本主义即帝国主义的对立物；它为实现马克思主义关于社会主义的理想进行了勇敢而艰难的实验，取得了巨大的成就，初步显示了社会主义制度的优越性，给亿万被压迫受剥削的劳动群众的解放指明了现实的道路；同时社会主义又遭受了重大的挫折，给人们留下了失误的遗憾，使不少人产生了彷徨和犹豫。现代社会主义理应包容19世纪和20世纪社会主义的历史价值的全部成果，并根据社会的发展、时代的特征、社会主义现代化建设的经验和进一步发展的要求，提出新的、具有更丰富内涵的价值理念。“三个代表”重要思想就是这样的价值理念，它表明：中国共产党领导建设的中国特色社会主义，根本区别于传统的苏联模式的社会主义。它始终站在先进的科学技术和生产力发展的前列，最终将建成物质文明高度发展的社会主义；它始终站在先进文化发展的前列，最终将建成精神文明高度发展的社会主义；它始终站在实现人民当家作主和依法治国的前列，最终将建成政治文明高度发展的社会主义。从根本上说，中国特色社会主义是为最广大人民群众谋取根本利益的社会主义，它是与为少数人谋利益的跨国垄断资本主义相对立的，其最终目标是使人获得自由的全面的发展。这样，“三个代表”重要思想就将中国共产党及其领导的社会主义事业以崭新的面貌展现在世界各国人民的面前。在“三个代表”重要思想的指引下，建设中国特色社会主义事业必将取得新的、更大更全面的发展，并将使世界亿万劳动群众进一步团结在马克思主义的旗帜下，向着社会主义的伟大目标前进。

综上所述，“三个代表”重要思想是马克思主义政党先进性科学内涵的与时俱进，是党的建设纲领的与时俱进，是马克思主义政党在新世纪树立的一面现代社会主义的光辉旗帜，它深刻地回答了在新的历史条件下，我们应该建设一个什么样的党以及如何建设党的重大历史课题。因此，“三个代表”重要思想是马克思主义党建理论的重大发展，同时也是中国特色社会主义理论即邓小平理论的重大发展。

参考文献

［1］邓小平文选：第2卷［M］. 北京：人民出版社，1994.

［2］邓小平文选：第3卷［M］. 北京：人民出版社，1993.

［3］江泽民. 在中央党校省部级干部进修班毕业典礼上的讲话［N］. 人民日报，2002-06-01.

十五大在理论上的一个重大发展

中国共产党第十五次全国代表大会是一次承上启下、继往开来的重要会议，也是创造性地运用马克思主义于中国实践，在理论上获得丰硕成果的一次会议。关于社会主义公有制实现形式的理论，就是这次会议的重要成果之一。本文谨就此谈几点认识。

一、马克思主义关于社会主义所有制的基本理论

所有制关系是一切经济关系的基础，它决定人们在生产、分配、交换、消费等各方面的经济关系。因此，所有制问题是科学社会主义的一个基本性的理论问题。早在 1848 年，马克思和恩格斯就在《共产党宣言》中强调指出："所有制问题是运动的基本问题，不管这个问题的发展程度怎样。""共产党人可以把自己的理论概括为一句话：消灭私有制。"他们关于社会主义所有制的理论，可以大致归纳为五个方面。

第一，社会主义公有制代替资本主义私有制的历史必然性。

马克思、恩格斯认为，社会主义公有制取代资本主义私有制是历史发展的必然。这一结论是由资本主义社会的基本矛盾发展所决定的，也是由生产关系必须适应生产力性质这一规律所决定的。在资本主义社会中，生产的社会性与资本主义私人占有形式之间的矛盾，客观上要求生产资料公有制取代资本主义私有制。马克思在《资本论》中指出，随着资本主义的发展，"生产资料的集中和劳动的社会化，达到了同它们的资本主义外壳不能相容的地步。这个外壳就要炸毁了。资本主义私有制的丧钟就要敲响了。剥夺者就要被剥夺了"。

第二，实现社会主义公有制的政治经济前提。

马克思、恩格斯认为，社会主义公有制不可能在资本主义社会内部自发地产生，只有通过无产阶级革命，才能使社会主义代替资本主义。无产阶级革命和无产阶级专政是社会主义公有制产生的必要前提。因为"占有还受实现占有

所必须采取的方式的制约。占有只有通过联合才能得到实现，由于无产阶级本身固有的本性，这种联合又只能是普遍性的，而且占有也只有通过革命才能得到实现。在革命中，一方面迄今为止的生产方式和交往方式的权力以及社会结构的权力被打倒，另一方面无产阶级的普遍性质以及无产阶级为实现这种占有所必需的能力得到发展，同时无产阶级将抛弃它迄今的社会地位遗留给它的一切东西”。

社会主义公有制的实现还需要生产力的高度发展作为其物质前提。因此，最终消灭私有制是一个逐步发展的长期历史过程。恩格斯在回答能不能一下子就把私有制废除的问题时指出：“不，不能，正像不能一下子就把现有的生产力扩大到为实行财产公有所必需的程度一样。因此，即将来临的无产阶级革命，只能逐步改造现代社会，只有创造了所必需的大量生产资料之后，才能废除私有制。”

第三，消灭私有制的方式。

马克思和恩格斯认为，把剥削阶级的私有制变为社会主义的公有制，可以采取两种方式：一种是没收，即剥夺剥夺者；一种是赎买。恩格斯在《法德农民问题》中指出：“我们的党一旦掌握了国家政权，就应该干脆地剥夺大土地占有者，就像剥夺工厂主一样。这一剥夺是否要用赎买来实行，这大半不取决于我们，而取决于我们取得政权时的情况，尤其是也取决于大土地占有者先生们自己的态度。我们决不认为，赎买在任何情况下都是不容许的；马克思曾向我讲过（并且讲过好多次!）他的意见：假如我们能赎买下这整个匪帮，这对于我们最便宜不过了。”但是，对小农和小生产者的私有制决不能剥夺，只能通过合作化的道路使其转变为社会主义公有制。恩格斯在《法德农民问题》中全面地阐明了这一立场。

1.“我们预见到小农必然灭亡，但是我们无论如何不要以自己的干预去加速其灭亡。”

2.“当我们掌握了国家政权的时候，我们决不会考虑用暴力去剥夺小农（不论有无报偿，都是一样），像我们将不得不如此对待大土地占有者那样。我们对于小农的任务，首先是把他们的私人生产和私人占有变为合作社的生产和占有，不是采用暴力，而是通过示范和为此提供社会帮助。”

第四，社会主义公有制的内涵。

马克思和恩格斯的社会主义公有制包括两个方面的含义。

1.社会主义公有制是对资本主义私有制的否定，它的资本变成属于社会全体成员的公共财产。马克思在《资本论》中指出："从资本主义生产方式产生的资本主义占有方式，从而资本主义的私有制，是对个人的、以自己的劳动为基础的私有制的第一个否定。但资本主义生产由于自然过程的必然性，造成了对自身的否定。这是否定的否定。这种否定不是重新建立私有制，而是在资本主义时代的成就的基础上，也就是说，在协作和对土地及靠劳动本身生产的生产资料的共同占有的基础上，重新建立个人所有制。"所谓重新建立个人所有制，即是联合起来的社会劳动者与社会化的生产资料直接相结合的所有制，在这种所有制下，每个劳动者都是生产资料的事实上的主人。资本是集体的产物，它不是一种个人力量，而是一种社会力量。"因此，把资本变为公共的、属于社会全体成员的财产，这并不是把个人财产变为社会财产。这里所改变的只是财产的社会性质。它将去掉它的阶级性。"

2.社会主义公有制是劳动者对生产资料的共同占有和对消费品的个人所有相结合的经济制度。恩格斯在《反杜林论》中指出：靠剥夺剥夺者而建立起来的"社会所有制涉及土地和其他生产资料，个人所有制涉及产品，那就是涉及消费品"。在马克思设想的自由人联合体中，"'他们用公共的生产资料进行劳动，并且自觉地把他们许多个人劳动力当作一个社会劳动力来使用'，也就是设想了一个按社会主义原则组织起来的联合体，并且说：'这个联合体的总产品是一个社会产品。这个产品的一部分重新用作生产资料。这一部分依旧是社会的。而另一部分则作为生产资料由联合体成员消费。因此，这一部分要在他们之间进行分配。'"社会主义公有制不仅体现在发展了的个人相互关系上，而且表现在他们对生产发展的控制上。恩格斯在《共产主义原理》中指出："这种新的社会制度首先必须剥夺相互竞争的个人对工业和一切生产部门的经营，而代之以所有这些生产部门由整个社会来经营，就是说，为了共同的利益，按照共同的计划、在社会全体成员的参加下来经营。"

第五，社会主义公有制的实现形式。

马克思和恩格斯曾设想无产阶级社会主义革命将在资本主义最发达的国家首先发生并取得胜利。这些国家在经历了一个革命的转变时期后，将把一切生产资料转归全社会所有，实行单一的社会主义公有制。马克思在《哥达纲领批判》中指出，在共产主义社会的第一阶段，要把属于资产阶级以及其他剥削阶级的生产资料"变为社会的公共财产"，建立"一个集体的、以生产资料公有为基础的社会"。在这里，商品生产和商品交换已经不存在，货币已经废除，价值规律已经失去效力。其特点是劳动者和生产资料在全社会的直接结合，生产资料供全体并为了全体利益而共同利用。

在马克思和恩格斯看来，国家占有与社会占有这二者的关系是一致的。《宣言》指出，把一切生产工具集中在国家手里，即是集中在组织成为统治阶级的无产阶级手里，那时，每一个无产者也就成为所有者。恩格斯在《反杜林论》中也指出："国家真正作为整个社会的代表所采取的第一个行动，即以社会的名义占有生产资料，同时也是它作为国家所采取的最后一个独立行动。那时，国家政权对社会关系的干预在各个领域中将先后成为多余的事情而自行停止下来。那时，对人的统治将由对物的管理和对生产过程的领导所代替。"

二、十五大对社会主义公有制实现形式理论的发展

1917 年的伟大十月社会主义革命使科学社会主义第一次从理想变为现实，但它并不是马克思恩格斯所预想的那样在资本主义发达国家，而是在一个经济文化比较落后的国家首先变为现实，这就需要在运用科学社会主义的基本原理于本国实践时，发挥更大的创造性。列宁将马克思主义关于社会主义所有制的理论运用于俄国的社会主义实践，并对这一理论的丰富和发展作出了贡献。

第一，列宁进一步阐发了对资本家的企业进行赎买的思想。在科学社会主义思想史上，他首次提出社会主义制度下的国家资本主义形式问题，并认为可以通过国家资本主义的形式，对资本家的企业进行赎买。列宁强调指出，苏维埃国家实行的国家资本主义，不同于资本主义制度下的国家资本主义，它是一种特殊的国家资本主义，"就是我们能够加以限制、能够规定其范围的资本主义，这种国家资本主义是同国家联系着的，而国家就是工人，就是工人阶级的先进部分，就是先锋队，就是我们"。列宁认为，既然俄国不能实现从小生产到社会主义的直接过渡，"所以作为小生产和交换的自发产物的资本主义，在一定程度上是不可避免的，所以我们应该利用资本主义（特别是把它纳入国家资本主义的轨道）作为小生产和社会主义之间的中间环节，作为提高生产力的手段、途径、方法和方式"。

第二，列宁在科学社会主义思想史上第一次确认合作社即集体所有制是社会主义公有制的实现形式。他在《论合作社》中指出："在生产资料公有制的条件下，在无产阶级对资产阶级取得了阶级胜利的条件下，文明的合作社工作者的制度就是社会主义制度。"

斯大林在社会主义的实践中，将社会主义公有制的实现概括为全民所有制和集体所有制。1936 年苏联宪法明确规定，社会主义公有制的两种形式即全民

所有制和集体所有制是社会主义社会的经济基础。斯大林认为全民所有制是社会主义公有制的高级形式，集体所有制是社会主义公有制的低级形式，集体所有制必须向全民所有制过渡。这些观点在苏联经济学中长期占统治地位，形成了一种传统的观点，并写入了苏联科学院经济研究所编写的《政治经济学》教科书。苏联对社会主义公有制实现形式的界定有其积极的意义，这就是它肯定了全民所有制和集体所有制在社会主义社会中的基础地位。但也有消极的影响，这就是两种形式的界定太绝对化了，它排斥社会主义公有制实现形式的多样性，妨碍了社会主义公有制形式的继续发展；同时它没有考虑生产力的实际发展状况，主观断定社会主义公有制的高级形式和低级形式，并把生产资料所有制形式的"高""低"与优越性的问题混为一谈，强调集体所有制必须向全民所有制过渡。应该指出，20 世纪 50 年代以后在社会主义各国出现的匆忙将所谓低级形式的公有制向高级形式的公有制过渡，以及追求"一大二公"，追求"纯而又纯"的社会主义的种种超越社会发展阶段的错误，都是与这一理论的导向有着密切关系的。

第二次世界大战以后，社会主义各国在所有制问题上长期裹足不前，一方面是受到上述理论观点的束缚，另一方面更主要的是人们对恩格斯所指出的，在所有制问题上"只能逐步改造现社会"的长期性、艰巨性和复杂性远远估计不足；在关于为消灭私有制"所必需的大量生产资料"创造出来之前，无产阶级应该采取怎样的所有制结构形式来"逐步改造现社会"的问题也没有真正得到解决。为此，社会主义国家付出了沉重的代价。

然而，早在 20 世纪 60 年代初，邓小平便总结了"大跃进"和人民公社的教训，对在所有制问题上搞"一大二公""纯而又纯"的极左做法提出了异议。他指出："生产关系究竟以什么形式为最好，恐怕要采取这样一种态度，就是哪种形式在哪个地方能够比较容易比较快地恢复和发展农业生产，就采取哪种形式；群众愿意采取哪种形式，就应该采取哪种形式，不合法的使它合法起来……就是在生产关系上不能完全采取一种固定不变的形式，看用哪种形式能够调动群众的积极性就采取哪种形式。"他在这里强调的是，生产关系一定要适合于生产力发展的水平。生产关系的基础是所有制，邓小平这里谈的实质上也就是所有制的问题。这里提出的观点，与他以后提出的社会主义初级阶段所有制结构形式的思想是一脉相承的。可惜，由于当时我国社会主义建设还缺乏经验，"左"的路线和思想还没有从根本上得到纠正，邓小平的正确思想没有被党中央所采纳。

党的十一届三中全会后，邓小平进一步总结了我国和国际共产主义运动的经验和教训，依据生产关系一定要适合生产力发展水平的原理，提出在所有制问题上，我国要坚持“以公有制为主体”，“同时，发展一点个体经济，吸收外国的资金和技术，欢迎中外合资合作，甚至欢迎外国独资到中国办工厂。这些都是对社会主义经济的补充”，即要建立以公有制为主体，多种经济成分共同发展的基本经济制度。这就初步解决了“逐步改造现社会”应该采取怎样的所有制结构形式的问题。应该强调指出，邓小平关于社会主义所有制结构形式的理论是对科学社会主义的一个重要贡献，这一重大的理论突破为我们今天在公有制实现形式上的理论发展开辟了道路。

以公有制为主体，多种经济成分共同发展的所有制格局的逐步形成，极大地解放了农村和城市的生产力，促进了整个社会经济的发展。同时，多种经营主体的出现，又进一步提出了发展市场经济的要求。邓小平洞察了我国生产力发展的迫切需要，早在1979年就指出：“社会主义也可以搞市场经济。”1992年他在南方讲话中进一步指出：“计划经济不等于社会主义，资本主义也有计划；市场经济不等于资本主义，社会主义也有市场。计划和市场都是经济手段。”同年召开的党的第十四次全国代表大会正式将建立和完善社会主义市场经济体制确定为我国经济体制改革的目标。

社会主义市场经济体制的逐步建立和所有制结构的调整，一方面推动了我国经济的持续、快速、稳定的发展，另一方面对作为市场主体的国有企业提出了产权清晰、权责明确、政企分开、管理科学的改革要求。因此，在建立社会主义市场经济体制和多种经济成分共同发展的同时，国有企业的改革也有了新的发展，在国有企业改革的试点城市和地区，出现了公有制形式多样化的发展势头。在此情况下，如何认识我国社会主义公有制的实现形式，就成为深化所有制体制改革的一个十分迫切的问题。

党的第十五次全国代表大会高举邓小平理论的伟大旗帜，坚持解放思想、实事求是的思想路线，进一步总结了我国近20年调整和完善所有制结构的实践经验，以及试点城市国有企业改革中群众创造的经验，在社会主义的所有制结构和公有制实现形式上得出了崭新的结论。

1. 党的十五大在科学社会主义思想史上，第一次提出社会主义公有制的实现形式具有多样性。它突破了社会主义公有制只包括国有经济和集体经济的传统观点，明确指出：公有制经济不仅包括国有经济和集体经济，还包括混合所有制经济中的国有成分和集体成分。强调：公有制实现形式可以而且应当多样化。

2. 党的十五大提出判断社会主义公有制实现形式是否适合的标准，是看其能否极大地推动生产力的发展和反映社会化生产规律的要求。它把社会主义公有制的实现看成一个有赖于生产力不断发展的长期历史过程，指出：要努力寻找能够极大促进生产力发展的公有制形式。强调：一切反映社会化生产规律的经营方式和组织形式都可以大胆利用。一切符合“三个有利于”的所有制形式都可以而且应该用来为社会主义服务。

3. 党的十五大在科学社会主义思想史上，首次提出社会主义可以利用股份制。指出股份制是现代企业的一种资本组织形式，它有利于所有权和经营权的分离，有利于提高企业和资本的运作效率，资本主义可以用，社会主义也可以用。强调判断股份制性质的关键，是看控股权掌握在谁手里。国家和集体控股，具有明显的公有性，有利于扩大公有资本的支配范围，增强公有制的主体作用。

4. 党的十五大论述了应该怎样全面认识公有制的主体地位问题。针对过去习惯于单纯从量上看待公有制主体地位的片面观点，党的十五大从质和量两个方面，辩证地论述了公有制的主体地位。指出：公有制的主体地位主要体现在：公有资产在社会总资产中占优势；国有经济控制国民经济命脉，对经济发展起主导作用。这是就全国而言，有的地方、有的产业可以有所差别。并强调指出：公有资产占优势，要有量的优势，更要注意质的提高。国有经济起主导作用，主要体现在控制力上。只要坚持公有制为主体，国家控制国民经济命脉，国有经济的控制力和竞争力得到增强，在这个前提下，国有经济比重减少一点，不会影响我国的社会主义性质。

5. 党的十五大还进一步明确了非公有制经济的地位。指出：非公有制经济不仅是我国社会主义经济的重要补充，而且是我国社会主义市场经济的重要组成部分。因此，对个体、私营等非公有制经济要继续鼓励、引导，使之健康发展。

三、第三次思想解放及其重大意义

党的十五大关于社会主义公有制实现形式的理论，是马克思主义基本原理与中国实践相结合的产物，是总结近 80 年世界社会主义兴衰成败的经验和教训，特别是近 20 年我国改革开放和社会主义现代化建设的经验和教训而得出的科学结论，是解放思想的又一个重大理论成果。

粉碎“四人帮”和结束“文化大革命”以后，中国面临向何处去的重大历史关头。由于长期“左”的路线和思想的影响，以至于在“文革”结束后的两年多的时间里，“两个凡是”的阴影还笼罩着中国政坛，使整个国家无法向前迈进一步。在此情况下，以邓小平为代表的中国共产党人开始了拨乱反正的工作，他批驳了“两个凡是”，推动了“实践是检验真理的唯一标准”的大讨论，在党的十一届三中全会上提出了“解放思想、实事求是”的思想路线，把实践第一的马克思主义观点，再一次提到党的指导思想的地位。终于冲破了“两个凡是”的禁锢，既纠正了毛泽东同志晚年的错误，又维护了毛泽东同志和毛泽东思想的历史地位，为开辟建设有中国特色的社会主义发展道路奠定了思想基础。这是新时期我国人民的第一次思想解放。

第二次思想解放是在 80 年代末和 90 年代初，我国面临国际和国内的政治风波严峻考验的重大历史关头。从国际范围看，我们是机遇与挑战并存，发展与风险同在。从国内的改革开放和社会主义现代化建设来说，正面临如何进一步认识和处理计划与市场的关系，以及如何把以市场为导向的改革开放进一步推向前进的问题。在此情况下，1992 年春天，邓小平视察南方并发表了重要谈话，同年 10 月召开了党的第十四次全国代表大会，再次强调实事求是是马克思主义的精髓，并确立了我国经济体制改革的目标是建立和完善社会主义市场经济体制。社会主义市场经济体制目标的确立，根本改变了建设社会主义的方法和形式，创造了新的社会主义发展模式，极大地解放了人们的思想，有力地指导着我国改革开放和社会主义现代化建设事业的发展。

在当前走向新世纪的新时期，我们又面临许多从未遇到过的艰巨课题，特别是长期困扰我们的如何发展和完善社会主义公有制的问题。以江泽民为核心的党中央遵循邓小平制定的“解放思想、实事求是”的思想路线，和“三个有利于”的判断是非的标准，在党的十五大上提出公有制实现形式可以而且应该多样化，要努力寻找能够极大促进生产力发展的公有制形式的崭新理论。这是党领导我国人民在新的历史条件下思想解放的又一新成果，是新时期的第三次思想解放，具有重大的理论意义和实践意义。

首先，党的十五大关于社会主义公有制实现形式的理论，是以江泽民为核心的党的第三代领导集体坚持马克思主义，丰富和发展马克思主义的生动体现。高举邓小平理论的伟大旗帜，并不是要死记硬背马恩列斯毛邓的某些词句，而是要掌握马克思主义的基本原理、基本原则和基本方法，并将其创造性地运用于中国的实践，不断总结人民群众在实践中创造的新鲜经验，解决中国改革开放和现代化建设中面临的新情况、新问题；就是要将当代中国的马克思主义——邓小平建设有中国特色社会主义理论进一步推向前进。十五大在所有制问题和其他问题上得出的创造性理论结论，充分说明我党第三代领导集体是一个具有高深马克思主义理论修养的、成熟的领导集体，它完全有能力领导我们国家将建设有中国特色社会主义的伟大事业胜利地推向 21 世纪。这一事实将极大地鼓舞我国人民建设有中国特色社会主义的信心和决心。

其次，十五大关于社会主义公有制实现形式的理论，不仅丰富和发展了马克思主义的理论宝库，而且还将为社会主义公有制理论的进一步发展开辟道路。马克思主义关于社会主义公有制的理论是一个科学的理论，关键是我们将如何去实现它，以及将采取怎样的步骤和形式去实现它。可惜自列宁提出合作社（集体所有制）也是社会主义公有制的实现形式的创造性理论以后的半个多世纪里，我们实际上没有真正把社会主义公有制实现形式的理论向前推进一步。不仅如此，我们还将马克思列宁的理论作教条式的解释，限定社会主义公有制只有两种形式：全民所有制是高级形式，集体所有制是低级形式，后者必须向前者过渡，等等。这无异于是作茧自缚，理论上的这一失误给社会主义国家生产力的发展产生了破坏性的影响，后果是严重的。党的十五大关于社会主义公有制实现形式的理论，打破了这个束缚了我们半个多世纪的禁锢，进一步摆脱了传统社会主义发展模式的影响，这不仅是丰富和发展了科学社会主义关于公有制实现的理论，而且还为社会主义公有制理论的进一步发展，特别是为社会主义公有制实现形式的理论的进一步发展，开辟了无限广阔的前景。

最后，党的十五大关于社会主义公有制实现形式的理论，进一步解放了我国人民的思想，必将大力推动我国改革开放和社会主义现代化建设事业的新发展。我国的市场经济体制正在建立和发展的过程之中，国有企业的改革多年没有摆脱困难的局面，成为全国人民乃至世界各国人民关注的焦点。事实表明，我国数以万计的国有企业，情况异常复杂。不仅行业不同，地区分布不均，企业规模相差极大（从几十人到几百号人的小企业到几十万人的特大企业并存），而且生产力发展水平相差极度悬殊（从最尖端的高科技装备到手工式的落后技术装备都有），生产力发展不平衡和多层次的特点在国有企业内部明显地存在着。我国国有企业的这种状况，要求多种形式的公有制的实现形式与之相适应。如果完全固守原有的公有制的两种实现形式而不作新的发展，将难以实现国有企业进一步改革的要求，这将极大地影响国有企业的巩固和发展。国有企业如果不能得到有效的巩固和发展，这不仅将动摇我国公有制的主体地位，而且它作为我国市场的主体，也必将影响我国市场经济体制的进一步形成、发展和完善。十五大关于社会主义公有制实现形式的理论，为巩固、发展公有制经济提供了新的思路和理论依据，它必将全面推动我国国有企业的改革，促进公有制的多种形式的发展，并指导我们寻找到能够极大促进生产力发展的公有制实现形式，使我国社会主义公有制以更加坚强的实力和稳健的步伐，胜利地迈向 21 世纪。从而，为我国在 2010 年建立比较完善的社会主义市场经济体制和推动我国经济在 21 世纪获得持续、快速、健康发展的两大战略目标的实现，提供可靠的保证。

参考文献

[1] 马克思恩格斯选集：第 1 卷 [M]. 北京：人民出版社，1995.
[2] 马克思恩格斯选集：第 2 卷 [M]. 北京：人民出版社，1995.
[3] 马克思恩格斯选集：第 3 卷 [M]. 北京：人民出版社，1995.
[4] 马克思恩格斯选集：第 4 卷 [M]. 北京：人民出版社，1995.
[5] 资本论：第 1 卷 [M]. 北京：人民出版社，2004.
[6] 列宁选集：第 4 卷 [M]. 北京：人民出版社，1995.
[7] 邓小平文选：第 1 卷 [M]. 北京：人民出版社，1995.
[8] 邓小平文选：第 2 卷 [M]. 北京：人民出版社，1995.
[9] 邓小平文选：第 3 卷 [M]. 北京：人民出版社，1995.

结束过去开辟未来的历史性会议

十一届三中全会是一次具有深远历史意义的重要会议。如果说1935年召开的遵义会议是中国革命由失败走向胜利的伟大历史转折，那么，1978年召开的十一届三中全会则是中国社会主义建设事业从深刻的危机走向胜利发展的伟大历史转折，它开辟了建设有中国特色社会主义新的历史时期。可以毫不夸大地说，今天我们国家所呈现的繁荣昌盛的新局面，完全是由于贯彻执行党的十一届三中全会所制定的路线、方针、政策而取得的这一伟大成果。这次会议最重要的历史性成就，可以用八个字来概括，这就是："结束过去，开辟未来。"

一、十一届三中全会打破了"唯上、唯书"的一统天下，恢复和制定了"解放思想、实事求是"的思想路线

"实事求是"是我们党的优良传统，是遵义会议后毛泽东同志为我们党所制定的思想路线。然而，自20世纪50年代中期以后，党内的骄傲自满情绪和"左"的思想逐步发展起来，从社会主义改造时期的某些过头做法，发展到反右派斗争，以及总路线、"大跃进"、人民公社的"三面红旗"运动和随后的反右倾，一直到"文化大革命"和"文革"后的"两个凡是"。在这20多年的时间里，中国或是在"左"的思想影响下长期徘徊不前，或是在"左"的路线的直接指导下开历史倒车，使社会主义建设事业长期处于危机的状态而不能获得正常的发展。这种"左"的思想和路线的主要表现是"唯上、唯书"，它完全背离了实事求是的思想路线，违背了马克思主义的辩证唯物主义和历史唯物主义，从而步入了唯心主义和形而上学的泥潭。只有解放思想，实事求是，一切从实际出发，理论联系实际，我们的社会主义现代化建设事业才能顺利发展，我们党的马列主义、毛泽东思想的理论也才能顺利发展。十一届三中全会决定"明确党的思想路线"，强调指出："只有全党同志和全国人民在马列主义、毛泽东

思想的指导下，解放思想，努力研究新情况、新事物、新问题，坚持实事求是、一切从实际出发、理论联系实际的原则，我们党才能顺利地实现工作中心的转变，才能正确解决实现四个现代化的具体道路、方针、方法和措施，正确改革同生产力迅速发展不相适应的生产关系和上层建筑。”“解放思想，实事求是”的思想路线的确立，对我国新时期社会主义事业的发展具有头等重要的意义。

第一，坚持解放思想，实事求是，才能坚持辩证唯物主义和历史唯物主义，打破唯心主义盛行、形而上学猖獗的一统天下，使人们从对马克思主义的偏离，转而重新回到这一科学世界观和方法论的轨道上来。从而砸碎“左”的精神枷锁，摆脱对僵化的传统体制的迷信，去掉抱残守缺、不求进取的精神状态，使人们的思想来一次大的解放，这就为社会主义理论与实践的新发展奠定了思想基础。

第二，坚持解放思想，实事求是，才能坚持实践是检验真理的唯一标准，正确地对待马克思主义理论。即正确地对待马克思主义的基本原理、基本原则和基本方法与个别结论的界限，坚持其被实践反复证明是正确的基本原理、基本原则和基本方法，把握其精髓和活的灵魂，并在实践中予以运用；同时又敢于正视并舍弃其中被证明是过时的或原本就不确切的个别结论，真正将社会主义建立在科学的基础上。

第三，坚持解放思想，实事求是，才能坚持理论与实践相结合的原则，如实地将马克思主义看成是深深扎根于实践，并在实践中不断丰富和发展的理论体系，从而在实践中创造性地予以运用。这就是以马克思主义理论为指导，不断研究实践中出现的新情况，解决新问题，总结新经验，在社会主义的发展道路、发展阶段、根本任务、领导力量和依靠力量，以及发展战略等一系列重大问题上，得出创造性的科学结论，全面回答时代提出的，在经济文化比较落后的中国，如何建设社会主义，如何巩固和发展社会主义的问题，丰富和发展科学社会主义理论。不难看出，没有十一届三中全会制定的“解放思想，实事求是”的思想路线，就不会有建设有中国特色社会主义的理论和实践的发展。

二、十一届三中全全结束了以阶级斗争为纲的极左政治路线，实现了全党工作重点的转移，制定了建设社会主义现代化强国的政治路线

实现现代化是一百多年来中国人民世代追求的理想。1949 年中华人民共和

国的成立，为实现现代化创造了现实的社会条件。在新中国成立的最初七年时间里，我国在恢复和发展国民经济方面取得了巨大的成就。但是，从50年代后期开始，由于在社会主义社会发展阶段问题上的认识失误和对国内外阶级斗争形势估计得过分严重，党的八届十中全会得出了如下结论："在无产阶级革命和无产阶级专政的整个历史时期，在由资本主义过渡到共产主义的整个历史时期（这个时期需要几十年，甚至更多的时间），存在着无产阶级同资产阶级之间的阶级斗争，存在着社会主义和资本主义这两条道路的斗争。"这个结论成为"十年动乱"中概括出来的"无产阶级专政下继续革命"的理论和路线的主要理论依据。从这个理论出发，社会主义社会就只能始终以阶级斗争为中心，或者叫做以阶级斗争为纲来推动各项工作。这条以阶级斗争为纲的理论和政治路线使国不泰、民不安，政治生活的正常秩序横遭破坏，人民群众倍受压抑，不少干部群众受到残酷迫害，国民经济在长达20年的时间里徘徊不前，"文革"更使国民经济走到了崩溃的边缘，民不聊生。长此以往，社会主义事业有被毁掉的危险。

十一届三中全会总结了历史的经验和教训，作出了全党工作重点从1979年转移到社会主义现代化建设上来的伟大战略决策。这一决策制定的根本着眼点在于对社会主义的根本任务和对客观存在的阶级斗争状况的正确分析。全会指出："我们国内现在还存在着极少数敌视和破坏我国社会主义现代化建设的反革命分子和刑事犯罪分子，我们决不能放松同他们的阶级斗争，决不能削弱无产阶级专政。但是，正如毛泽东同志所说，大规模的急风暴雨式的群众斗争已经基本结束，对于社会主义社会的阶级斗争，应该按照严格区别和正确处理两类不同性质的矛盾的方针去解决，按照宪法和法律规定的程序去解决，决不允许混淆两类不同性质的矛盾的界限，决不允许损害社会主义现代化建设所需要的安定团结的政治局面。"这就从根本上否定了八届十中全会对社会主义的根本任务和阶级斗争状况的错误判断，否定了无产阶级专政下继续革命的理论和以阶级斗争为纲的政治路线，为工作重心转移到社会主义现代化建设上来奠定了理论基础。

全会指出，随着党和国家工作重心的转移，我国已进入了新的历史时期。这个时期的总任务是实现农业、工业、国防和科学技术的现代化，为把我国建设成为社会主义的现代化强国而努力奋斗。全会强调，"我们党所提出的新时期的总任务，反映了历史的要求和人民的愿望，代表了人民的根本利益。我们能否实现新时期的总任务，能否加快社会主义现代化建设，并在生产迅速发展的基础上显著地改善人民生活，加强国防，这是全国人民最为关心的大事，对于世界的和平和进步事业也有十分重大的意义”。

第一，建设社会主义现代化强国的政治路线的制定，在事实上确认了在当前和今后的历史时期，我国社会主义建设的根本任务是发展生产力，是实现四个现代化，而不是搞阶级斗争。并且强调指出，大规模的急风暴雨式的群众阶级斗争已经基本结束，社会主义时期的阶级斗争应按照宪法和法律所规定的程序去解决，等等。这就从理论上和路线上划清了大是大非，从此结束了长期困扰我们的、人为制造的阶级斗争和社会震荡的不正常局面，开创了我国社会主义现代化建设事业发展的新历史时期。

第二，建设社会主义现代化强国的政治路线的制定和改革开放方针的采取，便初步形成了我国社会主义初级阶段基本路线的主要内容。在三中全会后不久召开的理论务虚会上，邓小平又作了《坚持四项基本原则》的讲话，为拨乱反正，为改革开放和现代化建设事业沿着正确的方向前进廓清了方向。这样，新时期“一个中心，两个基本点”的基本路线便开始具备雏形。党的基本路线是我们的事业从胜利走向胜利的可靠政治保证。

第三，方向、路线正确固然很重要，但如果判断具体工作是非的标准不正确，甚至与方向、路线的基本要求相矛盾，也无法保证正确的方向、路线的实现，甚至有走到相反方面去的危险。十一届三中全会已经初步提出了新时期我们判断各项工作是非的标准。邓小平指出：“今后，政治路线已经解决了，看一个经济部门的党委善不善于领导，领导得好不好，应该主要看这个经济部门实行了先进的管理方法没有，技术革新进行得怎么样，劳动生产率提高了多少，利润增长了多少，劳动者的个人收入和集体福利增加了多少。各条战线的各级党委的领导，也都要用类似这样的标准来衡量。这就是今后的主要政治。离开这个主要的内容，政治就变成空头政治，就离开了党和人民的最大利益。”这就是说，在新时期，发展经济是最大的政治，衡量各项工作是非的标准是看其能否发展生产力，能否提高人民的生活水平。

第四，三中全会结束了对传统社会主义发展模式的顶礼膜拜，制定了改革开放的战略方针。传统的社会主义发展模式是在二十世纪二三十年代苏联的特殊历史条件下产生和发展起来的，它在当时发挥了重要的历史作用。但是，在20世纪下半叶科技革命飞速发展，生产规模不断扩大，市场需求不断增加和变换，世界经济一体化进程日益加速发展的条件下，传统社会主义发展模式便越来越不能适应社会主义事业发展的需要，并日益成为社会生产力发展的障碍。

因此，改革传统的社会主义发展模式，就成为发展社会主义现代化事业之必需。中国社会主义建设事业的发展固然有其自己的民族特点，但由于历史条件的限制，它也没有能够打破苏联传统社会主义发展模式的窠臼。这种传统的社会主义发展模式在中华人民共和国成立初期曾发挥过积极的作用，但在50年代中期以后，它的消极作用便日益突出起来，终于成为生产力发展的主要障碍。以毛泽东为代表的中国共产党第一代领导集体曾试图对传统社会主义体制进行一定程度的变革，但由于主客观条件的不成熟而没有取得成功。后来，在所谓“一大二公”思想的指导下，将这一体制发展得更加畸形。十年“文革”之后，人们在总结沉重的历史经验教训的同时，猛然发现世界资本主义经济高速发展的显著成就和社会主义各国方兴未艾的改革浪潮，从而对传统社会主义发展模式的弊病有了更加痛切的认识，对进行社会主义改革的必要性和重要性也有了更深切的体会。这样，改革传统社会主义体制的时机便成熟了。

党的十一届三中全会依据生产关系一定要适合生产力发展的原理，论述了社会主义改革的历史必然性。强调指出：“实现四个现代化，要求大幅度地提高生产力，也就必然要求多方面地改变同生产力发展不适应的生产关系和上层建筑，改变一切不适应的管理方式、活动方式和思想方式，因而是一场广泛、深刻的革命。”关于经济体制改革，会议指出，“我国经济管理体制的一个严重缺点是权力过于集中”，并提出了有领导地大胆下放权力，让地方和工农企业有更多的经营管理自主权；要大力精简各级经济行政机构，把它们的大部分职权交给企业性的专业公司或联合公司；要坚决按经济规律办事，重视价值规律的作用，注意把思想政治工作和经济手段结合起来，充分调动干部和劳动者的生产积极性；认真解决政企不分、以政代企的现象，实行分级分工分人负责等项措施，以发挥中央、地方、企业和劳动者个人四个方面的主动性、积极性和创造性，使社会主义经济蓬勃发展；会议还提出了让一部分人、一部分单位、一部分地区先富起来的大政策；会议强调了农业作为国民经济基础的地位，对农村经济的发展提出了具体的举措等。关于对外开放，会议指出：我国应“在自力更生的基础上积极发展同世界各国平等互利的经济合作，努力采用世界先进技术和先进设备”。关于政治体制改革，会议指出：要改变同生产力发展不相适应的上层建筑，改变一切不适应的管理方式和活动方式；认真解决党政不分、以党代政的现象；要加强社会主义民主，强调“在过去一个时期内，民主集中制没有真正实行，离开民主讲集中，民主太少，当前这个时期特别需要强调民主，强调民主和集中的辩证统一关系”；“为了保障人民民主，必须加强社会主义法制，使民主制度化、法律化，使这种制度和法律具有稳定性、连续性和极大的权威”；等等。

三、三中全会关于改革开放战略方针的制定，对我国社会主义事业的发展具有决定性的意义

第一，三中全会制定的改革开放的战略方针，为我国社会主义社会的发展找到了重要的发展动力，开启了中国走向社会主义现代化的现实道路。过去，我们不止一次地提出实现现代化目标，但均未获得成功，反而陷入了慢性的危机之中而不能自拔，其重要原因是旧的体制阻碍了生产力的发展。因此，实现现代化就必须改革传统的社会主义体制。十一届三中全会把实现现代化与改革传统的社会主义体制联系起来，把改革看成是社会主义现代化建设事业不可分割的组成部分，是推动社会主义现代化建设事业发展的重要动力，是社会主义现代化事业成败的关键之所在。这就提高了人们对改革的认识，破除了在我国长期存在的对传统社会主义发展模式的迷信，解放了人们的思想，为我国社会主义事业走出低迷状态和推动社会主义现代化事业的迅速发展找到了唯一正确的发展道路。

第二，十一届三中全会对改革的社会主义性质作了明确的宣示，这对我国改革开放的顺利、健康的发展具有十分重要的意义。其一，是把改革看成是生产力与生产关系矛盾运动发展的产物，是社会主义社会自身发展的必然要求。其二，是把社会主义的基本制度与具体制度（即体制）区别开来。过去，把苏联的社会主义等同于科学社会主义，把传统的社会主义体制等同于科学社会主义，甚至等同于社会主义基本制度，因此，一提改革，就以为是要根本改变社会主义制度。全会根据邓小平的理论，将社会主义的基本制度与社会主义的具体制度（即体制）区别开来。这就表明，社会主义的基本制度是应该坚持的，但有严重缺陷的传统社会主义体制是应该否定的，改革传统的社会主义体制，正是为了巩固、发展和完善社会主义的基本制度。其三，强调改革是在我们党的领导下进行的。是中国共产党科学地分析了改革的必要性和重要性，提出了改革的路线、方针和政策，并决心将改革进行到底。全会号召全党、全军和全国人民团结在党中央周围，为把我国建设成现代化的伟大社会主义强国而奋勇前进。可见，在党的十一届三中全会的文件中，改革是社会主义制度的自我发展和完善的科学结论，是不言而喻的。这里要指出的是，在改革伊始，就正确

地阐明并强调其社会主义性质，这是我国改革不同于苏联东欧国家改革的一个主要之点，也是我国改革开放事业不断从胜利走向胜利的一个重要的理论保证。

第三，十一届三中全会在制定改革开放的战略方针的同时，还提出了“改革是一场广泛、深刻的革命”的崭新命题。虽然改革是社会主义制度的自我发展和完善，但是要改革传统社会主义体制，就必然涉及社会生活的方方面面，既涉及生产关系，又涉及上层建筑；既涉及到管理方式和活动方式，又涉及社会、思想领域，因而具有广泛性。改革又具有根本性，因为不对旧的经济体制进行根本性的改造，就不可能建立起适应生产力发展要求的新的经济体制，就不可能解放生产力。所以这种改革不是细枝末节的量的变化，而是表现在体制和结构层次上的质的飞跃，具有深刻的革命性。因此，改革是一场广泛、深刻的革命。这一论断，提高了全党和全国人民对改革的长期性、艰巨性和复杂性的认识，对党和政府制定正确的改革开放政策具有重要的指导意义；同时，它还增强了全国人民对改革中不可避免将出现的曲折和阵痛所具有的承受力，这对改革在我国的稳步、健康的发展具有深远意义。

四、十一届三中全会结束了由最高领导人指定接班人的不正常做法，确立了邓小平在党的第二代领导集体中的核心地位

党的领导核心是在长期的革命和建设社会主义的实践中自然形成并涌现出来的，它受到全党和全国人民的广泛认同，并通过民主的程序予以正式确认。但在“文革”这一非常时期，林彪被错误地钦定为毛泽东的接班人，并被安排在党的副主席的位置上。“九一三”事件以后，这种做法非但没有被纠正，反而因毛泽东为华国锋书写的“你办事，我放心”的字条，华国锋被指定为党的最高领导人。事实证明，这种做法带有浓厚的封建色彩，危害非浅，必须彻底改变。

十一届三中全会首先在几个重大历史问题上纠正了“文化大革命”中作出的错误结论。为邓小平平反，为陶铸、彭德怀等老一辈革命家恢复名誉，为薄一波“六十一人案件”平反昭雪。接着，一批在“文化大革命”中被打倒的老同志重新恢复了中央的领导职务，这是组织路线拨乱反正的开始。它的意义在于：在中国历史发展的转折关头，在党和国家迫切需要老一辈无产阶级革命家发挥关键性历史作用的时候，我们党及时地恢复和重建了党的第二代领导集体

的革命权威。

最后，十一届三中全会以邓小平“解放思想，实事求是，团结一致向前看”的讲话为基调，形成了《十一届三中全会公报》，这标志着邓小平的思想和理论已正式为全党所接受，邓小平已成为党和国家第二代领导集体的核心，这是党心、军心、民心的集中体现。它完全打破了由最高领导人指定接班人的极不正常做法，为邓小平理论在中国的发展，并成为全中国人民在新时期的指导思想；为中国在改革开放和社会主义现代化建设道路上的胜利发展，提供了坚实的组织保证。

同时，恢复和重建党的第二代领导集体的革命权威，确立邓小平在党的第二代领导集体中的核心地位，还为党和国家在以后打破领导职务的终身制，为党的第二代领导集体向党的第三代领导集体的正常交接和顺利地跨入 21 世纪，奠定了可靠的组织基础。所有这一切，都为我们党在新时期组织上的正常运转树立了好的榜样，为优化党和国家的领导体制并将其制度化、法律化创造了有利条件，其影响是极其深刻和长远的。

二十年来，党的十一届三中全会所开创的建设有中国特色社会主义的伟大事业已经取得了辉煌的成就。这些成就表明，三中全会所制定的思想路线、政治路线和组织路线，是经过长期社会主义建设实践考验的马克思主义的正确路线。今后，只要我们继续高举邓小平理论的伟大旗帜，紧密地团结在以江泽民同志为核心的党中央周围，沿着十一届三中全会开辟的建设有中国特色社会主义的道路奋勇前进，就一定能将改革开放和社会主义现代化事业全面推向 21 世纪，实现中华民族的全面振兴，我们就一定能为人类作出新的更大贡献。

参考文献

[1] 三中全会以来重要文献选编：上 [M]. 北京：人民出版社，1982.

[2] 邓小平文选：第 2 卷 [M]. 北京：人民出版社，1983.

国外马克思主义政党研究

论当代马克思主义政党的革新

一、马克思主义政党正处在变革的历史过程之中

政党的自我革新，是政党发展的主要推动力，也是政党发展的客观运动规律。自近代以来，没有哪一个政党的发展壮大，不是经过自我革新而取得的；也没有哪一个缺乏自我革新能力的政党，能够逃脱最终走向衰亡的历史命运。马克思主义政党的发展史，就是为适应社会发展的需要而不断自我变革的历史。

由于世界的经济、政治、文化和社会等各个方面都发生了深刻的变化，因而在20世纪下半叶出现了世界性的政党危机，这一危机在马克思主义政党中表现得尤为突出。“欧洲共产主义”的产生，“市场社会主义”的兴起等，都是在理论上对政党危机的回应；而中国“文化大革命”的发生，苏东剧变等，则在很大程度上是政党危机不断发展的产物和表现。

苏东剧变以后，世界社会主义运动受到了巨大冲击，有的共产党被冲垮了，有的共产党改名易帜，但绝大多数国家的共产党经受住了考验。目前，各国共产党的力量正在恢复，有些还有所发展。但是应该指出的是，各国共产党的恢复和发展，并不是简单地表现在党员数量的增减上，而更重要的是在数量变动的同时，这些国家的党吸取了历史的经验和教训，为适应生存环境的变化，正在进行自我变革。确切地说，目前各国共产党正处在自我革新的过程之中。例如，法国共产党提出了“新共产主义”理论，主张建设“现代化的共产党”；日本共产党总结了历史的经验和教训，对日本走向社会主义的道路进行了新的规划，将日共定位为既是“工人阶级的党”，又是“日本国民的党”；意大利重建共产党提出了“开放与革新”的主题，制定了“为变革社会而改变自己”的方针；美国共产党对社会主义进行了全面反思，提出了建设“群众性的共产党”的方针；西班牙共产党提出“与左翼一起，建设未来”，用民主的方式实现社会主义的路线。与此同时，中国共产党在邓小平建党理论的基础上，提出了“三

个代表”的重要思想，作为新世纪党的建设的伟大纲领。

当前，世界各国马克思主义政党变革的内容可大致概括为以下诸方面。

（一）各国共产党正在从过去在一定程度上依从苏共的理论和政策的党，逐步转变为独立自主地制定党的理论和政策的党。

（二）从过去很大程度上是教条式地对待马克思主义的党，逐步转变为比较自觉地创造性地运用马克思主义的党。

（三）从过去单纯将从事体力劳动的中下层雇佣劳动者作为自己的主要阶级基础的党，逐步转变为将从事体力劳动和从事脑力劳动的两类雇佣劳动者都作为自己的主要阶级基础的党。

（四）从过去采取了不少“左”的斗争策略的党，转变为在策略上比较关注与中间阶层及其左翼政党之间的团结与联合的党。

（五）从权力高度集中的党内体制，逐步转变为实行高度民主的党内体制。

（六）从用传统方式工作的党，逐步转变为用现代方式工作的党。

二、马克思主义政党革新的社会历史根源

20 世纪下半叶，政党危机的发生与政党革新潮流的兴起，并不是由人的主观愿望决定的，它是当今世界的经济和政治发展的产物，是社会发展对政党提出的客观要求所使然。

第一，科学技术革命与生产力革命是政党革新的物质前提和基础。

近代以来，人类社会共发生了三次生产力的革命，即 18 世纪中叶开始的，在蒸汽机和工具机的双重推动下发生的工业革命；19 世纪下半叶由电工技术革命推动的重化工产业的兴起和发展；20 世纪中叶，特别是六七十年代发生的高新科技革命及其推动的生产力革命。新的科技革命和生产力革命给整个人类社会的发展以极其深刻的影响，也给马克思主义政党的革新以巨大的推动。

（一）国家垄断资本主义和资本国际化的发展，增强了资本主义的调节能力，改善了资本主义经济的运行状况。新科技革命引起生产社会化的高度发展，从而导致资本主义社会的基本矛盾即生产的社会化与垄断资本主义的私人占有之间的矛盾日益尖锐化，其重要表现之一，是现代经济发展所需要的巨额资本与私人资本积累的有限性发生了尖锐的冲突，这就迫使私人垄断资本不得不同资产阶级国家相结合，从而加速了国家垄断资本主义的发展。资产阶级国家除了从政治、军事上发挥保护社会的职能外，还从经济上采取广泛的措施对社会经济进行直接干预和调节，以保障社会再生产的顺利进行。其中主要是对经济的

运行和管理进行干预，赋予自由放任的市场经济以一定的计划性。这就在一定程度上缓解了资本主义内在的矛盾和冲突，改变了资本主义经济危机运行的周期，减轻了资本主义经济危机的灾难性后果。

科技革命的发展还促进了科学技术的社会化和国际化程度的大大提高，推动了国际分工、国际贸易和资本国际流动的发展，使得资本主义国家之间的经济联系空前加强，相互依赖程度不断提高，从而加速和加深了国家垄断资本的国际联合。这不再是几个国家的私人垄断资本在流通领域的联合，而是国家垄断资本在生产、货币、金融、高科技等领域内实现的全面的国际联合。它缓和了资本主义国家之间的矛盾和对立，改善了资本主义经济生存的国际环境，加强了西方资本主义国家之间的协调与合作，并使资本主义经济应付危机的能力大大提高，因而战前那种毁灭性的经济危机没有再发生，战争引起革命的形势也没有出现。

资本主义经济表现出的自我调节能力与新的活力，要求马克思主义政党重新审视当代资本主义的经济发展及其对广大工人阶级和劳动群众的政治走向所产生的深刻影响，调整自己对资本主义的整体战略和策略。

（二）科技革命推动生产力的巨大发展，带来社会阶级结构的新变化。新科技革命使社会生产力获得了突飞猛进的发展。同以往相比，20 世纪下半叶社会生产力发展的速度和规模超过了人类历史上的任何一个时代。在生产力发展的同时，社会产业结构也发生了巨大的变化。工业经济时代，产业结构以第二产业取代第一产业成为国民经济的主导为其特征；信息经济时代的到来使第二产业在国民经济中的比重下降，第三产业的地位不断上升，并逐步占据主导地位。

产业结构的巨大变化带来社会阶级结构的深刻变动。由于信息化的发展和知识作用的提高，出现了产业结构软化，即社会生产和再生产过程中体力劳动和物质资源的投入相对减少，而脑力劳动和科学技术的投入相对增多。与此相适应，社会中从事脑力劳动的人数不断增加，作用日益重要。在发达资本主义国家，从事体力劳动的“蓝领阶层”的比重由占社会劳动者的 80%以上，逐渐下降到 20%以下，而从事脑力劳动的“白领阶层”的比重则逐渐上升到 80%左右。这就表明，工业经济时代以从事体力劳动的社会成员为主体的社会，正在被信息经济时代以从事脑力劳动的社会成员为主体的社会所取代。

社会结构的变化造就了一个强大的中间阶层。当前，发达资本主义国家由于第一和第二产业持续缩小，第三产业日益扩大，农民和工人的人数大为减少，中产阶层的人数大为增加。中产阶层已经成为社会的主体，其社会地位日益提高，政治影响日益增强。

资本主义社会阶级结构的上述变化，意味着原来以从事体力劳动的工人阶级和中下层劳动群众为主要阶级基础的各国共产党，其主要依靠的力量削弱了，因而要求马克思主义政党认真对待当前党的阶级基础和群众基础所发生的新变化，并对其理论和政策作必要的调整。

（三）资本主义国家采取福利政策、建立三方协调机制和实行参与制，对劳资矛盾起到了缓和的作用。二战以后，垄断资本利用高新技术革命推动生产力迅猛发展的丰硕成果，大大地提高了从本国劳动群众、特别是从第三世界国家劳动群众中攫取的利润，从而使资本的“蛋糕”越做越大，这就有可能从中切取比过去大一点的部分，用来满足发达国家下层劳动群众的最低生活需要，以稳定资本主义的后方。这样，在社会主义国家福利政策的推动下，经过资本主义国家广大工人阶级和劳动群众的长期艰苦斗争，发达资本主义国家比较普遍地推行了“福利国家”政策，即高工资、高福利、高消费的政策，建立起覆盖全民的从摇篮到坟墓的全方位社会保障制度体系，推行积极的劳动市场政策，即提高劳动者的文化素质和工作技能，预防和减少失业的政策。这就使发达资本主义国家在社会两极分化发展的同时，其中下层劳动群众的基本生活能够有所保障。

新科技革命使人在社会生产中的地位也发生了深刻的变化。在工业社会，机器是经济活动中最主要的因素，人成为机器的附属品；而在信息社会，人才真正成为机器的主人，一切经济活动都由人及其操纵的电脑按设定的程序进行，所有知识的生产、传播和创新都离不开人的劳动。与此相适应，企业不能再把工人看作单纯干活的机器或机器的附属物，而必须关注他们主动性、创造性的发挥。上述变化反映在劳资关系上，就是三方协调机制的建立和参与制的实行。三方协调机制是由政府、工会和雇主三方的代表组成的三方委员会，协调劳动和社会关系的体系和机制，其任务是实现劳动与社会关系的和谐，保障社会稳定。参与制包括两个方面：一是参与股份，即企业动员雇员以优惠条件购买本公司的股票，或让雇员获得本公司的奖励股票；二是参与管理，即企业让雇员的代表进入董事会或管理委员会，参与一定的企业管理和企业决策。但是，无论是三方协调机制还是参与制，都不会动摇雇主在资本及其运作中的主导地位，相反，它却可能使雇员的阶级意识淡化，产生对企业的认同感。

劳资关系出现的前所未有的新变化，要求马克思主义政党认真地对其加以分析研究，并制定相应的对策。

（四）资本主义民主制的发展，使雇佣劳动与资本国家之间的矛盾有所缓解。

二战以后，在新科技革命的推动下，社会生产在集中化、大型化趋向发展的同时，也表现出分散化、小型化和个性化的发展趋向，人在经济活动中的自主作用日益增强。经济领域的变化不可避免地对上层建筑的发展产生深刻的影响。战后，资本主义民主制不仅获得量的扩展，而且在质上也有所提高，其表现是：发达资本主义国家已经实现了普遍、平等、直接的选举权；国家法治化的程度进一步加强，资产阶级国家在不放弃暴力的同时，更多地使用法治手段，这已成为一种普遍的趋向；政治参与有所扩大，战后资本主义国家权力的行使越来越注意与公民的自下而上的政治参与相结合，公民在法治范围内广泛地通过个人的政治、法律行为，或以团体、组织、政党为单位的集体的政治、法律行为，对国家政策的制定与执行施加影响，从而对国家权力意图的形成和有效行使产生作用。资本主义国家上层建筑的上述变化，没有改变其资产阶级国家的本质，但对劳动与资本国家的矛盾和对立却起到了一定的缓和作用。这就要求马克思主义政党认真分析资产阶级国家与社会的关系，采取新的战略和策略。

以上情况表明，科学技术革命与生产力革命使资本主义经济和政治的运行、整个社会的阶级结构、工人阶级的内部结构、劳资矛盾的发展等都发生了新的变化，这就要求马克思主义政党根据新的经济和政治状况，即新的斗争环境，采取新的战略和策略。为此，党自身就必须进行自我变革，使党的思想观念、组织结构、主要功能、运行机制、活动方式等适应社会发展的需要，从而使党在新的历史条件下能够立足于社会，并获得新的发展。

第二，革新是马克思主义政党发展的内在要求。

社会主义政党自产生以来，其发展大致可分为三个历史阶段。从 19 世纪中叶至 20 世纪初年是社会主义政党发展的第一阶段。这一时期社会主义政党是在马克思、恩格斯的指导下建立的，其中一类是工人和社会主义者的国际联合组织，如共产主义者同盟、第一国际、第二国际等；另一类是在民族国家范围内建立的社会主义政党，其中主要是 1869 年建立的德国社会民主工党，以及在其他 20 多个欧美国家建立的无产阶级政党和组织。此时，资本主义正处在其自由发展的阶段，无产阶级革命的形势还没有形成。在这种情况下，社会主义政党的主要任务，是进行马克思主义的宣传，教育和启发工人的政治觉悟，团结和组织工人阶级的队伍，为未来的社会主义革命作准备。这一时期的社会主义政党，主要是依靠议会民主进行斗争的类型的党。

从 20 世纪初至 20 世纪 70 年代是马克思主义政党发展的第二阶段。这一时期社会主义政党是在列宁的思想指导下建立和发展起来的，其中一类是国际工人和社会主义者的联合组织，如第三国际等；另一类是在各民族国家范围内建立的共产党，主要是1903年形成的俄国社会主义民主工党（布尔什维克），后称联共（布），以及十月革命后在70多个国家和地区建立的无产阶级的政党和组织。此时，自由资本主义已经过渡到它的垄断阶段即帝国主义阶段，资本主义的矛盾空前激化，战争与革命成为时代的主题。显然，在议会民主条件下发展起来的、依靠议会民主进行斗争的类型的党，是不能适应革命形势发展需要的，必须建立新型的无产阶级革命政党，即为进行社会主义革命、实现无产阶级专政和建设社会主义的党，这就是列宁的布尔什维克式的党。其特点是：党是一个秘密的战斗组织，由职业革命家所组成；党的每一个成员都必须参加一个支部的组织生活，为实现党的任务而奋斗；党建立了从中央到地方的严密的组织体系，实行少数服从多数，下级服从上级，全党服从中央的组织原则；党是工人阶级的先锋队组织，而不是工人的群众性组织，然而，党同工人阶级和人民群众保持密切的联系，代表他们的根本利益。第三国际时期的各国共产党，基本上是按照联共（布）党的榜样建立和发展起来的。

从20世纪70年代至今，是马克思主义政党发展的第三阶段。这是跨国垄断资本发展的年代。尽管第三国际时期的各国共产党，在20世纪社会主义事业的发展中都起到了积极的作用，作出了自己的贡献，但这种类型政党的弊病在以后的发展中也日益严重，引发的危机早在五六十年代就已经出现。很明显，在和平与发展已经成为时代主题，发达资本主义国家广泛实行议会民主，以及欧亚拉美15个国家的共产党执掌政权的情况下，继续采用20世纪初秘密政党的基本体制进行活动，这显然是不合适的，但这个问题却一直没有引起足够的重视，从而导致战后美国共产党和日本共产党以及东南亚各国共产党的连连受挫。1977年，法国、意大利、西班牙三国共产党的领袖在马德里会晤，发表了共同宣言，提出了“欧洲共产主义”理论，这是欧洲各国共产党为摆脱政党危机而采取的一个重大的步骤。1978年，中共十一届三中全会制定了“解放思想、实事求是”的思想路线，提出了改革和开放的一系列大政方针，为党和国家的革新开辟了崭新的发展道路。与此同时，苏联东欧各国共产党却拒绝党和国家体制的变革，最终在20世纪八九十年代相继走向衰亡。这一事实突出地表明，在以高新科技为先导的生产力第三次革命不断发展的条件下，在世界的经济、政治、文化和社会都发生了前所未有的深刻变化的今天，以苏共为榜样建立和发展起来的各国马克思主义政党，只有进行自我革新，才可能获得发展，否则便是没有出路的。在这种历史大趋势下，无论是资本主义国家的共产党还是社会主义国家的共产党，都在世纪之交进行了不同程度的自我变革。

三、马克思主义政党革新的主要任务

马克思主义政党要进行自我革新，一要根据高新技术革命和生产力革命条件下社会在各方面发生的深刻变化及其对马克思主义政党提出的要求，二要根据百年来各国马克思主义政党实践的成功经验和失败教训。实际上，这些经验和教训不仅反映了政党发展变化的一般规律，而且也比较集中地反映了时代对马克思主义政党发展的要求。从上述两个基点出发，可将马克思主义政党革新的主要任务归纳为以下诸方面。

第一，巩固和发展党的阶级基础。

长期以来，从事体力劳动的中下层雇佣劳动者，是马克思主义政党赖以存在和发展的主要阶级基础，这在蒸汽机革命和电工技术革命的时代，无疑是正确的。但是在以信息技术为中心的高新技术革命的时代到来的时候，情况发生了巨大的变化，从事体力劳动的雇佣劳动者即“蓝领”的比重日益下降，而从事脑力劳动的雇佣劳动者即“白领”的比重日益上升；出现了工人阶级知识化、体力劳动智力化的发展趋向；智力劳动者正在成为知识经济时代推动社会生产力发展的主要力量，是先进生产力的主要代表。这意味着党的阶级基础原有的主体部分正在萎缩。今后，仅仅依靠这个部分作为党的主要阶级基础，党将不可能获得发展。

实际上，工人阶级作为雇佣劳动者，在不同的时期和不同生产力条件下，其从事劳动的具体方式会有很大的不同，其内部构成及生活水平的差异也会很大，然而，他们作为雇佣劳动者的本质却是相同的。马克思和恩格斯曾经将从事脑力劳动的雇佣劳动者称之为“脑力劳动无产者”或“脑力劳动无产阶级”，恩格斯曾经指出：“脑力劳动无产阶级，他们负有使命同自己从事体力劳动的工人兄弟在一个队伍里肩并肩地在即将来临的革命中发挥巨大作用。”现在，恩格斯的这个科学预见正在成为现实。马克思主义政党应改变传统的过时观念，将从事脑力劳动的雇佣劳动者与从事体力劳动的雇佣劳动者同等看待，都作为工人阶级不可分割的组成部分，在继续将“体力劳动无产者”作为党的主要阶级基础的同时，果敢地将“脑力劳动无产者”也纳入党的主要阶级基础，从而使党的阶级基础更具有先进性，并使党的阶级基础获得巩固和发展。

第二，扩大党的群众基础。

在过去相当长的时间里，人们囿于传统的看法，认为阶级对立将日益简单化，中间阶层将随着社会化生产的发展而走向衰亡，并以此为依据制定了带有“左”的色彩的对待中间阶层的政策。但是，在当今科学技术和生产力获得巨大发展的条件下，出现了马克思主义者所未曾预料的情形，这就是中间阶层的兴起和发展壮大。在以往的社会形态中，社会人群的体系均呈底座大、顶端小的“金字塔型”；而现代社会顶层的巨富和社会底层的绝对贫困者都是少数，出现了一个数量大大超过两端的中间阶层，他们的人数占总人口的40%以上，其主要构成为从事脑力劳动的行政管理人员、专业技术人员、商业营销人员，以及教师、职员、店员、文秘等，他们中的相当一部分人是与社会化生产、与高新科技的发展紧密联系的，也是先进生产力的代表。

中间阶层的兴起，其重要的地位和巨大的能量使任何一个社会阶级及其政党都必须考虑它的存在，都必须获得它的支持，才可能问鼎政权和巩固政权。因此，马克思主义政党必须高度重视中间阶层的发展及其在历史上的地位和作用，并在党的纲领和政策中体现中间阶层的利益，与他们建立起密切的联系，吸收其中的优秀分子入党，将其紧密地团结在自己周围，从而扩大马克思主义政党的阶级基础和群众基础。

马克思主义政党作为工人阶级的先锋队，除了代表社会发展利益外，没有自己的特殊阶级利益，因此始终代表广大人民群众的根本利益是它的本质要求。这就赋予了马克思主义政党以极大的包容性，使它胸怀宽广，海纳百川，能够将各种进步的阶级、阶层和社会集团都团结在自己的周围，从而把党的阶级的先进性与广泛的群众代表性紧密地结合起来，使其成为既具有工人阶级先锋队的性质，又是具有广泛群众代表性的党。

第三，建立民主的政党体制。

传统的马克思主义政党体制的突出特点和主要弊病，是权力的高度集中和民主发展的严重不足。虽然这一体制的产生有其特殊的历史原因和存在的合理性，但是，如果不考虑时代的变化，将弊端当作优势予以保护，则是与马克思主义不相容的。马克思和恩格斯科学论证的社会主义是这样一种极高境界的社会：“在那里，每个人的自由发展是一切人自由发展的条件。”而民主是人们争取自由、保障自由和发展自由的主要政治途径和方法。恩格斯在批评丹麦党内不民主的做法时曾尖锐地指出：“难道我们要求别人给自己以言论自由，仅仅是为了在我们自己的队伍中又消灭言论自由吗?”总之，一个以建设高度政治文明和实现高度社会主义民主为己任的党，其党内生活也必须是文明的、民主的。

20世纪中叶以来，随着科学技术的进步和生产力的巨大发展，生产领域出现了分散化和小型化的发展趋势；管理领域则呈现出权力分散、共同参与的特点。人作为社会主体的地位得到了进一步的体现，其主动性、积极性和创造性有了更好的发挥。社会的上述发展变化，使马克思主义政党党内生活民主化的问题成为迫切需要解决的问题，并提上了议事日程。历史经验表明，没有党内民主，就不可能有社会主义社会的民主。而在今天，任何一个缺乏民主的“马克思主义政党”，和任何一种缺乏民主的“社会主义社会”，都是广大工人阶级和劳动群众所无法接受的。

马克思主义政党党内民主建设，需要全面贯彻党的民主集中制原则，解决好党的权力高度集中和民主发展严重不足的矛盾，特别要切实保障党员民主权利的实现。为此，必须实现党的领导机关的民主选举、党的重大方针政策的民主决策、党内事务的民主管理、自上而下和自下而上紧密结合的党内民主监督等四个方面基本要求，并使民主选举、民主决策、民主管理、民主监督走上制度化、法律化的轨道，使党内民主成为巩固和发展马克思主义政党的重要制度和机制。这是关系到党的巩固和发展的重大问题。

第四，创造性地解决本国社会主义的发展道路问题。

在苏共强制推行国际共产主义运动“一个中心”、社会主义发展“一种模式”的理论的影响下，各国马克思主义政党在理论和政策上对苏共产生了不同程度的依从性，并受到苏共严重教条主义习气的影响。然而，世界社会主义运动的历史经验和马克思主义理论都说明，由于各个民族国家的经济、政治、文化、社会，以及民族传统和风俗习惯都具有自己的特点，因此，只有独立自主地、创造性地将马克思主义运用于本国实践，社会主义事业才是具有生命力的。

在以高新科技革命为先导的第三次生产力革命迅猛发展的条件下，正在发生着深刻变化的社会，给当代社会主义运动的发展提出了一系列需要解决的重大理论和实践问题。马克思和恩格斯不可能在一个半世纪前为今天的发展变化提出解决问题的现成方案，这就需要各国马克思主义政党，特别是党的领导集团具有积极的创新思维能力，具有改革和闯新路的勇气；能够深入实践、深入群众，将马克思主义的基本原理与本国的具体实际相结合，制定新的理论、路线、方针和政策，走符合本国国情的社会主义发展道路。

要在理论和实践上具有创新的能力，马克思主义政党就必须坚决摒弃唯心主义和形而上学的思想路线，坚定地回到马克思主义的辩证唯物主义和历史唯物主义的世界观和方法论的基础上来，破除“左”倾教条主义的僵化思维和对传统社会主义体制的迷信，克服抱残守缺、不求进取、得过且过的保守心态，使思想来一次解放。

马克思主义政党的理论和实践的创新，不仅仅是党的领袖和党的领导机关的事，而且是全党的事。因此，马克思主义政党必须建立自己的创新体系，优化创新资源，协调党内和党外各方面的创新活动，以推动理论和实践创新的广泛而深入地进行。一方面，要动员全党各级组织来做好这项工作，全党都要重视马克思主义的学习，重视调查研究，重视工作经验的总结，重视有关信息的收集、整理和分析，从而为理论和实践的创新提供广泛的群众基础和现实基础；另一方面，还需要建立由各方面的专家组成的智力库，就重大的理论和现实问题进行专题性研究和综合性研究，为理论和实践的创新提供强大的智力支持。

总之，马克思主义政党的革新，就是要使传统的马克思主义政党转变成为现代的马克思主义政党，即从过去很大程度上教条式地对待马克思主义的党，转变为自觉地创造性地运用马克思主义的党；从工人阶级先锋队的党，转变为既具有工人阶级先锋队的性质，又具有广泛群众代表性的党；从过去采取了不少“左”的斗争策略的党，转变为重视与广大中间阶层及其左翼政党的团结与合作的党；从权力高度集中的党，转变为高度民主的党；从采用传统方式活动的党，转变为采用现代方式活动的党。

四、革新是马克思主义政党的自我发展和完善

第一，马克思主义政党的革新是对传统政党模式的扬弃。

马克思主义政党的革新，从根本上说是其自身内在矛盾发展的产物。马克思主义政党的任务是带领广大工人阶级和劳动群众用社会主义代替资本主义，并最终实现共产主义社会。这是一个长期发展的历史过程。由于客观世界总是处在不断发展变化的过程之中，而马克思主义政党自身的建设往往跟不上客观世界的发展和变化，因此就需要马克思主义政党对自身不适应客观发展的方面进行变革，以满足社会发展的需要。这就是马克思主义政党的革新。

革新是马克思主义政党的自我发展和完善，是对传统政党模式的辩证的否定。辩证的否定是通过事物内在的矛盾运动而进行的自身的否定，并通过自身否定实现“自己的运动”，即自我发展。辩证的否定就是“扬弃”，它是包含着肯定的否定，既有克服又有保留。因此，马克思主义政党的革新并不是简单地否定传统的政党模式，而是要采取分析的态度，保持并发扬其中有效的、符合社会发展规律要求的成分，如坚持马克思主义的基本原理，坚持民主集中制的组织原则，坚持代表先进生产力发展要求，坚持代表先进文化的前进方向，坚

持代表绝大多数人民群众的根本利益，坚持马克思主义政党在争取和建设社会主义事业中的核心领导作用等；舍弃其中不合理的、有害的成分，如理论上的教条主义、高度集中和缺乏民主的政党体制、个人崇拜等，并用经过科学论证和实践检验的、合乎社会发展规律的新内容补充之。

在马克思主义政党的革新中，有必要借鉴西方国家资产阶级政党变革的经验和教训。西方国家资产阶级政党的历史要比马克思主义政党久远得多，它们适应社会发展的变化多次进行自我变革，才有了今天的发展。因此，在它们变革党的经验和教训中，有不少是反映政党发展一般规律的东西，值得我们在变革马克思主义政党的实践活动中予以借鉴。但是，借鉴不是要照搬西方政党的发展模式，更不是要将马克思主义政党变成资产阶级的“议会党”，而是要对西方政党的经验采取分析的态度，去其糟粕，取其精华，将其中被实践检验证明是有效的、并符合社会发展规律要求的东西借鉴过来，为巩固和发展马克思主义政党服务。

第二，马克思主义政党的革新是一个长期发展的历史过程。

马克思主义政党的革新是一个长期发展的历史过程。这是因为：首先，客观世界总是处在发展变化的过程之中，而政党的发展变化往往滞后于客观世界的变化，因此，革新应该是贯穿于马克思主义政党发展全过程的矛盾运动。其次，任何国家马克思主义政党的革新都必须根据自己的特殊国情和党情，不可能照抄别国的政党模式，哪怕这种模式是成功的，这就需要在实践中努力探索各自政党独特的发展道路。为此，就需要经过实践的反复检验和修正，其间还可能经历暂时的挫折和失败。所以，马克思主义政党的革新并不是一帆风顺的，不是一蹴而就的。最后，马克思主义政党的革新关系到观念的转变、组织结构的调整、功能的转换，甚至还关系到人民利益的变动等，这其中每个方面的转变，都需要一定时间和过程，才能使问题得到解决，而不是今天想到和说到，明天就可以做到的事。因此，对待马克思主义政党的革新既要态度非常积极，又要态度非常谨慎；既要抓紧当前的时机努力推进革新工作，又要有长期作战的思想准备；要采取循序渐进的方针，有领导、有计划、有步骤地进行，而不能急躁冒进。否则就会欲速则不达，其效果也不可能好。

参考文献

[1] 马克思恩格斯全集：第 1 卷 [M]. 北京：人民出版社，1995.

[2] 马克思恩格斯全集：第 22 卷 [M]. 北京：人民出版社，1965.

[3] 马克思恩格斯全集：第 37 卷 [M]. 北京：人民出版社，1972.

马克思主义政党理论自觉的新高度——“与时俱进”、不断“开拓创新”理论的时代价值

在“三个代表”重要思想中，“与时俱进”和不断“开拓创新”的理论具有十分重要的地位，它们是中国共产党第三代领导集体总结世界各国执政党兴衰成败的历史经验、社会主义国家执政的共产党兴衰成败的历史经验、中国共产党50多年执政的历史经验，所得出的具有规律性的科学结论，是马克思主义政党理论自觉所达到的新高度。它们不仅对中国共产党今后的发展具有十分重大的意义，而且对处于低潮中的世界社会主义运动和处于复杂环境中的各国共产党都具有重要的理论价值。

一、马克思主义政党理论自觉的时代内涵

马克思主义政党自觉性的要求是列宁于1902年在《怎么办？（我们运动中的迫切问题）》一书中提出的。列宁在该书第二章所用的标题就是“群众的自发性和社会主义民主党的自觉性”。在这里，党的“自觉性”即是社会民主党在无产阶级革命中领导作用的论点的另一种提法，它是针对经济派否认工人阶级政党的领导作用，崇拜工人运动的自发性，否定向工人运动灌输社会主义意识的必要性而提出来的。尽管列宁在该书中明确地指出社会民主党的“自觉性”应该体现在党的理论、政治、组织等方面，例如他指出：“群众的自发高潮愈增长，运动愈扩大，对于社会民主党在理论工作、政治工作和组织工作方面表现巨大的自觉性要求也就愈无比迅速地增长起来。”但是，列宁论述有关社会民主党“自觉性”问题的重点却是在理论方面，即理论的自觉性。针对经济派崇拜工人运动的自发性和否定马克思主义理论的意义的错误思潮，列宁深刻揭示了革命理论和社会主义觉悟的重大意义，提出了“没有革命的理论，就不会有革命的运动”，“只有以先进理论为指南的党，才能实现先进战士的作用”等著名

论断。值得我们注意的是，列宁还把马克思主义政党的自觉性与开拓创新联系起来，指出："当前运动的力量在于群众（主要是工业无产阶级）的觉醒，而它的弱点却在于身为领导者的革命家缺乏自觉性和首创精神。"

列宁的《怎么办?》一书发表至今已经整整一个世纪，马克思主义政党的理论自觉性已经有了巨大的提高，现在公开鼓吹群众的自发性，否定马克思主义理论指导意义的已经不多见了。但是，缺乏"首创精神"的马克思主义政党却并不少见。所以，我们可以看到的事实是，并非任何一个自称是以马克思主义理论为指导的工人阶级政党都能够获得应有的发展和取得应有的成功。决定马克思主义政党成败的因素是多方面的，但其中一个重要的因素是对作为指导思想的马克思主义理论采取何种态度。这种对待马克思主义理论的态度，反映了一个工人阶级政党对待马克思主义理论的自觉程度。在现今的时代条件下，马克思主义政党的理论自觉应有更丰富的内涵：

其一，是深刻认识马克思主义理论对于党和社会主义事业的极端重要性，全党特别是党的领导集团具有持之以恒地、认真而不是敷衍地学习马克思主义理论的自觉性；

其二，是深刻认识马克思主义理论是行动的指南，而不是千古不变的教条，并具有将马克思主义的基本原理与本国实际和时代特征相结合，创造性地运用马克思主义理论于本国实际的自觉性；

其三，是深刻认识马克思主义是发展的、开放的理论体系，并具有不断总结新鲜的历史经验，不断丰富和发展马克思主义理论的自觉性，以及运用发展了的马克思主义理论指导新的社会实践的自觉性。

是否具有理论的自觉，是一个马克思主义政党在政治上是否成熟的重要标志，也是一个马克思主义政党能否取得社会主义革命和社会主义建设事业胜利的必要条件。因此，这是一个很高的要求。对于一个工人阶级的政党来说，真正做到马克思主义的理论自觉绝不是一件轻而易举的事情，它是一个马克思主义政党长期坚持不懈的斗争、勇于实践和探索、不断总结历史经验而走向成熟的结果。

二、20世纪马克思主义理论的三次飞跃与党的理论自觉

马克思和恩格斯在19世纪下半叶，亲手建立了第一国际和第二国际，并帮助西欧许多国家的工人阶级建立了自己的政党。他们直接指导了第一国际和第二国际的革命实践，纠正它们在工作中的错误，帮助各国的工人政党在斗争中

成长。在这一时期，马克思和恩格斯对各国工人阶级政党的直接指导和关怀，在很大程度上弥补了这些政党在马克思主义理论修养和理论自觉上的不足。这种不足在1895年恩格斯逝世以后就很快地暴露出来了。这时，修正主义思潮迅速在党内扩大了自己的阵地，第二国际所属各国政党在第一次世界大战中全都倒向了帝国主义的怀抱（除布尔什维克党外），从而遭到了可耻的破产。自那时以来，马克思和恩格斯留下的宝贵历史遗产——马克思主义理论就在工人阶级和广大劳动群众争取民主和社会主义的斗争中曲折发展。在这一过程中，马克思主义理论曾经获得了三次突破性的发展，我们称之为三次飞跃。这三次飞跃都是马克思主义政党具有高度理论自觉的产物和表现。

第一次是列宁和布尔什维克党对马克思主义的新发展。

列宁高度重视马克思主义理论对工人阶级政党的重要意义，他告诫俄国的社会民主党人如果“没有理论，革命派别就会失去生存的权利，而且不可避免地迟早注定要在政治上遭到破产”。同时，列宁又特别反对以教条主义的态度对待马克思主义理论，反复强调恩格斯的名言：“我们的学说不是教条，而是行动的指南。”他指出，如果我们忽视了这一方面，“就会把马克思主义变成一种片面的、畸形的、僵死的东西，就会抽掉马克思主义的活的灵魂，就会破坏它的根本的理论基础——辩证法，即关于包罗万象和充满矛盾的历史发展的学说，就会破坏马克思主义同时代一定实际任务之间的联系，而这些实际任务是可能随着每一次新的历史转变而改变的。”列宁还特别要求俄国社会民主党人必须将马克思主义的基本原理创造性地运用于本国的实际，不断丰富和发展马克思主义理论。他强调指出：“我们决不把马克思的理论看作某种一成不变的和神圣不可侵犯的东西。恰恰相反，我们深信：它只是给一种科学奠定了基础，社会党人如果不愿落后于实际生活，就应当在各方面把这门科学推向前进。我们认为，对于俄国社会党人来说，尤其需要独立地探讨马克思的理论，因为它所提供的只是总的指导原理，而这些原理的应用具体地说，在英国不同于法国，在法国不同于德国，在德国又不同于俄国。”列宁本人就是根据俄国的实际和时代特征创造性地运用马克思主义、丰富和发展马克思主义的典范。他在反对第二国际机会主义的斗争中，根据20世纪初年科学技术的进步和社会生产力的新发展，以及帝国主义时代资本主义基本矛盾的新变化，创造性地提出了关于帝国主义的理论、社会主义革命的理论、无产阶级专政的理论、新经济政策理论以及国际关系理论，等等。列宁和布尔什维克党高度的理论自觉，成功地“在各方面”把马克思主义这门科学“推向前进”，实现了马克思主义在20世纪的第一次飞跃。

列宁的历史性贡献主要在于，他突破了马克思和恩格斯关于社会主义革命将首先在西欧发达资本主义国家同时发生的历史判断，论证了帝国主义时代社会主义在一国或几国首先胜利的可能性，并成功地领导了俄国这样一个经济文化落后的国家取得了社会主义革命的胜利；他突破了马克思主义关于社会主义将不存在商品和市场的论断，根据经济文化落后的俄国的实际，提出了新经济政策理论，在过渡时期的历史条件下，第一次探索了将计划经济与商品、市场相结合的社会主义经济建设道路。

第二次是以毛泽东为代表的中国共产党第一代领导集体对马克思主义的新发展。

毛泽东高度重视马克思主义理论对党的重要意义，他在《实践论》中指出，马克思主义理论的“重要性充分地表现在列宁说过的一句话：‘没有革命的理论，就不会有革命的运动。’然而，马克思主义看重理论，正是，也仅仅是，因为它能够指导行动”。他认为，不注重马克思主义的实际应用是一种极坏的作风，并要求全党以“实事求是的态度”对待马克思主义，“就是要有目的地去研究马克思列宁主义的理论，要使马克思列宁主义的理论和中国革命的实际运动结合起来，是为着解决中国革命的理论问题和策略问题而去从它找立场，找观点，找方法的”。毛泽东还强调指出，不能教条式地对待马克思主义，不能“把马克思列宁主义书本上的某些个别字句看作现成的灵丹圣药，似乎只要得了它，就可以不费气力地包医百病”。而是要创造性地运用马克思主义于中国的实际，“在各方面作出合乎中国需要的理论性创造，才叫理论与实际相联系。”以毛泽东为代表的中国共产党人以其高度的理论自觉，将马克思主义的基本原理运用于中国革命和建设的实践，形成了适合中国情况的科学的指导思想——毛泽东思想。毛泽东思想不仅保证了中国革命的胜利、社会主义制度的建立和社会主义建设的初步成功，而且还以自己独创性的理论丰富和发展了马克思列宁主义，实现了马克思主义理论在20世纪发展的第二次飞跃。

毛泽东的历史性贡献主要在于，他在理论和实践上解决了在中国这样一个半殖民地半封建的大国，如何进行无产阶级领导的人民民主革命，如何将民主革命转变为社会主义革命，如何建立社会主义制度和开展社会主义建设的一系列重大理论和实践问题。

第三次是以邓小平为代表的中国共产党第二代领导集体对马克思主义的新发展。

20世纪七十年代中期，社会主义各国的体制危机进一步发展和深化，社会主义向何处去的问题成为世人瞩目的焦点。“文化大革命”后的中国也正处在发展的十字路口。以邓小平为代表的中国共产党人，既反对继续走传统社会主义体制的死路，也反对走资本主义的绝路，而是坚定地将马克思主义的基本原理与中国社会主义建设的具体实践和时代特征相结合，创造性地提出了建设有中国特色的社会主义理论，带领党和国家进入了社会主义发展的新时期。邓小平的历史贡献主要在于，他在理论和实践上解决了在中国这样一个经济文化落后的大国，如何建设社会主义以及如何巩固和发展社会主义的重大历史课题，使中国社会主义事业在世界社会主义运动处于低潮的时期取得了突飞猛进的发展。邓小平关于社会主义市场经济理论及其在中国的实践，根本改变了建设社会主义的方法和形式，实现了传统社会主义体制向现代社会主义体制的根本性转变。邓小平理论是对马列主义、毛泽东思想的继承、丰富和发展，是马克思主义理论在20世纪的第三次飞跃。

邓小平的历史贡献，是与以他为代表的中国共产党第二代领导集体在长期革命实践活动中形成的马克思主义理论的高度自觉分不开的。他曾经多次指出：“我们相信毛泽东同志总结出的一个比较重要的原则，这就是每一个党都必须把马克思列宁主义的普遍真理同本国的革命实践、本国的实际情况相结合，才能够制定正确的战略和策略，才能够赢得革命的胜利。”鉴于马克思主义对于党和社会主义事业的极端重要性，邓小平在打倒“四人帮”以后就狠抓了在思想理论上拨乱反正的工作，主张“完整地准确地理解毛泽东思想”，提出了“解放思想，实事求是”的思想路线，主持了“实践是检验真理的唯一标准”的大讨论，最终使党的思想和理论回到了马列主义、毛泽东思想的正确轨道上来。与此同时，他又强调必须理论联系实际，反对教条主义地对待马克思主义，指出：“实事求是是马克思主义的精髓。要提倡这个，不要提倡本本。”“要用马克思主义的立场、观点、方法具体地分析问题，解决问题。马克思主义的活的灵魂，就是具体地分析具体情况。马列主义、毛泽东思想如果不同实际情况相结合，就没有生命力了。”他强调坚持马克思主义与发展马克思主义的统一性，要求党在坚持马克思主义的实践斗争中进一步丰富和发展马克思主义，指出：“我们对毛泽东思想的正确理解，一个是要坚持马克思列宁主义，保卫马克思列宁主义；一个是要发展马克思列宁主义。”“马克思主义要发展，社会主义理论要发展，要随着人类社会实践的发展和科学的发展而向前发展，否则就会僵化。”

马克思主义理论在20世纪的三次飞跃，带来了十月革命的胜利、中国革命的胜利和建设有中国特色社会主义事业的成功，所有这一切都是与马克思主义政党的理论自觉性的成长分不开的，它们之间存在着一种正相关，即马克思主义政党的理论自觉性越高，社会主义事业发展的成就也就愈大，马克思主义理论发展的可能性也就愈大；反之，马克思主义政党如果缺乏理论自觉，不能坚持马克思主义的基本原理，或只会教条式地对待马克思主义，那就谈不上对马克思主义理论的创造性的运用，更谈不上社会主义事业的发展和马克思主义理论的发展，而只会使党及其社会主义事业陷入深刻的危机之中，甚至面临覆灭的危险。20世纪二三十年代我们党所犯的“左”倾错误，20世纪六七十年代我们党所犯的“文化大革命”的错误，以及20世纪末苏联东欧的剧变，所有这些无一不是教条式地对待马克思主义而带来的极端严重后果。

三、与时俱进、不断开拓创新的思想将马克思主义政党的理论自觉提到了新的高度

“三个代表”重要思想是与时俱进的理论，是理论创新的成果，同时，“三个代表”重要思想关于与时俱进和不断开拓创新的理论，又将马克思主义政党的理论自觉提到了新的高度。

第一，“三个代表”重要思想强调，“马克思主义具有与时俱进的理论品质。”马克思主义之所以能够与时俱进，是因为“马克思主义的整个世界观不是教义，而是方法。它提供的不是现成的教条，而是进一步研究的出发点和供这种研究使用的方法”。事实上，世界上的任何科学理论，都是不断发展变化的理论，都具有与时俱进的品格，因为作为科学研究对象的客观世界本身就是不断发展变化的。任何一种科学理论如果不能与时俱进，不断开拓创新，就会落后于研究对象本身的发展变化，就不能对客观世界的发展变化作出科学的反映，它也就失去了生命力，最终将会被社会所抛弃。马克思主义是科学的理论体系，它自诞生以来就在社会实践中不断发展，特别是在20世纪的社会实践中的三次飞跃性的发展，充分证明了它并不是停滞不前的、封闭的教义，而是不断发展的、开放的理论体系。马克思主义所具有的与时俱进的理论品质，表现了马克思主义对不断发展的客观世界具有积极回应能力；反映了马克思主义对客观规律认识的不断深化；体现了马克思主义者世代相续的创新精神。

第二，“三个代表”重要思想强调，“实践基础上的理论创新是社会发展和变革的先导。”历史唯物主义承认社会存在决定社会意识，社会存在的发展决定

社会意识的发展，这是社会意识对社会存在的依赖性或同一性；在这个前提下，历史唯物主义又承认社会意识的相对独立性，认为社会意识的相对独立性最突出地表现为它对社会存在的能动的反作用：先进的社会意识促进和加速社会的发展，落后的社会意识则阻碍和延缓社会的发展。纵观人类社会，处处显现着社会意识反作用的历史痕迹。特别是当社会生产力的发展提出变革经济基础和上层建筑要求的时候，这种作用就更加突出。反映变革经济基础与上层建筑要求的先进社会意识，同反映旧的经济基础和上层建筑要求的落后的社会意识之间的斗争，往往是社会发展和变革的先导。这一斗争的结果，对经济基础和上层建筑变革的迟早、快慢、方式、特点和彻底程度等都有着巨大的影响。在法国大革命中，摧毁封建制度的象征性举动是攻占巴士底狱。而在此之前，法国的战斗唯物主义者和资产阶级的启蒙学者早已向封建主义的思想堡垒发起过猛烈的攻击。在伟大的十月社会主义革命中，摧毁资产阶级临时政府的决定性的行动是攻占冬宫。然而早在这之前的70多年，马克思主义的纲领性著作《共产党宣言》就已经发表了，接着又发表了《资本论》等一系列马克思主义的科学文献，向资本主义的思想堡垒发动了猛烈的攻击。如果没有法国的战斗唯物主义者和资产阶级启蒙学者首先向封建主义的思想堡垒发起的猛烈攻击，就不会有法国大革命及其攻占巴士底狱的胜利；如果没有马克思主义者率先对资本主义的革命性批判和列宁主义的革命理论和策略，就不会有十月革命及其攻打冬宫的胜利。同样我们还看到，没有毛泽东思想的指导，就没有中国革命的胜利和社会主义制度在中国的建立；没有邓小平理论的指导，就没有中国改革开放和社会主义现代化建设的辉煌成就。马克思曾经指出：“批判的武器当然不能代替武器的批判，物质力量只能用物质力量来摧毁；但是理论一经掌握群众，也会变成物质力量。”实践基础上的马克思主义理论的创新就是这样的理论，它代表了不断发展着的先进生产力的发展要求，代表了不断发展着的先进文化的前进方向，代表了不断发展着的最广大人民群众的根本利益。因此，它一经被广大群众所掌握，就会变成推动社会发展和变革的巨大物质力量。马克思主义政党只有通过理论创新，才能进一步推动制度创新、科技创新、文化创新以及其他各方面的创新，不断在实践中探索，推动社会在发展和变革中前进。

第三，“三个代表”重要思想强调，“用发展着的马克思主义指导新的实践”。因为，马克思主义对实践的指导，主要是用马克思主义的基本原理及其立场、观点和方法来指导实践。正是在这个意义上，我们说马克思主义是我们行动的指南。但是，当今世界已经发生了巨大的变化，生活在19世纪的马克思、恩格斯和生活在20世纪初的列宁很难预料当今世界的新发展、新变化，更不可能为我们今天制定具体的行动纲领和实施的具体方针、政策和策略。这就要求我们必须结合新的实践，运用马克思主义的基本原理来研究新情况，解决新问题，使马克思主义理论在新的情况下获得新的发展，并用发展了的马克思主义来指导当今的社会主义实践。只有这样，我们党的全部理论和全部工作才能充分反映现阶段先进生产力的发展要求、先进文化前进的方向和最广大人民的根本利益，使党始终站在时代的前列，带领工人阶级和广大人民群众向着新的更高的目标前进。

第四，“三个代表”重要思想强调，“坚持邓小平理论，在实践中继续丰富和创造性地发展这个理论，这是党中央领导集体和全党同志的庄严历史责任。”翻开世界社会主义运动发展的历史，人们会发现，以党代表大会的名义，宣布把丰富和发展马克思主义作为全党的庄严历史责任，这在此前的马克思主义政党的理论和实践中是没有过的，更是“左”祸横行的年代里不可想象的事。这一命题的意义在于，它不仅提出了要坚持和创造性地运用马克思主义的问题，而且还进一步提出了丰富和发展马克思主义是党的庄严历史责任的问题。这样提出问题的理论依据是：“实践没有止境，创新也没有止境。我们要突破前人，后人也必然要突破我们。这是社会前进的必然规律。”这样提出问题的实践依据是：“我们正在进行的建设有中国特色社会主义的伟大实践，必将不断产生丰富的经验。”因此，只要我们站在时代前列，立足新的实践，把握住时代的特点，运用马克思主义基本理论研究现实中的重大问题，不断吸取一切科学的新经验、新思想、新成果，从中提炼出规律性的认识和结论，我们党就能够对丰富和发展马克思主义理论宝库作出贡献。

第五，“三个代表”重要思想强调，党的理论与工作能否始终做到与时俱进，“决定着党和国家的前途命运”。因此，“通过理论创新推动制度创新、科技创新、文化创新以及其他各方面的创新，不断在实践中探索前进，永不自满，永不懈怠，这是我们要长期坚持的治党治国之道”。党中央第三代领导集体对与时俱进、不断开拓创新思想重大意义的这一新论断，是总结世界各国执政党兴衰成败的历史经验、社会主义国家执政的共产党兴衰成败的历史经验、中国共产党50多年执政的历史经验，所得出的具有规律性的科学结论。它是极其深刻和极具震撼力的，对全党和全国人民具有深远的警示作用。环顾世界我们可以看到，哪一个发达资本主义国家的执政党在上台前或在上台后不是在根据国内外形势的新变化，不断构筑、更新和修正自己的治党治国的理论及其实践呢!

最著名的是1983年担任英国工党领袖的金诺克，为了使工党摆脱困境，引导全党就一些重大的理论问题展开讨论，还邀请一批学者组成“社会主义哲学研讨班”定期集会进行探讨，经过几年的不懈努力，研讨班最终为工党提供了“市场主导的市场社会主义”的创新理论。回顾历史我们可以看到，苏联解体，根源于苏联社会主义体制的全面僵化；而体制的僵化，又根源于理论的僵化，即长期以来苏联共产党对马克思列宁主义采取的极端教条主义的态度。中国革命的胜利，社会主义制度的建立，社会主义建设和改革开放的成功，是由于我们党始终保持了与时俱进和不断开拓创新的精神状态，在革命、建设、改革开放的各个历史关头，都做到了将马克思主义的基本原理与中国的实际与时代特征相结合，进行了理论创新，得出了创造性的科学结论，并运用理论创新去推动党在各个方面工作的创新，从而使我国的革命、建设、改革开放都取得了辉煌的胜利。反之，如果中国共产党离开了与时俱进、不断开拓创新的治党治国之道，我们就不会有今天的胜利发展，甚至有亡党亡国的危险。因此，我们必须始终坚持与时俱进、不断开拓创新的治党治国之道。

第六，“三个代表”重要思想强调，要做到与时俱进和不断开拓创新，必须实现三个“解放”，不断深化对三个规律的认识，坚持三个“统一”。这三个“解放”是：“自觉地把思想认识从那些不合时宜的观念、做法和体制的束缚中解放出来，从对马克思主义的错误的和教条式的理解中解放出来，从主观主义和形而上学的桎梏中解放出来。”不断深化对三个规律的认识，即“不断深化对共产党执政规律、社会主义建设规律和人类社会发展规律的认识，不断丰富和发展马克思主义。”坚持三个“统一”，即“坚持马克思主义基本原理和推进理论创新相统一，坚持党的优良传统和弘扬时代精神相统一，坚持增强党的阶级基础和扩大党的群众基础相统一，使党成为思想上、政治上、组织上完全巩固，始终站在时代前列带领人民团结奋进的坚强领导核心。”三个“解放”思想是不断深化对三个规律认识的前提和条件，对三个规律的认识的深化是思想“解放”的成果；三个“统一”是我们在“解放”思想和深化对“规律”认识过程中必须遵循的基本原则，实现三个“统一”又是我们“解放”思想和深化对“规律”认识的必然归属。

“三个代表”重要思想对马克思主义的基本品质、理论创新的社会历史地位、理论创新对现阶段社会实践的指导作用、理论创新与党的历史责任、理论创新与治党治国之道，以及如何进行理论创新等问题进行了深刻的论述，已经初步形成了关于与时俱进、不断开拓创新思想独具的理论框架。它是对马克思主义理论发展规律的新认识，是对保持马克思主义政党先进性规律的新认识，是对马克思主义执政党执政规律的新认识，同时，它又是对马克思主义理论创新思想的突破和发展。

教条主义者不敢言创新，创造性的马克思主义者的理论创新也有两种不同情况：一种是在危机发展时期的理论创新；一种是在顺利发展时期的理论创新。这两种理论创新都需要高度的马克思主义理论自觉，但相比较而言，后一种理论创新则需要有更高的自觉性。然而，这种更高的理论自觉并不是从天上掉下来的，也不是从人的头脑中偶然产生的，而是正确总结了马克思主义理论创新的历史经验的产物。以江泽民为代表的中国共产党第三代领导集体理论创新的一个重要特点，就是这种理论创新并不是发生在党和国家处于危机状态的时期，而是发生在建设中国特色社会主义的事业获得胜利发展的时期。它是总结马克思、恩格斯、列宁、毛泽东、邓小平和其他杰出的国际共产主义运动活动家理论创新的历史经验而得出的具有规律性的科学总结，它体现了中国共产党作为一个成熟的马克思主义政党对不断发展变化着的世界已经具有极强的应变能力，它充分说明，当今马克思主义政党的理论自觉已经达到了新的、比过去更高的境界。

中国共产党关于与时俱进、不断开拓创新的理论，是在打破国际共产主义运动中长期“左”的思想禁锢后产生的，它是世界社会主义运动的极其宝贵的精神财富。它不仅对中国共产党在今后的发展具有十分重大的意义，而且对处于低潮中的世界社会主义运动，对处于复杂环境中的世界各国共产党都具有重要的理论价值。

参考文献

[1] 列宁全集：第 1 卷 [M]. 北京：人民出版社，1995.
[2] 列宁全集：第 6 卷 [M]. 北京：人民出版社，1986.
[3] 列宁选集：第 2 卷 [M]. 北京：人民出版社，1995.
[4] 毛泽东选集：第 1 卷 [M]. 北京：人民出版社，1991.
[5] 毛泽东选集：第 3 卷 [M]. 北京：人民出版社，1991.
[6] 邓小平文选：第 1 卷 [M]. 北京：人民出版社，1994.
[7] 邓小平文选：第 2 卷 [M]. 北京：人民出版社，1994.
[8] 邓小平文选：第 3 卷 [M]. 北京：人民出版社，1993.

[9] 江泽民. 论“三个代表”[M]. 北京：中央文献出版社，2001.

[10] 马克思恩格斯选集：第 4 卷 [M]. 北京：人民出版社，1995.

[11] 江泽民. 全面建设小康社会，开创中国特色社会主义事业新局面 [M]. 北京：人民出版社，2002.

[12] 马克思恩格斯选集：第 1 卷 [M]. 北京：人民出版社，1995.

资本主义国家共产党视阈中的工人阶级新变化——以资本主义国家共产党的纲领和章程为蓝本

恩格斯曾经指出：“工人阶级的状况是当代一切社会运动的真正基础和出发点。因为它是我们目前社会一切灾难的最尖锐最露骨的表现。”① 资本主义国家共产党高度关注当代工人阶级的发展和变化，在其党的纲领和章程中提出了许多重要的理论见解。

一、当代工人阶级已发生结构性的变化

资本主义国家共产党认为，当代工人阶级的重大变化，主要表现在工人阶级的内部结构的多样化和分层化加剧，从而使其在一定程度上具有了新的面貌。

1. 就业结构的变化：正规就业工人比例减少，非正规就业工人比例增多

垄断资本为应对经济全球化的竞争，其主要办法就是降低劳动成本，大量使用非全日工、临时工、承包工，以取代全日工和正式工，为此，资本主义国家还专门通过了加强劳动力市场“灵活性”的立法，向工人权利发起进攻，这是近年来出现的一个新现象。

根据以上情况，资本主义国家共产党认为，当今工人阶级的就业结构已发生重要变化。加拿大共产党在其党纲中写道：“在高失业率和生产过程高度灵活的条件下，非全日工、临时工和承包工明显增多，特别是女性和年轻劳动力增多。”② 这一论断真实地反映了资本主义国家工人阶级的就业状况。据统计，发达资本主义国家非正规就业者一般占就业人数的20%以上，其中荷兰高达30%，英国在金融危机爆发前高达40%，日本非规范就业者占职工总数的1/3。构成非

① 马克思恩格斯全集：第2卷［M］. 北京：人民出版社，1965：278.

② 刘洪才. 当代世界共产党党章党纲选编［M］. 北京：当代世界出版社，2009：855.

正规就业者主体的是外国移民、女工和童工。

英国的劳动条件在欧盟各国中是最“灵活”的，同时也是最无保障的。英国是西欧各国中对每日、每周的休息时间和每日最高工作时间不作法律限制的唯一国家。欧洲的每周平均工作时间是39小时，英国是44小时。英国有16%的工人每周工作48小时以上，荷兰只有1.7%的工人如此。英国有25%的工人经常或非经常地做夜班工作，有66%的制造业工人倒班工作，这都是西欧的最高纪录。在西欧国家中，只有英国和意大利没有法定工资照付的休假。

欧盟国家也实行劳动“灵活化”政策，从而带来了严重的后果。非正规合同工（临时工）、非全日工和承包工从2003年的6300万增加至2008年12月的13100万，因而处于不稳定状态下工作的工人比以前增加了一倍多。同一时期，工薪劳动者的购买力在欧元区下降了4.3%，在欧盟的27国下降了3.6%。6.3%的财富从工薪劳动者手中转移到了资本家的利润中。

在发展中国家，非规范就业现象比发达国家更严重。班加罗尔是印度的新兴工业重镇，在一家大型公营电子企业的员工中，有44%是移民合同工，他们的日工资仅有75卢比（相当于1.5美元）。印度非规范就业劳动者占全国劳动力的90%以上，超过3亿人。

正规就业工人被非正规就业工人取代，标志着工人阶级的劳动状况和生活状况的进一步恶化。这些新岗位中的绝大多数人的工资比原工作岗位工人的工资平均要少25%。

2. 产业结构的变化：传统产业工人减少，新兴产业工人增多

资本主义国家共产党很早就注意到了工人阶级产业结构的新变化。加拿大共产党的纲领明确指出：“工人阶级的行业构成发生了重大变化。”这主要表现在：“过去，工人阶级主要由体力劳动者构成，特别是矿山和其他大型企业的工人。当前的科学、技术和信息革命正在改造老的行业和职业，同时也在创造新的行业和职业。且工人阶级新的重要组成部分在扩大，特别是在公有部门和服务行业。”① 德国的共产党的纲领指出，数十年来，“工人阶级发生了重要的结构变化。职业状况和技能标志发生了变化。一些新产业领域的重要性在不断增加”②。

事实确实如此。在已经实现工业化的资本主义国家，正在经历着所谓“非

① 刘洪才. 当代世界共产党党章党纲选编［M］. 北京：当代世界出版社，2009：855.

② 刘洪才. 当代世界共产党党章党纲选编［M］. 北京：当代世界出版社，2009：447.

工业化”的进程。这个进程的显著特征是产业结构发生深刻变化，农业和工业的重要性有所下降，而金融、通信等服务业的地位和作用大大提升。与此同时，传统产业的工人数量减少，新兴产业的工人数量增加。

据统计，20世纪最后25年，曾在英国叱咤风云的矿工、钢铁工人、造船工人实际上已经消失，整个制造业的工人数量已经减少了一半。有相当一部分发达国家的工业部门的工人在1971年至1998年期间急剧减少，英国减少了1/3，比利时减少了1/3以上，法国减少了1/4以上。法国产业工人在总人口中的比重，从1962年的39.1%，下降到1989年的30%，再到21世纪初的27%。

与此同时，从事服务业的工人增多，从而使产业工人在总人口中的比重下降。英国在这方面走在最前面，它的制造业在20世纪80年代雇用了800多万人，到90年代中期已不到500万人。尽管服务部门创造了数以百万计的新工作岗位，但这些岗位仍然不足以解决资本主义的大规模失业问题。

3. 知识技能结构的变化：蓝领工人减少，白领工人增多

20世纪70年代以后，随着资本规模的日益扩大和新技术的采用，需要有更多的管理人员和工程技术人员，这使白领工作岗位如雨后春笋般地遍布各个领域。与此相适应，在发达资本主义国家，从事体力劳动的蓝领阶层的比重由占社会劳动者的70%—80%逐渐下降到20%—30%，而从事脑力劳动的白领阶层的比重则逐渐上升至70%—80%。但是，蓝领工人的减少和白领工人的增加并不意味着工人阶级的劳动状况的改善。德国的共产党认为：“由于新的科学技术的发展，人工劳动在直接生产过程中的比例因自动化和机器人的投入而有所下降。但劳动者并没有因此而减轻负担。一方面，越来越多的工作岗位被裁减；另一方面，延长劳动时间、提高劳动强度、企业主违反劳资协定和其他劳动法的情况不断增加。在低工资领域就业的人数以及在有限期和不稳定的雇佣关系中工作的人数都在增加。在这种雇佣关系中，违反劳资协定和缺乏解雇保护的案例已司空见惯。”①

20世纪70年代以后工厂工作岗位的日渐减少和服务部门的不断扩大说明，劳动世界的知识技能结构正在发生深刻变化。英国共产党认为，“随着技术进步和生产过程的现代化，体力劳动和非体力劳动的界限逐渐模糊”②。

---

① 刘洪才. 当代世界共产党党章党纲选编［M］. 北京：当代世界出版社，2009：477.

② 刘洪才. 当代世界共产党党章党纲选编［M］. 北京：当代世界出版社，2009：709.

4. 社会成分的变化：知识分子、妇女、青年和移民工人的比例显著增加

当代工人阶级的新变化，与人数日益增多和作用日益彰显的知识分子、妇女、青年和移民的迅速增加紧密相关，资本主义国家共产党对此也给予了特别的关注。

第一，工人阶级队伍中脑力劳动无产者的比例日益增长。当代资本主义国家共产党都比较重视工人阶级中脑力劳动无产者日益增加的现实，美国共产党在纲领中强调指出：工人阶级“包括所有从事多种体力和脑力劳动的工人群众”，“工人阶级的多样性表现在既有熟练工人也有不熟练工人，既有白领工人也有蓝领工人”①。

工人阶级队伍中脑力劳动无产者成分的增加，主要是由于越来越多的工人从事通讯、科学、医疗、教育、设计、文化等活动和担任中层管理工作。同时，社会经济的变化迫使越来越多的知识分子和专家成为雇佣劳动者，在这个意义上说，他们与工人拥有相似的经济地位。虽然他们中大部分人的工资和生活水平高于许多蓝领工人和白领工人，然而与工人阶级相同的是，他们也因剥削的不断加强、失业、不安全、找不到与其技能相匹配的工作而痛苦，维护基本生活权利的斗争促使他们与工人阶级的思想观点接近和一致起来，并日益与工人阶级的组织建立联系。

当今，资本主义国家的知识分子和专业技术人员占据经济生活的许多不同职位，并出现三种情况：部分知识分子和专业技术人员是自由职业者；大多数知识分子和专业技术人员是雇佣工人，没有生产资料，靠出卖脑力劳动维持生活，受资产阶级剥削，在社会劳动组织中处于服从的地位；少数知识分子和专业技术人员则握有大量股票，领取高薪，拥有大量收入，是资本家的代理人，成为资产阶级的一部分。

人们的思想根源于他们在经济制度中所处的地位。工人阶级的思想和阶级意识来源于工作的集体性质及其受资本剥削的现实。然而，“知识分子和专家没有直接参与生产，而且通常其工作具有孤立的性质，这影响了他们的思想，常常使他们倾向于个人主义”。

资本主义国家的知识分子工人阶级化和工人阶级知识化过程，不仅扩大了工人阶级的数量，而且提高了工人阶级的质量，使其成为名副其实的先进生产力的代表。许多资本主义国家共产党的纲领都把从事科技工作的知识分子和知

① 刘洪才. 当代世界共产党党章党纲选编［M］. 北京：当代世界出版社，2009：877.

识化的工人看作工人阶级的先进部分，并认为知识分子和技术工人在政治生活、意识形态、文化生活和物质生产中具有很大的影响，他们在争取和平、民主、进步和社会主义的群众斗争中占据着重要的地位。

第二，移民工人的数量明显增多。在新自由主义政策主导的经济全球化进程中，发展中国家的劳动者是其主要的受害者。跨国垄断资本对第三世界国家的侵略、盘剥、挑动内乱和制造严重生态危机等，导致了数量空前的难民。这些难民为生存计纷纷涌入发达资本主义国家，并进入其劳动力市场，从而使这些国家工人阶级队伍中的移民人数持续增加。据统计，美国有 3350 万移民，其中 2750 万是 25 岁以上的劳动力。澳大利亚是一个移民国家，根据 2006 年的人口普查，在 2000 万左右的澳大利亚总人口中，29％的人口（近 600 万人）是在国外出生的。新移民已经成为发达国家劳动力的重要组成部分，但是，移民工人却受到严重的歧视，他们在低薪的岗位上工作，成为廉价劳动力的来源。移民工人在增加私人企业的利润的同时，又使工人阶级内部产生了新的民族和种族的矛盾。垄断资本往往利用民族和种族的矛盾来分裂工人阶级，巩固其统治。

第三，女工和青年工人的比例大为提高。科技革命和生产力的革命极大地推动了生产自动化的进程，这就为大量使用女工和青年工人创造了条件。

女工是极其脆弱的，因为她们主要就职于加工工业、小生产、零售业、酒店和金融机构，而这些行业却大量使用临时工和兼职工人。在危机期间，这些行业又是裁员最多的行业。另外，由于性别歧视和文化技术上的差异，也使女工在就业过程中处于不利的地位，成为工人阶级队伍中受剥削最深的群体之一，并对男性成年工人的就业造成了压力。

资本主义国家共产党高度关注工人阶级社会成分的这一新变化。美国共产党强调指出："性别歧视也是统治阶级用来统治所有妇女和整个工人阶级的主要工具。""资本主义制度下的女工受到双重压迫。一是作为工人受到压迫，二是作为女性遭受的压榨。而那些受到种族歧视和民族歧视的女性更要面临三重压迫。"① 加拿大共产党要求："执行保证男女同工同酬的法律，保证充分的生育权利，提供普遍的免费儿童保育和其他重要服务，确保妇女能够在经济、政治和社会生活的所有方面发挥充分、平等的作用。"澳大利亚共产党呼吁"发动群众运动，以实现男女同工同酬"，并尖锐地指出："美国和澳大利亚是经合组织内

① 刘洪才. 当代世界共产党党章党纲选编［M］. 北京：当代世界出版社，2009：877.

工人没有育婴假的仅剩的两个国家。”①

青年工人的数量在增加，但其生存条件是最缺乏保障的。美国共产党指出：“在对青年人的特殊剥削中，资本主义再次获得了高额的垄断利润。资本家在雇佣新员工时提供双重合同制度来降低其工资，同时也通过提供极低工资来剥削青年工人，这对青年工人的影响相当大。资本主义也通过在新老工人中挑拨离间而获利。资本主义剥夺了青年人接受高质量教育、参加文体活动、获得赖以生存的工作、参加岗位培训和拜师学艺的机会。所有这些都使年轻人的未来难以保障。”资本主义国家共产党要求，给青年工人支付与成年工人相同的工资，禁止针对青年工人的低工资现象，呼吁工会运动改变对剥削青年工人现象的消极态度。

二、当代工人阶级的非结构性变化

工人阶级除了在结构方面发生重大变化外，在其他方面也发生了明显的变化，这主要表现在以下四个方面。

1. 工人阶级的数量在扩大

资本主义国家共产党认为，“资本正在迫使那些不愿承认自己是工人阶级的人们接受其目前处境的现实。无产阶级化仍然是资本主义最大的社会潮流”。因此，“尽管面临着长期失业，工人阶级的队伍还是继续相对和绝对地壮大”。然而，工人阶级的壮大发展出现了新的情况，这就是“具有历史意义的从农村向城市迁移，已不再是工人阶级队伍壮大的主要来源。现在，工人阶级队伍的扩大主要来自专业和半专业的文秘、商业和行政管理部门的集体化和无产阶级化趋势，以及更多女性和新移民加入到有薪的劳动大军”。有资料统计，目前发达资本主义国家工人阶级已占全部就业人口的65%—80%。

2. 工人阶级的文化水平明显提高

垄断资本出于自身利益的需要，增加了教育和培训的费用，从而培养出大批科技人员和熟练工人，使工人阶级素质有所提高。其一，工人阶级的受教育程度显著提高。美国职工受教育的平均年限从1948年的10.6年增加到1977年的12.6年，目前美国的许多工人受过高等教育。其二，知识分子已经成为工人阶级的重要组成部分。资本主义国家共产党认为，“他们在客观上属于工人阶

① 刘洪才. 当代世界共产党党章党纲选编［M］. 北京：当代世界出版社，2009：912.

级”。美国受雇于生产部门的科技人员 1968 年为 140 万人左右，到 1998 年已达 2414 万人，占工人阶级总数的 22.2%。其三，中下级企业管理人员和行政人员不同于高级经理和国家机构的上层人员，他们也是工人阶级的组成部分，其在工人阶级中的比重在上升。据统计，美国中下级经理和行政管理人员的人数 1950 年为 519 万名，1999 年增加到 1930 万名，占全体就业人数的比重从 8.8% 提高到 14.4%。所有这一切，使工人阶级的文化技术素养和行政管理能力极大地提高了。

3. 工人阶级的生活状况有明显的改善

随着资本主义经济的发展，福利制度的完善，工人阶级的生活状况也得到了明显的改善。具体表现为：一是工资水平有了较大提高。1949 年—1971 年，美国工人的实际工资提高了 41%，英国提高了 92%，法国提高了 131%，日本提高了 316%。20 世纪 70 年代以后，工人实际工资增幅缩小，但仍呈增长趋势。二是劳动时间有所缩短，发达国家工人的工作时间一般在 7 小时以下。三是居住条件有了很大改善，有些工人还有乡间别墅。四是工人的福利和保险制度得到发展，当代资本主义国家都建立了一整套由国家统一管理的社会保险和福利制度，包括养老金、医疗补贴、失业救济金、多子女补贴、低收入家庭补贴、免费教育等。

4. 工人阶级内部的团结有所削弱

由于工人阶级的结构性变化，其内部的阶层分化加剧，从而使其团结和统一受到很大的影响。意大利重建共产党对工人阶级现状的概括是：劳动的主体倍增，但却越来越分散。

加拿大共产党指出，在业劳动大军与失业大军之间的对立在加深，并往往被统治阶级所利用：“由于结构性失业，有工作者、失业者和永久被排除在劳动力市场之外的劳动者之间的裂痕不断加深。失业后备劳动大军，不仅用于压低工资，还使一部分劳动者与另一部分劳动者发生对立。国家垄断资本主义利用这种阶层分化的趋势，作为攻击所有劳动人民的手段。”

德国的共产党对此问题作了辩证的分析，它指出：“尽管存在各种差别，但从客观上看，共同点要比分歧点多得多。”因为“工人阶级有共同的阶级利益。它面对一个以资本主义大企业的形式出现的组织有序、可以使用各种权力和舆论控制手段并采取统一行动的强大阶级对手”。

三、工人阶级发生历史性变化的主要根源

现代工人阶级所发生的重大而深刻的变化，经历了一个多世纪的酝酿和发展过程，有其深刻的社会经济根源。

1. 科技革命和生产力的新发展是工人阶级变化的基本动因

资本主义各国共产党认为，工人阶级发生变化的主要根源在于科技革命与生产力的新发展和新变化。德国的共产党指出："数十年来，尤其在科技革命的影响下，工人阶级发生了重要的结构变化。"葡萄牙共产党也指出："随着资本主义的变化和科技革命的发展，工人阶级的成分发生了改变，人员结构多样化了。"加拿大共产党认为，之所以说科技革命和生产力的发展是工人阶级发生变化的基础性的动因，是因为："科技进步的步伐加快及其在所有生活领域的应用，从质的方面改变了生产力——工具、原材料、最重要的是劳动力本身。"① 资本主义国家共产党认为，尽管新技术的采用使工人阶级发生了深刻变化，但是，它"并未改变资本主义的实质"，也"不会解放工人阶级"。金融资本主要通过高科技和使用新生产方法受益，具体说来就是利用技术降低生产成本，以机器和其他节省劳动力的程序取代人力，不断增加其利润。因此，技术进步越多，技术密集度越高，生产率越高，剥削率就越高；同时，工人劳动时间的延长，肉体和精神压力的增大，也对所有工人的健康和安全产生消极的影响。所以，科学技术进步已经成为进一步剥削工人阶级的根源。

同时，"科技革命加剧了生产的无序状态和资本主义发展的不平衡"。对立的跨国公司和金融集团之间的激烈竞争，迫使每一个公司采取节省成本的技术。但是，技术创新的成本极高，它在工作场所的应用加强了利润的下降趋势。金融资本反过来又试图抵消这种利润率下降的趋势，其办法是：第一，通过减少工资、加快工作节奏、延长工作时间、工作外包、裁员、关闭工厂以及公司结构调整等方法来压低成本；第二，吸收竞争对手或与其合作；第三，通过税收政策将工人阶级的收入重新分配给资产阶级；第四，将一些公有部门私有化，使之成为新的利润来源；第五，通过贸易和投资，并在必要情况下通过军事侵略强行打开新市场，等等。总之，在科技革命条件下，资本主义竞争加剧的全部后果，最终都要由工人阶级和全体劳动人民来承担，受益的却是垄断资本。

① 刘洪才．当代世界共产党党章党纲选编［M］．北京：当代世界出版社，2009：854.

2. 新自由主义及其主导的经济全球化对工人阶级新变化的推动作用

资本主义国家共产党认为，新自由主义及其主导的经济全球化，在使工人阶级结构发生变化方面也起着一定的推动作用。劳动的非正规化是工人阶级结构变化的一个重要方面，新自由主义政策在推动劳动“灵活化”和使非正规劳动增加方面起到了不小的作用。这主要表现在两个方面：其一是新自由主义主张开发“非工会化”劳动力市场，甚至搞“去集体合同化”，实行所谓“外包生产（贴牌生产）”，以排除限制资本自由活动的阻力。其二是新自由主义政策推行非正规就业，广泛使用非全日工、合同工、临时工和承担外包任务的家庭工。由于新自由主义推行非工会化和非规范化就业，全球范围内出现了“有工作的贫苦阶层”，他们同失业者一样都是受新自由主义之害最深的劳动人民。

四、工人阶级新变化与争取社会主义的斗争

列宁曾经指出：“马克思和恩格斯的具有世界历史意义的伟大功绩，在于他们向各国无产者指出了无产者的作用、任务和使命就是率先起来同资本进行革命斗争，并在这场斗争中把一切被剥削的劳动者团结在自己的周围。”资本主义国家共产党与其他工人政党（例如社会民主党、工党等）的不同之点，就在于他们始终坚持马克思主义关于无产者的历史作用的理论，并根据新的历史条件，创造性地运用这一科学理论；而其他的工人政党，则或明或暗地放弃了马克思主义的这个基本理论，鼓吹中产阶级领导论、知识分子领导论等。

资本主义国家共产党认为，尽管新科技革命使社会生产出现了一定的分散化和小型化的发展趋势，尽管工人阶级已经发生了结构性的变化，然而包括传统产业和新兴产业在内的大型企业的工人仍然是工人阶级的主要力量。英国共产党纲领认为：“工人阶级的核心是其最先进的部分——那些集中于大企业的工人。这部分企业中生产资料的规模意味着其工人永远都无法占有或支配企业的生产资料，除非在社会主义条件下实现集体所有。”同时又指出：“许多服务行业工人——特别是公共部门的工人——是当前整个工人阶级当中组织程度最高的部分之一，而且通常集中在大的部门和机构。”德国的共产党纲领也指出，尽管工人阶级已经发生了重大变化，但“在大型工业企业以及在部分运输业工作的工人和职员依然是组织程度最高、斗争经验最丰富的群体之一”。同时还指出，“在当今的条件下，在银行和劳务部门、在公共服务部门以及在通信产业工作的职员对工人阶级的斗争也具有越来越重要的意义”。正是大型企业工人阶级

的先进性、高度组织性和丰富的斗争经验，决定了工人阶级在社会主义斗争中的领导地位和决定性作用。

资本主义国家共产党高度评价工人阶级在社会主义斗争中的领导作用。英国共产党纲领就指出：“反垄断民主联盟的领导力量是工人阶级，其利益一贯与资产阶级统治直接对立。其组织力量和能力使其能成为各种力量的领导者以推动社会进步。作为一个阶级，它能够通过社会主义实现解放。”①

德国的共产党纲领指出：“在反对资产阶级的权力和实现社会主义的斗争中，工人阶级是起决定性作用的力量。由于其在社会生产制度中所处的位置，工人阶级是资本主义社会中最严重并直接遭受资本家剥削的一个阶级……工人阶级的利益与人类的利益联系在一起。这种社会地位给了工人阶级成为反抗和社会变革的支柱力量。”②

美国共产党纲领指出：“美国的历史和最近的斗争经验验证了马克思的论断，即工人阶级反对资产阶级的斗争是进步变革的主要推动力。”“只有工人阶级才能争取完全的社会进步和实现社会主义的斗争。”工人阶级之所以具有如此重要的历史地位是因为：第一，资本主义完全依靠工人阶级创造财富，这使工人阶级在生产过程中起到战略性作用，具有巨大的潜力。第二，工人阶级的规模和他的集体劳动、集体斗争经验为它领导进步斗争准备了条件。第三，正如《共产党宣言》所写道的那样，“只有无产阶级是真正革命的阶级”，因为工人阶级的利益在于完全消灭资本主义，代之以社会主义。第四，工人阶级是美国人口的重要组成部分，且在不断增长中。工人阶级及其家人占了全国人口的大多数。虽然工人阶级的多样性在发展，但它仍是个统一的阶级，它的团结在加强和深入。第五，由于工人阶级所具有的这些素质和经历，同样也使工人阶级成为社会主义理论、马克思主义和共产党员的沃土。

综上所述，资本主义国家共产党高度重视对当前工人阶级新变化的研究，因为这一新变化关系党的性质以及党的战略与策略的制定。同时，资本主义国家共产党有关工人阶级新变化的理论观点不乏创新之处，他们提出的有关工人阶级已经发生“结构性”的深刻变化的观点；有关工人阶级队伍的壮大，不再是依靠农民向城市的迁移，而主要是依靠大量职业技术人员、移民以及城市青年、妇女的加入的观点；有关工人阶级新变化的根源在于新的科技革命和生产

---

① 刘洪才. 当代世界共产党党章党纲选编［M］. 北京：当代世界出版社，2009：903.

② 刘洪才. 当代世界共产党党章党纲选编［M］. 北京：当代世界出版社，2009：904.

力革命的观点；有关大型企业的工人仍然是工人阶级队伍中最具先进性、最具组织性和最有斗争经验的部分的观点；有关工人阶级仍然是为社会主义而斗争的主要推动力量和领导者的观点等，无论在理论上还是在实践中都具有积极的意义，值得我们高度重视和开展进一步的研究。

参考文献

[1] 刘国平，范新宇. 国际垄断资本主义时代：世界经济与政治的最新发展［M］. 北京：经济科学出版社，2004.

[2] 靳辉明，李崇富. 马克思主义若干重大问题研究［M］. 北京：社会科学文献出版社，2011.

[3] 张志军. 20 世纪国外社会主义理论、思潮及流派［M］. 北京：当代世界出版社，2008.

[4] 何传启. 第二次现代化理论：人类发展的世界前沿和科学逻辑［M］. 北京：科学出版社，2013.

[5] 何秉孟. 新自由主义评析［M］. 北京：社会科学文献出版社，2004.

[6] 汉斯-彼得·马丁，哈拉尔特·舒曼. 全球化陷阱：对民主和福利的进攻［M］. 张世鹏，译. 北京：中央编译出版社，1998.

[7] 米歇尔·阿尔贝尔. 资本主义反对资本主义［M］. 杨祖功，译. 北京：社会科学文献出版社，1999.

资本主义国家共产党关于革命发展阶段的新理论

对于马克思主义的工人政党来说，社会主义和共产主义的奋斗目标是坚定不移的，然而，通过哪些变革的途径，经历哪些必经的社会发展阶段来达到自己的目标，却并不总是十分明确的。第二国际早期，各国马克思主义工人政党虽然明确规定了自己的奋斗目标是社会主义或共产主义，却没有认真思考并说明需要经历哪些社会阶段和需要进行哪些社会改造来达到自己的目标，伯恩施坦等背叛科学社会主义，那是恩格斯逝世以后的事；第三国际时期，各国马克思主义工人政党虽然都明确自己需要经过哪些社会阶段和需要进行哪些社会改造来达到自己的目标，但其内容又是千篇一律的，即都以苏联的模式为蓝本。东欧剧变、苏联解体后，资本主义各国共产党总结了社会主义运动近一个世纪的经验和教训，对社会主义建设的艰巨性、复杂性和长期性有了更深刻的认识，努力将马克思主义的基本原理与本国实际和时代特征相结合，纷纷制定自己国家走向社会主义的具体纲领，提出了有关本国走向社会主义的发展阶段的理论与战略。

一、发展中国家的共产党关于走向社会主义的两阶段革命理论

发展中国家共产党早在第二次世界大战后就提出了走向社会主义的两阶段革命理论，这一理论源于中国革命的理论与实践经验，以及东欧国家的“人民民主”理论与实践经验。苏联解体、东欧剧变后，以印度共产党（马克思主义）、南非共产党、巴西共产党、尼泊尔联合共产党（毛主义）等为代表的发展中国家共产党仍然坚持这一理论。

印度共产党（马克思主义）始终坚持建立社会主义和共产主义的宏伟目标，

但鉴于目前印度社会是垄断资本统治与种姓、教派及部落的特殊组合体，国家政权掌握在大资产阶级和地主手中，因此，这一目标目前显然无法实现。印度共产党（马克思主义）指出，只有在无产阶级国家里，国家政权掌握在工人阶级及其他劳苦大众手中，才能建立真正的社会主义社会。这就要求工人阶级及其政党团结所有致力于摧毁前资本主义社会的进步力量，巩固革命力量，努力完成民主革命，为向社会主义过渡奠定基础。

印度共产党（马克思主义）在坚持社会主义目标的同时，还结合社会经济的发展状况和工人阶级及其组织的政治意识形态成熟程度，提出了当前的斗争目标，即在工人阶级领导下，在工农联盟的基础上，联合所有真正反封建、反垄断、反帝的民主力量，建立人民民主制度。这首先需要建立人民民主国家，取代当前的大资产阶级和地主的政权。只有这样，才能完成印度未完成的民主革命任务，为国家走向社会主义铺平道路。印度共产党（马克思主义）对当前印度人民民主革命性质的分析是："我国革命在当前发展阶段的性质实质上是反封建、反帝、反垄断的和民主的。我国革命所处的阶段决定着各个阶级在实现这一革命的斗争中所起的作用。在当今时代，无产阶级必须领导民主革命，以此作为迈向社会主义目标的必要一步。这不是旧式的资产阶级民主革命，而是工人阶级组织和领导的新型人民民主革命。"①

印度共产党（马克思主义）对人民民主革命任务的规定是："人民民主革命的首要任务是为了农民的利益实行激进的土地改革，以扫除阻碍我国农业和工业生产力发展的封建或半封建的残余……第二项紧迫任务是使我国人民的经济、政治和社会生活摆脱帝国主义的灾难性影响，摆脱跨国公司和国际垄断资本的各种机构的控制。与此相关还有打破垄断资本权力的任务。"②

关于人民民主革命的前途，印度共产党（马克思主义）的分析是："这不是旧式的资产阶级民主革命，而是工人阶级组织和领导的新型人民民主革命。"在当今时代，无产阶级必须领导人民民主革命，"以此作为迈向社会主义目标的必要一步"，以便为"国家走向社会主义铺平道路""为向社会主义奠定基础"。

南非共产党也明确规定了南非走向社会主义革命的两阶段，即民族民主革命和社会主义革命。南非共产党在1989年通过的党纲中，对于革命发展的两个

① 刘洪才. 当代世界共产党党章党纲选编［M］. 北京：当代世界出版社，2009：268.

② 刘洪才. 当代世界共产党党章党纲选编［M］. 北京：当代世界出版社，2009：268.

阶段之间的关系，做出了如下阐述：“一方面，坚持执行并捍卫民族民主斗争的纲领，是迈向社会主义道路的一个重要保障；另一方面，民族民主革命所追求的许多重要目标，将在社会主义建设的进程中得到最终实现。”① 因此，“对我们工人阶级来说，民族民主革命的胜利是实现社会主义和最终实现共产主义的最直接途径”，“为创造向社会主义迈进的条件，工人阶级必须确保民族民主革命任务自始至终在贯彻执行。”同时，“向社会主义过渡既不会完全脱离民族民主革命的任务，也不会与之产生矛盾”②。

巴西共产党认为，巴西过渡到社会主义需要经历三个阶段，即预备阶段、社会主义化阶段和全面建设社会主义阶段。巴西共产党 1995 年制定的《社会主义纲领》指出：“建设社会主义，进而实现共产主义，这是一个包含了几个不同阶段在内的复杂进程。在巴西，从资本主义向社会主义过渡是一个漫长的历史时期，它包括了三个主要阶段：即从资本主义向社会主义过渡的预备阶段、社会主义化阶段以及全面建设社会主义并逐步向共产主义过渡的阶段。”这里所说的“预备阶段”实质上就是民族民主革命阶段，“社会主义化阶段”即社会主义革命时期，之后则是全面建设社会主义的时期。可见，巴西共产党的三阶段论不过是对社会主义革命两阶段论的进一步具体化。巴西共产党认为，巴西革命正处于向社会主义过渡的“预备阶段”，即民族民主革命阶段，这是为实现向社会主义过渡而进行经济社会改造以及积蓄革命战略力量的阶段。1995 年，巴西共产党的《社会主义纲领》明确指出：“从资本主义向社会主义过渡的预备阶段是一个必不可少的阶段。”现阶段，对资本主义不能实行完全的“没收”“剥夺”以及“社会主义化”，与建设社会主义的初步要求相适应的激进措施也将是局部的。

二、发达资本主义国家共产党走向社会主义革命的两步走战略

这里特别值得注意的是，不仅发展中国家的共产党提出了走向社会主义的两阶段革命论，而且发达资本主义国家的共产党也提出了经过民主革命和社会主义革命的两步走的革命发展战略。东欧剧变、苏联解体以前，发达资本主义国家共产党一般没有明确提出社会主义革命分两步走的战略。当时理论界一般

① 刘洪才. 当代世界共产党党章党纲选编［M］. 北京：当代世界出版社，2009：265.
② 刘洪才. 当代世界共产党党章党纲选编［M］. 北京：当代世界出版社，2009：393.

认为，两阶段革命只是发展中国家的社会主义革命所必须经历的阶段。苏联解体、东欧剧变使不少发达国家共产党提高了对社会主义的长期性、艰巨性和复杂性的认识；同时，也由于用和平民主方式进行社会主义革命在某种意义上是更困难、更艰巨的革命发展道路，既需要动员大多数人民群众的积极参与，又需要更长时间用和平的方法来解决复杂多变的社会矛盾，因此发达资本主义国家共产党逐步明确规划了社会主义革命发展分两步走的战略，如美国、德国、加拿大、日本、葡萄牙、希腊等国共产党。

美国共产党将美国走向社会主义的革命划分为两个阶段，即反对垄断资本的民主革命阶段和社会主义革命阶段。这一观点在发达国家中具有很大的代表性。一方面，美共从资本主义民主制度的不彻底性说明了民主革命的必要性，指出资本主义制度下的民主发展并不充分，扩大人民群众民主权利的任务远未完成。垄断资本本身的发展就带有反民主的专制主义、法西斯主义的倾向，大垄断寡头就是这种倾向的代表。这就说明美国还存在着彻底完成人民民主的任务。另一方面，美共从大垄断资本与包括工人阶级在内的广大人民群众的矛盾说明民主革命的必要性，指出美国的共和党和民主党控制国家的政权，垄断国民经济命脉，对工人阶级和广大人民群众已经取得的有限民主权利展开进攻，在经济政治生活的各个领域限制或取消他们已经取得的民主权利，实行紧缩政策，向工人及各阶层人民身上转嫁经济危机，造成大量工人失业，等等。除了工人阶级和大垄断资本之间的矛盾外，美国还存在个体农场主、知识分子、中间阶级同大垄断资产阶级之间的矛盾。解决上述诸矛盾，正是反对垄断资本的民主革命任务。

美共认为，当前美国的社会主义运动正处于反对垄断资本的民主革命阶段。这个阶段的中心工作，就是建立广泛的反垄断联盟，反对垄断资产阶级，特别是反对共和党等极右势力。然而美共又特别强调指出，民主革命斗争阶段只是“大大限制整个跨国集团的权力”，而并非从一种社会经济制度过渡到另一种社会经济制度的社会发展阶段。“在整个反对极右势力和反对垄断的斗争阶段中，社会制度不会发生变化，仍然是资本主义制度”。美共进一步指出：“要完全、持久地解决各种现代社会问题，就必须建立起社会主义。而这要从在国民经济关键部门实行社会所有制并建立工人阶级领导的劳动人民民主政权开始。”这就是下一阶段的社会主义革命。

德国共产党也把争取社会主义的斗争分为反垄断变革和社会主义变革的两个发展阶段，并提出了“通过反垄断的变革开辟通向社会主义的道路”。德共的党纲指出："德国的共产党始终认为，反垄断变革与社会主义变革是从资本主义向社会主义过渡的统一革命进程中相互联系的发展阶段……反垄断的变革意味着一个革命斗争的阶段，在这个阶段里，资本主义因素仍然存在，社会主义的胚形已经出现。资本主义因素暂时还占上风，但在阶级斗争中，如果反革命力量不能扼杀革命进程，那么新社会的因素必然会渐渐地获得优势。"德共进一步指出，这条道路如何发展，最终将取决于阶级力量的对比关系，如果工人阶级和反垄断力量"能够阻止反动派使用武力"，就"能够实现对工人阶级及其同盟伙伴最为有利的通向社会主义的道路"，从而实现社会主义变革。

日本共产党也将走向社会主义的革命明确划分为两阶段。日共第二十三次全国代表大会通过的党纲指出："现在，日本社会需要的变革不是社会主义革命，而是民主主义革命，即打破以不正常的对美从属关系和大企业及财界的残暴统治，确保日本的真正独立，实现政治、经济、社会的民主主义改革。"这些都是在资本主义框架内可能实现的民主改革，但是只有把权力从代表日本垄断资本主义和对美从属体制的势力手中转移到代表日本国民利益的势力手中，才能真正实现这种改革。日共纲领指出："在日本社会发展的下一阶段中，谋求超越资本主义，向社会主义和共产主义社会前进的社会主义变革将成为重要课题。"①

希腊共产党也明确制定了革命分为两步走的战略。希腊共产党的党纲和党的第十八次全国代表大会的报告认为，希腊是一个"在国际帝国主义体系中处于中间和依附地位的国家垄断资本主义国家"，社会的主要矛盾是希腊与外国帝国主义的矛盾、希腊垄断资本与工人阶级和其他社会阶层的矛盾。希腊的社会性质和社会矛盾决定了希腊人民面临着两个历史性任务：一是反对帝国主义，求得民族的真正独立；二是反对垄断资本，求得人民的民主和权利。因此，希腊人民只有走反帝反垄断的民主革命道路。希腊共产党认为，反帝反垄断民主革命的本质就是要破坏资本主义统治的基础，为工人阶级及其联盟夺取政权创造前提条件。

关于反帝反垄断民主革命的前途，希腊共产党第十六次全国代表大会对其作了如下分析：认为在革命条件成熟的条件下，可能会推翻垄断资产阶级的统治，建立"人民政权"和"人民经济"，组成一个各革命阶级联合专政的政府，并进而争取社会主义；在革命条件尚未完全成熟的情况下，则可能在议会的基

① 刘洪才. 当代世界共产党党章党纲选编［M］. 北京：当代世界出版社，2009：124.

础上产生一个反帝反垄断的民主政府，这样，希腊共产党就要争取使这个政府朝着符合人民利益和社会主义的方向前进。

葡萄牙共产党将争取社会主义的斗争分为民族民主革命和社会主义革命两个阶段。葡共认为，葡萄牙社会的主要矛盾是工人阶级和全体劳动者同垄断资产阶级之间的矛盾，是葡萄牙全体人民维护国家的主权与独立同发达国家和跨国公司领导的超国家机构对葡萄牙的控制之间的矛盾。葡萄牙革命的性质仍然是民族民主革命。“党在21世纪初的基本目标是建立包括政治民主、经济民主、社会民主和文化民主在内的‘先进民主’。”

葡萄牙共产党强调，实现先进民主将为葡萄牙走向社会主义创造有利条件。先进民主的建设是一个社会与生活转变的过程，社会主义道路是一条为深化民主而斗争的道路。“先进民主”纲领是“1956年党的六大确定的民族民主革命纲领的历史性延续，是‘四月革命’的理想、价值、实践和成果的历史性延续”，“其目的旨在解决当前存在的许多最严重的问题。但是，要消灭资本主义剥削，全面有效地消除歧视、不平等、不公正和社会弊端，只有通过社会主义革命才能实现。”

三、俄罗斯联邦共产党走向社会主义的三个阶段政治构架

俄罗斯联邦共产党将争取社会主义的斗争分为“三个政治阶段”，以便“循序渐进地以和平方式达到自己的目的”。

“第一阶段，共产党人和同盟者一道争取组建一个民族拯救政府。”其任务是消除现政府“改革”的后果，发展生产，保障劳动者的基本权利。

“第二阶段，劳动者在取得政治和经济相对稳定后，将通过苏维埃、工会、工人自治机构和其他直接选举产生的人民政权机构积极而广泛地参与国家事务的管理。”在经济上，社会主义经营方式的主导作用将明显地表现出来；在社会结构和组织技术上，更适于保障人民福利。这将是过渡性和恢复性的阶段。

“第三阶段，将标志着社会主义关系在最符合社会主义发展模式要求的经济基础上最终形成。”生产资料公有制形式占据主导地位，并随着劳动实际社会化水平的增长，公有制在经济中的统治地位将逐步确立起来。

俄罗斯联邦共产党关于走向社会主义的“政治三阶段”理论，体现出前苏东地区国家共产党的特点，这就是它有一个消除现政府“改革”后果的阶段。然而，从社会经济基础的根本性变革的视角来看，三阶段实际上也就是两阶段，即民主革命和社会主义革命的两阶段。其中，消除现政府“改革”后果的阶段

和过渡性、恢复性阶段，其主要内容都是在经济、政治、文化和社会等诸方面限制垄断资本势力，实际上是在完成反帝反垄断的民主革命任务。

四、南非共产党关于社会主义两阶段革命相结合的理论

南非共产党提出的两阶段革命相结合的理论也具有创新的意义。

南非共产党认为，现阶段南非的“民族民主革命”与“争取社会主义”的斗争是密切联系的，二者并不能截然分开，应该把民族民主革命与社会主义革命有机地结合起来。南非共产党以“未来属于社会主义，建设自今日开始”的政治路线为指导，提出了“（民族）民主革命和社会主义革命相结合”的革命发展阶段理论。

一直以来，传统社会主义理论认为，民主革命为第一阶段，社会主义革命为第二阶段，民主革命完成的年份或社会主义革命开始的年份是民主革命和社会主义革命二者之间的分界线，而且分界线是十分明显的。

与这一传统观点相反，南非共产党认为，民主革命和社会主义革命之间没有明显的分界线。南非共产党指出，革命的第一阶段——民主革命阶段，包括“完全属于（民族）民主革命阶段”和“仍处于（民族）民主革命过程的过渡阶段”两个部分。革命的第二阶段——社会主义革命阶段，则包括“已处于社会主义革命过程的过渡阶段”和“正式进入社会主义（革命）阶段”两个部分。“仍处于（民族）民主革命过程的过渡阶段”和“已处于社会主义革命过程的过渡阶段”，这两个阶段除了分别与民族民主革命阶段和社会主义革命阶段相对应的另一部分紧密联系之外，它们二者还共同构成了“向社会主义革命过渡阶段”，因此，二者发挥着承上启下的作用和功能。南非共产党认为，南非（民族）民主革命与社会主义革命之间不存在像中国的万里长城那样难以逾越的障碍。南非（民族）民主革命和社会主义革命二者有交叉融合，二者的“分界线”将不会在南非社会主义革命实践中明显地分辨出来，它不像在世界社会主义运动史上某些国家那样，在民主革命和社会主义革命之间有一个确定的年份标志。南非共产党从其既有的理论出发认为，南非（民族）民主革命从现阶段开始，将使南非的整个社会从政治、经济、文化、社会生活等各个方面由民主革命因素占主导地位，逐步转变为由社会主义因素占主导。先是南非社会的部分量变逐步发展到部分质变；进而达到南非整个社会的量变和质变。最终，南非共产党领导的工人阶级通过和平的方式取得南非全国政权。南非共产党认为，从经济基础的量变到质变，进而促使上层建筑由量变到质变，这是符合社会革命常

理的。南非共产党特别指出：“机械的两阶段方法可能会使南非共产党得出错误的结论，认为社会主义过渡需要另一次政治革命，在这场政治革命斗争中，工人阶级以‘社会主义’的名义推翻民族民主国家，并孤立疏远最紧密的同盟者。”因此，南非共产党反对机械的两阶段革命分法，提出并实践两阶段革命相结合的新理论。

五、发展中国家与发达国家革命发展阶段理论的比较分析

发展中国家和发达国家的共产党都提出了争取社会主义斗争的两个阶段理论，即民主革命和社会主义革命的两阶段理论，这是它们的共性之所在。同时，这些理论是否符合各自国家的实际，能否指导这些国家的社会主义革命走向胜利，这只能由社会实践予以检验，由各国的历史发展来作出回答，这也是它们的共性之所在。

然而，在发展中国家和发达国家的共产党所提出的争取社会主义斗争的两个革命阶段理论之间，是存在着明显区别的。

第一，发达国家共产党领导的民主革命的主要内容是限制垄断资本势力，进一步完善人民民主，完成反帝反垄断的民主革命任务；而发展中国家共产党领导的民族民主革命的主要内容则是解决农民的土地问题和实现民族的完全独立，完成反帝反封建的民族民主革命任务。

第二，在发达国家共产党的纲领中，由于农民人数日益减少，因此农民只是必须团结的力量之一；但在发展中国家共产党的纲领中，农民往往占人口的大多数，他们在民族民主革命和社会主义革命中都起着主力军的作用，工人阶级与农民结成联盟，是争取社会主义完全胜利的基础。

第三，发达国家共产党争取社会主义斗争的两阶段是与和平过渡到社会主义的策略紧密联系在一起的；但发展中国家共产党争取社会主义斗争的两阶段，则有的是与和平过渡到社会主义的策略密切联系在一起的，有的却是与武装夺取政权的革命策略联系在一起的。发达资本主义国家共产党的革命两阶段，是“向社会主义过渡的统一革命进程中相互联系的发展阶段”，事实上是一次社会主义革命分为两步走来完成；而发展中国家共产党的革命两阶段，却是性质不同的两个革命发展阶段——民族民主革命阶段和社会主义革命阶段，两者密切联系，但又有着原则的区别。

第四，作为依附于以美国为首的国际垄断资本的发达国家——日本、加拿大、希腊和葡萄牙等国的共产党，虽然它们也与美国、德国的共产党一样，提

出了革命发展两阶段的理论，但其民主革命的任务又明显与美国和德国有所不同，具有自己特定的内容。这就是它们都提出了反对帝国主义、反对外国垄断资本，改变依附于外国垄断资本的地位，进一步实现民族独立的任务。而美国和德国共产党则没有提出这样的任务。

实践是检验真理的唯一标准，也是检验各国共产党理论与策略正确与否的唯一标准。资本主义国家共产党关于革命发展阶段的上述新理论观点是否符合实际，能否成功指导本国的社会主义革命，最终还需接受社会实践的检验，由历史发展作出回答。

参考文献

[1] 丁淑杰. 美国共产党的社会主义理论与实践［M］. 北京：中国社会科学出版社，2010.

[2] 曹天禄. 日本共产党的“日本式社会主义”理论与实践［M］. 北京：中国社会科学出版社，2013.

[3] 苗光新. 印度共产主义（马克思主义）“人民民主革命”理论与实践［M］. 北京：中国社会科学出版社，2010.

[4] 王喜满. 希腊共产党争取民主和社会主义革命的理论与实践［M］. 北京：中国社会科学出版社，2012.

[5] 袁群. 尼泊尔联合共产党（毛主义）“新民主主义革命”的理论与实践［M］. 北京：中国社会科学出版社，2012.

[6] 王建礼. 巴西共产党探索“走向社会主义的巴西道路”研究［M］. 北京：中国社会科学出版社，2015.

共产党和工人党视野中的资本主义新变化

如何认识当代资本主义的新发展、新变化，是关系到社会主义发展前途的重大理论和实践问题。苏东剧变后，资本主义各国共产党走出“资本主义总危机”的理论误区，直面现代资本主义的发展，提出了关于资本主义新变化的理论和见解。

一、垄断资本主义国际化发展的新阶段

第二次世界大战后，资本主义经过一段时间的恢复和发展，到20世纪70年代中期开始出现明显的变化，这种变化与发展一直延续至今。那么，现代资本主义究竟发生了什么样的新变化呢？对此，不同资本主义国家的共产党的看法并不完全一致。但在垄断资本主义已经进入“国际化的新阶段”这一关节点上，其认识又是基本一致的。

例如，美国共产党认为，第二次世界大战以后，“资本主义进入全球化的新阶段”，即“经济生活国际化，跨国公司和资本主义全球化”的新阶段。德国共产党认为，近几十年来，垄断资本主义发生了“一些重大变化”。这些变化“与资本主义国际化的新阶段相关联”。澳大利亚共产党认为，资本主义经济已发生了一系列新变化，“资本主义的结构已从简单垄断发展到今天大企业横跨许多国家并支配所有经济领域的垄断”，等等。不难看出，资本主义国家的共产党认为，由“自由”竞争资本主义发展到垄断资本主义，再经过国家垄断资本主义的发展后，目前国家垄断资本主义又进入国际化发展的新阶段，通常称为全球化的新阶段，也就是理论界所说的国际垄断资本主义阶段，或国际垄断资本主义时代。

资本主义各国共产党对资本主义已经进入国际垄断资本主义新阶段的认识，是运用生产力和生产关系理论分析现代资本主义得出的必然结论。根据马克思主义的基本原理，社会生产力是不断发展变化的，资本主义社会生产力的发展

尤其迅速。从其生产力发展的历程来看，它已经历了四次大的发展和变革。现代垄断资本主义国际化的新发展阶段，正是以第四次科学技术革命和生产力革命为其基础和动力的。

共产党和工人党还认为，在生产力巨大发展的推动下，生产关系也出现了巨大而深刻的变革。资本主义生产关系的变革，在生产资料所有制关系方面表现得最为突出，其基本趋势是社会化程度的不断提高。从资本主义发展的历史进程来看，其生产资料所有制关系已经历了三次大变革：这就是股份制的出现；私人股份垄断资本所有制的出现；法人股份垄断资本所有制的出现。从私人股份垄断资本所有制到法人股份垄断资本所有制的转化，亦即股东的法人化和非个人化，是资本主义所有制关系的新的重大变化。它意味着资本主义生产资料占有的社会化程度进一步提高，意味着对资本主义生产资料私人占有制的进一步扬弃。

正是基于资本主义生产资料所有制关系方面出现的第三次深刻的变革，资本主义国家的共产党认为，当代资本主义已经出现了“资本主义新的所有制形式”。当代资本主义甚至可以称为“新资本主义”。

二、垄断资本主义国际化新阶段的特征

资本主义国家的共产党认为，垄断资本主义国际化发展的新阶段，或称国际垄断资本主义阶段，与以往各个发展阶段有着明显的不同，具有新的特征。

1. 生产和资本的高度国际化，形成了跨国垄断资本的政治经济统治

新的高新科技革命，将世界经济推上了经济一体化发展的新阶段，从而使生产高度国际化。经济一体化的特点是生产过程分工的深化。在这里，生产的国际化表现为生产过程内部的分工合作和相互联系。从过去工业生产内部不同产业之间的国际分工，发展到同一产业内部的分工合作，再发展到现代的产品生产过程内部的分工合作的新阶段，标志着生产的国际化已经发展到更高的阶段。

随着科学技术的不断进步、生产规模的不断扩大和世界经济一体化的新发展，资本的集中也以惊人的速度和规模前行。世界的生产和财富的大部分，集中到了少数发达资本主义国家的少数巨型跨国垄断资本集团的手中。美国共产党指出：“现在，全球500多家跨国公司（其中约300家在美国）掌控了资本主义全球经济、资本主义政府及其国际组织。它们中有跨国银行、跨国工业制造

商、跨国批发零售供销商、跨国娱乐和出版业巨头，以及一些业务庞杂、难以确定主营业务的跨国集团。到了20世纪80年代，跨国公司统领了全球大多数国家和美国的经济政治生活。”

当前，世界经济已经基本上被跨国垄断寡头们所控制，并使世界经济进入了寡头经济时代。对此，德国共产党尖锐地指出：“在垄断资本主义的当前发展阶段，跨国企业集团和跨国金融集团成为主宰世界市场的资本，决定着资本关系的结构。跨国企业集团追随最有利的资本条件，在世界范围的网络中组织生产过程，并将剩余价值的生产全球化。它们可以打乱国家的经济政策，讹诈国家。国家被卷入了跨国企业集团对最有利可图的供货条件的毫不留情的争夺中。”

2. 资本的有机构成和自身价值出现新的变化

意大利重建共产党对信息技术条件下资本的重大变化作了具体论述：“信息革命彻底改变了资本的有机构成，并使金融运作变得‘无法控制’。在7个最发达的工业化国家中，电子金融交易额超过中央银行储备的大约7倍。”这里讲的，不仅是指在资本的有机构成中数量的增加，也是指质量的提高。因为很明显，固定资产在生产价格组成中的份额由于信息化而减少了。另外，传播速度对于资本的金融化进程、对于交易的快速和便捷，进而对于其完全的投机性特点和生产的全球化，都起到了决定性的推动作用。

意大利重建共产党认为，不仅资本的有机构成发生了变化，而且资本的自身价值也发生了变化。这表现为：金融化急剧增长、对劳动的剥削强化、生产周期内物质和“非物质”科技内涵的增加。也表现为对非物质劳动的直接剥削和间接剥削变得更加突出，与此同时，对物质劳动的剥削却没有减少；同时，由于生物技术成果的运用，人类参与了对环境、自然以及植物、动物和人类生命本源的直接破坏行动。

3. 金融资本高度发展，虚拟资本高度膨胀，成为导致经济危机的重要因素

虚拟资本早就出现了。但是，只有到了国际垄断资本主义时期，虚拟资本才高度膨胀起来。资本主义国家的共产党认为，虚拟经济是一种高风险经济，是一种具有泡沫性的经济。它既为实体经济发展增添了巨大的活力，又给实体经济发展造成了极大的不稳定性；它既可以使整个经济突然高速发展，又可以使整个经济突然跌入深渊；它既可以使冒险家瞬间成为亿万富翁，又可以使亿万富翁一贫如洗。特别值得注意的是，虚拟经济是在实体经济基础上产生和发展的，实体经济是虚拟经济的依托和基础。如果实体经济出了问题，这种虚拟的价值和财富，都会化为乌有。这已经被一些国家发生的金融危机所证实。

英国共产党总书记罗伯特·格里菲斯特别强调了“虚拟资本”在造成2008年爆发的金融和经济危机中所起的作用，他指出：“虚拟资本已经使实体经济和资本的实际价值在商品和服务上达到了世界各国生产总值的4倍。据国际清算银行报告，世界市场上所有金融衍生品的价值已经达到651兆英镑，而世界各国每年的国内生产总值总和是61兆英镑。所有这些用于赌博的‘虚拟资本’的价值是全世界商品和服务价值总和的10倍。这种情况是不可能长期延续下去的，由于人们都想从‘虚拟资本’中牟利，因此它的价值总有一天会暴跌。”

4. 资本输出采取了新的形式

资本输出是垄断资本主义的重要经济特征，在国际垄断资本主义时期，资本输出获得了更大的重要性，并出现了一些新趋势。资本主义国家的共产党认为，一种新趋势是，较大一部分外国投资流入工业领域，而且今天越来越少地用于建设新的生产设施、金融企业、服务企业和贸易企业，而是用于收购或参股现有企业。另一种趋势是，世界经济的“三巨头”——美国、欧盟和日本——的大企业在全球范围内的绝大部分对外投资今天不再流入“落后”国家，而主要在这些帝国主义列强之间流动。世界其他地方——尽管程度不同——在经济发展、特别是在现代技术方面愈发陷入对外依赖的境地。非洲国家尤其如此。

5. 国内需求的重要性下降，国际需求处于优先地位

在垄断资本主义国际化发展的新阶段，攫取全世界的超额垄断利润是跨国垄断集团的主要目标。相比而言，国内有限需求的重要性下降了，庞大的国际市场的需求被列入跨国垄断集团经营的主要目标并处于优先地位，从而使国际市场获得了深度的开拓和发展。德国共产党指出，“从20世纪70年代中期起，发达资本主义国家为摆脱资本主义世界经济陷入的通货膨胀、经济萧条和利润下降，纷纷尝试在积累模式中降低国内需求的重要性，并转而优先以世界市场为导向”，这种模式被称为外向型经济。不久，许多发展中国家也大力发展外向型经济。与此同时，国际化进一步拓展，涵盖了生产、贸易和金融等各个领域。此时，“国家市场最后的界限被逐步拆除，世界市场愈发成为一个统一的、涵盖全球的资本主义竞争场所”。

6. 国家的经济职能高度发展，政治更加反动，军事冲突的危险在增加

垄断资本主义现阶段的经济发展发生在利益之争中，发生在跨国集团企业之间的冲突中，发生在垄断资本与非垄断资本的冲突中。德国共产党指出，在愈演愈烈的竞争中，“国家和超国家的机构在这方面扮演着特殊角色”，这意味着国家垄断资本主义随着跨国垄断资本的发展也在进一步发展。然而，“近几十年，国家垄断资本主义的手段也有所变化。国有财产的私有化程度不断提高，国家直接干预企业行为的频率减少了。但国家干预的其他形式却对此作了弥补：通过税务优惠和补贴，通过支持有利于垄断组织的研究和发展”。所有这些变化和发展，其“首要目的是加强国际竞争力”。

在国家垄断资本主义发展的条件下，一方面，帝国主义的对内反动倾向增加了；另一方面，随着全球化的发展，不仅是垄断组织的力量，还有它们的侵略倾向也在增强。由于帝国主义国家和垄断集团之间的竞争正在加剧，因而帝国主义列强之间爆发军事冲突的风险也会再次加剧。

7. 世界的贫富差距进一步扩大，发达资本主义国家进入消费社会

垄断资本主义国际化的新发展，使发达资本主义国家率先进入了消费社会阶段。它表现为对发展中国家的过分掠夺和这些国家的极端贫困，表现为发达国家少数人的富裕和过度消费。俄罗斯联邦共产党的纲领对此作了专门论述：“资本主义是这样一个社会，那里物质和精神生产从属于最大限度地搜刮利润、积累资本、追求无限膨胀的市场法则。一切都已变为商品，一切事物的唯一原则是挣钱。这就决定了资本主义特殊的、耗费的性质。”它把生产首先看作是对人的全面剥削和对自然资源的全面掠夺，而不考虑社会的耗费，不考虑对下一代人生活与环境的有害后果。

“在20世纪后半叶，发达资本主义国家集团、所谓居民中的‘百万富翁’依靠殖民化的、新的巧妙方式，依靠对地球上大部分物资、劳动和智力资源贪婪剥削的新方式，进入了‘消费社会’阶段。在这个社会中，消费从人的机体的自然职能转变成为人的新的‘神圣义务’，而人的社会地位则完全取决于他是否竭力履行这种义务。”

俄罗斯联邦共产党认为，这实际上是强迫人们从事超强劳动的一种形式，是通过类似商业广告的方式，经常性地塑造和改变消费者口味，从中寻找利润来源的新方式及资本施加心理压力的最新方法。“消费社会”思想加剧了人的异化。

8. 资本主义社会的各种矛盾在加剧

由于跨国垄断资本集团利用自己的强大实力和优势地位，在全球化进程中展开了世界规模的巧取豪夺，从而使资本主义世界的各种社会矛盾日益加剧。其中最基本的是劳动与资本的矛盾、帝国主义国家与发展中国家的矛盾以及帝国主义国家之间的矛盾等。这些矛盾集中地表现为世界范围内和一国范围内的贫富差距不断扩大，从而使世界长期处于动荡、分裂和争斗的状态中。澳大利亚共产党指出："资本主义社会最显著的矛盾是贫富差距的日益扩大。"70 多个欠发达国家（超过世界上国家总数的 1/3）的人均收入在 20 世纪八九十年代快速下降，今天仍在下降之中。生产力已达到前所未有的程度，而社会财富却高度集中在少数私人手中。世界上最富裕的 200 个人所拥有的财富比世界上 40% 的人所掌握的财富还要多。这种不平等显露出资本主义积累规律的无情后果，清晰地暴露出资本主义制度的非理性及其道德的破产。

虽然当代资本主义的变化是巨大而深刻的，但其本质没有变。俄罗斯联邦共产党认为，"资本主义绝对没有抛弃其本性"，它在保障少数国家高消费和高增长的同时，却把人类置于新矛盾的漩涡之中，产生了至今尚未找到答案的全球性问题、生态问题、人口问题和民族社会问题。"资产阶级的社会生活已濒临极限"。

三、资本主义发生重大变化的经济政治根源

资本主义各国共产党认为，当前资本主义的新发展和变化，乃是资本主义发展的自然历史进程，推动资本主义国际化进程主要有三个方面的因素。

第一，科学技术革命和生产力的革命是推动垄断资本主义国际化进程的基础性因素。美国共产党指出："二战以后，通过提高技术和生产力使利润最大化的做法引发了一场科技革命，重点是新材料、新的交通通讯方式，后来则是信息技术的开发和应用。这些成果使资本主义全球化进入一个新阶段，世界经济生活更为社会化，生产国际化发生了质的变化。"德国共产党也表达了同样的认识：新的全球化进程"发生在生产力——尤其是在信息技术、通信技术与运输技术领域——产生革命性变化的背景下"，因而是被"科技革命带来的生产力的新一轮发展"所推动的。纲领特别强调指出，"新的通信技术使生产过程和金融流在全球联网"。

第二，"新自由主义"是推动垄断资本主义国际化发展的重大政策因素。由

于20世纪70年代中期后，资本主义国家从凯恩斯主义逐步转向“新自由主义”，这就大大推进了资本主义的国际化进程，特别是将发展中国家卷入了对其极为不利的全球化进程之中。正如加拿大共产党所指出的：“在20世纪70年代……金融资本开始采取新自由主义方针，特点是大力加强对劳动力的剥削和环境利用，加快资本主义全球化。”德国共产党也指出：“依靠新自由主义的策略，国家垄断资本主义的国际化加快了。新自由主义是一种意识形态政策，它推动了劳动方式、生活方式以及生产关系的变革，从而使它们适应资本主义条件下生产力的新阶段，并为资本创造了更好的利用条件。”

第三，苏联东欧的剧变是推动垄断资本主义国际化发展的另一个重大经济社会因素。德国共产党强调指出：“革命性的工人运动在20世纪末的重大失败为资本主义新的扩张清除了障碍。”20世纪八九十年代，欧美等发达资本主义国家并没有摆脱70年代中期以来的经济危机，苏联东欧剧变却给这些国家摆脱危机提供了千载难逢的时机。剧变后的俄罗斯等原苏联各共和国和东欧国家，普遍采取了所谓“休克疗法”，向西方资本主义实行全方位开放，从而使西方国家能够将经济危机的后果“转嫁”到原苏、东国家身上。这导致这些国家的大部分企业停止了运转，大量工人失业，人民生活水平直线下降；而欧美国家已经关闭的企业重新运转起来，失业状况不断改善，人民生活保持了较好的水平，这就使发达资本主义国家生产和资本的国际化获得了极大的增强和扩张。

四、资本主义的新变化与争取社会主义的斗争

资本主义已经发生了重大的变化，那么，这种变化对争取社会主义的斗争有怎样的影响呢？对此，资本主义各国共产党正在从本国的实际出发，独立自主地进行探索，但在基本问题的认识上又是一致的。

1. 现代资本主义已经具有一定的自我调节、自我更新和自我发展的能力，然而它却无法靠自身力量来解决日益加深的社会矛盾

资本主义国家的共产党认为，近半个世纪西方资本主义的发展已经证实，现代资本主义与自由资本主义时代、垄断资本主义初期相比有很大的不同，它已经具有较强的自我调节、自我更新和自我发展的能力。正如葡萄牙共产党指出的，资本主义逐步显示出一种高度的抵抗和适应能力。

但是，资本主义国家的共产党认为，虽然资本主义具有一定的自我调节、自我更新和自我发展的能力，但这种能力是有其限度的，这就是它没有能力解

决其自身固有的基本社会矛盾和问题。日共主席不破哲三指出，资本主义的自我调节功能在最早时期是调节经济危机和萧条方面的问题，但如今，这些问题已涉及人民生活的更广泛领域：一是危机与持续萧条问题，二是剥削和贫困问题，三是南北差距问题，四是全球环境问题，五是资源和废物处理问题，等等。所有这些全球性问题长期得不到解决，都说明了资本主义发展能力的局限。这是一方面。另一方面，虽然资本主义具有一定的自我调节、自我更新和自我发展的能力，但这并没有消除资本主义社会的基本矛盾。葡萄牙共产党指出：资本主义“并不能解决其内部矛盾，相反，这些内部矛盾……却日益加深。这些矛盾非但没有解决环境不平衡问题，反而使之愈加严重，危及地球的生态体系和未来人类的生存”。共产党和工人党一致认为，要彻底解决资本主义社会的矛盾和问题，只有一条出路，那就是用社会主义取代资本主义。

2. 资本主义的新发展和新变化，为实现社会主义创造了物质前提

资本主义国家的共产党认为，在垄断资本主义国际化新发展的历史条件下，实现社会主义的理论与策略也必须随之进行相应的调整和变革，探索新的社会主义发展道路，这将是一项长期而艰巨的历史任务。但是，垄断资本主义国际化的新发展又为实现社会主义创造了更完备的物质条件。德国共产党指出：“垄断化与社会化为社会主义创造了物质前提。当今这种资本集中过程的结果是，不仅垄断化和与之相联系的社会化达到了更高的阶段，社会主义替代资本主义的物质前提条件也被由此创造出来了，而且比列宁时代更进一步。”

资本主义国家的共产党和工人党认为，在垄断资本主义国际化新发展的条件下，资本主义社会中的新社会因素在增长，尽管新社会因素不等于社会主义，但它为社会主义取代资本主义创造了物质前提。法国共产党认为，资本主义的自我调节，可以成为资本主义内部生长着的社会主义因素增长的条件；日本共产党认为，资本主义国家对民主的规制以及通过各种形式对经济的介入，在使生产力获得发展的同时，也将使其成为建设社会主义的“重要基石”。国家对“大企业的民主规制”，是国家垄断资本主义为新体制准备好的组织结构。美国共产党主席萨姆·韦伯指出，美国有诸多有利于社会主义发展的因素（经济发展水平高、民主传统等）。

3. 反对西方国家主导的全球化，为造福全人类的全球化而斗争

资本主义国家的共产党认为，全球化是一种伴随着社会生产力发展的客观历史进程，是一种历史的必然现象；但当前的全球化进程是由资本主义大国主导的，是新自由主义政策所推动的，因而是帝国主义的全球化。这一全球化的进程给生产与消费、政治与国家、权利与平等的各个领域都造成了破坏性的后果，它扩大了剥削、统治和压迫，从而为世界范围内的反帝、反资本主义运动的兴起和发展创造了条件。加拿大共产党在揭露全球化的“真实面目”时指出：在经济上，全球化“的主要内容是加倍努力将全世界的自然财富和生产财富集中在一小撮全球金融资本家的控制之下，造成全世界劳动人民和被压迫人民的普遍贫困和失业”。在政治上，“帝国主义打着‘全球化’的旗号，力图使所有国际关系朝着反民主的方向发展。在措施（经济）不够的情况下，帝国主义毫不犹豫地诉诸粗暴的武力来达到它的目的”。因此，全球化不仅没有真正推进世界现代化的进程，反而导致了人类文明的危机。

资本主义国家的共产党并不是反对全球化本身，而是反对西方资本主义大国主导的全球化。它们要求重塑全球化运动，使其造福于全世界广大人民群众。因此，它们坚定地支持反全球化运动，认为反全球化运动虽然社会成分复杂，目标也不一致，但在反对资本主义全球化问题上的指向是非常明确的，这有利于动员社会各阶层参加到反资本主义的斗争中来。共产党和工人党主张加强社会联盟政策，巩固和发展广泛的反帝反垄断阵线，以推动捍卫国家主权，争取和平、进步、生态环境的可持续发展和社会主义的斗争。

参考文献

[1] 李慎明. 世界在反思：国际金融危机与新自由主义全球观点扫描［M］. 北京：社会科学文献出版社，2010.

[2] 米歇尔·阿尔贝尔. 资本主义反对资本主义［M］. 杨祖功，译. 北京：中国社会科学出版社，1999.

[3] 汉斯－彼得·马丁，哈拉尔特·舒曼. 全球化陷阱［M］. 张世鹏，译. 北京：中央编译出版社，1998.

[4] 斯科特. 拉什，约翰·厄里. 组织化资本主义的终结［M］. 征庚胜，译. 南京：江苏人民出版社，2001.

[5] 戴维. 赫尔德，安东尼·麦克格鲁. 全球化与反全球化［M］. 陈志刚，译. 北京：社会科学文献出版社，2004.

[6] 王洪才. 当代世界共产党党章党纲选编［M］. 北京：当代世界出版社，2009.

共产党和工人党国际会议中的分歧与我们的应对

一、分歧的公开暴露

第15次共产党和工人党国际会议的主题是“正在深入的资本主义危机、工人阶级的作用、共产党人在为工人和人民权利斗争中的任务：帝国主义的进攻、国际力量的联合、民族问题、阶级解放和为社会主义的斗争”。来自63个国家的75个共产党和工人党的代表参加了此次会议。会议高度评价了工人阶级和人民群众反对垄断资本的斗争，重新确认了目前条件下推进解放斗争的可能性，号召广大人民群众在反帝反垄断斗争中为实现社会主义而斗争。然而，大会没有像以往一样发表共同声明，只是通过了《共同或一致行动的指南》，并由作为会议东道主的葡萄牙共产党发表了最后一个新闻公报，而参会的希腊共产党又发表了另一个内容不同的新闻公报。

从历史记录看，第一次和第二次共产党和工人党国际会议并没有发表共同声明，这说明最初的两次会议并没有形成各国共产党之间的政治共识。2002年第三次共产党和工人党国际会议讨论了“9·11”事件。鉴于当时有人提出“没有战争——没有恐怖主义”的口号，共产党和工人党国际会议的代表一致反对这个口号，认为其真实意图是要使帝国主义的侵略合法化，并把革命暴力与恐怖主义混为一谈，剥夺人民的革命斗争权利。为此，会议通过协商发表了共产党和工人党国际会议的第一个共同声明，谴责“帝国主义是反抗运动中的恐怖主义”，并重申了对“争取社会权利和民主独立的人民的斗争给予大力支持”。以第三次共产党和工人党国际会议为开端，此后的历次共产党和工人党国际会议逐渐形成了一个传统的工作程序——发表共同声明。由此可见，第15次共产党和工人党国际会议突然中断了自2002年以来形成的发表共同声明的传统，表明参加会议的各国共产党之间没有形成有效的政治共识，已经出现了比较严重的分歧。

究竟是什么原因导致共同声明“胎死腹中”呢？希腊共产党中央政治局委员乔治·马力诺斯在会后发表的文章道出了其中的原委。他指出：希腊共产党曾经“努力促成在国际会议和其他共产党会议上颁布共同声明”，然而，希腊共产党认为，它在共同声明的重要战略性事务上进行妥协，并以一致意见的名义发表共同声明来缩小分歧的构想，“都无助于表达共产党人、工人阶级和人民的正确的客观信息”。早在此次会议召开前的讨论共同声明草稿的工作会议上，希腊共产党就作出了“特别表态”，认为“共同声明草案把斗争指向了错误的方向，将会导致斗争被（资本主义）制度同化，阻碍共产主义运动的战略调整到为社会主义而进行阶级斗争的进程”。希腊共产党认为，共同声明草案的内容“如果没有实质性的变化，就毫无讨论的基础”。同时，希腊共产党还提交了一个有关共同声明的“基本建议”，但“不幸的是”，这个基本建议“没有被采纳”。因此，希腊共产党在此次会议上对发表共同声明采取了完全否定的态度，声称“里斯本召开的第 15 次共产党和工人党国际会议不可能达成一个共同声明，因为在许多特别严肃的问题上存在不同的态度。众说纷纭有可能‘把水搅浑’并歪曲事实”。这就是希腊共产党对共同声明的原则立场。

那么其他国家共产党对共同声明的意见是怎样的呢？作为会议东道主的葡萄牙共产党总书记在致“欢迎词”中就表明了不同于希腊共产党的原则立场。他明确指出：这次共产党和工人党国际会议的“最重要目的是推动建立一种国际主义的合作”，而不是也不应该是去建立“一个组织”，或者去实现某种“虚幻的”“同质化”。这是因为，“我们每一个政党都有自己的历史经验，斗争的经济和社会环境也不尽相同。所确定的计划必须和特定的斗争条件相符合，因而提出了不同的阶段性任务”，这就必然“导致各国共产党出现不同的主张，甚至出现分歧”。因此，共产党和工人党国际会议“不能避而不见我们的运动中存在的有关历史、理论和革命实践问题观点的多样性”。然而葡萄牙共产党坚信，“我们的团结远远超过我们之间的分歧”。只要与会的各国共产党和工人党“在相互理解的基础上相互尊重和共同努力，通过集体工作、通过相互之间的坦诚和兄弟般的讨论，尤其是通过为了人民群众所进行的共同行动之间的合作，就没有困难是不能克服的。这是不同立场的趋同、共存和加强世界共产主义革命运动联合的主要推动力”。

总之，第 15 次共产党和工人党国际会议突然中断发表共同声明的传统做法，以及在会议上出现的针锋相对的观点交锋，把共产党和工人党国际会议中的严重分歧公开暴露了出来。

二、分歧的内容与实质

这里需要指出的是，共产党和工人党国际会议是各国共产党进行多边交流的一个平台，不同意见和观点的存在是很自然的事情。如果把不同的观点、言论和建议当作会议的分歧，则这种分歧的由来已久。例如从历次会议的发言来看，个别参会党有时会对别国党的内部事务指手画脚，甚至扣上机会主义、修正主义的帽子。有的参会党认定执政的共产党发展社会主义市场经济是在搞资本主义；还有的参会党认定有的社会主义国家是新兴的资本主义国家或帝国主义国家。另外，参加会议的各国党对会议的性质和作用的认定一直都有不同的主张：有的党认为，国际会议应该成为各国共产党的国际联合组织；有的党认为，国际会议应该成为各国共产党交换信息、经验和观点的场所，是个多边交流的平台；有的党则认为，国际会议应该扩大范围，吸收所有左翼政党参加；等等。

这次会议暴露出的分歧涉及非常广泛的领域。乔治·马力诺斯在会后发表的文章中，提出了“以希腊共产党为代表的一方”和“以其他共产党为一方”的主要分歧之点。

第一，关于帝国主义的概念。希腊共产党认为，该党“根据列宁确定的概念，把帝国主义视为资本主义的最后和最高阶段”。但“不幸的是”，在共同声明草案中“这一关键的问题没有被正确地表述清楚，其中的某些部分还可能造成对概念的误解”。希腊共产党认为：“在共同声明中，帝国主义概念只被理解成一项侵略性的外交政策，或者说帝国主义被局限为一项政策。”

第二，关于资本主义经济危机的根源和本质问题。希腊共产党认为：“今天我们正面临着资本过度积累和过度消费而引起的深刻的资本主义经济危机，其根源在于资本和劳动之间的基本矛盾。”然而共同声明草案却“拒绝对资本主义基本矛盾进行分析，只抓住一些诸如‘金融的’、‘结构的’危机特征，这只会把资本主义经济危机的特征和根源混淆起来”。

第三，关于社会联盟的问题。希腊共产党表示，该党坚决“支持工人阶级与其他贫穷大众阶层联盟的政治路线，例如与贫穷的城乡小资产阶级联盟”。但是，希腊共产党“在任何情况下都不能同意与贴上了‘反垄断阶层’标签的资产阶级中的任何部分联盟”。

第四，关于对所谓“新兴”国家的立场。希腊共产党同意联合声明草案中所阐明的立场，即“今天这些国家正面临的问题是资本主义生产关系正统治着他们的经济基础，这不是从国外‘进口’的，而是这些国家自身的资本主义生产方式产生的结果”。希腊共产党坚决声援这些国家的共产党和人民的斗争。但该党“批评具有强大垄断基础的（拉美）资本主义国家执行的政治路线，这些国家在帝国主义的竞争中发挥了独特的作用，并执行了为资本和利润服务的战略，牺牲了生活在剥削环境中的工人阶级和劳动阶层的利益”。

第五，关于资本主义框架内的改革。希腊共产党表示，将继续为本国的工人阶级利益而斗争，如在争取自由公共教育体制、医疗保健、福利、增加薪水和养老金等问题上的斗争。然而，希腊共产党强调：“如果我们把这些斗争同推进社会的激进变革、建立工人阶级政权等问题直接联系起来，就可能播下在资本主义框架内可以通过改革来‘纠正’这一剥削制度的假象。”

第六，关于资本主义国家间联盟的问题。希腊共产党反对“欧盟”，认为“欧盟是资本主义国家间的联盟，其反动本性在于它本质上代表了欧洲垄断资本的利益，是对人民的进攻”。希腊共产党还认为：“其他国家间的联盟也是如此，比如在亚洲、欧洲、拉美等地区出现的联盟，它们都为大企业集团服务，工人阶级不能支持帝国主义和帝国主义‘中心’。”

第七，关于资本主义国家间的矛盾问题。希腊共产党认为：“‘老牌的’和新兴的资本主义国家之间的竞争发生在争夺市场份额上，发生在控制自然资源、交通运输线和石油管道上。”希腊共产党强调：“每个资产阶级，无论其自身力量（经济的、政治的、军事的）的大小，都是剥削劳动者的‘掠夺者’，此外它们还寻求增加其在国际事务中的作用。”因此，与共同声明草案中出现的各种构想不同，希腊共产党认为：“工人阶级不能站在任何资产阶级一边”，也不应该“将 G20 国家中的新兴资本主义国家的资产阶级政府看成反帝斗争的推动力量”，因为这一观点“忽视了一个基本事实，即这些政府掌控着资产阶级国家政权，其目的是强化在经济中处于支配地位的垄断资本”。所以希腊共产党“不能支持拉美的资产阶级政府，即使共产党参加或支持了这样的政府”。

第八，关于革命或改革的问题。希腊共产党认为：“在革命还是改革的问题上，共产党和工人党只能给出一个答案：革命!”希腊共产党反对参加资产阶级政府，认为在资本主义框架内不能解决社会主义的问题。“共产党走管理资本主义国家的道路的教训是沉痛的”“‘欧洲共产主义’是众所周知的例子。它制造了混乱和假象，美化了资产阶级政权，瓦解了工人运动和人民运动。智利政变的经历很有典型性，今年正好是智利政变发生 40 周年”。因此，希腊共产党长期以来都“反对支持这种（议会主义）立场”。

第九，关于反对机会主义的问题。希腊共产党一直以来都特别强调反对机会主义的斗争问题，几乎在历次共产党和工人党的国际会议上都要提到这个问题，并认为“非常有必要强调机会主义势力的破坏作用，事实上，它已经极大地破坏了共产主义运动和工人阶级斗争”。

第十，关于和其他社会力量进行政治联盟的问题。希腊共产党认为：“工人阶级和其他大众阶层的联盟是一个重要的问题。”它强调：“联盟的政策、力量的积聚和力量的准备，都是由推翻资本主义暴政这一战略目标所决定的，因此，不能将联盟政策融入社会民主主义和机会主义的各种管理游戏中去。”

第十一，关于“社会主义模式”的问题。希腊共产党注意到，国际会议拒绝了有关“模式问题”的讨论，并认为“模式问题”的背后隐藏着的是有关社会主义革命和社会主义建设的科学原则，例如工人阶级政权（无产阶级专政）、生产资料的社会化、中央计划的必要性等。希腊共产党认为，“在国际共产主义运动的历史上，对我们理论的修正和背离共产主义原则的辩护都披着‘民族模式’和‘通往社会主义的各种道路’的外衣”。所以在这个问题上，“我们党不能同意那些制造混乱的、为机会主义和社会民主主义理论大厦添砖加瓦的构想，如所谓的‘21世纪的社会主义’”。

综上所述，以希腊共产党为代表的一方与其他国家共产党为另一方的分歧集中在三个方面：有关资本主义的理论与策略，有关社会主义革命和社会主义建设的理论与策略，有关各国共产党之间以及共产党和其他左翼政党之间相互关系的理论与策略。概括地讲就是有关世界社会主义运动的理论与策略问题的分歧。

现在的问题是，既然有关世界社会主义运动的理论与策略问题的分歧在共产党和工人党国际会议中早就存在，而且还涉及广泛的领域，那为什么到现在就变得不可容忍，而非要爆发出来不可呢？

首先，这是因为当代世界社会主义运动存在多样性的特点，而有些国家的共产党却不愿意接受社会主义运动发展多样性的事实，并幻想实现世界社会主义运动的统一，即所谓运动的“同质化”或“同一性”。而世界社会主义运动发展的多样性的客观现实与使世界社会主义运动“同质化”的主观要求是根本矛盾的。两种不相容的世界社会主义运动发展观和发展路线共处于一个国际会议中，长期相互博弈，彼此摩擦不断，达到一定的程度和阶段，就会变得不可容忍，最终使分歧暴露。

其次，20 多年前的苏东剧变，使各国共产党处于生死存亡的危急关头，当时国际和国内的反共反社会主义的压力都非常大，共同面对生死存亡威胁的需求要远远大于彼此之间的分歧，因此各国共产党自觉地把相互之间联系的恢复和重新发展、相互之间的交流与合作看得比什么都宝贵和重要，这就促成了共产党和工人党国际会议的产生和持续不断召开。然而，现在的情况已经有了变化，2008 年夏天发源于美国的经济危机迅速扩展，把整个资本主义世界搞得焦头烂额、首尾难顾，人们不得不转过头来重新认识马克思主义、重新认识社会主义。这一巨大的转变为处在困境中的世界社会主义运动的发展提供了新的契机，同时也使某些党误以为改变世界社会主义运动斗争策略的时机已经到来，因而迫不及待地要把自己长期坚持的理论与策略展示出来，并力图取得共产党和工人党国际会议的一致认可，即形成所谓的“单一革命战略”。然而，由于主客观的多种复杂的原因，资本主义各国共产党在现实生活中还没有能力去充分运用这次资本主义经济危机所提供的有利契机来恢复和发展自己，更无力夺回不久前失去的阵地，整个世界社会主义运动仍然处于低潮，阶级力量对比关系仍然不利于社会主义事业的发展。这就使大多数国家共产党清醒地认识到，随意改变当前斗争的战略和策略显然是不明智的。这样，少数党要求改变社会主义革命的战略与策略的迫切主张，便与大多数党反对改变社会主义革命的战略与策略的主张形成尖锐的对立，最终使矛盾走向公开化。

最后，也不排除有个别党认为自己在创建共产党和工人党国际会议的过程中有功劳，从而以国际会议中的“老大”和“功臣”自居，在发言中反复论述自己在创立共产党和工人党国际会议过程中的艰难和特殊贡献，摆出一副不按自己的意见办就不行的蛮横架势，缺乏谦虚谨慎和平等对待兄弟党的态度，这也是使分歧走向公开化的一个值得重视的因素。

希腊共产党将分歧公开化的目的，显然是要显示该党在理论与策略上的正确性，并希望能够得到共产党和工人党国际会议的一致认同，即采取所谓的“单一革命战略”。然而，这种做法在事实上是要改变共产党和工人党国际会议业已形成的作为多边交流平台的性质，使其成为类似“共产国际”那样的各国共产党的联合组织，即成为贯彻某种理论与策略的工具，这就是问题的实质和严重性之所在。然而这种想法和做法严重脱离了当前的斗争实际，是一种开历史倒车的行为，因而是不可能实现的，由此而可能挑起纷争的新动向，又是值得警惕的。

三、应对分歧的对策

当前共产党和工人党国际会议出现的分歧，具有一定的严重性，处置不当或是任其发展下去，都会造成国际会议的分裂，这不利于正在走向复兴的世界社会主义运动的发展。面对严峻的形势，我们应该有应对的勇气和正确的策略。

1. 维护共产党和工人党国际会议作为多边交流平台的性质，保证国际会议的健康发展

当代共产党和工人党国际会议是各国共产党进行多边交流的平台。这个多边交流的平台以马克思列宁主义作为其运行的共同思想基础；以反对帝国主义、反对国际垄断资本，争取和平、民主、进步和社会主义作为其共同活动的政治基础；以权利平等、尊重差异、不干涉内部事务作为其运行的基本原则；以加强联系、增进友谊、交流工作经验和思想观点、促进世界社会主义运动的发展为共同目的。如果说发展党与党之间的双边关系是苏东剧变后世界社会主义运动团结合作的主要形式的话，那么共产党和工人党国际会议则是世界社会主义运动团结合作的重要补充形式。

15 年来，共产党和工人党国际会议发挥了独特的功能，对推动世界社会主义运动的发展起到了积极的作用：第一，交流了各国共产党和工人党的思想和观点，表达了对共同关心的重大政治、经济、文化和社会问题的认识和看法。第二，通报了各自国家的情况与共产党和工人党的工作状况，展示了各国党在争取和平、民主、主权、进步和社会主义斗争中的新进展，交流了彼此的工作经验。第三，就共同面对的形势和任务提出应对的策略。第四，就共同关心的问题采取了某些共同行动。

由此可见，当代共产党和工人党国际会议完全不同于“共产国际”，也不同于 20 世纪中叶的“莫斯科会议”，它不是人为地构建一个“统一”的世界社会主义运动，也不可能去形成“单一革命战略”。正如葡萄牙共产党中央书记处书记曼努埃拉·圣贝纳迪诺在第 13 次共产党和工人党国际会议上所指出的：“尽管斗争形式和经验具有多样性，在观点和认识方面存在较大的分歧，但是我们仍将继续加强共产党和工人党国际会议，在反对资本主义、推动社会进步、维护和平与建设社会主义等方面保持团结一致。”然而，今天社会主义运动的团结与合作的内涵已经不同于以往，“对于我们而言，团结和联合行动及其必要性的加强并不意味着政治的同一化，或者刻意构建共产主义运动，而是不同的社会变革经验的聚集和向着特定目标努力的汇集”。

出席第15次共产党和工人党国际会议的中国共产党代表在发言中强调指出：“经过14年的持续努力，共产党和工人党国际会议已经发展成为一个各国共产党和工人党交流思想和理论、发展友好合作关系的重要平台，并对全世界共产党和工人党之间的交流、对话与合作作出了显著的贡献。”这一判断和评价是完全正确的，我们应该始终不渝地坚持这一原则立场，以推动共产党和工人党国际会议长期健康的发展。

2. 坚持党际交往的四项基本原则，构筑新型政党关系

要推动共产党和工人党国际会议的健康发展，就必须推动各国共产党之间的相互关系的健康发展，关键是不能再走过去党际关系的老路，而必须构筑新型的党际关系，为此就必须确立新型党际关系的基本准则。邓小平总结了国际共产主义运动的经验和教训，提出了发展党与党之间相互关系的基本原则，这就是“坚持在马克思主义的基础上，按照独立自主、完全平等、互相尊重、互不干涉内部事务的原则，发展同各国共产党和其他工人阶级政党的关系”。中国共产党在与各国共产党的交往中，始终遵循上述基本原则，努力构筑新型党际关系。独立自主原则是建立新型党际关系的基础，必须充分尊重各国党独立自主的地位，尊重各国党依据马克思主义的基本原理，制定符合本国国情的理论、路线、方针和政策的权利。完全平等原则是建立新型党际关系的关键，各国党不分大小，应该平等相待，不存在特权党。互相尊重原则是建立新型党际关系的前提，各国党应尊重别国党和人民根据自己的国情、党情以及实践经验所选择的理论和政策。互不干涉内部事务原则是发展新型党际关系的保证，任何党都不能把自己的理论和政策强加于其他党，各国党的内部事务应由各国党自己去处理，不允许任何外国政党干预，也不允许利用国际会议干涉别国党的内部事务。只有党际关系处理正常了，共产党和工人党国际会议才能健康地发展下去。

3. 坚持实践是检验各国党的理论与策略是否正确的唯一标准，避免无谓的争论和辩论

马克思主义告诉我们，实践才是检验真理的唯一标准。邓小平在同中央负责人的谈话中指出：“各国党的国内方针、路线是对还是错，应该由本国党和本国人民去判断。最了解那个国家情况的，毕竟还是本国的同志。”因此，“欧洲共产主义是对还是错，也不应该由别人来判断，不应该由别人写文章来肯定或者否定，而只能由那里的党，那里的人民，归根到底由他们的实践来做出回答”。在这里，邓小平把一个国家的党和人民对社会主义发展道路选择的是与非、对与错，归结为一个深刻的哲学命题，即实践是检验真理的唯一标准，这对当代世界社会主义运动的发展具有十分重大的指导意义。对于当前有关世界社会主义运动的理论与策略上的分歧，我们也要坚持这种科学求实的态度。

历史经验已经充分证明，世界社会主义运动的理论与策略的分歧不能靠争论或辩论的方法来解决，这只能造成世界社会主义运动的分裂，而损害世界社会主义运动本身的发展。恩格斯曾经指出："工人运动的最近目标就是由工人阶级自己为工人阶级夺取政权。如果在这一点上我们是一致的，那么，在为实现这一目标所应采取的斗争手段和斗争方法上的不同意见，就不大可能使诚实的人们之间发生原则上的分歧，只要他们都有理智的话。"

参考文献

[1] 共产党工人党国际会议文件[EB/OL].(2014-2-19)[http://www.solidnet.org/greece-communist-party-of-greece/cp-of-greece-on-the-15th-international-meeting-of-communi9l-and-workers-parties-in-lisbon-en-ru-ar.

[2] 胡耀邦. 全面开创社会主义现代化建设的新局面：在中国共产党第十二次全国代表大会上的报告 [M]. 北京：人民出版社，1982.

[3] 邓小平文选：第 2 卷 [M]. 北京：人民出版社，1994.

[4] 马克思恩格斯文集：第 10 卷 [M]. 北京：人民出版社，2009.

冷静的分析 热切的期待：第十一次共产党和工人党国际会议综述

一、关于经济危机的性质和源头

资本主义经济危机是大会讨论的主要问题。早在2008年召开的第十次共产党和工人党国际会议上，就曾对此作出了重要结论：全世界正面临着大范围的严重的经济和金融危机，它是资本主义制度的固有危机不断深化的表现，表明了资本主义制度的历史局限性和革命推翻资本主义制度的必要性。参加第十一次共产党和工人党国际会议的代表认为，上述结论已经被证明是基本正确的，并根据一年多来经济危机的发展，再次对其性质进行了深入的讨论。与上次会议相比，这次讨论的特点是，它更加明确而没有任何异议地认定，此次经济危机就是马克思所说的资本主义周期性的生产过剩危机。

曾经在圣保罗会议上对资本主义经济危机作过精辟分析的英国共产党总书记罗伯特·格里菲斯在本次会议上再次发言指出："垄断资本家、政客及其经济学家想要公众把这场危机完全视为一场源于'信用危机'的金融危机：似乎危机完全是不计后果的抵押贷款公司和银行的过错；是借款超出自己偿还能力的低收入工人的过错；是本不应该首先把钱借给低收入工人的贪婪银行家的过错。"站在资本主义制度的立场上，这样描绘的确是一幅"合乎时宜的画面"。然而，事实并非如此，"这是一场体制性危机，是资本主义制度所固有的危机，是被马克思称之为周期性的生产过剩危机。与此同时，我们也应该注意到当前危机的一个重要特征，那就是马克思在《资本论》第三卷中定义的'虚拟资本'在这场危机中所起的作用"。罗伯特·格里菲斯坚定地指出："即使在资本主义制度下能够实现金融部门的国有化，但是只要资本主义制度存在，周期性的生产过剩的经济危机就会永远存在。"他还幽默地批评布朗说："英国首相布朗曾经宣称他已经使英国经济摆脱了'经济繁荣和经济萧条'的交替循环。一位古代英国的国王——卡纽特在位期间也曾经宣称他能够坐在海边阻挡浪潮的到来，但是他却湿了自己的脚。”

比利时工人党代表博杜安·德克斯强调了危机的性质，他指出：“此次金融危机根源于生产过剩的结构性危机，生产过剩自从20世纪70年代初一直很严重。作为马克思主义者，我们知道这是和资本主义生产方式紧密联系的。”

为深入论证经济危机的性质，丹麦共产党代表亨利克·斯塔默·赫定还对此次危机产生的源头作了历史的追寻，借以说明近40年来资本主义周期性经济危机迟迟没有恶性爆发的原因：“与通常的说法相反的是，这次危机并非是突如其来，许多人已预测到这次危机。唯一意外的是，这次危机拖了这么久才发生。”“当前危机始于1987年纽约证券交易所在一天之内所经历的最大暴跌，这次暴跌比1929年的危机跌得还要多。随之而来的是一场真正的危机，到1989年冬季，主要资本主义工业国家的生产已经开始萎缩，失业率不断上升。但具有讽刺意味的是，就在这个时刻，欧洲的社会主义结束了，东欧经济体向西方资本主义的开放，从而使西方能够将危机‘转嫁’给东欧国家。这在德国是最明显的，东德的工业企业被关闭，使其西德的同行能够生存下来。同样的事情也发生在其他前社会主义国家。正是这些国家感受到了危机的破坏性影响，生产下降30%—50%，这样，遭受破坏的就不是西欧资本主义国家。”“在资本主义大国中，只有日本完全经历了这次危机，因为它无处可以转嫁危机。日本经济到今天仍未恢复。”

亨利克进一步指出：“在整个90年代和新千年的初期，危机不断发生，然而每一次帝国主义都能够将危机‘转嫁’给周边的增长区域——先是亚洲‘四小龙’，后来是拉丁美洲。战争和大部分消费者的乐观情绪推动了生产，每次市场恢复了一点点，他们便把它称作‘历史性’的繁荣，就这样持续了20年。现在已没有边缘区域可以转嫁危机了：东欧已被粉碎，拉丁美洲已拒绝新自由主义，东南亚本身受到危机的严重冲击。现在美国、欧洲和日本都充分感受到危机的痛苦。”亨利克最后说：“现在已经很清楚，这不是什么‘特殊’的危机，而是一次经典的、一般性的危机，是资本主义的生产过剩危机。”

其他国家共产党也发表了类似的看法。美共主席山姆·韦伯在美共机关刊物《政治事务》杂志2009年8月号发表的文章《美国共产党：变动世界一项正在进行中的工作》一文中指出：“虽然目前这场经济危机是由房地产市场的崩溃而触发的，但它的存在却可以追溯到20世纪70年代后期资本主义长期发展的自然历史进程。30年前，美国资本主义被看似无法解决的各种矛盾——通货膨胀和失业率攀升、对美元作为一种国际性货币的信心不断下降，欧洲和亚洲新竞争对手的挑战，经济增速放缓和下降的收益率——所困扰。所有这些问题都出现在世界商品市场生产过剩逐步增加的这种背景之下。”

《德里宣言》集中反映了与会各国共产党和工人党的观点，再次强调了经济危机是资本主义所固有的制度性危机，指出“这场危机并非是由于少数人的贪婪或缺乏有效的监管机制而引起的过失。几十年来在全球化的过程中，利润最大化这个资本主义存在的理由急剧扩大了国家之间和国家内部的经济不平等。其必然后果是，世界绝大多数人的购买力下降了。因此，目前的危机是一个制度性危机。这再次证明了马克思主义的分析：危机是资本主义制度本身所固有的”。“它表明资本主义的主要矛盾正在激化，这个矛盾就是资本主义生产的社会性和资本家私人占有制之间的矛盾。”

二、关于“复苏”能否持久、危机是否正在过去

经济危机已经爆发了一年多，在某些地区还出现了“复苏”“景气”的种种迹象，资产阶级政府及其经济学家便乐观地宣布“衰退即将结束”“危机即将过去”。对此，大会进行了热烈的讨论，大多数国家共产党的代表认为，危机并没有过去，复苏难以持久。

匈牙利共产主义工人党主席格尤拉·瑟默指出：“危机还远没有结束，没有人能够预测到它的后果。”比利时工人党代表博杜安·德克斯认为，“危机并没有过去”，“再度恶化有极大的可能，危机会卷土重来”。葡萄牙共产党政治局委员安格鲁·阿欧维斯认为：“这场危机还远远没有结束，其危害和危险是显而易见的。”荷兰共产党代表威廉·凡克拉任伯格认为：“我们还仅仅处于资本主义严重危机的第一阶段。”美国共产党代表斯科特·马歇尔指出：“我们认为全球经济危机仍将继续并且不会减弱。”

资本主义国家共产党作出这样严峻判断的根据何在？根据就在于：一方面，资产阶级政府将纳税人的钱主要用来援助大金融资本，其次是生产企业；另一方面，资产阶级政府用来援助失业者和贫苦家庭的资金却非常少，与此同时政府还削减了医疗保健、教育、养老、公共建设等民生方面的开支。这样，金融业表面看来开始景气，机器又开始运转，然而，工人和劳动群众的购买力却下降了，社会的总体消费水平下降了。

在此情况下，“复苏”将难以持久。换言之，由于资产阶级政府采取将危机的后果转嫁到工人阶级和劳动群众身上的办法来解决危机，所以经济的再度恶

化难以避免。

英国共产党主席格里菲斯对资产阶级政府转嫁经济危机的政策作了有根据的分析。他指出："在英国，政府、财政部和英格兰银行迄今已经从公共基金中划拨出 1.35 兆英镑（相当于 2.25 兆美元）的资金用于挽救银行、金融机构和金融市场。那些资金相当于英国全年 GDP 中每年公共开支总和的 2 倍，国民医疗服务预算的 10 倍，教育投资的 15 倍。已经划拨给英国的制造业和其他生产工业的资金不到 200 亿英镑。政府资助的不平衡反映了英国垄断资本的优先权特性和垄断资本的矛盾。现在英国的统治阶级已经对人民群众和工人阶级的工作、工资、退休金、社会福利、公共服务和工会权利发动了猛烈的攻击。不管 2010 年 5 月份哪个政府上台执政，这种攻击只会加强。"

丹麦共产党代表贝蒂·弗瑞德斯伯格·卡尔松揭示了工人阶级和劳动群众被动地卷入危机后在政府执行拯救计划过程中再度受到损害的情况，指出："在我国，所上交的个人收入所得税被投资到了股票市场，我们中的很多人却没有意识到自己通过工作所节省出来的钱被用于炒股和投机。""直到 90 年代中叶，资本主义的北欧模式都是建立在税收所带来的集体权利基础之上的。只有国有部门中的工人通过工资节省了一部分钱来获得比大多数人更好的养老金，这部分钱以个人所得税的形式被国有企业——全民掌控或控股的公共企业——储存起来。在这场危机中，市政当局以及国家和养老保险公司在金融风暴中损失了很多钱财，这使一般人民群众也在这场危机中损失惨重。现在统治者采取了哪些政治举措来应对这场经济危机呢？绝大部分国家所采取的应对措施是大体相同的，即给予银行、其他的金融机构以及资本主义企业以巨额资金补助。不管在哪个国家，这些资金补助都是来自于那些亲眼目睹了公共服务正在走下坡路的纳税人、工人和弱势群体，如老年人、有孩子的家庭、年轻人、病患者等。"

共产党和工人党的代表对各自国家工人阶级和劳动群众在危机时期的生活困境作了具体的论述：在西欧的德国，官方统计的 2009—2010 年度的冬季失业人数已经超过 500 万，但如果加上统计数据中被刻意隐瞒掉的数字，迄今为止真正的失业人数或许已经超过了 600 万；在这个富裕的国家，1/3 的孩子不得不在贫困的环境中成长；超过 1/3 的劳动力必须在恶劣的工作条件下工作，而且这种趋势正在增长。在北欧的丹麦，该国的总人口为 500 万人，而失业人数已经超过 10 万人。在东欧的匈牙利，跨国公司的产值几乎占匈牙利 GDP 的 70%，2009 年匈牙利的 GDP 与前一年同期相比减少了 7%—9%，失业率大约是 10%，人们失去了资源、储蓄，越来越多的人生活在贫困之中。在横跨欧亚两洲的土耳其，官方公布的失业率是15%左右，而真正的失业率却是25%左右，政府还试图大幅度削减社会生活保障金。在南亚的印度，少数亿万富翁的财富相当于印度GDP的25%，而印度77%的人口（8.4亿人口）每天的收入却不足20卢比，物价上涨到了天上，普通民众几乎不能满足基本需求，就更不用说获得医疗保健和教育了；超过15万的农民为摆脱负债和破产的悲剧而自杀；大多数的达利特人、原住民以及穆斯林少数民族完全被排除在发展的进程之外。在北美的加拿大，失业率在继续上升，预计2009年底将正式超过10%，建筑业、零售业、旅游业和公共部门的业绩也在下降。美国是头号资本主义大国，在其金融资本有所景气的时刻，每个月仍然有20万个就业机会在减少，年轻人的失业率尤为惊人，16－24岁之间的年轻人只有约45%的人拥有工作；美国的大多数人是通过他们的雇主得到医疗保险的，由于失业，约有4000万人将得不到医疗保险，而且这个数字每个月还会上升；房地产市场的专家认为，在2010年人们将看到这样的景象，那就是丧失抵押品赎回权的工人以及他们的家人将无家可归；在这个世界上最富的国家，每天有成千上万的孩子饿着肚子去上学；在许多遭受危机严重打击的工人社区，学校、诊所和赈灾机构被关闭，街道、桥梁、排污和供水系统被损坏而得不到修复，各级政府的公共服务被削减和停止。

《德里宣言》对危机期间资本主义国家工人阶级和劳动群众的状况作了总的估计："目前的危机可能是自1929年以来最尖锐、最广泛的危机，袭击了所有领域。不计其数的工厂被关闭。农业和农村经济正处于困境，加重了全球数以百万计的种植业者和农场工人的贫困和痛苦。数百万人失业而无家可归，失业增长到前所未有的程度，官方估计将突破5000万大关。不平等现象正在全球加剧——富人越来越富，穷人越来越穷。10多亿人在忍饥挨饿，占人类的1/6。青年、妇女和移民是首当其冲的受害者。"

总之，危机的损失被社会化了，而利润的私有化仍在继续，失业、饥饿、疾病、无家可归以及人们的不安全感在不断增加。因此，美国共产党主席山姆·韦伯指出："有关经济活动将在今年年底或明年年初恢复的各种预测，在许多经济学家的头脑里都是有疑问的。如果经济的周期性路径是L型的——即程度严重、延续时间长的话，请不要感到惊讶。"

三、危机为什么没有促进工人运动的高涨

在当前资本主义世界的经济危机中，总的来说群众斗争是加强了，工人阶级的团结是加深了。然而，此次危机是1929年以来最严重的一次经济危机，根

据历史的经验，经济危机会带来资本主义国家工人运动的高涨，甚至会造成资本主义的统治危机。然而，这种历史景观却没有再现。其原因何在？对此，与会的共产党和工人党代表展开了严肃的讨论，发表的一些见解值得重视。

土耳其共产党代表穆罕默德·克祖鲁吉尔对此次危机发生的历史背景作了深刻的分析。他指出，此前资本主义世界曾爆发过的两次大的经济危机（19世纪末的经济危机和1929年的经济大萧条），由于在这两次危机前劳苦大众具有高昂的战斗士气，所以工人运动得到了增强。工人阶级事先在阶级斗争中所取得的经验，为工人以一种更加具有战斗精神的姿态应对危机提供了便利。与资本主义经济世界所爆发的前两次大危机不同，当前的这场危机发生在一个反对革命的时代，这意味着工人阶级的战斗经验相对薄弱。这一因素对危机期间阶级斗争的发展和阶级意识的增强产生了不良影响。这就给资产阶级通过思想手段和政治手段控制劳苦大众留下了更大的发展空间。

卢森堡共产党代表阿里·吕克尔特则从工人阶级的政治意识、苏东剧变的严重影响和社会主义理论的不足等三个方面分析了事情的缘由。他指出，首先，当今工人阶级的政治意识比过去几十年前显著下降，虽然有些工人正在改变对资本主义的认识并开始了完全不同的思考。然而，在大多数工人眼里，资本主义仍然在为他们提供比较舒适的物质生活，所以他们看不出有任何理由需要寻求其他的经济秩序。其次，具有重大战略意义并给各国共产党和全世界的共产主义运动带来巨大损失的社会主义的失败，至今仍对欧洲大陆有着非常严重的影响。反共产主义的思想清洗无处不在，这不仅仅存在于几个星期前我们所目睹的所谓纪念“柏林墙倒塌”的宣传活动中，而且存在于资产阶级的社会结构、学校和资产阶级的大众媒体中。最后，直到今天，共产主义运动仍然对社会主义失败的原因、社会主义运动的经验和成就、社会主义运动的缺点和不足、社会主义建设时期的社会矛盾等都缺乏基本的分析和共识；同时，有关社会主义替代方案的标准和特征、社会主义生产力的发展、社会主义市场的发展、各种不同的经济管理方式、行之有效的社会主义计划、社会主义生产资料所有制的形式、政权机构建设和司法机制建设以及在经济和社会中捍卫人民群众当家作主地位的途径等方面，也都缺乏应有的共识。对上述问题的分析和所达成的共识乃是社会主义运动发展的一个最重要前提。

以色列共产党代表凡特恩·加特斯对社会主义理论的不足也表达了同感：“特别是在苏联解体后，我们也期望澄清什么是社会主义。”

荷兰共产党代表威廉·凡克拉任伯格着重分析了社会福利政策与工人阶级

政治意识的关系，认为欧洲的社会福利政策，已经弱化了经济危机对工人的影响："荷兰许多工人还能够量入为出，甚至有时沉溺于生活中的许多美好事物，比如去剧院、听音乐会、去博物馆、出国度假等，逃避现实世界的现象在不断增长。工人阶级的相当大部分倾向于继续过这种有点质量的生活，而对于这一生活背后的进程却不感兴趣。这些思想在支持保守的民族主义政治运动（这一运动害怕改变对伊斯兰教徒的移民政策，并积极推动贸易保护主义的措施）中找到了寄托，因此这导致人民大众不想通过发动工人运动来保护被破坏的社会福利事业。在欧洲各国的政治日程中，工人政治上的无权阶段还将继续。不管是我们的朋友还是敌人都必须承认，相对美国而言，迄今欧洲的社会福利措施已经弱化了经济危机的影响。"

德国共产党代表海因茨·施特尔认为，工人运动在经济危机时期没有得到增强的主要原因，是共产党还拿不出改变现状的对策。他指出，在一些受到这场危机影响的工厂、工业行政部门和机构的员工以及受到危机影响的人群中存在着反抗的思想。但是迄今仍缺乏一种全面的、团结的反抗。出现这种现象的原因之一，是在上班族和失业人群中广泛存在着对失去工作或者遭遇社会倒退的恐惧。另一个原因就是反共产主义宣传的影响，这种宣传确保不存在关于资本主义制度替代方案的讨论，并使得人们认为他们自身应受到谴责并应对这场危机的爆发负有个人责任。面对这种情况，"反资本主义力量、社会主义以及共产主义力量的影响力还不够，他们拿不出有效改变这种状况的策略，至少当今是如此"。

总之，在资本主义各国共产党看来，苏东剧变对世界社会主义运动的沉重打击及其严重影响、资产阶级政府的福利政策对经济危机的弱化、工人阶级既不满意现状又安于现状的政治意识、资本主义各国共产党没有制定出有效应对的理论与策略等，是此次经济危机时期工人运动没有得到增强的基本原因。

四、重振国际共产主义运动的热切期待

第十一次共产党和工人党国际会议对当前形势下的斗争任务进行了热烈的讨论，概括起来有两个方面：一方面，要采取反对经济危机的措施：争取稳定的全职就业，完全公共的、免费的卫生保健、教育和社会福利，反对两性不平等和种族主义，保护劳动人民和各阶层的权利，包括青年、妇女、移民工人和少数民族等；另一方面，要推动和平、进步、正义和社会主义事业的发展，不断积累力量，为革命形势的到来准备主观条件。

在讨论当前任务的过程中，重振国际共产主义运动的热切期待在与会代表的心中激荡，这突出表现在以下三个方面。

第一，要求加强国际共产主义运动的团结，并建立国际联合组织。第十一次共产党和工人党国际会议在其会议文件中，前所未有地列出了“背景资料”，专门介绍了各国共产党为重振国际共产主义运动和使所有共产党和工人党聚集在一起所作出的不懈努力：在1993年，印度共产党（马克思主义）首次进行了这种尝试，举办了“当代世界形势与马克思主义有效性”的国际研讨会，有21个政党与会，成功地使各与会方在捍卫社会主义事业和争取实现社会主义的斗争方面恢复了信心。从1998年开始，希腊共产党承担起组织共产党和工人党国际会议的责任，连续主办了7次国际会议，就世界的重大发展变化交换观点和分享斗争经验。参加会议的政党的数量持续增长，反映了马克思主义的重要性和有效性不断增强。为了促进国际会议的顺利召开，还成立了共产党和工人党的国际工作小组，决定参加会议的政党以及会议的主题、地点和日期等。鉴于会议不断取得成功，决定在世界不同地区轮流举办这个会议：第八次会议在葡萄牙首都里斯本举行；第九次会议在白俄罗斯的明斯克和俄罗斯的莫斯科举行；第十次会议在巴西的圣保罗举行；第十一次会议在印度的新德里举行；第十二次会议将在非洲大陆举行，由南非共产党主办，从而使会议涵盖了世界各大洲。

英共主席格里菲斯在大会的发言中，论述了当前加强国际共产主义运动团结的重要性：“当垄断资本家及其代言人在全球范围内通过一系列的机构来进行全面磋商和采取行动的时候，各国共产党为了工人阶级及其家庭、全人类、我们生存在其中的星球的利益，也有义务这样做。需要在全球范围内增进共产党和工人党之间的亲密关系，加强组织上的相互合作和相互协调。共产党和工人阶级的国际化是我们最大的潜力之一。”

许多欧美国家的共产党，如卢森堡、丹麦、德国、西班牙、加拿大等国的共产党建议：国际共产主义运动应该达成一致的行动纲领，用共同纲领来推动和巩固国际共产主义运动；国际联合要忠实于共产主义信仰，尊重不同的政治见解，反对修正主义和改良主义；创立一个常设工作委员会来推进这项工作；建立全球性网站，加强马克思列宁主义的教育；加强左翼的团结，促进不同政党在各主要领域的政治工作和工会工作中的合作；促进世界反帝国主义阵线的建立，采取联合行动；将“五一”变成为工人阶级的国际斗争日，等等。

第十一次共产党和工人党国际会议的有关文件没有采纳建立国际联合组织的建议，但要求各国共产党在反对帝国主义的斗争中采取联合行动，加强国际共产主义运动的团结与合作。会议号召："所有国家都必须采取具体行动，并在全球范围内进行协调，以解决下列问题：反对北约及其全球扩张，反对帝国主义军事侵略性的死灰复燃，反对外国军事基地；根据2009年9月在大马士革召开的特别会议的决定，将11月29日这一天作为声援巴勒斯坦人斗争日；将2010年作为战胜法西斯65周年纪念日；与工会进行合作，为了捍卫工人权利而加强群众的动员活动；为了让美国释放古巴的五名英雄而加强国际团结；为了加强群众性运动，与青年团体进行合作；对各国政府施加压力，强烈要求工作的权利。"

印共（马）同印共两党不计前嫌，彼此尊重，密切合作，成功举办第十一次共产党和工人党国际会议，受到与会各国共产党的肯定，认为这将有助于印度共产主义运动的巩固和壮大，同时也将有利于推动国际共产主义运动的发展进程。

第二，变被动防守的策略为主动进攻的策略。苏东剧变以后的20多年，社会主义运动始终处于被动、防守的态势。不少国家的共产党认为，现在转变这种被动局面的时机已经来临，应该变防守为进攻。即不仅是开会、交流经验、进行宣传，而且要进行实在的斗争；不仅是为生存和保护工人阶级和劳动人民的基本权益而斗争，同时也要为实现社会主义作必要的准备。美国共产党代表斯科特·马歇尔的讲话反映了资本主义各国共产党联合起来进行斗争的愿望。他指出："马克思和恩格斯没有说过'全世界工人联合起来分享经验与信息'，显而易见，他们的意思是全世界工人联合起来进行斗争。在当今世界，我们如何使之成为现实，我们的第一个具体步骤是什么？我希望本次会议以及我们怀有的良好意图能够促进我们更加紧密团结以实现这一目标。"西班牙人民共产党代表乔斯·卡波·布罗沃也指出："资本主义制度的社会主义化是政治投机者的论调，社会主义是人类的选择，为社会主义消除疑虑的时刻到来了，要把斗争推向社会主义的真正选择。"匈牙利共产主义工人党主席格尤拉·瑟默认为："我们的主要任务，是为革命形势的到来作好准备。历史经验证明，如果主观条件在恰当的时刻不成熟，那么真正的革命形势就不会发挥作用。我们应该不仅批评资本主义制度，而且也应该向人们证明建立一个新世界的真正可能性。我们应该证明社会主义是代替现存资本主义体系的真正选择。"

《德里宣言》反映了与会各国共产党的意志和愿望："帝国主义由于苏联解体和这场危机之前的繁荣期而对工人阶级和人民的权利发动了前所未有的攻击。与此相伴随的是狂热的反共产主义的宣传，不仅在个别国家宣传，而且在全球和国际论坛上进行这种宣传，包括欧盟、欧安组织和欧洲委员会等。面对这些无情的攻击，我们的斗争迄今主要是防御性的斗争，是为了保护我们以前赢得的权利。今天的事态证明我们需要发动一次进攻，不仅是为了保护我们的权利，而且是为了赢得新的权利。不仅是为了赢得少数几项权利，而且是为了拆除整个资本主义的大厦——冲击资本主义的统治，实现社会主义的替代制度。”

《德里宣言》呼吁共产党和工人党在各自国家开展工作，发动广泛的斗争，争取广大人民的权利，反对资本主义制度。同时还强调在反对资本主义斗争中共产党领导的重要性：“虽然危机是资本主义制度本身所固有的，但是资本主义制度不会自动崩溃。若没有共产党领导的反击，反动势力将会得到加强。在资本主义制度下，任何改革都无法消除剥削。资本主义必须被推翻。这就要求加强工人阶级领导的人民斗争。”

第三，对保护生态环境问题表现了前所未有的关注。对生态问题的漠视，是 20 世纪后期国际共产主义运动落后于现实并脱离广大人民群众的原因之一。第十一次共产党和工人党国际会议对保护生态环境问题表现了前所未有的关注，这既反映了人类生存发展的利益，也是对历史教训的深刻总结，更是工人阶级现实斗争的需要，是国际共产主义运动一个重大的进步。

芬兰、丹麦、西班牙、印度、孟加拉等国共产党的代表指出，无情的资本主义制度已经不能满足人民的基本需要，诸如工作权、卫生保健权、居住权、保护环境权与和平居住权，人类正面临着环境恶化和气候变化的巨大危险。共产党应该在反对环境恶化和气候变化的斗争中充当急先锋。早在一个世纪以前，马克思就曾经说过：“人类依赖大自然而生存……人类是大自然的一部分。”恩格斯警告人们对于大自然的胜利及其所带来的大自然恶化，他写道：“我们不要过分陶醉于对于大自然的胜利，因为每一次的胜利都会带来大自然的报复。”没有什么能够比拯救生命、大自然、地球和我们共同的家园更重要的了。西班牙人民共产党代表乔斯·卡波·布罗沃还倡议开展一次反对破坏亚马孙河流域生态环境的世界行动等。

《德里宣言》反映了各国共产党对环境和气候问题的高度关注，用相当的篇幅论述了共产党人对解决环境和气候问题的立场。《德里宣言》指出：“资本主义应对环境的破坏负主要责任，却试图把防止气候变化的所有负担转嫁到工人阶级和劳动人民的身上。资本主义以气候变化的名义提出的改组建议与保护环境毫不相干。由企业提出的‘绿色发展’和‘绿色经济’被用来强加新的国家垄断调节，推动了利润的最大化，使人民面临新的困难。因此，资本主义制度下的利润最大化与环保和人民的权利是不一致的。”

第十一次共产党和工人党国际会议专门通过了《关于纪念博帕尔毒气泄漏悲剧25周年的决议》，揭露以美国为首的发达资本主义国家将破坏生态环境的严重后果转嫁到发展中国家的可耻行径：“以美国、欧洲或北方其他国家为基地的掠夺性跨国公司今天在发展中国家日益猖獗，在工业安全、有毒危险材料和环境污染方面公然违反国内法和国际法。危险的行业，低于标准的或过时的技术，被禁止的或有毒的物质，破坏环境的采掘业，都越来越多地被置于南方国家，从而严重阻碍了南方国家的发展。”《决议》呼吁全世界的进步力量在2010年开展纪念博帕尔毒气泄漏悲剧25周年的活动，抗议帝国主义的掠夺行径，支持印度和其他发展中国家人民保护生态环境的斗争。

《德里宣言》指出，无论是解决周期性的经济危机问题，还是解决地球的生态环境问题，人类都必须“从这种野蛮的资本主义中解放出来，必须实行真正的替代方案——建立社会主义制度。这就需要加强反帝国主义和反垄断的斗争。因此，我们争取替代制度的斗争是反对资本主义制度的斗争。我们争取替代制度的斗争，是为了建立一个没有人剥削人、国家剥削国家的制度。这个斗争是为了争取建立另一个世界：一个公正的世界，一个社会主义的世界”。

经济持续衰退、帝国主义侵略扩张与人民的共同行动——第十四次共产党和工人党国际会议综述

2012年11月22日—25日，由黎巴嫩共产党主办的“第十四次共产党和工人党国际会议”在黎巴嫩首都贝鲁特举行。来自世界五大洲44个国家的60个政党的84名代表参加了这次会议。与会代表围绕“加强同帝国主义日益猖狂侵略的斗争，满足人民的社会—经济—民主权利的要求和愿望，实现社会主义”的会议主题进行了热烈的讨论，会议最后通过了《贝鲁特宣言》。

一、资本主义经济的持续衰退

2008年—2011年召开的共产党和工人党国际会议曾经作出“当前的经济危机是过度生产和过度积累引发的危机，危机的根源在于资本和劳动之间尖锐的基本矛盾”的论断。第十四次共产党和工人党国际会议重申了这一基本观点，并确认上述矛盾正在进一步深化。

首先，关于这次危机及其以后的发展变化问题，印度共产党（马克思主义）中央政治局委员西塔拉姆·亚秋里对此作了有创见的分析。他指出：“全球性经济危机不是一种‘一次性’危机，而是一场固有的、深深植根于资本主义制度的体制性危机。”亚秋里认为，这场危机已经历了“五个发展阶段”。第一阶段：始于20世纪70年代，新自由主义政策的推行导致剥削与不平等的扩大，造成了人民实际收入和购买力的下降，从而引发了资本主义生产过剩的危机。第二阶段：为了解决生产过剩的问题，资本家向人们提供了次级贷款，各种金融机构和金融方式大行其道。然而，对于次级贷款无力偿还的问题却日益增多，一旦金融公司破产并导致股市崩盘，资本主义危机便升级到新的阶段。第三阶段：为了把资本主义从危机中拯救出来，政府开始了大规模的救市行动，动辄使用上万亿美元拯救这些金融机构。由于实行如此巨大的和史无前例的救市计划，

这些国家产生了巨额债务，其负债额超过了国内生产总值，陷入了严重的债务危机之中。第四阶段：全球资本主义试图通过将企业破产转为主权破产的方式来克服这场危机。结果导致世界经济很快转入一个急剧动荡的时期，从而激化和深化了危机本身。第五阶段：政府为了脱身，强制推行所谓的“紧缩政策”。这种不断蔓延的紧缩政策直接加剧了许多国家本已存在的失业状况，侵犯了劳动群众的社会、经济、民主权利，人民生活又陷入前所未有的困顿之中。

亚秋里认为，自2012年以来，欧洲经济出现了第二次衰退，该年第二季度其GDP下降0.2%，第三季度又下降0.1%。而作为世界最大经济体的美国也面临着“财政悬崖”的险境。新税的开征和财政紧缩政策将影响2013年的经济状况，导致美国经济严重收缩，使美国的GDP下降4%—6%。这种“悬崖”将不仅使美国陷入持续的衰退中，而且将造成全球性的经济破坏。欧洲的第二次衰退和美国的“财政悬崖”产生的危机其顶峰将是在2014年，届时，各国政府为了应对巨额债务而被迫接受诸如国际货币基金组织和欧洲银行等国际金融机构的条件，从而进一步增加本国人民的负担，人民将被推入更深的贫困之中。“二次衰退”“财政悬崖”“人民贫困”这三个方面的结合，将进一步激化全球性经济危机，并摧毁资本主义各国政府试图克服危机的各种努力。

其次，与会代表一致认为，实践已经证明，资本主义各国政府解决危机的方案已经失败。希腊共产党总书记帕帕莉卡指出，无论是自由主义的、社会民主主义的，还是中左翼政府，都没有能够避免危机的爆发，也不能从根本上治理危机。“廉价劳动力”“重组”“自由化”“私有化”“帝国主义干预”“为重新分配市场而发动战争”是当前资本主义各国为治理危机而采取的几种主要办法。然而，这些治理模式“都建立在廉价劳动力的基础之上”，用这种进一步掠夺人民的办法来摆脱危机，实为杀鸡取卵。爱尔兰共产党总书记尤根纳·麦克·卡坦认为：“税收同盟和预算控制被认为是解决危机的方法，而事实上，这样做很可能会产生贿赂。”他进一步明确指出：“国家垄断资本主义已经发展到了瓶颈阶段，在这一阶段，仅仅修正危机的某一方面只会加剧恶化危机的其他方面，从而使整个危机更加严重。”英国共产党代表认为，之所以如此，是因为危机的产生并不是由于管理不善的问题，而是资本主义与生俱来的，是由于垄断所有权的高度集中以及欧盟拒绝人民的经济民主权利所导致的恶果。

再次，资本主义经济危机对人民的经济、社会、民主权利的影响是本次会议关注的重点领域。4年来，资本主义经济危机已经使人民的生活严重恶化，失业和贫困成为普遍现象。瑞典共产党的代表谢尔·白戈登指出，瑞典的失业率是 9.2%，在 16—25 岁之间的年轻人中约 25%没有工作。全国大约 42.5 万人登记失业，约 1/3 的失业者享受不到失业保险援助金。匈牙利共产主义工人党主席久洛·蒂尔迈尔指出，在 1000 万匈牙利人中有 900 万人的生活艰难，其中有 100 万人失业，300 万—400 万人生活在贫困线以下。英国共产党代表指出，面对持续加深和复杂化的经济危机，资本主义通过对公共服务的私有化、扩大垄断企业和跨国公司、裁员、缩减工资以及福利，降低服务待遇和生活标准等来强迫人民为他们买单。英国共产党代表特别强调了经济危机对妇女的影响，认为妇女遭受危机的影响最大，她们是私有化和裁员的最初受害者。女性失业者达到了 75 年来的新高，女性变得比男人更穷，而且收入只是男性的一半。总之，高通胀、高失业、无法偿还的银行信贷就像达摩克利斯之剑一样悬在劳动群众的头上。危机的重负全部嫁接到了劳动者、失业者、年轻人、领取退休金者的身上，与此同时，银行间和大型企业主赚取的利润却越来越高。

《贝鲁特宣言》对当前资本主义治理危机的方式进行了总体性的评述，认为"各种资产阶级管理危机的不同模式都没能成功控制危机；同时这些模式又无不野蛮地践踏人民的权利。帝国主义应对危机的特点就是对人民的社会、经济、民主、民族权利的全方位侵犯，尽量破坏 20 世纪工人和人民的斗争成果，强化剥削和压迫的程度"。

《贝鲁特宣言》还指出，"帝国主义正在发起一轮以大规模破坏经济、社会、政治、文化和民族权利为目的的进攻，以推进资本的集中和积聚"。同时，"开始通过大量削减工资、大规模失业、私有化、破坏国家的社会功能、对经济和社会生活的各个领域进行私有化等途径严重侵犯社会以及劳工权利，这种反社会的行径伴随着对人民的民主、民族和生态权利前所未有的破坏。尤其是加剧了对妇女的劳动、经济和社会权利的侵犯，使她们在公共和私人领域的生活状况严重恶化"。《贝鲁特宣言》指出，除了加紧侵略和野蛮干涉世界各国内政之外，帝国主义还通过各种途径向各国工人阶级及其代表开战，包括："践踏人权及工人阶级的相关利益；展开意识形态和媒体攻势，以抑制工人和人民的斗争，削弱反帝斗争的一切社会和政治力量，特别是迫害共产党和工人党；所有这一切都违反了包括联合国宪章和《世界人权宣言》在内的国际准则。"

二、帝国主义日益猖狂的侵略

从 2010 年年底以来，美欧主要资本主义国家在"自由""民主""人权"等所谓普世价值的借口下，支持西亚、北非的反政府社会运动，运动先后波及突尼斯、埃及、利比亚、也门、叙利亚等国，造成了领导人下台和政府的更替，被西方媒体称之为“阿拉伯之春”。参加本次共产党和工人党国际会议的代表对此进行了重点分析和批判。

与会代表一致谴责帝国主义猖狂的侵略行径，并指出帝国主义的疯狂侵略是资本主义危机的产物。巴西共产党代表一针见血地指出，战争是资本主义试图摆脱危机的主要方式，它们在民族和宗教问题上惯用宗派主义的分裂伎俩，分别采取“妖魔化”“操控”“支持”等措施，营造舆论，挑起反叛和示威等手段来达到自己的目的。尼泊尔共产党（联合马列）代表马达夫·库马尔指出，尽管资本主义陷入了严重危机之中，世界军费开支却逐年增长。2010 年世界军费开支已达 16300 亿美元，这个数字是 2001 年的 1.5 倍，其中美国占世界军费总开支的 41%。在伊拉克和阿富汗战争中，美国投入了 1 万亿美元。巴基斯坦共产党国际部协调员莎菲克·阿哈默德强调，金融危机爆发之后，帝国主义加快了侵略的节奏，欠发达国家和发展中国家正逐渐失去了政治和经济的主权。帝国主义正计划运用“有条件的财政帮助”“经济和政治制裁”“实行独裁统治”“军事冒险”等四种基本策略来改造这个世界。

《贝鲁特宣言》表达了与会各国共产党的共同意志，谴责了以美国为首的帝国主义国家猖狂的侵略行径。《宣言》写道：“奥巴马在联合国重申不会从世界各地‘撤回’，他赞同最近北约在芝加哥峰会上制订的方案，该方案喊出了‘巧防御’的口号，实际上这意味着帝国主义要增强对全世界的军事干涉。”其具体内容是：“在欧洲启动了第一期‘导弹盾’或‘星球战争’、全球反导盾牌计划，直接军事干涉利比亚，不断对伊朗和朝鲜进行军事威胁，侵略并向中东、亚太和整个非洲大陆进行挑衅，加紧在拉美和加勒比地区实行军事帝国主义，加强对古巴的敌视和封锁，阴谋策动委内瑞拉政变等。”

那么，帝国主义发动侵略的动机何在？与会代表认为，虽然帝国主义都把自己伪装成为自由和民主的斗士，而实质上它们的所有行动只是为了自身的利益。亚秋里强调指出，全球性资本主义危机是当前帝国主义侵略的动因之一。帝国主义正在使用其所有手段（军事的、经济的和政治的）来试图克服目前的全球经济危机，以保证其对世界统治的霸权地位。丹麦共产党总书记亨里克·海丁指出，从历史上看，自 20 世纪五六十年代开始，帝国主义就逐渐失去其原有的地位。而如今，它再也不能公然站在道德的制高点上来维护其财产和特权了，却将自己伪装成自由和民主的斗士，“帝国主义一直被隐藏在自身的人文主义和理想主义关怀的面纱背后——诸如宗教慈善、人权或者其他伪善”。而在西亚、北非的局势动荡中，它又隐藏在虚伪的"革命者"背后。

土耳其劳动党中央委员会委员穆罕默德·奥哲直接挑明，帝国主义支持颠覆独裁政权的背后并没有什么"民主""改革"的因素。他们并不站在"阿拉伯之春"这一边，也不按照颜色革命或社交工程来组织这一"春"。他们只是加强对这个地区的控制，为像穆斯林兄弟会那样的伊斯兰政治集团铺平道路，通过参与或表面上参与这些暴动来增加他们自身的利益。斯里兰卡共产党总书记古纳·塞克拉也一针见血地指出，帝国主义侵略的真正动因是控制能源资源，特别是中东地区的能源资源。伊朗群众党代表指出，虽然国际原子能组织和美国当局目前都没能找到伊朗军事核计划的任何实质性的证据，但这也阻止不了美欧帝国主义及其帮凶以色列制定针对伊朗的侵略计划。美国不愿意通过外交途径最终解决伊朗核问题，而是继续维持对伊朗进行瘫痪式的禁运。其根本原因在于，帝国主义企图长期控制波斯湾及当地丰富的石油和天然气资源。美国在波斯湾地区大量的军事存在（包括美国把第五舰队总部设在巴林）是美国长期计划的最明确信号。显然，"美国关于该地区核武器威胁的主张只是隐藏其真实意图的烟幕弹而已"。

对于中东地区局势的恶化，许多代表把批判的矛头直指近年来美欧执行的"新中东"计划。《贝鲁特宣言》写道："在这种全球帝国主义的过度扩张和侵略背景下，要特别注意帝国主义在中东的表现方式，即通过执行把中东地区和人民重新肢解成种族与宗教团体的'新中东'计划，让他们不断地相互开战。"这样"就能允许帝国主义占用该地区已经探明的自然资源，特别是石油和天然气资源。对阿富汗、伊拉克、利比亚的军事斗争和占领，以及以色列入侵黎巴嫩和巴勒斯坦都是帝国主义'大中东'计划中不可分割的一部分"。

帝国主义在当今条件下侵略方式的新变化引起了与会代表的关注。亨里克·海丁指出，从伊拉克战争开始，美国就不愿意直接参与军事冲突，而是扶植别国势力进行"双重代理"作战。叙利亚所谓的反对派，就是由一些诸如土耳其、卡塔尔和沙特阿拉伯等地区大国武装和资助的势力。这种"双重代理"方式具有较大的欺骗性，例如，丹麦也参加了对利比亚的战争，而且是所谓的叙利亚之友的成员，绝大多数人甚至一些左翼人士依然相信人民一致反抗独裁者的神话，他们相信对利比亚的战争不是帝国主义的侵略，而是为正义和自由去反对卡扎菲及其追随者。他们认为，与此类似，应由"国际社会"来对付叙利亚及其领导人阿萨德。

土耳其共产党代表对此也进行了详尽的分析。该党指出，最近中东的政治动乱，即所谓的“阿拉伯之春”，正是这种非直接干涉的体现。在前社会主义国家发生的所谓“颜色革命”中，帝国主义通常招募一些由数百个年轻人组成的小团伙，作为执行其计划的代理人。中东地区与此不同，仅局限于这种小团伙的运动策略在这里行不通。“独裁者的残暴统治以及数十年压迫所积压的人民愤怒，能导致这一地区民众的强烈抗议。”但是，人民奋起反抗独裁统治的运动，并没有将斗争矛头指向独裁者背后的支持者——帝国主义。最终，独裁者被取代了，然而新的政权结构仍是帝国主义所设计的。因此，美帝国主义近期在阿拉伯世界成功包装了“人民反对独裁者”的模式。《贝鲁特宣言》对帝国主义侵略的新方式作了总结。《贝鲁特宣言》指出，帝国主义在发动军事侵略战争的同时，还对世界上绝大多数国家的事务进行野蛮且公开的政治干预。“这种干预通过资本及其影响力，曲解并伪造人民的意愿，恐吓和阻挠人民选举产生的代表掌权。为了达到其目的，帝国主义势力毫不犹豫地使用最恶劣的方法，包括组织恐怖袭击、发动军事政变、与他们自己扶持的新法西斯主义势力相勾结、抬升政治—宗教势力以及各种不同意识形态背后的反革命势力，所有这一切都是为了通过重新划定疆界、重新安排行业市场——特别是拥有石油和天然气资源的能源市场及其运输路线，最终实现帝国主义对全世界的控制。”

大会除了重点关注帝国主义对中东、西亚、北非的侵略之外，也有不少代表讨论了帝国主义对世界其他地方的侵略。如菲律宾共产党（PKP-1930）国际关系委员会主席萨尔维辛·寇普兹在谈到南中国海问题时，批评了阿基诺政府将美帝国主义拉入解决南海问题的做法，指出“美帝国主义也想在南海石油资源中分一杯羹，从而引发了中国和相关东盟国家之间的领土争端”。该党呼吁涉及南海问题的各方保持克制，避免局势升级和帝国主义干涉。该党还认为：“北约的亚洲版本正在形成，日本、韩国和澳大利亚作为美国侵略的地区追随者，正在包围中国，军事包围中国是其新目标的重要支点。”

澳大利亚共产党代表也指出，美国除了操纵菲律宾傀儡政府扩大地区紧张局势、在南海问题上制造混乱之外，还直接鼓动澳大利亚政府在亚洲挑起帝国主义战火。“澳大利亚与美国、日本签订了三边协定，目的是为了使澳大利亚成为美国对付中国的南方部队基地，日本成为其北方部队基地。”

三、为捍卫人民权利和实现社会主义而共同行动

面对资本主义的危机和帝国主义的疯狂侵略，西亚、北非的人民暴动发出了革命的吼声，世界各地，特别是欧美地区的人民群众示威游行不断发生。面

对资本主义的重重危机和帝国主义的疯狂侵略，与会的各国共产党和工人党认为：一方面，要揭穿资本主义和帝国主义的谎言，开展社会主义或共产主义的理论和实践斗争，捍卫人民的各项权利；另一方面，要加强团结与联系，建立国际反帝阵线，把反帝和反资本主义的斗争结合起来，展开反帝反垄断的共同行动，为实现社会主义的最终胜利创造条件。《贝鲁特宣言》呼吁各国共产党和工人党要“开展应对帝国主义在军事、政治、经济和社会领域新计划的斗争，防止帝国主义控制并毁灭世界”，并制定了共产党和工人党开展八项联合行动的具体计划：“（1）开展斗争，应对帝国主义在军事、政治、经济和社会领域的新计划，防止帝国主义控制并毁灭世界。（2）团结起来，为撤除北约军事基地、促使帝国主义联盟撤出而努力。（3）团结并支持资本主义国家的工人阶级和人民，帮助他们开展反对增加人民负担、争取工人和人民福利发生革命性变化的斗争。（4）对于被帝国主义侵略和压迫的人民民主运动与暴动，对于这些国家中坚定反对帝国主义侵略的人民，各国共产党和工人党重申与其建立国际团结关系的立场。（5）直面反共的法律、措施和迫害；开展反对修正历史的意识形态斗争，重申共产主义和工人运动对人类历史的贡献。（6）谴责美国封锁古巴的行径，支持古巴为立即解除封锁而进行的斗争，加强要求释放并遣返五名古巴爱国人士回到古巴的斗争。（7）谴责以色列占领军对巴勒斯坦人民持续的暴行，支持巴勒斯坦人民反侵占、建立独立国家和定都耶路撒冷的权利，支持立即解除对加沙的封锁和捍卫巴勒斯坦人民回归权利的斗争。（8）促进国际反帝阵线的建立，在每个国家的具体架构内支持国际反帝民众组织——世界工会联合会、世界和平理事会、世界民主青年联合会、国际民主妇女联合会。”

大会最后还发表了由各国共产党选择性签名通过的关于“声援黎巴嫩”“声援希腊共产党和希腊的阶级斗争”等十多个决议，表达了对黎巴嫩、伊朗、埃及、叙利亚等国人民反帝斗争的支持，同时也表达了各国共产党和工人党为争取实现社会主义而斗争的信念与决心。

国际共产主义运动前沿研究

“协商一致”原则的提出——中国共产党对国际共运发展的一个重要贡献

为了解决20世纪五六十年代国际共产主义运动中出现的严重分歧和矛盾，以毛泽东为代表的中国共产党提出了“协商一致”的重要原则，这是中国共产党对国际共产主义运动团结与合作的一个重要贡献。

一、以毛泽东为代表的中国共产党在20世纪的国际共运中最早倡导“协商一致”原则

1956年的苏共二十大和波匈事件后，有些国家的共产党向苏共建议召开一次各国共产党和工人党的国际会议，以便对当前的国际形势和国际共产主义运动中发生的重大事件和问题进行商讨。苏共中央把这些党的意见转达给了中共中央。此后中苏两党就如何召开这一国际会议进行了沟通。1957年6月，赫鲁晓夫再次向中共中央提出召开国际会议的事宜。中共中央正式回复苏共中央表示同意召开这一重要国际会议，同时对会议如何召开提出了具体的建议。中共中央指出：“要开就一定要开好，事前要多进行协商，先搞出一个文件草稿，发给各兄弟党征求意见，一致的写上去，不一致的就不写，搞出一个大家都能够同意的文件。这样，会议之前就要在共产党之间充分交换意见，文件草案要经过讨论修改，取得一致以后才能开会，时间当然会长一些，做起来会要麻烦一些，但是这只有好处。”① 当时，苏联与东欧社会主义国家关系比较紧张，赫鲁晓夫在国内的地位也不十分巩固，极其需要中共中央和毛泽东的支持，所以就接受了中共中央关于“协商一致”的意见。

1957年10月25日，中共中央收到苏共中央起草的《莫斯科宣言》的草案，

① 胡乔木传：（上）[M]. 北京：人民出版社，2015：294 .

经过研究后，中共中央对草案内容提出了多处修改意见，这些修改意见为后来正式发表的《莫斯科宣言》所采纳。与此同时，苏共中央还将宣言草案在会前向与会各国共产党和工人党征求了修改意见。

1957年11月14日—16日，在莫斯科召开社会主义国家共产党和工人党代表会议，阿尔巴尼亚、保加利亚、匈牙利、波兰、民主德国、罗马尼亚、捷克斯洛伐克、苏联、越南、蒙古、朝鲜和中国等12个执政的共产党和工人党代表团参加了会议。与会的社会主义国家共产党和工人党的代表对宣言草案进行了反复的讨论并提出修改意见。11月16日下午，社会主义国家共产党和工人党召开全体大会，毛泽东在大会上发表了重要的讲话。毛泽东指出："我们用了一个很好的方法达到目的，这就是协商的方法。坚持了原则性，又有灵活性，是原则性、灵活性的统一。这样一种进行协商的气氛现在形成了。我们没有强加于人。我们现在用说服的方法代替了压服的方法。在一种意义上，也可以说又有集中，又有民主。我们这一次会议有充分的民主。"毛泽东还特别肯定"这个宣言是正确的"①。《莫斯科宣言》最后获得了会议的一致通过。

不难看出，为解决国际共产主义运动中存在的分歧和矛盾，以毛泽东为代表的中国共产党提出了一个新的解决问题的方法和原则，这就是"协商一致"的方法和原则，并对"协商一致"的内容作了具体的阐释。第一，关于"协商一致"的性质。中共中央认为，"协商一致"是民主的方法、说服的方法，而不是压服的方法，不是强加于人。所以这是一个解决国际共产主义运动中的分歧和矛盾的好方法。既然"协商一致"是民主的、说服的好方法，是必须采用的方法，那么它不仅具有方法的意义，而且还具有必须遵循的原则的意义。第二，关于"协商一致"的程序。中共中央认为，"协商一致"首先需要将大会通过的文件在会前拟定一个草稿，送发给各个兄弟党征求意见，对文件草案进行讨论修改，这就是会前的协商。其目的是在会前形成一个大家基本上都能接受的文件草案，取得基本一致之后再开正式的会议，这有利于逐步消除分歧，达成基本共识。其次，在会议进行中，要继续对会议文件草案进行讨论，进一步形成共识。第三，关于"协商一致"的条件。中共中央认为，在"协商一致"的过程中，营造协商的气氛非常重要，这是实施"协商一致"的基本条件。所谓协商的气氛，就是民主的气氛，就是要讲民主。既要让人讲话，又要听人讲话；就是要讲平等，即平等地交换意见，谁也没有发号施令的特权；就是要用说服

① 胡乔木传：(上)[M]. 北京：人民出版社，2015：295.

的方法，而不是用压服的方法，不是强加于人。第四，关于“协商一致”的结果及处理。中共中央认为，“协商一致”的结果可能取得完全一致，也可能只取得部分一致。应当将取得一致的内容写入会议文件，存在分歧的内容则不写。这样的文件公之于世后，就能维护、加强和表现出社会主义国家之间的团结，而不会给敌对势力破坏社会主义国家之间的团结与合作以可乘之机。

由于“1957年社会主义国家共产党和工人党国际会议”采纳了以毛泽东为代表的中共中央关于“协商一致”原则的建议，会议经过充分的协商，取得了圆满的成功，矛盾和分歧得以缓解，国际共产主义运动的团结与合作取得了新的进展。然而，自此以后，事情逐步发生了变化。以赫鲁晓夫为首的苏共中央自认为其地位日益巩固，原本就固有的大党主义和大国主义也随之恶性发展起来。他们在党际交往和处理国际共产主义运动中的分歧与矛盾的过程中，日益显现出“老子党”的恶劣作风和气派，竟把苏共一个党的理论和纲领，当作国际共产主义运动的理论和纲领向世界各国共产党强行推销，强迫兄弟党接受，拒绝遵循“协商一致”的原则来处理分歧和矛盾，从而使国际共产主义运动的裂痕不断加深。

二、邓小平捍卫和阐发了中国共产党的“协商一致”原则

1960年，邓小平三次飞赴莫斯科参加有关共产党和工人党的国际会议，与赫鲁晓夫为首的苏共中央的“老子党”作风进行了针锋相对的斗争，进一步捍卫和阐发了中国共产党所倡导的“协商一致”原则。

1960年9月17日下午至22日下午，中苏两党代表团在莫斯科进行了五次会谈。在第三次会议上，邓小平尖锐地批评了赫鲁晓夫和苏共中央的大党主义和大国主义。邓小平指出：“坦率地说，中国共产党永远不会接受父子党关系。”他特别强调：“在兄弟党之间，是不存在少数服从多数的组织原则的。在思想问题上更是如此。少数服从多数，多数决定一切，在兄弟党关系中没有任何法律作过这样的规定。”“要想利用少数服从多数原则，把自己的意见强加于人，并且使父子党的关系合法化，这是徒劳的。”①

1960年9月30日上午，邓小平率中共代表团再次飞赴莫斯科，参加81国共产党和工人党代表大会的文件起草委员会会议。10月5日，邓小平在会上发言，他阐明了中国共产党关于时代、帝国主义、民族解放、和平共处、和平过

① 邓小平传（1904—1974）[M]. 北京：中央文献出版社，2014：1144.

渡等一系列重要问题的原则立场，批评了苏共中央将本党的纲领当作国际共产主义运动纲领，强迫国家共产党接受的恶劣行径。他强调指出，无论大国小国、无论大党小党，只有善于把马克思列宁主义普遍原理与各国的具体实践相结合，才能创造性地发展马克思列宁主义。他说："不能认为，只有某一个党，才能对发展马克思列宁主义有所贡献，好像马克思列宁主义是属于这一个党的，这个党的任何一次代表大会或者中央全会提出的口号，都可以当作国际共产主义运动的纲领。"①

1960 年 11 月，刘少奇、邓小平率中国党政代表团赴莫斯科参加十月革命节和 81 国共产党和工人党代表大会。11 月 14 日，邓小平在大会上作第一次发言，全面阐明了中国共产党的理论和观点，驳斥了赫鲁晓夫及个别国家共产党代表团对中国共产党的攻击，再次强调必须用"协商一致"的原则来解决问题。邓小平指出：中国共产党"反对在国际共产主义运动中实行非同志式的攻击"，也反对在国际共产主义运动中采取少数服从多数的原则，而应当"在马克思列宁主义的基础上，用经过协商一致的办法来解决问题""任何一个党都不能把自己的意见强加于人"②。11 月 24 日上午，邓小平代表中共代表团作第二次发言，重申了中共代表团的原则意见，就苏共向大会提供的声明草案，表明"中国共产党愿意尽一切努力在这个会议上制定一个一致同意的文件"，同时指出："现在这个草案中关于派别活动、集团活动和民族共产主义的话都是为反对中国共产党的运动制造合法根据的。草案中一字不提兄弟党之间的平等协商的关系，并且全面肯定苏共'二十大'、'二十一大'对于兄弟党的意义，事实上是把一个党的决议强加于其他兄弟党，肯定了兄弟党的不平等关系。所以这些都是不利于我们的共同斗争的。"③

邓小平 1960 年三赴莫斯科参加有关共产党和工人党国际会议的发言，进一步捍卫和阐发了中国共产党倡导的"协商一致"原则。

第一，鉴于当时苏共和不少国家共产党错误地认为，少数服从多数的党内原则同样适用于国际共产主义运动，邓小平首次明确提出中国共产党反对在国际共产主义运动中采取少数服从多数的原则，并认为在国际共产主义运动中，不能使用少数服从多数的原则，在政治思想分歧中也不能使用少数服从多数的原则，兄弟党之间是平等协商的关系。第二，邓小平尖锐地指出，苏共坚持在

① 邓小平传（1904—1974）[M]. 北京：中央文献出版社，2014：1144.
② 邓小平传（1904—1974）[M]. 北京：中央文献出版社，2014：1145.
③ 邓小平传（1904—1974）[M]. 北京：中央文献出版社，2014：1148.

共产党和工人党国际会议中使用少数服从多数原则的实质，就是想把自己的意见强加于人，把苏共一个党的决议强加给各个兄弟党，将其作为国际共产主义运动的理论和纲领；就是想使党际之间的不平等关系合法化，使“父子党”关系合法化。第三，邓小平再次强调，中国共产党“反对在国际共产主义运动中实行非同志式的攻击”，主张“在马克思列宁主义的基础上，用经过协商一致的办法来解决问题”。

由于以赫鲁晓夫为代表的苏共中央拒绝遵循“协商一致”的原则来解决矛盾和分歧，将莫斯科会议变为推销其一党的理论和纲领、攻击中国共产党和其他兄弟党的工具，所以1960年81国共产党和工人党国际会议虽然勉强通过了双方妥协的产物—《莫斯科声明》，但这次会议没有能够缓解国际共产主义运动的矛盾和分歧，没有起到加强国际共产主义运动团结与合作的作用。

“协商一致”原则是中国共产党倡导的解决国际共产主义运动及党际关系中的分歧与矛盾的重要方法和原则，它是国际共产主义运动经验的总结，其中也蕴含着中国共产党政治协商的成功经验。1957年和1960年的两次共产党和工人党国际会议，对“协商一致”原则采取了两种截然不同的态度，从而产生了两种完全不同的结果。前者加强了国际共产主义运动的团结与合作，后者则加深了国际共产主义运动的裂痕，这一历史事实，给当代世界社会主义运动的发展以深刻的启示。

三、“协商一致”原则的主要内容

民主集中制是马克思主义工人政党的组织原则，它的基本内容是，少数服从多数，下级服从上级，全党服从中央。这一原则在国际共产主义运动中也是推行过的（如在共产国际中），但其效果并不理想。这是因为，社会主义是人民群众自己的事业，社会主义革命的成功，主要靠各国共产党及其领导的广大人民群众的努力和客观条件的成熟。胡耀邦在中国共产党第十二次全国代表大会上指出：“一个国家革命成功，要靠这个国家本身条件的成熟，要靠这个国家共产党路线和政策受到本国广大人民的拥护。各国党之间当然也要互相帮助，但决不允许任何外来的强制和包办代替。把自己的观点强加于人，干涉别国党的内部事务，都只能使别国的革命事业受到挫折和失败。至于强迫别国党的政策为本党本国的政策服务，甚至对别国进行武装干涉，那就只能是对国际共产主义运动的根本破坏。”①

在当代，各国共产党和工人党都是独立自主的，都享有完全的主权和平等的权利，因此，在他们的关系中，既不存在任何意义的上级与下级的关系，也不存在领导与被领导的关系，因而也就不存在运用少数服从多数原则的条件，少数服从多数的原则在这里是完全行不通的。在此情况下，各国共产党和工人党在党际交往中要形成共识，并进一步作出共同的决定，或采取某些共同的行动，除了采取“协商一致”的原则以外，没有其他可行的途径和办法。

所谓“协商一致”，就是双边的、多边的或全体与会共产党和工人党之间交换意见，在民主协商的基础上形成基本共识和表达基本共识。

“协商一致”原则的实质，就是为了解决当代世界社会主义运动中多样性发展所引起的差异、矛盾和对立，最终形成各方都能接受的、并具有集体约束力的理论与策略。协商一致的优势在于，它能够形成具有高度民主性与合法性的共识与承诺，达到“多元一致”的结果。

“协商一致”的过程，既包括会议召开前的协商，也包括会议进行中的协商，还包括会议闭幕以后的协商。协商一致是一个渐进的过程，是一个持续发展的过程，是一个不断深化的过程。

“协商一致”的内容，主要是就国际局势的重大变化、资本主义的新发展、工人阶级和人民群众争取和平民主进步和社会主义的斗争、国际进步力量的联合等关系人类社会解放的重大问题进行意见表达和磋商，在民主协商达成基本共识后，表达共同关切，发出一致的声音。但民主协商不涉及各国共产党有关国内问题的理论与策略，不能干涉各国党的内部事务。

“协商一致”要取得成功，与会各国共产党和工人党都应该对自身有一定的约束，使之形成民主协商的基本条件：（1）参与民主协商的各国政党都必须坚持马克思列宁主义的基本原理和原则，而不能背离这些基本原理和原则，这是协商一致的基础。（2）参与民主协商的各国政党应具有责任意识（对世界社会主义事业发展），尊重意识（对其他国家兄弟党），包容意识（对不同的意见和要求），妥协意识（对非原则问题）。这是保证民主协商得以顺利进行的前提。（3）民主协商要充分发扬民主，要给予每个参与民主协商的政党自由表达意志的权利；同时也要求每个与会政党有倾听其他政党自由意志表达的义务，并考虑与

① 胡耀邦. 全面开创社会主义现代化建设的新局面：在中国共产党第十二次全国代表大会上的报告［M］. 北京：人民出版社，1982：44.

自己意见相反的观点。(4)参与民主协商的政党要从战略高度关注共产主义政党之间的团结与合作，这就要求各方从团结的愿望出发，求同存异，求同尊异，聚同化异，通过民主协商取得基本的共识，最终形成一种合力，不断促进世界各国共产党和工人党之间的团结与合作。

“协商一致”的理想状态，是各国共产党和工人党通过协商而化解各种分歧和矛盾，最终能够形成基本共识。协商是使共识或共同行动具有合法性的唯一来源。协商一致也会出现非理想状态，这就是通过民主协商后，一部分分歧和矛盾仍然没有化解，甚至在一些重要问题上无法形成基本的共识。此时，就应该根据求同存异的精神，将取得一致的内容肯定下来、记录下来，并以一定的形式予以公开发表；而将存在分歧的问题留待以后条件成熟时再来解决，有些问题或许相当长的时间也不可能得到解决，则要由社会实践、由历史作出最后的结论。虽然后一种状况并不能令各方都满意，但参与协商一致的各国共产党和工人党也不会因某些分歧和矛盾的存在而严重损害彼此之间的关系，毕竟共同利益的分量要远远大于某些分歧的分量。这样，就能够在整体上保持世界社会主义运动的团结与合作，从而显示出“协商一致”原则在解决矛盾和分歧中的巨大优越性。

四、“协商一致”原则提出的重要意义

1.“协商一致”原则的提出，是对国际共产主义运动中协商和协商一致传统的恢复和继承

协商一致并不是当今才使用的方法，而是一个解决问题的古老方法。在原始社会，部落之间的矛盾和冲突在武力和其他方法均不能解决的情况下，人们往往会采取协商一致的办法来解决问题。

在现代社会，协商或协商一致原则也是不可或缺的。协商一致原则(principle of consultation and consensus)是《1947年关贸总协定》和世贸组织及其法律制度的一项基本原则。关贸总协定第22条和第23条是总协定争端解决程序的核心条款，其中规定的协商，包括争端当事方之间的双边协商和缔约方全体主持下的多边协商，亦称“集体协商”，是关贸总协定各项争端解决程序的首要方法。虽然总协定第25条对于缔约方全体在特定事项上的联合行动规定了投票规则，但总协定半个多世纪的实践表明，它的绝大多数决议的通过，遵循的仍然是协商一致原则。

在国际共产主义运动历史中，也不乏协商一致的情况。

在第一国际时期，特别是在第一国际的初期活动中，英国的工联主义者、法国的蒲鲁东主义者和布朗基主义者、德国的拉萨尔主义者、西班牙的巴枯宁主义者等在其中占据多数，而马克思恩格斯及其追随者是少数。在此情况下，第一国际要通过马克思主义的《成立宣言》和《章程》，既不可能简单地使用少数服从多数的原则，也不可能使用任何强制的办法，因为第一国际不过是一个联络和合作的中心而已，没有任何强制的权力。唯一可行的办法，就是在会前、会中和会后进行多次耐心的协商和沟通，其中包括相互之间必要的妥协和包容，最后才可能在《成立宣言》和《章程》上达成一致，并获得通过。这一点从第一国际的《成立宣言》和《章程》本身就可以看得出来。第一国际《成立宣言》和《章程》所使用的文字是非常口语化的，是参加会议的代表和所有工人都能看明白和可以接受的，但其内涵又是符合科学社会主义基本原理的。这就是说，马克思为了《成立宣言》和《章程》获得大会一致通过，是听取了各方的意见和进行了多次协商、修改的。

第二国际也不是各国党的上级组织，参加第二国际的各国党都是独立自主的。第二国际并没有发表成立宣言和其他纲领性文件，而只是通过历次代表大会的决议给各国党指出行动的方向。这就是说，第二国际也没有强制性地使各国党接受决议的权力，它的许多决议也是在民主协商的基础上取得一致，并最后获得通过的。当然，这些决议只是指出了行动的方向，因此对各国党也没有强制性的约束力。

第三国际则不同，《共产国际行动纲领》第五条规定，共产国际及其各国分部的建设，都必须遵循民主集中制原则：（1）党的一切指导机关由选举产生；（2）党的机关对自己的选举人报告工作；（3）高级党部机关的决定，低级机关必须遵照执行。这三条规定，就确立了共产国际与各国共产党之间的领导与被领导的关系，上级与下级的关系。在这种情况下，是否记得或采用协商一致的原则，就要看共产国际党部机关的能力和水平了。

由此可见，经过民主协商然后取得一致，这在第一国际和第二国际时期是经常使用的方法，而在第三国际时期的特殊历史条件下，少数服从多数、下级服从上级、（各国）支部服从共产国际总部机关的原则占了上风，行政指令就基本上取代了协商和协商一致。

赫鲁晓夫上台后，特别是在他认为自己在国内外的地位已经巩固后，其根深蒂固的“大国主义”和“大党主义”便恶性膨胀起来，把自己看成马克思主义真理的化身，摆出一副“老子党”的架势，将自己党的代表大会通过的决议和纲领，当作国际共产主义运动的理论与纲领来推销，强迫其他兄弟党接受，对不接受其指令的共产党和工人党，就组织会议进行围攻和谩骂，拒绝进行任何民主协商，完全抛弃了国际共产主义运动进行民主协商和协商一致的优良传统，从而破坏了国际共产主义运动团结与合作的大好局面。

在此情况下，毛泽东和中国共产党提出协商一致的方法和原则，来解决国际共产主义运动中存在的分歧和矛盾，这就是对国际共产主义运动历史中的民主协商和协商一致传统的肯定、恢复和继承，是对赫鲁晓夫“老子党”霸道作风的有力反制。

2. 毛泽东和中国共产党将“协商一致”从解决国际共产主义运动中的矛盾和分歧的一种方法，提升到解决国际共产主义运动中的矛盾和分歧必须遵循的原则的高度，具有首倡的意义

毛泽东和中国共产党提出“协商一致”的原则，不仅具有恢复和继承国际共产主义运动的民主协商和协商一致传统的意义，而且具有首倡的意义。因为在国际共产主义运动史上，通常是把民主协商和协商一致作为解决分歧和矛盾的一种方法来运用的，还没有从原则的高度来认识协商一致的重要性。也可以说，国际共产主义运动史上对民主协商和协商一致方法的采用，是具有一定自发性质的。毛泽东和中国共产党吸取了国际共产主义运动的经验和教训，特别是考虑到赫鲁晓夫为首的苏共中央将“少数服从多数”的党内原则强行在党际关系中推行的错误做法及其所造成的严重危害，针锋相对地将“协商一致”从解决分歧和矛盾的一种方法，提升到解决矛盾和分歧时必须遵循的原则的高度。这就大大提高了“协商一致”在解决国际共产主义运动中分歧和矛盾中的重要地位。此后，“协商一致”就不是可用或可不用的一种方法，而是必须遵循的一项基本原则，从而提高了各国共产党和工人党遵循“协商一致”原则来解决国际共产主义运动中的分歧和矛盾的自觉性。

3.“协商一致”原则对发展当代世界社会主义运动具有重要而深远的意义

“协商一致”原则是适应世界社会主义运动多样性发展而产生的。它是对“大国主义”和“大党主义”及其“老子党”霸道作风的否定，而这种反民主的作风是与世界社会主义运动的多样性发展背道而驰的。

“协商一致”原则与独立自主、完全平等、互相尊重、互不干涉内部事务的党际关系基本原则在内涵上是一脉相承的，它是对上述诸原则的综合性的运用和必要的补充。遵循“协商一致”原则，就能为世界社会主义运动的发展建立健康的运行机制，使世界社会主义运动内部的矛盾和分歧的解决获得比较宽松的环境和必要时间，从而比较好地管控内部的矛盾和分歧，避免陷入不必要的纷争和分裂状态，最终为加强世界社会主义运动的团结与合作，为世界社会主义运动的持续、健康发展和最后走向复兴创造条件。

当代的“共产党和工人党国际会议”吸取了历史的经验和教训，较好地运用了“协商一致”的原则。该会议从第三次代表大会开始就逐步形成了发表协商一致通过的《共同声明》的传统。然而从第十五次代表大会到第十七次代表大会，由于参会国家共产党在理论与策略上出现了一些分歧，经过协商后仍然未能取得一致。这时共产党和工人党国际会议就没有按照少数服从多数的原则来强行通过共同声明，而是由会议主席国的共产党代表共产党和工人党国际会议，发表会议的最后一个新闻公告，取代过去发表一致通过的共同声明的做法，从而比较好地管控了共产党和工人党国际会议内部的矛盾和分歧，并维护了世界社会主义运动团结与合作的大局。

参考文献

[1] 孙其明. 中苏关系始末［M］. 上海：上海人民出版社，2002.

[2] 李慎明，陈之骅. 居安思危：苏共亡党二十年的思考［M］. 北京：社会科学文献出版社，2001.

[3] 胡耀邦. 全面开创社会主义现代化建设的新局面：在中国共产党第十二次全国代表大会上的报告［M］. 北京：人民出版社，1982.

评第四国际主义者的《原则宣言和纲领要素》

第四国际于1938年在巴黎成立，但影响很小，实际上是一个小宗派。由于推行极左路线，第二次世界大战期间陷入灭亡的境地。战后几经分合，第四国际裂变为六个更小的派别，国际共产主义同盟（第四国际主义者）便是其中的一派。由于其观点与托洛茨基主义各派基本一致，因此了解这个派别的理论纲领，对了解现代托洛茨基主义是有帮助的。

国际共产主义同盟（第四国际主义者）起源于美国的斯巴达克思同盟（Spartacist League/U. S）。1966年，斯巴达克思同盟从美国社会主义工人党（托派政党）中分裂出来。1974年，国际斯巴达克思趋势（国际共产主义同盟的前身）正式成立。1979年，国际斯巴达克思趋势召开了第一届国际代表大会，选举产生了国际执行委员会。1989年，国际斯巴达克思趋势改名为国际共产主义同盟（第四国际主义者），其《原则宣言和纲领要素》在国际共产主义同盟第三次国际会议上被通过，并于1998年2月正式定稿。

《原则宣言和纲领要素》全文约25000字，共分13个部分：1. 世界社会主义革命和国际共产主义同盟（第四国际主义者）；2. 无产阶级领导危机；3. 我们是俄国革命的政党；4. 国际共产主义同盟（第四国际主义者）的理论和历史渊源；5. 社会主义革命的国际性；6. 工人阶级在捍卫所有被压迫者的斗争中的先锋角色；7. 修正主义的资产阶级基础；8. 反对帝国主义战争的斗争；9. 民族问题和所有民族的自决权；10. 殖民地革命、不断革命和“游击队路线”；11. 人民战线:不是一个战术，而是最大的犯罪；12. 革命政党：它的纲领、组织和纪律；13. 我们将介入以改变历史！由于该文件篇幅较大，本文仅对其主要特点谈三点看法。

一、在理论上，将托洛茨基主义与列宁主义相提并论，用托洛茨基主义取代列宁主义

《原则宣言和纲领要素》的第一个重要特点，就是断章取义地、歪曲地引用马克思、恩格斯和列宁的著作原文，特别是大量引用列宁的著作原文，与托洛茨基的引文穿插使用，并用马克思主义经典作家的思想和观点来验证托洛茨基主义的正确。表面上是遵从马克思列宁主义，实际上是用托洛茨基主义取代列宁主义。这里仅举出其中三个明显的例证。

（一）《原则宣言和纲领要素》孤立地引证恩格斯在《共产主义原理》中关于一国不能发生社会主义革命的观点，以批驳斯大林的“一国社会主义”之名，行批判列宁的社会主义革命论之实，并进而鼓吹他们的所谓社会主义革命的“不断性”和“国际性”。众所周知，马克思和恩格斯在资本主义自由发展的年代，曾经认为社会主义革命在欧美主要资本主义国家同时发生是可能的，而在单独一个国家发生则是不可能的。但到 20 世纪，时代已经发生了变化，国际局势和各国的具体条件也发生了变化。列宁根据帝国主义时代资本主义经济政治发展不平衡的规律，得出了社会主义在一国和几国首先胜利的结论。1915 年列宁在《论欧洲联邦口号》一文中指出：“经济和政治发展的不平衡是资本主义的绝对规律。由此就应得出结论：社会主义可能首先在少数甚至在单独一个资本主义国家内获得胜利。”1917 年九十月间，列宁在《无产阶级革命的军事纲领》一文中又指出：“资本主义的发展在各个国家是极不平衡的。而且在商品生产下也只能是这样。由此得出一个必然的结论：社会主义不能在所有国家内同时获得胜利。它将首先在一个或几个国家内获得胜利，而其余的国家在一段时间内将仍然是资产阶级的或资产阶级以前的国家。”俄国十月社会主义革命的伟大胜利，就是列宁关于一国和数国社会主义革命首先胜利理论的伟大胜利。而第四国际主义者对列宁的创造性的马克思主义理论避而不谈，对这一理论在 20 世纪一个接一个的胜利实践视而不见，却死死抱住马克思主义早期的观点不放，并进而提出了自己的所谓社会主义革命的“不断性”和“国际性”的反列宁主义观点，这就完全背弃了马克思恩格斯关于马克思主义原理的实际运用，“随时随地都要以当时的历史条件为转移”的原则，彻底暴露了他们假马列主义之名，行鼓吹托洛茨基主义之实的不光彩的行径。

（二）《原则宣言和纲领要素》为了证明托洛茨基主义混淆革命发展阶段的“一次革命论”的观点是正确的，竟大言不惭地批评列宁关于“工农民主专政”

的口号，认为这个口号是错误的，并埋怨“布尔什维克在十月革命之后，没有明确地肯定被十月革命所证实的托洛茨基‘不断革命论’的正确性，也没有明确否定‘工农民主专政’的观点”，再次玩弄起混淆革命发展的不同阶段、鼓吹“不断革命论”的伎俩。

根据俄国的政治经济状况，列宁和布尔什维克党将俄国革命分为两步走，即民主革命和社会主义革命的两个发展阶段，并且要求“必须尽快地走完第一步，必须尽快地结束这一步，争得共和制，无情地粉碎反革命，打下走第二步的基础”，而决不能将“参加民主革命的一个阶段和进行社会主义革命这样两个性质完全不同的问题混为一谈”。第一阶段完成资产阶级民主革命的任务，即推翻沙皇专制制度，消灭俄国的封建土地所有制，解决农民的土地问题。与此相适应，这一时期的政权是工农民主专政。工农民主专政是工人阶级领导的、以工农联盟为基础的民主主义性质的政权，它所要完成的是资产阶级民主革命的任务。第二阶段完成社会主义革命的任务，即推翻资产阶级的政治统治，消灭资本主义制度，建设社会主义。与此相适应，这一时期的政权是无产阶级专政。无产阶级专政是工人阶级领导的、以工农联盟为基础的社会主义性质的政权，它承担的是社会主义革命和社会主义建设的任务。关于工农民主专政的必要性，列宁在1905年革命中指出：“我们马克思主义者应该知道，除了无产阶级和农民的革命民主专政，没有而且也不可能有其他手段可以加速社会主义的到来。作为先进的和唯一革命的阶级的代表，作为毫无保留、毫不犹豫、毫不退缩的革命阶级的代表，我们应当尽可能广泛、尽可能大胆、尽可能主动地向全体人民提出民主革命的任务。”俄国1917年十月革命的胜利完全证明了列宁关于俄国革命发展两阶段的战略思想的正确性，证明了列宁关于工农民主专政思想的正确性，同时也宣告了托洛茨基的“一次革命论”的破产。但时至今日，托洛茨基派对自己理论的破产不仅仍死不认账，还肆意攻击列宁关于工农民主专政的思想，借口革命的不断性，抹杀革命的阶段性。这就正如列宁当年所说的，他们这样做“就是在理论上使马克思主义变得面目全非，就是对马克思主义的庸俗歪曲，而在政治实践上是让一定会避开彻底实现革命这个任务的资产阶级去支配革命事业”。此一评论真是切中要害。

（三）《原则宣言和纲领要素》写道：“列宁的布尔什维克打破了资本主义最薄弱的环节。他们懂得，除非无产阶级革命扩展到主要资本主义强国（最近的是德国），一个孤立的无产阶级专政在俄国是不能长存的。”该文件还用这一“论点”来论证一国不能建设社会主义，必须将一国的社会主义革命“不断”发展成为世界革命的观点。

确实，列宁在十月革命前后，曾经把巩固俄国社会主义革命胜利的希望寄托在西方无产阶级革命的爆发上，特别是德国革命的爆发上。但是，在反对外国武装干涉和白匪军叛乱的战争胜利以后，在战时共产主义政策过渡到新经济政策以后，列宁的观点发生了根本性的转变。1922 年 11 月 20 日，列宁在莫斯科苏维埃全会上的讲话中指出："我们把社会主义拖进了日常生活，我们应当弄清这一点。这就是我们当前的任务，这就是我们当今时代的任务。……只要我们大家共同努力，不是在明天，而是在几年之中，无论如何会解决这个任务，这样，新经济政策的俄国将变成社会主义的俄国。"1923 年 1 月，列宁在《论合作社》一文中又指出："国家支配着一切大的生产资料，无产阶级掌握着国家政权，这种无产阶级和千百万小农及极小农结成了联盟，这种无产阶级对农民的领导得到了保证，如此等等——难道这不是我们所需要的一切？难道这不是我们通过合作社……来建成完全的社会主义社会所必须的一切吗？这还不是建成社会主义，但这已经是建成社会主义社会所必需而且足够的一切。"列宁所讲的"新经济政策的俄国将变成社会主义的俄国"是什么意思呢？俄国有"建成完全的社会主义社会所必须的一切"是什么意思呢？难道这不是在表明，列宁在革命实践中已经改变了他原先所持的观点，不再认为"一个孤立的无产阶级专政在俄国是不能长存的"，转而认为俄国单独一国是可以建成社会主义吗？既然如此，《原则宣言和纲领要素》还要大谈特谈列宁已经放弃的观点，这又意味着什么呢？难道这不是表明第四国际主义者蓄意歪曲列宁的思想，用托洛茨基主义来取代列宁主义吗？

二、在实践中，顽固坚持反马克思列宁主义、反社会主义的"不断革命"的路线

《原则宣言和纲领要素》的第二个特点是顽固坚持托洛茨基主义的"不断革命"路线，继续鼓吹其三个革命的"不断性"。

托洛茨基主义的理论基础是所谓"不断革命"论。托洛茨基在《不断革命》一书中，将这一理论概括为"互相联系的三个思想"，即民主革命到社会主义革命的不断性；社会主义革命本身的不断性；国际革命的不断性。他认为，在帝国主义时代，落后国家的民主革命任务可直接导向无产阶级专政，并将社会主义任务提上日程。无产阶级在民主革命胜利后建立的无产阶级专政，必然触及

资产阶级所有权，使民主革命立即转变为社会主义革命，从而形成“不断革命”。无产阶级完成社会主义革命后，激进的改革将进一步冲击私有制关系，将阶级斗争推向农村，导致与农民的矛盾激化。此时，胜利的无产阶级为巩固政权，必须突破民族国家框架，将革命推向其他国家——此即社会主义革命的“不断性”。托洛茨基还声称，一国社会主义革命的胜利会因内外矛盾加剧而失败，唯有依赖主要资本主义国家（英、德等）的革命支援，通过欧洲联邦式联合才能实现最终胜利，这便是国际革命的“不断性”。这种理论以“不断性”否认革命发展的阶段性，以“国际性”否定民族性因素，以“依赖先进国家胜利”否定一国建设社会主义的可能，实质是以极左词句伪装的机会主义，遭到列宁和斯大林的深刻批判。时至今日，世界局势已发生巨变，托洛茨基主义“不断革命”论早已被实践证伪，但第四国际主义者仍顽固坚持该理论，继续鼓吹三个革命的“不断性”。

首先，他们鼓吹殖民地半殖民地国家革命的“不断性”。《原则宣言和纲领要素》声称：“第二次世界大战以来的经验，完全证实了托洛茨基主义不断革命论的正确性。该理论断言，帝国主义时期资产阶级民主革命，只能由农民支持的无产阶级专政完成。唯有在革命无产阶级领导下，殖民地半殖民地国家才能实现真正民族解放。而通向社会主义的道路，必须将革命扩展到先进资本主义国家。”此处，第四国际主义者再次混淆了无产阶级领导的殖民地半殖民地革命的两个不同阶段：其一，要求将民主革命与社会主义革命“毕其功于一役”，跨越民主革命阶段直接建立无产阶级专政；其二，强令这些国家“不断”向先进资本主义国家输出革命。若将此理论付诸实践，将从两方面葬送殖民地半殖民地革命：其一，混淆革命阶段将削弱革命主体力量，扩大反革命阵营。殖民地半殖民地国家革命力量本就薄弱，若孤立无援且反革命势力强大，必然走向失败。中国新民主主义革命时期“左”倾机会主义的失败，即为明证。其二，强行输出革命将引发双重反对——既遭本国人民抵制，又引发被输出国人民的反抗，最终走向失败。苏联虽非殖民地半殖民地国家，但其干涉阿富汗内政、输出革命的毁灭性后果，对任何企图武装输出革命的国家都具有普遍警示意义。

其次，鼓吹资本主义国家革命的“不断性”。第四国际主义者认为，资本主义国家的革命形势可随时发生，政权夺取机会“唾手可得”。《原则宣言和纲领要素》援引托洛茨基在《列宁之后的第三国际》中的论述强化其观点：“本时代的革命特点，不在于它允许革命成功——即在任何时刻都可能夺取政权，而在于由即刻可革命的形势，会产生深刻尖锐的波动和突然频繁的转变。”该文还列举所谓“俯拾即是的革命形势”：“部分因越战与内乱（包括黑人解放斗争）引发的社会动荡，美国在20世纪60年代后期至70年代初期，欧洲出现了一系列直接革命或准革命形势——如法国1968年‘五月风暴’、意大利1969年‘热秋运动’、葡萄牙1974—1975年‘康乃馨革命’。这实乃二战后先进国家无产阶级革命的绝佳机遇。”而机遇未转化为革命的原因，被归咎于“亲莫斯科的共产党维护了资产阶级统治”。

这种将革命形势视为“随时可得”的论断，与马克思主义基本原理相悖。1915年列宁在《第二国际的破产》中明确指出：“革命形势需具备三大特征：（1）统治阶级无法照旧维持统治，‘上层’危机为被压迫阶级愤慨提供突破口；（2）被压迫阶级遭受超乎寻常的苦难；（3）群众积极性因危机环境被极大激发，使其突破日常忍耐投身历史性行动。缺乏这些客观条件，革命通常不可能发生。”（《列宁选集》第2卷，人民出版社1995年版，第460-461页）第四国际主义者将“革命形势”泛化为可随时发动革命的极左理论，既违背马列主义，亦脱离客观现实。二战后，资本主义国家通过科技革命与社会改革，维持了相对稳定的发展态势，虽偶有局部危机，但并未出现列宁所述的全局性革命条件。若按此理论蛮干，必将使工人运动陷入绝境。

关于资本主义国家社会主义革命道路问题，《原则宣言和纲领要素》宣称：“唯有通过建立双重政权最终摧毁资本主义国家，唯有通过工人国家胜利与新社会制度发展，方能开辟社会主义道路……革命虽可能首发于一国，但唯有扩展至多国，直至社会主义经济体系主导世界，局部胜利方能巩固。”此论实质是要求各国无产阶级机械照搬俄国革命模式，人为制造“双重政权”，建立所谓“工人国家”，同时否定列宁“一国/数国胜利论”，鼓吹将革命“不断”输出至全球。这种预设革命路径的教条主义，若被付诸实践，后果不堪设想。

再次，鼓吹社会主义国家革命的所谓“不断性”。《原则宣言和纲领要素》从它们的极左理论出发，称苏联的社会主义建设是“民族机会主义的运动”，称中国的社会主义建设是“极端民族主义”的，称古巴革命是“小资产阶级的运动”等；并认定现实社会主义国家是所谓“畸形的工人国家”，必须经过“工人政治革命”，推翻“斯大林主义的官僚统治”，才能打开通向托洛茨基主义式的社会主义道路。关于苏联，《原则宣言和纲领要素》指出：托派曾经要求用“无产阶级政治革命以推翻官僚制，让苏联重新走上列宁和托洛茨基的道路。”关于中国，《原则宣言和纲领要素》指出：“这里面临的选择，是无产阶级的政治革命或者是资本主义的反革命复辟”，因此，中国的出路是不言自明的，这就是进行所谓无产阶级的政治革命，走托洛茨基主义的道路。他们还将1989年发生在中国的政治风波称为托洛茨基式的“工人政治革命”，到处为其鸣冤叫屈，连篇累牍地为其呐喊召魂。人们不禁要问，第四国际主义者及其托派兄弟如此“关心”中国，这究竟是为了哪般？对此，《原则宣言和纲领要素》作了很好的说明，这是因为，“为中国工人政治革命而进行的斗争对世界工人具有重大利害关系。其结果将对尚存的畸形工人国家（古巴、越南和朝鲜）以及亚洲国家，像印度尼西亚、泰国、马来西亚和菲律宾，产生巨大冲击。”原来，托派第四国际关注中国，是希望中国作为带头羊，在社会主义各国和第三世界国家引发一场托洛茨基主义式的“不断革命”。这当然是痴心妄想。

正是在对待社会主义国家的问题上，彻底暴露第四国际主义者虚伪的国际主义面目和反社会主义的本质。《原则宣言和纲领要素》一方面把现实的社会主义国家定性为所谓“畸形工人国家”，号召进行一场所谓的“工人政治革命”，来推翻社会主义国家的无产阶级专政的政权，为此，他们和帝国主义一起，积极支持颠覆社会主义国家的政治动乱，为其摇旗呐喊，击鼓助威。另一方面他们又标榜自己对社会主义国家实行所谓“无条件的军事捍卫以反对帝国主义和内部反革命势力”，摆出一副实行国际主义原则的架势，并列举了许多虚无飘渺的所谓例证来予以证明：如斯巴达克思成员如何号召苏联人民打退叶利钦的资本主义复辟，他们怎样反对波兰团结工会的夺权，以及他们怎样捍卫越南的革命等。不难看出，对社会主义国家的所谓“无条件的军事捍卫”只不过是一张自吹自擂的、用以骗人的国际主义假面具；朝思暮想要颠覆现存的社会主义国家，用托派的“工人国家”取而代之，才是其本质。

值得我们注意的是，在《原则宣言和纲领要素》对现实社会主义国家的一片怒骂声中，唯一被第四国际主义者肯定的“革命行动”，是苏联对阿富汗的入侵。他们“欢呼苏联红军到阿富汗——把十月革命的社会果实推广给阿富汗人民！”并将这一点列上了托派“国际主义”的功劳簿。由此可见，第四国际主义者的所谓“国际革命”“国际主义”，就是要求社会主义国家用武力“不断”将革命推进到周边国家，搞“革命输出”，他们借口社会主义革命的国际性，支持推行霸权主义和扩张主义，肆意否认社会主义革命的内在根源和民族因素，这是完全违背马克思主义的。马克思主义认为，革命是千百万人民自己的事业，是一个国家的经济政治发展的产物，是该国社会基本矛盾发展的必然结果。因此革命是不能制造的，也是不能输出的。列宁曾经说过："一切革命都是广大人民群众生活中的急剧转变。这种转变如果没有成熟，便不能发生真正的革命。"列宁在谈到革命的武装起义时指出："起义要获得胜利，就不应当依靠密谋，也不是靠一个党，而是靠先进的阶级。此其一。起义应当依靠人民的革命高潮。此其二。起义应当依靠革命发展进程中的转折点，即人民先进队伍中的积极性表现得最高，敌人队伍中以及软弱的、三心二意的、不坚定的革命朋友队伍中的动摇表现得最厉害的时机。"请看，列宁关于社会主义革命要依靠"人民群众生活中的急剧转变"，要依靠"人民的革命高潮"，要依靠"革命发展进程中的转折点"的思想，与第四国际主义者欢呼的用武力向外输出社会主义革命的思想，哪有一丝一毫的相同之处呢？不难看出，当今第四国际主义者关于"国际革命"和"国际主义"之类的漂亮说教，不过是在重复托洛茨基主义当年鼓吹的"不断"输出革命的陈词滥调。

三、在组织上，妄图用托洛茨基主义的党取代各国马克思主义的党

《原则宣言和纲领要素》的第三个特点，就是鼓吹建立所谓"列宁-托洛茨基主义的政党"，妄图用托洛茨基主义的党取代各国的马克思主义的党。

《原则宣言和纲领要素》认为，"工人阶级是否能够取得胜利，在于斗争群众的组织与觉悟，即革命领导。革命政党是劳动人民取得胜利不可缺少的武器。"这里所说的革命政党就是托洛茨基主义的党。在他们看来，当前阻碍托洛茨基主义式革命胜利的最大问题，就是"无产阶级领导的危机"，就是缺乏革命政党即缺乏托洛茨基主义政党的领导。无产阶级领导危机的表现之一，是社会主义国家的共产党，如中国、越南、朝鲜、古巴的党是"畸形工人国家"的领导党，是"斯大林主义官僚制"的党，是"工人政治革命"的对象，自然不能完成托洛茨基主义的"不断革命"的任务。无产阶级领导危机的表现之二，是西方资本主义国家的共产党，扮演着"斯大林主义政党的反革命角色"。据说，他们曾放弃了20世纪六七十年代出现的一系列直接革命的"革命的形势"，"再次维护住了这一区域内的资产阶级统治"，并"对促成随后苏联的被摧毁起了不可估量的作用"。自然，这些党也不能承担托洛茨基主义的"不断革命"的任务。无产阶级领导危机的表现之三，是由于"第四国际的组织上的弱点、在工人阶级中的缺乏根基、理论上的能力不足和方向上的混乱"，使托洛茨基主义得

不到广大人民群众的拥护，从而形成第四国际主义者“组织的寡少人数”和他们的“纲领的力量之间的差别是巨大的”这一怪现象，这就造成托洛茨基主义政党自身也无法完成托洛茨基主义“不断革命”的任务。

那么，克服无产阶级领导危机的办法何在呢？《原则宣言和纲领要素》认为，唯一的办法就是在世界各国“铸造一个列宁——托洛茨基主义的政党！”在全世界范围内“重铸一个共产主义的第四国际”。很明显，第四国际主义者的目标是用托洛茨基主义的党取代各国马克思主义的政党。例如，《原则宣言和纲领要素》为中国摆脱所谓“危机”开出的药方是，由于“中国面临的选择，是无产阶级的政治革命或者是资本主义的反革命复辟”这一尖锐问题，因此中国的“关键因素是一个革命的领导，来重新输入在二十年代初曾经激发了新生的中国共产党的国际主义的阶级觉悟”。他们号召：“为了一个在中国的托洛茨基主义的政党——一个重生的第四国际支部——而斗争！”关于古巴，《原则宣言和纲领要素》认为，古巴也是“一个官僚式畸形的工人国家，即一个与斯大林政治反革命之后的苏联类似的反工人阶级的政权”，从而阻挡了社会主义革命向拉丁美洲和北美洲延伸的可能性，并压制了古巴向社会主义方向的进一步发展。要想工人阶级掌握政权并打开通向社会主义发展的道路，就需要进行一场在托洛茨基主义政党领导下的补充性的政治革命。当然，要进行这种所谓“补充性的政治革命”，首先是要建立一个托洛茨基主义的政党来取代古巴共产党。

综上所述，不难看出，尽管《原则宣言和纲领要素》通篇充满了马克思列宁主义的漂亮词句，缀满了革命的豪言壮语，但透过表面现象，我们可以清楚地看到，指导这个文件的主导思想，仍然是托洛茨基主义万古不变的极左教条；他们玩弄的仍然是那种“以不变应万变”的死不认账的策略：明明自己是彻头彻尾的历史唯心主义，但第四国际主义者却要自我标榜为马克思主义的辩证唯物主义和历史唯物主义；尽管托洛茨基主义在不可阻挡的时代潮流面前无数次地遭到可耻的破产，但第四国际主义者还是要硬着头皮自称是最革命的和一贯正确的。综观《原则宣言和纲领要素》的全文，笔者认为，用托洛茨基主义取代马克思列宁主义，用托洛茨基主义的党取代马克思列宁主义的党，用托洛茨基主义的“左倾”盲动来葬送各国无产阶级的斗争和革命，用所谓的“工人政治革命”来颠覆现存的社会主义国家，这就是国际共产主义同盟（第四国际主义者）《原则宣言和纲领要素》的要害和本质。

参考文献

[1] 马克思恩格斯选集：第 1 卷 [M]. 北京：人民出版社，1995.

[2] 列宁选集：第 1 卷 [M]. 人民出版社，1995.

[3] 列宁选集：第 2 卷 [M]. 人民出版社，1995.

[4] 列宁选集：第 3 卷 [M]. 人民出版社，1995.

[5] 列宁选集：第 4 卷 [M]. 人民出版社，1995.

德国民主社会主义党开姆尼茨纲领评析

20 世纪 80 年代末 90 年代初，在苏联和东欧地区出现了一种新的政治现象，那就是在众多政党涌现的潮流中，从原共产党中派生出一个新的政党——以民主社会主义为旗号的党，如德国民主社会主义党、捷克民主社会主义党，俄罗斯共产党中的民主纲领派，等等。如何看待这些政党，或者说对这些政党如何定位，这是一个需要认真研究的问题。

德国民主社会主义党是原德意志民主共和国的执政党——德国统一社会党的后继党。1989 年 12 月，德国统一社会党召开了特别代表大会，正式改名为德国民主社会主义党（PDS）。2003 年 10 月 25—26 日，德国民主社会主义党在开姆尼茨举行了第八次全国代表大会第二次会议，经过长时间的讨论后通过了一个比较详尽的新党纲（即开姆尼茨纲领）。这为我们比较深入地认识德国民主社会主义党提供了新的、有根据的材料。

开姆尼茨会议是在民社党陷入深刻危机的情况下召开的一次重要会议。在 2002 年 9 月举行的德国大选中，民社党在联邦议会中的议席从 36 席锐减至 2 席，几乎全军覆没。竞选失败不仅使党失去了国家的财政支持，丢掉了东部地区的基本群众，丧失了利用媒体的机会，而且还在党的发展道路和政策问题上引发了严重分歧，使党日益失去了对国家政治生活的影响。为摆脱不断加深的危机和重新崛起，民社党召开了开姆尼茨会议，并通过了新的党纲。

开姆尼茨纲领由“序”“社会主义——目标、道路和价值”“当今世界”“替代方案：民主的、社会的、公民的”“与民社党一起改变——民进党的自我改变”等五个部分构成。民社党希望借助这个纲领向德国人民表明，“我们是谁，我们需要什么以及我们将如何努力达到我们的目标”。并说明“社会主义是什么；我们如何看待当今世界的基本问题；我们代表哪些社会主义政治观点以及我们民社党作为当今声势浩大的解放运动的一部分将如何发展”①②。

一、德国民主社会主义党的社会主义理论

开姆尼茨纲领是苏联和东欧国家的社会主义政党在21世纪发表的最具理论性的纲领之一，它对社会主义的基本问题做了比较系统的阐述，表现了德意志作为一个具有理论素养民族的历史特点。

1. 对资本主义的态度

在对待资本主义的问题上，民社党采取了比较鲜明的政治态度。开姆尼茨纲领宣称：“我们是坚定的反资本主义者”“因为我们希望生活在一个自由、平等和团结的社会里，所以我们为消灭资本主义而斗争。”在现实条件下，民社党对待资产阶级政府的基本态度是：“当社会和政治倒退、军国主义、种族歧视和违反人权等情况要求做出抵抗时，我们就做出抵抗。当进步导致更多公正时，我们就准备进行社会合作。”

民社党认为，现代信息技术和通信技术加快了资本主义社会的转变，现代生产力的发展与资本投资者的狭隘利益之间的矛盾普遍存在，它表现为尖锐的阶级对立。全球有10亿人生活在极端贫困中。全球化导致了新的两极分化，南北之间的鸿沟扩大到了一个新的规模。占世界人口20%的北方生产着和消费着占全世界70%多的物资和服务，资本主义的阶级对立在21世纪成为人类社会生存和发展的严重威胁。从20世纪90年代末开始，出现了一种新的反资本主义的全球运动，社会改造和生态改造日益成为解放运动的中心，政治左派必须参加到斗争中来。

民社党坚决反对新自由主义的理论和政策。开姆尼茨纲领指出，20世纪70年代初，随着社会福利国家资本主义危机的出现，苏联模式社会主义生存危机的出现，以及第三世界国家“赶上现代化”的失败，整个战后国际秩序的结束就开始了。与此同时，自二战以来资本主义经济的长期蓬勃发展也结束了。统治阶级解决危机的办法就是向一种新的、带有强烈的新保守主义和新自由主义的资本积累方式转变，美国领导下的金融资本主导了这一过程。针对资产阶级政府的新自由主义政策，民社党要求通过有针对性地降低失业率来提高大众的购买力；扭转国内生产总值中公共投资部分下降的趋势；严格控制经济的集中

①② 张文红，译. 德国民主社会主义党纲领 [J]. 当代世界社会主义问题，2004 (1)：44.

过程和兼并过程，并有效地限制垄断权力；加强金融市场的监管；反对农业市场的进一步自由化和自然资源持续从“南”向“北”的再分配；加重高收入和大额财产的负担，等等。

2. 对德意志民主共和国的态度

民社党对德意志民主共和国的历史采取了批判性的分析态度。苏东剧变以后，德国民社党面对巨大的政治压力，曾极力与德国统一社会党划清界限。经过十多年的实践，民社党显然已经提高了对这段历史的认识。首先，开姆尼茨纲领认为，对德意志民主共和国的历史进行批判性的探讨是自己的责任，是符合民社党利益的，这不需要任何外在力量的强制；其次，该纲领认为，民社党将对德意志民主共和国的历史进行全面的研究，总结其经验和教训，而不仅仅是从失败的角度去判断德意志民主共和国的历史，也不会屈从于目前占上风的全盘否定的观点；再次，该纲领强调了德意志民主共和国在历史上存在的合理性。它指出：德国东部“建立社会主义的努力，是对德国西部继续实行资本主义的合理对抗。资本主义由于人类历史上前所未有的德国法西斯罪行而被削弱并丧失了信誉。”最后，该纲领肯定了德意志民主共和国建设社会主义实践过程中所取得的历史成就和经验的价值，指出：“德意志民主共和国的历史包括了在争取社会公正、争取确定人民利益的生产目标、争取使大多数居民接受教育和文化、争取在德国土地上建立一个团结与和平的国家的斗争中所取得的成就和富有价值的经验。”①

3. 社会主义是什么

开姆尼茨纲领指出：“社会主义是一个自然的目标——一个社会，在这个社会里，每个人的自由发展是一切人的自由发展的条件。”在争取社会主义的斗争中，社会主义是一个社会运动，“是一个反对人剥削人、反对家长式的压迫、反对掠夺自然，主张保护和发展人类文化、主张实现人权以及主张实现一个由公民民主地处理自己事务的社会运动”。同时，该纲领又指出：“社会主义是一个价值体系。在这个价值体系中，自由平等和团结、解放、公正、维护自然与和平不可分割地互相联系在一起。”② 民社党认为，自由是社会主义政策的基准点，平等是分享基本的自由财富的尺度。自由、平等和团结构成了公正的内容，公

① 张文红，译. 德国民主社会主义党纲领［J］. 当代世界社会主义问题，2004（1）：75.

② 张文红，译. 德国民主社会主义党纲领［J］. 当代世界社会主义问题，2004（172）：45.

正是各社会群体为自己所要求的基本自由能够成为其他社会群体的自由。

把社会主义既看成是一个社会，又看成是一个价值体系，这是民社党在吸取了历史的经验和教训后得出的有关社会主义的新认识，正如该纲领所指出："德意志民主共和国的经验，包括对其瓦解原因的认识，使我们有责任重新认真思考对社会主义的理解"。① 民社党把社会主义既看成是一个社会，又看成是一种价值体系，并特别强调民主在社会主义社会中的地位，显然是为了克服20世纪人们对社会主义认识的历史局限，力求全面、准确地认识社会主义。

4. 走向社会主义的道路

民社党认为民主社会主义就是民主地、和平地超越资本主义的过程。开姆尼茨纲领指出："民主社会主义超越了资本主义，它是一个只有经过广泛的社会讨论并通过参加者的共同行动才能逐渐形成的过程。"② 民社党原则上不主张暴力革命，而主张走和平民主的道路。然而，民社党也承认，在个人、团体和国家蔑视了人的尊严并对其使用了暴力的地方，"仍存在抵抗的合法权利"。从理论上讲，抵抗的权利既包括和平的、也包括非和平的，民社党虽然主张通过民主的、和平的道路去实现社会主义对资本主义的替代，但是这并不意味着民社党忽视社会政治斗争的意义，开姆尼茨纲领指出："如果没有社会和政治斗争，不克服新自由主义的文化统治和目前的力量对比、不抵制资本相对于社会的主导地位，根本的社会变革是不可能的。"③

民社党实现超越资本主义的道路将致力于对资本主义政治民主进行改造。其目标是改变政治方向，使多数居民的社会利益处于中心地位，扭转政治日益屈服于富有影响力的金融机构和经济企业利益的现状。为此，民社党将积极参加议会斗争，在力量对比有利的条件下参加政府，与愿意对政治进行民主改造的人合作并采取共同行动。

民社党实现超越资本主义的道路还将致力于解决所有制问题。民社党把所有制问题视为社会主义运动的一个基本问题。他们认为，在所有制问题上，起决定性作用的是所有制制度的实际内容和社会作用。因此，对资本主义所有制的替代方案并非"无所不包的国家所有制"，而是那些能够推动社会发展进程、能够有效地为人类提供基本财富并公正分配这些财富的所有制形式。

① 张文红，译. 德国民主社会主义党纲领 [J]. 当代世界社会主义问题，2004 (1): 48.
② 张文红，译. 德国民主社会主义党纲领 [J]. 当代世界社会主义问题，2004 (1): 46.
③ 张文红，译. 德国民主社会主义党纲领 [J]. 当代世界社会主义问题，2004 (1): 75.

民社党主张多种所有制形式并存，支持一切发展自然、社会和文化生活基础、使人类生活基本条件更容易获得的所有制形式——包括合作社的、市镇的、私人的、国家的以及其他形式；同时主张抑制和克服那些伤害、毁灭生活基本条件以及阻碍或使之难以获得生活基本条件的所有制形式。民社党认为，所有制问题是社会权力和力量对比的体现，所有制关系的转变必须通过对抗力量的斗争来实现。民社党要求“保持和扩大公共财富——当它对集体利益有意义时”，并拒绝“与公共财富进一步私有化相关的公共支配权力的削弱”。该党总的经济政策是：“为削弱并最终克服资本投资利益的统治，改变作为这一统治基础的权力关系和所有制关系作出贡献。”①

5. 民主社会主义的当前替代方案

民社党提出的替代方案，并不是直接实现社会主义的方案。民社党认为，社会主义运动的当前任务在于改变力量对比，为改变政治方向及与此密切相关的重塑所有制结构创造必要的前提。其目标是改善生活条件，逐步实现更多的公正和民主，并为全面改造所有制关系和权力关系、打破利润对社会的支配做好准备。这是一个“民主、社会和生态的”替代方案，是在一定程度上超越现实资本主义的替代方案，是民社党努力实现的“一个从根本上革新的社会主义政策”。

在政治方面，民社党认为民主化是其替代方案的决定性因素。民社党对政治民主的要求是以继承资本主义社会制度下政治民主发展的成果为基础的，是以公民具有不受限制地接触公共信息的机会，以及教育、知识不受经济压迫和存在抵御贫困风险的财政安全为前提的。民社党认为，无论是在德国还是在欧盟，民主和人权都还是一项“未完成的工作”，并且“现有民主的成就受到了威胁”。民主替代方案的主要内容包括：扩大公民的个人权利和集体权利；推进市镇民主化；实现经济民主；建立民主的世界秩序；等。

在经济方面，民社党认为，阻碍经济发展的原因在于新自由主义占优势的货币政策、金融政策和税收政策，在于国内市场的疲软、环境的破坏和对生态改造的忽视，在于国际金融和外汇市场上投机资本的泛滥，以及教育、科研方面存在的种种问题，等等。民社党宣称，它的“中期目标”是寻求一种充满活力的经济发展理论，这种理论以创造更多价值为标准，而价值创造要服从就业政策的、社会的和生态的目标，并且要有利于公正的世界经济秩序的建立。经

① 张文红，译. 德国民主社会主义党纲领［J］. 当代世界社会主义问题，2004（1）：47.

济替代方案的主要内容包括：对经济实行社会调控和生态调控；支持工会维护劳工利益的要求；制定符合环境要求的技术政策；实现税收公正；支持农业合作社等。

在劳资关系方面，民社党认为，劳动依然是社会财富和社会融合的最重要条件。对于90%的劳动者来说，雇佣劳动是由他人决定的依附性劳动，社会的统治关系和依附关系普遍存在，这就使得利益的对立和冲突不可避免。民社党最终将不允许利润继续成为劳动的分配、组织和评价的决定性尺度，其长远目标是将依附性劳动从经济强迫关系转变为真正自由的条件。在劳资关系方面的替代方案的主要内容包括：维护集体劳动合同；缩短每周工作时间和终身工作时间；提供就业劳动和非就业劳动之间转换的社会保障；实现性别公正；稳定国内市场；实现公共就业和公共资助的就业以及新形式的充分就业；在团结互助的基础上革新社会保障体系；等。

在国际关系方面，民社党主张推行和平的外交政策：实现集体安全，用民事方式预防和解决冲突，建立反对帝国主义、反对战争的世界新秩序的广泛联盟，裁减军备实现全面的非军事化，等等。

综上所述，德国民社党对资本主义采取了革命的态度，表明民社党社会主义理论的基本方面是符合马克思主义的原理和原则的。马克思主义理论至今仍然在很大程度上影响着民社党对社会主义的认识。所有这些，都是民社党与西欧社会党具有原则区别的方面，因此，我们不能简单地将其归于社会党一类。

另外，德国民社党的社会主义理论还具有自己的特点。

1. 突出了民主在社会主义中的地位

这从党的民主社会主义的名称就可以看得出来。同时，开姆尼茨纲领还宣称："国家、经济和社会的民主化对于民社党来说是任何一个替代方案的决定性问题"。"民社党认为自己是社会主义的公民权利政党。"德国民社党之所以高度关注民主问题，一方面是由于他们对德意志民主共和国建立的高度集中的政治经济体制的弊病记忆犹新，认为苏联东欧剧变的重要原因是由于传统社会主义体制缺乏民主；另一方面是由于德国民社党崇尚罗莎·卢森堡的民主思想。开姆尼茨纲领指出：民社党为罗莎·卢森堡1918年的信念承担责任，即"任何一个国家政治生活的民主形式……事实上是最有价值的、甚至是不可放弃的社会主义政治的基础"①。

① 张文红，译. 德国民主社会主义党纲领 [J]. 当代世界社会主义问题，2004 (1)：55.

2. 强调人是关注的中心

民社党认为，居于自己思维和行动中心的是人，而不是利润和权力。民社党质疑利润的支配地位，并为克服资本的统治而斗争。因此，民社党反对战争，要求实现一个没有大规模杀伤性武器、没有北约、没有军事同盟的欧洲，实现欧洲的集体安全，使欧洲成为倡议裁军、发展伙伴关系和加强国际法的范例。民社党要求执行另一种经济和社会政策：这种政策应将充分就业、教育培训、养老保险等公共服务的投资，特别是对环境的投资等社会方面的措施置于优先地位。民社党要求政治更加透明，建立新的民主形式，让公民参与制度建设，克服性别、民族、种族和其他方面的歧视，使人人拥有实际的、持久的平等权利，使人权和公民权获得充分发展，让所有公民都享有文化多样性以及获得知识和信息的权利。民社党要求实现经济的可持续发展，在生活和工作中对生态负责。民社党要求将德国和欧洲变成民主的、社会的、可持续发展的和平之地，并为最终建设成“每个人的自由发展是一切人的自由发展的条件”的社会创造条件。

3. 重视环境保护和生态平衡

20 世纪六七十年代，生态保护问题成为影响人类社会生存和发展的重大问题日益凸显，西方世界的绿色环保运动蓬勃兴起。然而，世界社会主义运动却对这一关系人类社会生存和发展的重大问题未能给予必要的重视并作出必要的反应，结果脱离了广大人民群众。民社党吸取了忽视环境保护和生态平衡的历史教训，特别强调要解决生态问题。开姆尼茨纲领要求将生态问题的解决与社会问题的解决联系起来，制定生态和社会问题的共同解决方案；要求对目前的生产方式和生活方式进行生态改造，并认为这将比人类历史上所有的变革和改革更全面、更复杂。民社党要求形成不损害环境的地区经济循环，节约能源、提高能源效率、开发可再生能源，实现交通生态转型，推动可持续发展。

4. 关注德国东部的发展

民社党虽然是一个在全德范围内发挥作用的党，但由于历史原因，它对德国东部问题的解决具有特殊的历史责任感，并给予了特别关注。开姆尼茨纲领尖锐地指出，“德国的统一还没有完成”。大规模的、特别是有技能的青年人向西部地区的移民表明，主要依靠市场经济的或仅仅基于德国西部经验的调控措施，无法解决德国东部地区复杂的经济、社会和生态发展问题。民社党主张将德国东部各州改建为社会——生态革新的模范地区；对东部地区进行有效的经济资助；反对在工资、养老金和工作时间方面对德国东部人民的持续歧视；把欧盟东扩视为解决德国东部问题的有利契机。

二、德国民主社会主义党的变革

从20世纪六七十年代开始的社会主义政党的危机因苏联东欧的剧变而进一步加剧。虽然德国统一社会党已经改名为民主社会主义党，其所面临的危机并没有缓解。为摆脱危机，民社党从成立之日起就“在党内推行了持续不断的转变过程”。① 开姆尼茨纲领是15年来民社党持续不断的转变过程的阶段性总结。

1. 明确建设现代的社会主义政党的目标

开姆尼茨纲领宣称民社党已经并将继续进行自我改变，其目标“是成为坚定的民主的和解放的、在全德国起作用的、现代的社会主义政党”②。“现代的社会主义政党”目标的设定，是要使民社党区别于传统的社会主义政党，如德国统一社会党，以适应新世纪的经济、政治、文化和社会发展之需要，这是符合时代发展要求的；“民主的和解放的”目标的设定是该党实现民主社会主义的另一种提法，同时也是表明民社党所从事的社会运动是世界解放运动的一部分；“全德国起作用的”目标的设定是表明民社党不仅是在德国东部地区活动并起作用的政党，而且是在全德国范围内活动并起作用的政党。

2. 放弃了马克思主义理论的指导思想地位

开姆尼茨纲领宣布与德国统一社会党的“反民主的政治理念和政党理念以及斯大林式的对社会主义思想的歪曲决裂”。③ 这一宣示可以理解为与极左的教条式的马克思主义和传统的社会主义体制决裂。但是，同教条式的马克思主义和传统的社会主义体制决裂，在逻辑上不应导致放弃马克思主义理论的指导思想地位。而事实却是，开姆尼茨纲领已经同德国统一社会党以马克思主义理论为指导思想的传统决裂了，它没有一个地方提到要以马克思主义理论作为思想指导。通观整个纲领，主要是在两个地方提到了马克思和恩格斯的名字，一处是在谈到反法西斯主义的义务时指出，民社党要“以批判的态度及与启蒙运动的传统、卡尔·马克思和弗里德里希·恩格斯的遗产、与德国和国际工人运动

① 张文红，译. 德国民主社会主义党纲领［J］. 当代世界社会主义问题，2004（1）：55.
② 张文红，译. 德国民主社会主义党纲领［J］. 当代世界社会主义问题，2004（1）：72.
③ 张文红，译. 德国民主社会主义党纲领［J］. 当代世界社会主义问题，2004（1）：50.

中各式各样的流派、与不同的革命的民主的运动相结合并肩负起反法西斯的义务”①。在这里，马克思主义与资产阶级启蒙运动的传统、工人运动的各种流派、革命的民主运动都处于同等的地位，即民社党以批判的态度与之相结合的地位。另一处是用马克思的思想深刻揭示资本主义的内在矛盾，纲领指出：“即使在今天，马克思的论断也还有效：在资本主义社会，每一个事物都酝酿着它的对立面。”② 这表明纲领不提马克思主义理论的指导思想地位，并不意味着纲领拒绝运用马克思主义的思想和观点。然而，在开姆尼茨纲领中拒绝给予马克思主义理论以指导思想的地位，却是一个不争的事实。

3. 丢掉了民主集中制的组织原则

开姆尼茨纲领宣布与德国统一社会党的“政党理念”决裂，其中一个重要内容就是与民主集中制的组织原则决裂。该纲领中对民主集中制的组织原则只字未提，而是单独提出了民主的原则并加以强调，声称民社党“通过民主多数决定其道路、目标和政治方针。它同意给予少数派以权利和机会，使他们能在党章和这部党纲的基本原则以及民主的——社会主义的方向和框架内表达自己的信念和目标。”原德国统一社会党在民主集中制的实践活动中确实存在集中过多、民主不足甚至破坏民主的错误，因此，民社党特别强调发展党内民主是完全必要的。然而，因为实践中的错误而去否定一个正确的组织原则，或从一个极端走向另一个极端，则是不可取的。

4. 强调党的多元性质

开姆尼茨纲领一方面宣称：民社党“特别有义务保留德国工人运动的那些传统——工会的、社会民主党的和共产党的，……反对任何形式的反社会民主主义和反共产主义”③。这表明民社党从历史根源来看应该是一个工人阶级的政党。

但另一方面，开姆尼茨纲领又宣称：“民社党是一个民主社会主义者的多元的政党。”④ 所谓多元应该包括经济多元、政治多元、文化多元以及利益多元、意识形态多元等等。开姆尼茨纲领在这里强调的是社会政治上的多元，指出：“在民社党内，不同的左翼民主力量共同发挥着作用。”“不仅是反抗资本主义社

① 张文红，译．德国民主社会主义党纲领［J］．当代世界社会主义问题，2004（1）：75.
② 张文红，译．德国民主社会主义党纲领［J］．当代世界社会主义问题，2004（1）：50.
③ 张文红，译．德国民主社会主义党纲领［J］．当代世界社会主义问题，2004（1）：72.
④ 张文红，译．德国民主社会主义党纲领［J］．当代世界社会主义问题，2004（1）：72.

会和从根本上拒绝现存关系的人，而且那些将他们的抵抗与积极改变并逐步克服现存关系联系起来的人，都能在民社党内找到自己的位置。”这就表明，民社党中既包括那些主张从根本上变革资本主义的人，也包括主张渐进式变革资本主义的人，甚至包括主张对资本主义进行社会改良的人。实际上，“左翼”在欧洲是一个十分宽泛的政治范畴，从共产主义者到社会民主主义者、托洛茨基主义者、无政府主义者和其他小资产阶级民主派等，都可以包括在其中。这就表明，德国民社党是一个政治构成复杂的政党，它具有比较宽泛的社会基础，但它不是一个工人阶级的政党。民社党政治上的多元性质是以意识形态的多元为前提的，是以放弃民主集中制原则为组织保障的，因此，否定马克思主义理论的指导地位和民主集中制的组织原则是与其多元政党的政治性质相一致的。

5. 将议会内的斗争同议会外的斗争结合起来的斗争策略

开姆尼茨纲领宣称，作为政党，民社党将争取议会权力，以便发展作为社会主义政党的特征，为开始实现社会的和民主的替代方案而奋斗，并为作为议会反对派或在参与执政时承担的政治责任做好准备。同时，民社党重视议会外斗争的作用。它把捍卫和进一步改善议会民主和民主的三权分立与下述信念联系起来，即如果没有社会和政治斗争，不克服新自由主义的文化统治和目前的力量对比，不抵制资本相对于社会的主导地位，根本的社会变革是不可能的。民社党认为，议会外斗争对此做出了决定性的贡献。

6. 强调中左翼的联合

在反对社会资本主义化、反对削弱民主和反对战争的社会运动中，在反对新自由主义的社会抵抗运动中，民社党执行广泛联盟的政策，谋求建立中左联盟。开姆尼茨纲领宣称：“民社党要成为一个广泛同盟中的一部分。”这一同盟反对以牺牲社会弱者为代价来满足大财团利益的政策。为了建立这一同盟，民社党致力于在德国和欧盟内克服新自由主义意识形态在思想和政治上的统治地位；制定长期定位于独立、自信的政治方案，推动社会主义政策，使符合未来要求的民主、社会和生态的替代方案能够得以实现。纲领表示，民社党作为社会主义政党，“准备长期与一个致力于这种改变的中左联盟合作。”①

为了实现中左联盟，克服宗派主义，正确对待联盟中的其他政党具有重要的意义。开姆尼茨纲领宣称，在与其他政党的交往中，“尊重其他民主政治的方

① 张文红，译. 德国民主社会主义党纲领［J］. 当代世界社会主义问题，2004（1）：74.

向是民社党努力争取的政治文化特征”，“批评、争论、宽容和公正是我们与其他政党的政治家之间关系的突出特征”①。

为了实现中左联盟，民社党将更深入地参与民主运动、社会运动和政治运动，参与到市镇、工会、企业、失业者、环境保护者等组织中，参与到妇女、和平、反法西斯主义、反种族主义、反军国主义的运动中，参与到青少年、学生、同性恋、变性和双性恋者的运动中，参与到与社会、文化、体育相关的利益群体、第三世界团体、残疾人协会、房客协会、消费者协会中。民社党重视和支持教会、宗教团体所从事的有益于社会公众的活动。民社党认为，世界范围内起作用的社会运动，特别是批评全球化的运动，是对抗不受限制的资本主义现代化的十分重要的力量。

德国民社党的上述变革表明，它虽然在理论上基本上遵循了马克思主义的原理和原则，但在组织上却出现了倒退。德国民社党的组织变革固然有其适应资本主义社会发展变化的合理一面，但也存在严重不足的一面。这就是它在批判地继承德国统一社会党的历史遗产时，用简单的“抛弃”代替了辩证的“扬弃”，即存在着倒“脏水”时把“孩子”一起倒掉的情形。

1. 德国民社党放弃马克思主义思想的指导地位，丢掉民主集中制的组织原则，模糊党的工人阶级性质而强调党的多元性质，等等，这就表明民社党不是一个马克思主义的工人阶级政党，而是一般的左翼社会主义政党，代表反对资本主义、向往社会主义的包括工人阶级在内的广大劳动群众和中间阶层的利益。

2. 20 世纪 90 年代，苏联和东欧国家的共产党实际上已经一分为三：其中一部分是坚持共产党的组织和名称，继续高举马克思主义的旗帜，它们是世界社会主义运动中的左翼；另一部分是彻底改名易帜，成为名副其实的社会党或社会民主党，它们是世界社会主义运动中的中间偏右的一翼，但与西欧的社会党又有所区别；第三部分是改行民主社会主义，成立民主社会主义党，它们既不同于共产党，也不同于社会党，是世界社会主义运动中的中左翼。德国民主社会主义党属于后者，它在世界政治的队列中属于左翼社会主义政党，而在世界社会主义运动的队列中，它又属于中间偏左的一翼。

实际上，民主社会主义党向中左翼方向的转变并非一时的心血来潮，而是有其深刻的社会历史根源的。自 20 世纪 70 年代以来，由于高新科技革命和生产力第三次革命的巨大发展，发达资本主义国家的经济、政治、文化和社会状况

---

① 张文红，译. 德国民主社会主义党纲领 [J]. 当代世界社会主义问题，2004 (1)：75.

都发生了巨大的变化，特别是社会的阶级结构和工人阶级的内部结构也发生了新的变化。从整个社会层面看，原来“金字塔型”的社会结构正在向“橄榄型”的社会结构发展。在工人阶级内部，蓝领工人所占的比重下降，白领工人所占的比重上升，并逐渐占到工人阶级的大多数。阶级结构的变化使马克思主义政党的传统政策不得不发生相应的变化。传统政策是在20世纪二三十年代形成的，其阶级政策的重点是面向处在金字塔底层的广大劳苦大众，这无疑是正确的。但是到了20世纪70年代，面对阶级结构发展的新状况，传统政策显然已经不够了，社会主义事业必须有广大中间阶层的支持才可能发展。因此，发达资本主义国家的共产党都不同程度地出现了照顾中间阶层利益的政策调整趋势，开始执行一种中间偏左的政策，其代表就是“欧洲共产主义”。苏联东欧剧变以后，资本主义国家的共产党更深地进入了自我变革的历史进程。在这些党的理论与实践创新中，考虑并代表广大中间阶层的利益，与代表广大中间阶层利益的政党建立左翼联盟等，都是他们必须面对和解决的重大课题，这在法国共产党的“新共产主义”、日本共产党的“日本式社会主义”和其他共产党的理论中都有不同程度的反映。

由此可见，民社党与共产党的区别，并不在于是否根据社会经济政治的发展变化而对其政策作出了相应的调整；而是在于作出政策调整时，是否保持了马克思主义工人阶级政党赖以存在和发展的根本。

3.德国民社党作为苏联、东欧剧变后出现的一种政治现象，它的中左地位究竟能维持多久，只有未来的发展才能作出回答。一方面，民社党是由原德国统一社会党发展而来的，对于当前的变革，党内仍存在着不同的意见和分歧，传统与现代、正确与错误、马克思主义与非马克思主义、科学社会主义与社会民主主义之间的斗争十分尖锐，变革并没有结束。民社党变革实践的成败、经验教训的正确总结、国际形势和世界社会主义运动的发展变化等，都将直接影响到民社党未来的发展方向。另一方面，民社党政治发展的空间是有限的，这指的是民社党的旗帜不够鲜明：它在某些方面与共产党雷同，而在另一些方面又与社会党雷同，这对于一个全国性政党的发展并不是一件有利的事情。民社党的未来发展有三种可能：其一，是继续发展壮大，成为一支独立的政治力量，在某些地方取代共产党的地位和作用；其二，是由于历史渊源和现实斗争的需要，与共产党最终走到一起；其三，是继续右转，被纳入社会党的麾下。

2004年1月10日、11日，德国民社党在柏林州议院大厦主持召开了成立“欧洲左翼党”的协商会议。来自欧洲17个国家的19个左翼政党的代表（其中包括法国共产党、意大利重建共产党、奥地利共产党、斯洛伐克共产党、波希米亚和摩拉维亚共产党、捷克民主社会主义党、爱沙尼亚社会民主工人党、西班牙联合左翼等）参加了会议，并发表了《柏林呼吁书》。德国舆论认为，民社党的这一举措标志着该党终止了接近社会党国际的努力，也是民社党在逆境中奋起的一个重要表现。从这一事实来看，德国民社党向第三种方向发展的可能性也许不大。

参考文献

[1] 张文红，译. 德国民主社会主义党纲领 [J]. 当代世界社会主义问题，2004 (1).

论苏维埃共和国与立宪会议的解散——兼评“十月革命虚无论”

自苏联解体、东欧剧变以来，苏维埃国家解散立宪会议的问题就不断被某些人炒得沸沸扬扬，似乎立宪会议存在着与生俱来的合法性，而苏维埃国家解散立宪会议则是犯下了“弥天大罪”，由此十月革命也被贬为“阴谋”“政变”，甚至被说成是历史上不曾发生过的事情。有人还提出了“俄国有过‘十月革命’吗”这样荒唐的问题。看来，苏维埃国家解散立宪会议已经成为某些人否定十月革命及其伟大历史意义的一个借口。在十月革命诞生100周年来临之际，有必要对这一问题作出回答。

一、苏维埃与立宪会议

苏维埃和立宪会议在俄国是怎样产生和发展起来的，它们各具怎样的性质和作用，以及它们各处于怎样的历史地位？这是我们首先必须弄清楚的问题。

苏维埃是俄文“совет”的音译，其含义是“代表会议”。它最初是俄国工人阶级在1905年—1907年革命中创造的政治组织形式。1905年3月，乌拉尔的阿拉帕耶夫斯克工厂的工人在罢工斗争中建立了第一个工人代表苏维埃。不久，在伊万诺沃—沃兹涅先斯克等城市也组织起工人代表苏维埃。在同年10月的总政治罢工中，首都彼得格勒的工人代表苏维埃诞生了，它是统一的罢工委员会。在以后的发展中，它还表现出某些政权的特征：例如，它自行宣布工厂实行八小时工作制；它不经沙皇政府批准就出版了苏维埃的机关报——《消息报》；特别是在邮电职工罢工期间，即使是政府的电报也需要工人代表苏维埃的许可才能够派发出去，等等。

在1905年10月—12月的革命高潮中，全国各地的革命群众纷纷仿效彼得格勒工人代表苏维埃，在莫斯科、基辅等50多个市镇先后建立了工人代表苏维埃。其中，由布尔什维克领导的莫斯科、顿巴斯和诺沃罗西斯克等许多城镇的工人代表苏维埃，还从领导工人罢工的机关发展成为准备和领导武装起义的机关，甚至一度夺取了地方政权，显示出工人代表苏维埃作为萌芽状态的新型革命政权的特有性质。在工人代表苏维埃建立的同时，士兵代表苏维埃也在莫斯科、赤塔和塞瓦斯托波尔等地组建起来。农民代表苏维埃也在一些乡村组建起来。列宁高度赞扬俄国工人阶级表现出的历史主动性和创造性，认为苏维埃是"新的革命政权机关"。"它们是人民独有的创造力的产物，是已经摆脱或正在摆脱旧警察羁绊的人民的主动性的表现"。①

随着1905年革命最后走向失败，各地的苏维埃也先后退出俄国的历史舞台。

1917年3月8日（俄历2月23日），俄国爆发了二月革命。彼得格勒的工人和士兵在布尔什维克的领导下，首先建立了工兵代表苏维埃。接着，在俄国的各个省会、工业中心和县城也建立了600多个工兵代表苏维埃。到1917年十月革命前夕，俄国的工兵代表苏维埃已经发展到706个，农民代表苏维埃发展到455个，士兵代表苏维埃发展到33个。在前线，则建立了团、师、军、集团军和方面军的士兵委员会，代行士兵代表苏维埃的职权。

工兵代表苏维埃是工农革命的政权机关。彼得格勒工兵代表苏维埃则是全俄苏维埃的中心，它手里掌握着革命的武装力量，得到广大劳动群众的拥护和支持，因而是与资产阶级临时政府对立的第二个政府。

列宁根据1905年革命的经验，对1917年二月革命中出现的工人代表苏维埃的性质迅速作出了科学的判断。3月7日，列宁在《远方来信》中深刻地指出："工人代表苏维埃是工人的组织，是工人政府的萌芽，是全体贫苦居民群众即十分之九的居民的利益的代表者。"② 接着，列宁在著名的《四月提纲》中称"工人代表苏维埃是革命政府唯一可能的形式"，并提出"全部国家政权归工人代表苏维埃"的口号，他还特别指出："不要议会制共和国（从工人代表苏维埃回到议会制共和国是倒退了一步），而要从下到上遍及全国的工人、雇农和农民代表苏维埃的共和国。"③

1917年6月16日—7月7日，在彼得格勒召开了全俄苏维埃第一次代表大会。由于孟什维克和社会革命党在苏维埃代表中占多数，因而选举产生了孟什维克和社会革命党人占多数的全俄中央执行委员会，大会通过了支持资产阶级

---

① 列宁全集：第12卷［M］. 北京：人民出版社，1987：285.

② 列宁选集：第3卷［M］. 北京：人民出版社，1995：9.

③ 列宁选集：第3卷［M］. 北京：人民出版社，1995：15.

临时政府的各项决议。

1917 年 11 月 7 日，俄国爆发了伟大的十月社会主义革命，资产阶级临时政府被推翻。晚上 10 时 45 分，全俄苏维埃第二次代表大会在彼得格勒的斯莫尔尼宫开幕。孟什维克、右派社会革命党和崩得分子声明退出了会场，布尔什维克和拥护布尔什维克的代表在大会上占到绝大多数。大会通过了全部政权归苏维埃的历史性决议，批准了列宁亲自起草的《告工人、士兵和农民书》，宣布："根据绝大多数工人、士兵和农民的意志，依靠彼得格勒工人和卫戍部队所举行的胜利起义，代表大会已经把政权掌握在自己手里。"① 文告要求各地方政权一律转归工兵农代表苏维埃，从而使全俄苏维埃代表大会和地方工兵农代表苏维埃正式成为俄罗斯苏维埃共和国中央和地方的国家权力机关。

不难看出，苏维埃是在俄国民主革命中诞生的领导工人罢工斗争的机关和领导工人起义的机关。在十月革命中，苏维埃发展成为工农革命政权的组织形式，发展成为无产阶级专政的组织形式。由此可见，苏维埃政权是十月社会主义革命的产物。而立宪会议则与苏维埃完全不同，它是资产阶级民主革命的产物。

早在 1787 年，美国 13 个州的代表在费城召开会议，准备修改《联邦条例》。后经汉密尔顿、麦迪逊等与会代表的不断努力，会议最终成为一个废除《邦联条例》和制定《美国宪法》的制宪会议，由此产生了世界宪法史上第一部成文宪法。

18 世纪末，法国路易十六为解决财政窘困、增加赋税，重新召开了三级会议。第三等级的代表提出取消等级区分、按人数表决、制定宪法、限制王权等要求。这些要求遭到国王的断然拒绝后，第三等级的代表便宣布自己是全体人民的代表，自行召开了国民会议，并将国民会议改为制宪会议。制宪会议通过了著名的《人权和公民权利宣言》，制定了 1791 年的法国宪法。

此后，以美、法为榜样的各国资产阶级革命，都把召开立宪会议和制定国家宪法作为自己所追求的一个政治目标和革命发展的必经途径。发生在俄国的资产阶级民主革命也不例外。

18 世纪末至 19 世纪初，随着资本主义生产关系的发展，俄国农奴制日趋瓦解。在 1812 年反对拿破仑的战争中，一些俄国贵族军官参加了国外的远征，受到西欧民主思想的影响，对国内的农奴制度和专制制度极为不满。回国后，他

---

① 列宁选集：第 3 卷［M］. 北京：人民出版社，1995：338.

们成立了秘密的革命组织，企图按照西方的民主模式来改造国家。在他们制定的革命纲领中，均提出了召开立宪会议的要求。例如，1821 年在图利钦成立的以佩斯捷利上校为首的南方协会，在其起草的《俄罗斯法典》中就提出了废除农奴制和等级制，建立共和国；年满 20 岁的男子按财产多少确定其是否有选举权；国家最高立法机关为人民议会等政治要求。与此同时，在圣彼得堡成立的以穆拉维约夫上校为首的北方协会，在其草拟的《宪法》中也主张废除农奴制和等级制，建立君主立宪制和联邦制国家；联邦的最高政权机关为两院制的人民议会，行政权归皇帝所有。

可见，当时无论是主张建立资产阶级民主共和国还是主张建立君主立宪制国家的革命者，都提出了召开人民议会即立宪会议的要求。19 世纪初俄国的贵族革命家——十二月党人正是带着这些政治要求投入战斗的。由于十二月党人在 1825 年—1826 年的革命中遭受失败，召开立宪会议和建立资产阶级议会制国家的目标未能实现。因此，在 80 年后的 1905 年资产阶级民主革命中，立宪会议的要求便再次被提了出来。

1905 年 1 月 16 日，俄国爆发了资产阶级民主革命。彼得堡普梯洛夫工厂 1. 2万名工人为反对厂主开除 4 名工人而举行罢工。其他工厂工人群起响应，几天内罢工人数达到 15 万人。1 月 22 日，15 万工人和家属前往冬宫广场，准备向沙皇呈递请愿书，提出了言论出版自由、八小时工作制、土地归农民、人民在法律上一律平等、召开立宪会议等要求。埋伏的军警野蛮地向工人开枪，1000 多人罹难，数千人受伤，史称“流血的星期日”。沙皇的野蛮屠杀激起各地工人运动和农民运动的蓬勃发展，并对军队产生了影响。6 月间，黑海舰队装甲舰“波将金”号的水兵爆发了起义。

列宁在 1905 年 7 月发表的《社会民主党在民主革命中的两个策略》一书的第一个问题“一个迫切的政治问题”中指出：“在当前革命时期的日程上，摆着一个召集全民立宪会议的问题。”① 列宁在说明无产阶级支持立宪会议要求的原因时指出：“无论是无产阶级的直接利益，或者是无产阶级为社会主义的最终目的而斗争的利益，都要求有尽可能充分的政治自由，因而也就要求用民主共和制来代替专制的管理形式。”②

10 月 20 日，莫斯科—喀山铁路司机开始罢工，并发展为全俄政治罢工。参

① 列宁全集：第 11 卷［M］. 北京：人民出版社，1987：5.

② 列宁全集：第 11 卷［M］. 北京：人民出版社，1987：7.

加罢工的有2000多个大工厂的200多万工人。莫斯科工人成立了义勇队，举行了武装起义。但由于缺乏集中统一的指挥，各地起义分散，工、农运动和城、乡斗争未能密切配合，争取士兵的工作不够有力等原因，起义被沙皇政府镇压下去了，革命运动逐渐走向低潮。这样，包括召开立宪会议在内的各项经济、政治、文化和社会的要求均没有得到满足。

1917年3月8日（俄历2月23日），俄国爆发了二月革命。资产阶级自由主义政党在挽救君主制的图谋失败后，便很快转向支持召开立宪会议的口号，认为必须由立宪会议来确立政权的合法性与正统性、制定国家宪法和解决迫切的社会政治问题。而在苏维埃中占多数的孟什维克和社会革命党则认为，俄国用立宪会议来确立资产阶级民主共和国是保护人民利益和为社会主义进一步斗争的最好形式。布尔什维克在二月革命期间也赞成召开立宪会议，但它认为全部政权归苏维埃是选举和召开立宪会议的保障，是通向立宪会议的入口。

1917年3月15日（俄历3月2日），在孟什维克和社会革命党所把持的彼得格勒苏维埃的支持下，资产阶级组织的国家杜马临时委员会成立了以立宪民主党人和十月党人为主的资产阶级临时政府，这就形成了两个政权并存的局面。当天，彼得格勒苏维埃执委会与国家杜马临时委员会明确了关于立宪会议的三项原则：（1）普遍的自由选举；（2）立宪会议享有解决国家生活的主要问题，包括确定国家治理形式的特别权力；（3）只有立宪会议自己能够决定自己任务的范围和界限。

然而，资产阶级临时政府只为准备召开立宪会议做了一些表面的工作，它在骨子里却在拖延立宪会议的召开。因为根据立宪会议的上述三项原则，召开立宪会议就必须立即满足人民群众关于和平、土地、面包的要求，而这是临时政府不愿意做的。特别是立宪民主党、右派社会革命党和孟什维克都认为，在战争还在进行、俄国军队已经涣散的条件下，召开立宪会议去解决农民的土地问题，必然会触动前线作战的军官阶层的利益，同时也会促使农民出身的士兵纷纷从前线跑回家，这将意味着俄国在前线的溃败。只是在六月危机的影响下，6月17日临时政府才宣布立宪会议的选举定于9月17日举行。在七月事变后的8月9日，临时政府又宣布立宪会议推迟到11月12日举行。

然而，历史没有等到被临时政府一再拖延的立宪会议的召开，就爆发了十月社会主义革命。这样，立宪会议的选举和召开就成为在二月革命中没有得到解决的一个政治问题留存下来，成为二月资产阶级民主革命遗留给十月社会主义革命的一个"负政治资产"。之所以说是"负政治资产"，是因为十月革命后建立的苏维埃政权，有着自己全新的立法、司法和行政体系，而立宪会议原本就不属于这个政权体系。作为一项“负政治资产”，它在苏维埃政权下的发展只可能有两种前景：其一，立宪会议接受革命性改造，包括对其社会成分的改造和政治功能的改造，以便为苏维埃政权所用，为社会主义服务；其二，立宪会议拒绝进行革命性的改造，最终被苏维埃政权彻底废除。正如列宁《在全俄中央执行委员会会议上关于解散立宪会议的讲话》中所指出的：“苏维埃政权与立宪会议的冲突是由俄国革命的全部历史造成的，而这个革命面临的空前未有的任务就是对社会实行社会主义改造。”①

二、为什么十月革命后还要召开立宪会议

十月革命以后，临时政府被推翻，苏维埃政权已经建立，此时再来召开立宪会议已经没有多大的意义。因为“苏维埃共和国是比通常那种有立宪会议的资产阶级共和国更高的民主形式”。② 而且立宪民主党人、右派社会革命党和孟什维克在十月革命之后，正在妄图利用召开立宪会议来颠覆苏维埃政权，这一点列宁和布尔什维克党是十分清楚的。同样列宁和布尔什维克党也十分清楚的是，“按照1917年10月中旬提出的名单召集我国革命中的立宪会议，就是在立宪会议的选举不可能正确表达人民的意志、特别是劳动群众的意志的情况下召集立宪会议”。③

然而，一个多世纪的历史发展已经使召开立宪会议的思想在俄国产生了根深蒂固的影响，特别是受社会革命党思想影响的农民，更是相信立宪会议是使农民获得“全部土地的会议”；而受孟什维克影响的部分工人和知识分子，则认为立宪会议是民主共和国头上的“花冠”，是不可或缺的。

在此情况下，列宁和布尔什维克党考虑到群众的认识水平及其对召开立宪会议的强烈愿望，决定召开立宪会议，以便让群众从切身的经验中识破被立宪民主党、右派社会革命党和孟什维克所把持的立宪会议的资产阶级本质，从而丢掉对立宪会议的幻想。这就与列宁在二月革命初期提出“全部国家政权归工人代表苏维埃”的口号时，清楚地知道当时苏维埃还在孟什维克和社会革命党的掌控中一样，希望工农大众从孟什维克和社会革命党拒绝全部国家政权归苏

① 列宁全集：第33卷［M］. 北京：人民出版社，1985：242.
② 列宁全集：第33卷［M］. 北京：人民出版社，1985：163.
③ 列宁全集：第33卷［M］. 北京：人民出版社，1985：163.

维埃的实践经验中，认清他们的真面目，从而丢掉对孟什维克和社会革命党的幻想。

早在十月革命后的第三天，苏维埃政府就宣布将在11月28日召开立宪会议，并确定在11月中旬进行立宪会议代表的选举。选举的结果是，布尔什维克在俄国中部地区和一些大城市中占优势，如在莫斯科和彼得格勒两地获得77%的选票，在尤佐夫矿区获得80%的选票，在其他一些工业城市也居于领先的地位。根据54个选区的统计，布尔什维克共获得900多万张选票（约占总票数的25%）；立宪民主党和其他党派获得450多万张选票（约占总票数的13%）；社会革命党和孟什维克共获得2250万张选票（约占总票数的62%），其中社会革命党获得的选票最多，约占总票数的58%。这一方面是因为社会革命党在农业省份和边远地区一直都有较大的影响，而十月革命前后布尔什维克在这些地区的影响还一时难以超过社会革命党；另一方面，是因为社会革命党的候选人名单，是在社会革命党分裂成为左派和右派以前确定的，而选民是根据共同候选人的名单来投票的，因此，不少右派社会革命党人也被选进去了。同时，立宪民主党人、右派社会革命党和孟什维克把持了一些地方的选举委员会，他们在选举中使用资产阶级的政客手腕，用甜言蜜语笼络人心，弄虚作假，也获得了一定数量的选票。最后，在选出的715名代表中，社会革命党人有412名，占大多数，而布尔什维克党只有183名。

这一选举结果使苏维埃政权的敌人欣喜若狂，他们妄图利用所把持的立宪会议向苏维埃政权夺权。立宪民主党人是这一活动的主谋，他们伙同右派社会革命党和孟什维克在彼得格勒建立了反动组织“全俄保卫立宪会议同盟”。国际帝国主义对他们的行动给予了支持，美国大使弗列西斯建议所有协约国代表都出席立宪会议，“以提高立宪会议的威望和巩固它的地位”。

为了扭转这一被动局面，全俄苏维埃中央执行委员会采取了三项措施。第一，全俄苏维埃中央执行委员会于1917年11月21日通过了对立宪会议代表的《罢免权法令草案》和《改选法令草案》。根据这两个法令，许多地方苏维埃决定撤回出席立宪会议的右派社会革命党和孟什维克的代表，如阿夫克森齐也夫、阿尔古诺夫、布勒斯科-布勒什科夫斯卡娅、布拉特和郭茨等。

第二，人民委员会于1917年11月26日通过了关于“立宪会议开幕”的决议。决议要求，只有在出席会议的代表不少于400名（即不少于半数）时，会议才能开幕。在立宪会议准备开幕的11月28日，报到的会议代表只有172人。前来参加立宪会议的立宪民主党人、右派社会革命党和孟什维克都急于要使大会开幕，但遭到布尔什维克的反对。而立宪民主党人和右派社会革命党人则在当天就组织了反革命的示威游行，提出“全部政权归立宪会议”的反动口号。他们还组织几千名带武装的军官、士官生以及怠工的官员和资产阶级分子，占领了准备召开立宪会议的塔夫利达宫。苏维埃政府立即命令彼得格勒赤卫队和水兵，迅速粉碎了这次反革命的武装动乱。列宁强调指出：“把全部政权交给立宪会议就等于和凶恶的资产阶级妥协。”“但是，只要卡列金仍旧存在，只要在‘全部政权归立宪会议’的口号下仍旧藏着一个‘打倒苏维埃政权’的口号，我们就无法避免内战，因为我们决不会为换取世上任何东西而让出苏维埃政权！”①

第三，11 月 28 日晚上，列宁下达了关于惩办反革命内战祸首的法令。法令指出：“作为人民公敌的政党的立宪民主党的领导机关成员必须逮捕，并送交革命法庭审判”“责成地方苏维埃对该党加以特别管制”。根据法令，苏维埃政府逮捕了立宪民主党中央委员盛加略夫、科科什金、陀尔加卢金等反革命暴乱的组织者，宣布对整个立宪民主党进行管制，从而有力地打击了立宪民主党的反革命气焰。

12 月 20 日，苏维埃政府重新通过关于在 1918 年 1 月 5 日召开立宪会议的决议。不久，全俄苏维埃中央执行委员会决定在 1 月 8 日召开全俄苏维埃第三次代表大会。立宪民主党、右派社会革命党和孟什维克等对召开全俄苏维埃第三次代表大会的决议十分恐惧，他们预感到全俄苏维埃第三次代表大会最终将取代立宪会议，从而使他们的图谋破产；于是就千方百计地阻挠这次代表大会的召开，不惜采取暗杀的恐怖手段。1918 年 1 月 1 日，列宁在米海伊洛夫练马场向开赴前线的赤卫队战士讲话后，乘车通过卡坦河上的谢苗诺夫大桥时遭到枪击，坐在列宁身旁的瑞士革命家普拉廷负伤。正如列宁所指出：“在离立宪会议的召开只有几天的时候，资产阶级却在组织内战，加紧暗中破坏，破坏停战。”②

1 月 5 日，立宪会议正式开幕，斯维尔德洛夫以全俄苏维埃中央委员会主席的身份宣布大会开幕，并提议大会通过列宁起草的社会主义建设纲领《被剥削劳动者权利宣言》。但右派社会革命党人什维佐夫、切尔诺夫等牢牢控制了大会，拒绝通过《被剥削劳动者权利宣言》，反对《和平法令》和《土地法令》，不承认苏维埃政府及其所采取的社会主义革命措施。这样，立宪会议就在全俄国的工人、农民和士兵面前彻底暴露了自己反人民和反社会主义的真面目。在

① 列宁全集：第 33 卷 [M]. 北京：人民出版社，1985：245.

② 列宁全集：第 33 卷 [M]. 北京：人民出版社，1985：133.

此情况下，布尔什维克党团立即发表声明，宣布退出立宪会议。一批左派社会革命党人也随之退出了大会。与此同时，一群旧官员和资产阶级子弟，又在彼得格勒进行了反对苏维埃政府的示威游行，要求“全部政权归立宪会议”。他们还试图冲进塔夫利达宫，但被革命赤卫队阻拦。同一天，在莫斯科和其他一些城市也发生了反对苏维埃政权的示威。

1月6日，全俄苏维埃中央委员会通过了关于解散立宪会议的法令。法令指出：“旧的资产阶级议会制已经过时，它同实现社会主义的任务完全不相容，只有阶级的机关（如苏维埃）才能战胜有产阶级的反抗和奠定社会主义社会的基础，而全民的机关是办不到的。现在，反对苏维埃掌握全部政权，反对人民所争得的苏维埃共和国，支持资产阶级议会制和立宪会议，那就是向后倒退，就是要使整个工农十月革命失败。”①

立宪会议的解散，宣告了立宪民主党、右派社会革命党和孟什维克企图通过政治途径颠覆苏维埃政权、复辟资本主义议会民主制的幻想的破灭。

三、为什么必须解散立宪会议

了解立宪会议的解散，不能脱离十月革命时期阶级斗争的大环境。这个大环境就是：立宪会议是“在内战环境中活动”的，而“内战是资产阶级-卡列金分子发动的”。立宪民主党人曾经扬言：“我们要在立宪会议里有席位，同时又要组织内战。”② 不难看出，立宪会议是资产阶级武装反对苏维埃政权之外的又一个战场——政治战场。苏维埃政权必须解散立宪会议的原因有三。

1. 事实已经表明，俄国的立宪会议已成为资产阶级向苏维埃政权夺权的政治工具

立宪会议在其召开的第一天，就拒绝通过《被剥削劳动人民权利宣言》，反对《和平法令》和《土地法令》，不承认苏维埃政府及其所采取的社会主义革命措施，并要求“全部政权归立宪会议”。这就完全暴露了被立宪民主党、右派社会革命党和孟什维克所把持的立宪会议反人民、反社会主义、反苏维埃政权的反革命本质，说明立宪会议已经成为资产阶级向苏维埃政权夺权的政治工具。被推翻的地主资产阶级正是妄图通过这个立宪会议与武装反叛的卡列金分子遥相呼应，重新夺回他们失去的政权，恢复他们昔日的天堂。在此情况下，刚刚

---

① 列宁选集：第3卷［M］. 北京：人民出版社，1995：389.

② 列宁全集：第33卷［M］. 北京：人民出版社，1985：133.

掌握政权并立足未稳的工农兵代表苏维埃将反革命的立宪会议予以解散，这是情理之中的事情。列宁在 1917 年 12 月 1 日关于立宪会议问题的讲话中指出："革命阶级在同进行反抗的有产阶级作斗争时，对于他们的反抗应该加以镇压；我们也要用有产者镇压无产阶级的全套办法来镇压有产者的反抗，因为其他办法还没有发明出来。"① 12 月 11 日或 12 日，列宁在《关于立宪会议的提纲》中又进一步指出："立宪民主党人和卡列金分子反对苏维埃政权、反对工农政府的反革命叛乱所挑起的内战，使阶级斗争达到最尖锐的程度，使历史向俄国各族人民、首先是向工人阶级和农民提出的最尖锐的问题，完全没有可能用形式上民主的方式来解决。"②

2. 苏维埃共和国是比立宪的资产阶级共和国更高的民主形式

列宁在《关于立宪会议的提纲》中指出："苏维埃共和国是比通常那种有立宪会议的资产阶级共和国更高的民主制形式""是能够保证痛苦最少地过渡到社会主义的唯一形式"。而立宪会议是二月资产阶级民主革命遗留给十月社会主义革命一个负政治资产，从本质上来说，它属于资产阶级旧国家机器的一部分。

马克思在《法兰西内战》一书中指出："旧政权的纯属压迫性质的机关予以铲除，而旧政权的合理职能则从僭越和凌驾于社会之上的当局那里夺取过来，归还给社会的负责任的勤务员。"③ 这就是说，对于资产阶级国家中具有镇压职能的旧国家机器，应该坚决予以废除；而对于具有管理社会职能的部分旧国家机器，则可视情况予以保留，并进行革命性的改造，使其为社会主义服务。布尔什维克党召开立宪会议的目的是希望能够将其改造成为苏维埃政权服务的机关。然而控制了立宪会议的立宪民主党、右派社会革命党和孟什维克却拒绝社会主义改造，并妄图使其成为资产阶级向无产阶级夺权的凶恶打手和指挥部，发动了对苏维埃政权的政治战争。既然如此，苏维埃政权将其彻底粉碎，则是完全符合马克思主义国家原理的。

3. 无产阶级的利益、人民的利益高于形式上的民主制

解散立宪民主党法令通过的第二天，列宁在全俄中央执行委员会上明确指出："我们要告诉人民，他们的利益高于民主机关的利益。不要倒退到那种使人民利益服从形式上的民主制的旧偏见上去。立宪民主党人高喊‘全部政权归立

① 列宁全集：第 33 卷［M］. 北京：人民出版社，1985：133.
② 列宁选集：第 3 卷［M］. 北京：人民出版社，1995：365.
③ 马克思恩格斯选集：第 3 卷［M］. 北京：人民出版社，1995：57.

宪会议'，实际上这就是说：'全部政权归卡列金'。"

为了解决立宪会议所引起的政治危机，列宁于1917年12月25日为布尔什维克党起草了《关于立宪会议的提纲》，进一步阐发了"革命的利益自然高于立宪会议形式上的权利"的原则。根据这一原则，列宁提出了解决政治危机的办法，这就是：迅速改选立宪会议；立宪会议无条件地承认苏维埃政权及其革命政策；立宪会议同立宪民主党人及其他反革命势力划清界限；坚决地站到革命阵营中来。列宁认为："如果没有这些条件，因立宪会议而产生的危机便只有用革命手段才能解决，这就是说，苏维埃政权要采取最有力、最迅速、最坚决的革命手段来反对立宪民主党人和卡列金分子的反革命势力，而不管他们用什么口号和机构（即使是用立宪会议代表的资格）作掩护。"①

1918年，列宁在驳斥考茨基污蔑苏维埃政权解散立宪会议是"消灭民主"时，再次强调了"革命的利益高于立宪会议形式上的权利"。列宁指出：考茨基是完全站在资产阶级的立场上，从形式上看立宪会议问题，并指出："着眼于形式上的民主，那是资产阶级民主主义的观点，他们不承认无产阶级的利益和无产阶级阶级斗争的利益高于一切。"②

列宁把无产阶级的利益或人民的利益置于形式上的民主制之上的理论依据在于以下几点。

其一，在阶级社会里，只有阶级的民主，而不存在超阶级的"纯粹民主"，民主要维护的是统治阶级的利益。任何阶级对待民主的一般态度，都是把本阶级的利益置于形式上的民主制之上，置于形式上的民主权利之上。资产阶级就是如此，列宁指出："当你们的伟大的资产阶级革命家1649年在英国、1792年—1793年在法国举行革命时，他们并没有让君主派有集会自由。"③ 既然如此，无产阶级作为一个革命的社会阶级，特别是在它夺得政权的革命风暴时期，也不可能背离这样一个总的法则。

其二，民主作为阶级统治的政治形式，其基本功能是调整各社会阶级之间的内部关系，以便动员和组织起社会的力量来实现经济、政治、文化和社会的发展目标。但这并不意味着敌对阶级之间的冲突可以在民主制形式下调和。列宁指出："世界上任何民主都不能消灭阶级斗争和金钱万能。"④ 相反，"民主的

---

① 列宁选集：第3卷［M］. 北京：人民出版社，1995：366.

② 列宁选集：第3卷［M］. 北京：人民出版社，1995：367.

③ 列宁选集：第3卷［M］. 北京：人民出版社，1995：812.

④ 列宁全集：第22卷［M］. 北京：人民出版社，1990：118.

意义在于它使阶级斗争成为广泛的、公开的和自觉的斗争。而这一点不是猜想，也不是愿望，而是事实”。例如，十月革命以后，“立宪民主党人以形式上的民主制的口号即立宪会议的口号为掩护，实际上却在发动内战”①。因此，苏维埃政权坚持无产阶级利益、人民的利益高于形式上的民主制，高于形式上的民主权利的原则，拒绝反社会主义敌对势力的所谓“民主”要求，必要时用革命手段制止他们的破坏活动就是理所当然的了。

其三，从哲学的意义上讲，无产阶级的利益或人民的利益同形式上的民主制或民主权利的关系实质上是内容与形式的关系，是对立统一的关系。民主内容决定民主形式，民主形式服务于民主内容，并对民主内容的发展起着推动或阻碍的作用。因此，形式上的民主制只有在它适合于无产阶级的利益即人民的利益时，才能维护无产阶级领导的人民政权，推动社会主义民主的发展，促进整个社会主义事业的发展。否则，就会损害无产阶级领导的人民政权，阻碍社会主义民主的发展，甚至葬送整个社会主义事业。

由此可见，苏维埃政权解散立宪会议既符合马克思主义的基本原理，又符合无产阶级革命斗争的实际需要。它巩固了十月革命的胜利成果，巩固了刚刚诞生的苏维埃政权，打破了帝国主义和资产阶级反革命复辟的政治阴谋，为苏维埃国家反对外国武装干涉、恢复国民经济和进一步开展社会主义建设扫清了政治道路，奠定了巩固的政治基础。这一历史性的功绩是应该大书特书的。而那些在今天还在写文章反对解散立宪会议和否定十月社会主义革命的人，是不由自主地站到了资产阶级民主主义的立场上去了。在资产阶级民主主义者眼里，历史上似乎只应该发生资产阶级民主革命，只有这种革命才是合理、合法的；而无产阶级和劳动群众进行的社会主义革命，如巴黎公社革命、俄国十月革命、中国革命、越南革命、朝鲜革命、古巴革命等则是不合理、不合法的，是大逆不道的“阴谋”和“政变”。

然而，历史发展的长河表明，俄国伟大的十月社会主义革命才是历史发展的主流。当代以中国为中流砥柱的世界社会主义的新发展，正是俄国伟大的十月革命所开创的社会主义事业的继续。而资产阶级和小资产阶级政党所把持的俄国立宪会议及其短命的政治活动，只不过是一场逆历史潮流而动的政治闹剧，它被历史的洪流所冲毁是不可避免的。

---

① 列宁全集：第22卷［M］. 北京：人民出版社，1990：118.

参考文献

[1] 里德. 震撼世界的十天 [M]. 李娜，贾晓光，龙亭方，译. 长春：时代文艺出版社，2015.

[2] 联共（布）中央特设委员会. 苏联共产党（布）历史简明教程 [M]. 北京：人民出版社，1954.

[3] 国际共产主义运动史 [M]. 北京：人民出版社，1978.

[4] 周尚文，叶书宗，王斯德. 苏联兴亡史 [M]. 上海：上海人民出版社，2002.

论述马克思主义革命斗争策略的经典文献

当前，要正确解读恩格斯的《卡尔·马克思〈1848年至1850年的法兰西阶级斗争〉一书导言》（以下简称《导言》），既要排除长期影响我们的“左”的干扰，也要排除社会主义运动低潮时期失败主义情绪的影响，以实事求是的心态去解读恩格斯的《导言》。

一、马克思、恩格斯的革命斗争策略是随着条件的变化而不断发展变化的

为了清楚地了解恩格斯在《导言》中提出的革命斗争新策略的历史地位，有必要了解马克思恩格斯革命斗争策略思想的历史发展。马克思、恩格斯革命斗争策略思想的发展可大致分为三个时期。

1. 第一时期（19世纪四五十年代）

这一时期，马克思、恩格斯提出暴力革命是唯一可能的斗争策略，革命的和平发展只是一种愿望。

19世纪40年代，工业革命带来了资本主义经济的大发展，然而，这种发展是以残酷剥削无产阶级和广大劳动群众为基础的，从而导致了阶级矛盾的尖锐化，工人运动高涨。在这种情况下，马克思、恩格斯认定无产阶级革命斗争的策略是暴力革命。1842年，恩格斯在《国内危机》一文中分析英国的宪章派运动时指出：“‘合法革命’把一切都搞糟了。”“然而无产者从这些事件中间还是得到了好处，那就是他们意识到了用和平方式进行革命是不可能的，只有通过暴力消灭现有的反常关系，根本推翻门阀贵族和工业贵族，才能改善无产者的物质状况。”1844—1845年，恩格斯在《英国工人阶级状况》一书中又指出：“当你看到有产阶级这样疯狂的时候，当你看到他们被眼前的利益迷惑得连时代的最明显的标志都看不出的时候，你就不得不放弃和平解决英国社会问题的任

何希望。唯一可能的出路就是暴力革命，毫无疑问，这个革命是不会让人们长久等待的。”1848年，马克思恩格斯在《共产党宣言》中宣称：“共产党人不屑于隐瞒自己的观点和意图。他们公开宣布：他们的目的只有用暴力推翻全部现存的社会制度才能达到。”

马克思和恩格斯在提出暴力革命策略的同时，也考虑到革命和平发展的可能性，没有否定和平方式的革命。1845年，恩格斯在爱北斐特的集会上发表演说，指出：“如果社会革命和共产主义的实现是我们的现存关系的必然结果，那末我们首先就得采取措施，使我们能够在实现社会关系的变革的时候避免使用暴力和流血。要达到这个目的只有一种办法，就是和平实现共产主义，或者至少是和平准备共产主义。”1847年，恩格斯在《共产主义原理》一文中回答能不能用和平的办法废除私有制的问题时指出：“但愿如此，共产主义者当然是最不反对这种办法的人。”

1848年革命失败后，欧洲进入了反动统治时期，革命处于低潮，欧洲资本主义各国的经济正经历着一个稳定发展的过程。在这种形势下，马克思恩格斯一方面注意研究资本主义社会的经济，期待着危机和下一次革命的到来，另一方面也关注英国工人争取普选权的斗争，并对其意义给予了肯定的评价。1850年，恩格斯在《英国的10小时工作制法案》一文中指出：“普选权在工业无产阶级占2/3的英国就意味着工人阶级的单独的政治统治和一切与此相联的社会制度的各种革命变革。”1852年，马克思在谈到英国的宪章派对普选权的要求时指出：在英国普选权的实行，和大陆上任何标有社会主义这一光荣称号的其他措施相比，都将在更大的程度上是社会主义的措施。在这里，实行普选权的必然结果就是工人阶级的政治统治。由此可见，在19世纪50年代欧洲革命低潮时期，马克思和恩格斯就已经有了无产阶级可以利用普选权的设想，只不过还没有作为一种策略提出来。

2. 第二时期（19世纪70年代）

这一时期，马克思和恩格斯提出了无产阶级革命斗争的两种策略，每个国家采取哪种策略应依据实际情况而定。

1871年，即在巴黎公社失败的三个多月后，马克思在同《世界报》记者的谈话中指出：“在英国，工人阶级面前就敞开着表现自己的政治力量的道路。凡是利用和平宣传能更快更可靠地达到这一目的的地方，举行起义就是不明智的。”同时他又指出：“在法国，层出不穷的迫害法令以及阶级之间你死我活的对抗，看来将使社会战争这种结局成为不可避免。”同年，马克思在国际伦敦代表会议上做关于工人阶级的政治行动的发言时又说：“我们应当向各国政府声明：我们知道，你们是对付无产者的武装力量；在我们有可能用和平方式的地方，我们将用和平的方式反对你们，在必须用武器的时候，则用武器。”不难看出，暴力的斗争方式与和平的斗争方式已作为革命斗争的两种策略并列提了出来，而不是像 40 年代那样单单强调暴力方式的革命。

1872 年，第一国际海牙代表大会结束后，马克思在阿姆斯特丹的群众大会上发表了讲话，他在谈到工人阶级应该推翻维护旧制度的旧政治时指出：“但是，我们从来没有断言，为了达到这一目的，到处都应该采取同样的手段。我们知道，必须考虑到各国的制度、风俗和传统；我们也不否认，有些国家，像美国、英国，——如果我们对你们的制度有更好的了解，也许还可以加上荷兰，——工人可能用和平手段达到自己的目的。但是，即使如此，我们也必须承认，在大陆上的大多数国家中，暴力应当是我们革命的杠杆；为了最终建立劳动的统治，总有一天正是必须采取暴力。”

3. 第三时期（19 世纪 90 年代中期）

在这一时期，恩格斯提出利用合法手段（特别是利用普选权）来达到目的的革命斗争新策略。在这里，合法手段被提到革命斗争策略的首要地位，而暴力手段则被置于革命斗争策略的次要地位。

80 年代初，德国的政治形势发生了有利于工人阶级的变化。恩格斯深受德国工人斗争成就的鼓舞，这促使他进一步考虑无产阶级革命斗争的新策略。1890 年 3 月 7 日，他在给拉法格的信中写道：“2 月 20 日是德国革命开始的日子，因此，我们有责任使革命不至夭折。我们目前应该宣布进行合法斗争，而不要去理睬别人对我们的种种挑衅。”

1890 年 9 月，恩格斯在《给〈社会民主党人报〉读者的告别信》中，公开阐述了党的策略观点：“因为党正在进入另一种斗争环境，因而它需要另一种武器，另一种战略和策略。”即合法斗争的策略。“至于是否要把关于‘合法’手段那一条重新列入纲领，这并不那么重要。应当设法暂时用合法的斗争手段对付下去。不仅我们这样做，凡是工人拥有某种法定的活动自由的所有国家里的所有工人政党也都在这样做，原因很简单，那就是用这种办法能获得最大的成果。但是这必须以敌人也在法律范围内活动为前提。”

1892 年 11 月 3 日，恩格斯在给拉法格的信中，谈到报纸上关于在达荷美使用新式炮弹的“可怕作用”的报道之后说：“街垒和巷战的时代已经一去不复返了；如果军队作战，进行抵抗就是发疯。因此，必须制定新的革命策略。一个时期以来，我一直在考虑这个问题，但是还拿不出一个定见。”稍后，他又对拉法格谈到普选权的使用问题：“你们现在可以看到，四十年来，只要善于使用，普选权在法国是多么好的武器！这要比号召革命缓慢而枯燥，但是要可靠十倍，而且更好的是，能最确切地指明哪一天应当号召武装革命。甚至可以十拿九稳地肯定，只要工人们合理地使用普选权，就能够迫使当权者破坏法制，也就是说，使我们处于进行革命的最有利的地位。”

1895年3月，恩格斯在为马克思的《法兰西阶级斗争》一书所写的《导言》中，提出了德国和欧美国家无产阶级在当时应该采取的革命斗争策略，即利用合法的斗争手段（特别是利用普选权）来达到自己的目的，而不要被人“骗入巷战”，以保存“突击队”的力量，直到“决战”的那一天。此时，合法的、利用普选权的斗争，被提到无产阶级革命斗争策略的首要地位，而革命暴力则被置于无产阶级革命斗争策略的次要地位。

可见，马克思、恩格斯的无产阶级革命斗争策略，是随着客观条件的变化和无产阶级革命斗争经验的积累而不断发展变化的。

二、恩格斯制定革命斗争的新策略

1. 恩格斯为《法兰西阶级斗争》一书撰写《导言》的原因

1895年1月30日，费舍写信告诉恩格斯，《前进报》出版社打算把马克思在1850年《新莱茵报·政治经济评论》上发表的论述法国1848年革命和以后一些事件的一组文章单独出版一本小册子。根据恩格斯的意见，该书定名为《1848年至1850年法兰西阶级斗争》。恩格斯专门为该书写了一篇《导言》，在1895年2月26日写给拉法格的信中，恩格斯说明了撰写《导言》的原因和内容。

关于撰写《导言》的原因，恩格斯指出：该书“不写导言就无法出版。”他还补充指出，“由于德国要实行危及我们的新法律，这点很重要。”所谓“这点很重要”，即是指撰写《导言》很重要，所谓“新法律”是指1894年12月6日德国政府向帝国国会提出的“防止政变法草案”，草案规定“蓄意用暴力推翻现行国家秩序者”“唆使一个阶级用暴力行动反对另一个阶级从而破坏公共秩序者”等，政府将采取严厉措施。恩格斯认为，在敌人明目张胆地要采取暴力镇压手段的条件下，“我们的政策应当是在当前时刻不受人挑拨”“战斗的基本力量不参加先头部队的冲突，而是等待危机时刻的到来”。然而，1848 年革命时期，马克思和恩格斯曾预言无产阶级革命即将取得彻底的胜利，且当时的斗争是以街垒、巷战的形式出现的，所以，如果不在《导言》中说明那时以来情况的新变化，以及当前应该采取的新策略，就很容易引起无产阶级的误解，这在资产阶级政府准备采取镇压行动的时期是非常危险的。

恩格斯在信中告诉拉法格，为了说明上述策略思想，他将在《导言》中“除了对那时以来发生的事件加以概述以外，还应说明为什么我们那时会寄希望于无产阶级取得最近和最终的胜利，为什么这一点没有实现，以及后来发生的事件在什么程度上改变了我们当时的看法”。只要我们认真阅读恩格斯的《导言》，就会发现，他后来正是按信中的设想写的：(1) 恩格斯承认自己和马克思对 1848 年革命发展形势估计有错误，他们当时认为：“伟大的决战已经开始，这个决战定将在一个很长的和充满变迁的革命时期中进行到底，然而结局只能是无产阶级获得最终胜利。”“但是，历史表明我们也曾经错了，我们当时所持的观点只是一个幻想。”(2) 恩格斯指出，历史不仅消除了我们当时的迷误，并且还完全改变了无产阶级进行斗争的条件，“1848 年的斗争方法，今天在一切方面都已经陈旧了，这一点是值得在这里仔细加以研究的”。(3) 恩格斯提出了革命斗争的新策略，提出了“无产阶级的崭新的斗争方式”，即像德国工人那样“有成效地利用普选权”。

可见，恩格斯之所以认为必须撰写《导言》，就是为了解决无产阶级革命斗争的策略问题。然而，有人总是认为《导言》论述的不仅是策略问题，甚至也不仅是战略原则问题，而是对马克思主义的理论体系和无产阶级革命斗争的目标进行全面修正的问题。这种说法是与恩格斯自己对《导言》的说明及《导言》的实际内容不相符的。同时，把策略问题随意拔高到战略原则问题的地位，这是恩格斯本人所极力反对的。1889 年 12 月 18 日，恩格斯在给犯有此类错误的格尔桑·特利尔的信中指出：“对于作为革命者的我来说，一切可以达到目的的手段都是有用的，不论是最强制的，或者看起来最温和的。”“在我看来，您把首先纯属策略问题提高到原则问题，这是不正确的。而我认为这里基本上只是策略问题。”

2. 恩格斯提出革命斗争新策略的前提和基础

恩格斯在《导言》中用了不小的篇幅（4 页纸），高度评价了以唯物主义历史观为代表的马克思主义的思想理论体系，突出强调了无产阶级革命斗争的目标——生产资料归社会占有的伟大意义。这可看作是他提出革命斗争新策略的一个前提。在《导言》的开篇，恩格斯就强调了马克思运用唯物主义历史观分析1848—1850年法兰西阶级斗争历史的正确性，他强调指出："目前再版的这部著作，是马克思用他的唯物主义观点从一定经济状况出发来说明一段现代历史的初步尝试。"接着，恩格斯又特别强调指出："使这部著作具有特别重大意义的是，在这里第一次提出了世界各国工人政党都一致用以概述自己的经济改造要求的公式，即：生产资料归社会占有。"并进一步指出："这样，这里就第一次表述了一个使现代工人社会主义与形形色色封建、资产阶级、小资产阶级等等的社会主义截然不同，又与空想和自发的工人共产主义所提出的模糊的'财产公有'截然不同的原理。"

恩格斯在《导言》中，从唯物主义历史观的成功运用和生产资料归社会占有的首次提出这两大命题出发，这是对该书的高度评价，是对马克思主义世界观和方法论的充分肯定，也是对科学社会主义基本原理的充分肯定。笔者认为，这就是《导言》全部内容的大前提和理论基础，也是他提出无产阶级革命斗争新策略的大前提和理论基础。离开这个大前提和理论基础来论述革命斗争的策略问题，就必然违背恩格斯的原义，就必然背离马克思主义。

3. 恩格斯提出革命斗争新策略的主要依据

(1) 恩格斯是在总结1848年和1871年无产阶级革命斗争经验和教训的基础上，提出革命斗争新策略的。恩格斯认为1848年革命失败的深层次原因是："当时欧洲大陆经济发展的状况还远没有成熟到可以铲除资本主义生产方式的程度"，资本主义的"这个基础在1848年还具有很大的扩展能力"。此后过了20年，爆发了巴黎公社革命，但是历史表明，"1871年的轻易胜利，也和1848年的突然袭击一样，都是没有什么成果的"。自巴黎公社以后又过了20年，情况又有了很大变化。一方面，马克思主义已经战胜了工人运动中的各种非马克思主义的思想流派，成为"一个大家公认的透彻明了的理论，明确地规定了斗争的最终目标"；另一方面，以前被民族特点隔离的工人运动"现在却是一支统一的国际社会主义者大军"。然而，恩格斯认为，即使是这支强大的无产阶级大军，"也还没有达到目的"，也不能"以一次决定性的打击取得胜利，而不得不慢慢向前推进，在严酷顽强的斗争中夺取一个一个的阵地"。因此，根据历史的经验和教训，"对旧策略必须加以修改"。所谓旧策略，就是指当时工人运动中习惯采取的“无准备的进攻”“密谋、起义和其他各种革命行动”。

(2) 恩格斯是根据 19 世纪 90 年代欧美资本主义国家的经济、政治和社会发展的新情况而提出革命斗争新策略的。自巴黎公社以后，欧洲工业革命带来了经济的繁荣，工人生活也有相应的改善，这些国家也进入了一个和平发展的时期。和平发展的环境，很难形成新的革命形势，也就是恩格斯所说的，“新的革命，只有在新的危机之后才有可能”。在此情况下，旧的斗争方式已不适用，必须考虑新的斗争方式。在政治方面，资产阶级民主制度有了一定的发展，有了议会制度，有了一定范围的普选权，工人阶级斗争的条件有了新变化；在军事方面，新式武器的发明和运用，城市街道向着又直又宽方向的改建，铁路的大发展等，这些都使得恩格斯不得不重新思考当时无产阶级革命斗争的策略问题。恩格斯指出：“这里斗争的条件也已发生了本质上的变化。旧式的起义，在 1848 年以前到处都起过决定作用的筑垒的巷战，现在大都陈旧了。”他反对在不利条件下的任何暴力行动。但恩格斯又补充说，这“决不是”说巷战在将来不会再起什么作用了。与此同时，革命的主观条件也发生了变化，这就是革命形态的变化。恩格斯认为，历史上有三种形态的革命：一种是为了少数人利益的少数人的革命；一种是为了多数人利益的少数人革命；一种是为了多数人利益的多数人革命。恩格斯指出：“实行突然袭击的时代，由自觉的少数人带领不自觉的群众实现革命的时代，已经过去了。”并强调指出：“凡是问题在于要把社会制度完全改造的地方，群众自己就应该参加进去。”但是，为了使群众明白自己应该做什么，工人政党就“必须进行长期而坚忍的工作”“预先把广大人民群众——在这里就是指农民——争取过来，才可能取得持久的胜利”。因此，“耐心的宣传工作和议会活动”也应该是“党的当前任务”，而不是立即去进行无准备的、无希望的决战。

(3) 恩格斯是在科学总结德国工人成功利用普选权经验的基础上提出无产阶级革命斗争新策略的。普法战争和巴黎公社以后，德国工业因获得法国 50 亿法朗的赔款而迅速发展起来，德国的工人运动也获得了巨大的发展，欧洲工人运动的重心从法国转移到了德国。恩格斯认为，这一时期德国工人运动的发展对国际工人运动作出了两个重大的贡献：德国工人除了以自己作为一个最强有力、最有纪律并且最迅速增长的社会主义政党的存在，还“给予了世界各国同志们一件新的武器——最锐利的武器中的一件武器，他们向这些同志们表明了应该怎样利用普选权”。恩格斯还根据德国工人运动的经验，分析了运用普选权对世界各国工人阶级的革命斗争所具有的意义：第一，使我们能够每三年一次计算自己的力量；第二，通过定期标志出的选票数目的意外迅速的增长，同样既加强工人的信心，又加强敌人的恐惧，因而成了我们最好的宣传手段；第三，给我们提供了关于我们自身力量和各个敌对政党力量的精确情报，从而给予了我们一根估计我们行动的比例尺，使我们既可避免不合时宜的畏缩，又可避免不合时宜的蛮勇；第四，当进行竞选鼓动时，它给了我们最好的手段到民众远离我们的地方去接触人民群众，并迫使一切政党在全体人民面前回答我们提出的进攻，维护自己的观点和行动；第五，它在帝国议会中给我们的代表提供了讲坛，我们的代表在这个讲坛上可以比在报刊上和集会上更有威望和更自由得多地向自己在议会中的敌人和议会外的群众讲话。尽管议会斗争不可能使无产阶级获得更多的东西，但恩格斯认为仅仅上述的种种好处“也就很够了”。

三、恩格斯的合法斗争策略是马克思主义的革命斗争策略

恩格斯提出的合法斗争策略，根本区别于民主社会主义，它是马克思主义的革命策略。

1. 恩格斯提出的合法斗争策略，是无产阶级谋求一般利益和目的的策略

这一策略是保存自己、积蓄力量的策略，是在“决战”前使用的策略，而不是取得政权的策略。1895 年 3 月，恩格斯在《导言》中对合法的、利用普选权的斗争策略的地位和作用，作了很好的定位。他指出德国社会民主党采取合法斗争的方式，其“主要任务就是毫不停手地促使这种力量增长到超出政府统治制度所能支配的范围，不是要把这个日益增强的突击队在前哨战中消灭掉，而是要把它好好地保存到决战的那一天”。

在《导言》的最后部分，恩格斯特别谈到了“决战”时的斗争手段，他指出：“但是请不要忘记，德意志帝国，也如一切小国家和一切现代国家一样，乃是契约的产物：首先是君主之间的契约的产物，其次是君主与人民之间的契约的产物。如果有一方破坏契约，契约就要全部作废，另一方也不再受契约义务的约束。这点已由俾斯麦在 1866 年给我们绝妙地表明了。所以，如果你们破坏帝国宪法，那么社会民主党也就会不再受自己承担的义务的约束，而能随便对付你们了。但是它那时究竟会怎样做，——这点它今天未必会告诉你们。”这就表明，无产阶级在“决战”时是不会限于合法手段的，也不排除暴力手段，那时究竟是采取什么斗争手段，是和平的还是暴力的，将视当时的情况而定，现在无可奉告，因为，有时“我们往往不得不采用敌人强加于我们的策略”。

这里有一个不可忽略的历史细节是，正是这表明恩格斯关于决战时并不限于合法手段的最后三句话，在德国社会民主党的《新时代》杂志刊载的文本和1895年出版的单行本《法兰西阶级斗争》中被删去了，这当然不是偶然的。

2. 恩格斯的合法斗争策略，是根据当时的历史条件制定的

这一策略具有暂时性，它必将随着条件的变化而不断发展变化，决不是亘古不变的。恩格斯多次强调，他在《导言》中提出的革命斗争的新策略是针对当时的德国和西欧的条件制定的，具有暂时性，并不是亘古不变的教条。1895年3月8日，恩格斯在给费舍的信中，谈到他与德国社会民主党执行委员会就《导言》中“现在”一词发生的争论时写道：“你们想去掉‘现在’一词，也就是把暂时的变成永久的，把相对的变成具有绝对意义的策略。我不会这样做，也不能这样做，以免使自己永世蒙受耻辱。因此我拒绝写什么相反的东西，我说：‘正是现在遵守法律对社会民主党的变革十分有利。’”1895年4月，恩格斯在给拉法格的信中，曾批评李卜克内西在《前进报》上“摘引了所有能为他的、无论如何是和平的和反暴力的策略进行辩护的东西。——但我谈的这个策略仅仅是针对今天的德国的，而且还有重大的附带条件。对法国、比利时、意大利、奥地利来说，这个策略就不能整个采用。就是对德国，明天它也可能就不适用了”。

3. 恩格斯在将合法的革命斗争策略提到首位时，也从来没有否定暴力革命的策略

恩格斯在将合法的革命斗争策略提到首位时，并没有将其绝对化，没有否定革命暴力在社会革命中的地位，没有放弃必要时的革命暴力。1890年2月，恩格斯在给李卜克内西的信中指出：“我同意你的意见：在当前，我们应当尽可能以和平的和合法的方式进行活动，避免可以引起冲突的任何借口。”同时，他又批评了李卜克内西的错误：“毫无疑问，你那样愤慨地反对任何形式的和任何情况下的暴力，我认为是不能接受的。”恩格斯在写完《导言》后，于1895年3月8日给费舍写信，他在信中表示：“我不能容忍你们立誓忠于绝对守法，任何情况下都绝对守法，甚至对那些已被其制定者违犯的法律也要守法，简言之，即忠于右脸挨了耳光再把左脸送过去的政策。我认为，如果你们宣扬绝对放弃暴力行为，是决捞不到一点好处的。没有人会相信这一点，也没有一个国家的任何一个政党会走得这么远，竟然放弃拿起武器对抗不法行为这一权利。”1895

年 4 月 1 日，恩格斯在给考茨基的信中写道："使我惊讶的是，今天我发现，《前进报》事先不通知我就发表了我的《导言》的摘录，在这篇经过修饰整理的摘录中，我是以一个爱好和平的、无论如何要守法的崇拜者出现的。我特别希望《导言》现在能全文发表在《新时代》上，以消除这个可耻印象。"

4. 恩格斯提出的合法斗争策略，服务并服从于无产阶级革命斗争的战略目标服务

在《导言》中，恩格斯提出了无产阶级政党决不放弃革命权的问题，他指出：在使用合法的、利用普选权的斗争策略时，"不言而喻，我们的外国同志们是决不会因此而放弃自己的革命权的。须知革命权是唯一的真正'历史权利'，——是所有现代国家一无例外都以它为基础建立的唯一权利"。不放弃革命权是什么意思？就是不放弃无产阶级政党夺取国家政权，改变现行社会制度即资本主义制度，实现无产阶级革命的战略目标的权利。恩格斯提出合法的、利用普选权的斗争策略，正是为实现"革命权"这一战略目标服务的。在《导言》中，恩格斯还提出了德国无产阶级要保存力量，准备最后决战的问题。他指出：拥有 200 万选民支持和广大的青年和妇女拥护的德国社会民主党及其领导的工人阶级是国际无产阶级大军的决定性的"突击队"，其主要任务就是"要把它好好保存到决战的那一天"。"决战"是什么意思？就是指夺取国家政权的战斗，就是把政权从资产阶级手中夺取到无产阶级手中，实现无产阶级革命的战略目标。恩格斯提出的合法的、利用普选权的斗争策略，正是为最后"决战"这一战略目标服务的。可见，恩格斯是忠实于他和马克思共同起草的《共产党宣言》的策略原理的：共产党人为工人阶级的最近的目的和利益而斗争，但是他们在当前的运动中同时代表运动的未来。

综上所述，恩格斯为《法兰西阶级斗争》一书所写的《导言》，是论述马克思主义革命策略思想的经典文献，是马克思主义的战略策略思想在 19 世纪 90 年代的新历史条件下的创造性的运用。

参考文献

[1] 马克思恩格斯全集：第 1 卷 [M]. 北京：人民出版社，1965.

[2] 马克思恩格斯全集：第 2 卷 [M]. 北京：人民出版社，1965.

[3] 马克思恩格斯全集：第 7 卷 [M]. 北京：人民出版社，1965.

[4] 马克思恩格斯全集：第 8 卷 [M]. 北京：人民出版社，1965.

[5] 马克思恩格斯全集：第 17 卷 [M]. 北京：人民出版社，1965.
[6] 马克思恩格斯全集：第 18 卷 [M]. 北京：人民出版社，1965.
[7] 马克思恩格斯全集：第 22 卷 [M]. 北京：人民出版社，1965.
[8] 马克思恩格斯全集：第 37 卷 [M]. 北京：人民出版社，1965.
[9] 马克思恩格斯全集：第 38 卷 [M]. 北京：人民出版社，1965.
[10] 马克思恩格斯全集：第 39 卷 [M]. 北京：人民出版社，1974.